U0138735

教育社會學

周新富 著

五南圖書出版公司 印行

三 版 序

　　《教育社會學》第二版已出版四年了，舊版偏重鉅觀社會學，尤其是教育與文化、政治、經濟、社會變遷關係的篇幅太多，新版縮減內容，而增加微觀社會學的篇幅，例如課程、教學部分。全書聚焦於五項教師專業素養的第一項「了解教育發展的理念與實務」，以及第五項「認同並實踐教師專業倫理」，期盼師資生修習這門課程之後，能「敏銳覺察社會環境對學生學習影響」、能「透過教育實踐關懷弱勢學生」，最終目標是能落實教育機會均等。當然書中也涉及十九項教育議題的性別平等教育、人權教育、家庭教育、多元文化教育、原住民教育等，可與教育諸多層面相呼應。社會變遷的速度相當快，有些主題未能納入書中探討，例如新冠肺炎疫情防控期間，學校大多實施遠距教學來因應，但長時間的遠距教學勢必造成弱勢生重大的影響，加大學習上的落差。下次再版時，盼能納入這方面的討論。書中內容錯誤之處在所難免，期盼先進不吝指正。

周新富 謹序

2022 年 2 月 12 日

二版序

　　拙著《教育社會學》一書已出版五年，共印了四刷，第一版匆促付梓，在教學時發現諸多缺失，趁此再版機會一一更正。同時也發現本書遺漏掉不少教育社會學的重要理論，例如批判種族理論、後現代理論等，於此次再版時在適當章節加以補充。第一版部分章節內容略顯得空洞，新版則加以充實；有些內容在不同章節重複出現，新版則將重複之處刪除。教育社會學的發展日新月益，有些重要的理論及創見或許未收錄於書中，諸多不足之處敬請讀者予以建議及指正。

周新富 謹序

2018 年 7 月 16 日

自 序

　　這本《教育社會學》教科書是針對修習教育學分的大學生而編，因為教師檢定考試及教師甄選，教育社會學都是命題的重點。編寫這本書的動機是目前市面上的教學用書大都年代久遠，雖然 2010 年有新書上市，但覺得內容尚有不足之處，於是想要親自編寫。

　　筆者從博士論文開始研究社會階層化與教育的議題，也曾在學術期刊發表幾篇論文，手上有相當多的文獻資料，一直想要整理成一本比較通俗易懂的教學用書。這個構想持續了好幾年，直到 2012 年 8 月有機會到高雄師範大學師資培育中心任教，因為學校擁有良好的研究環境及充裕的圖書資源，於是教學之餘，投入大量的時間來撰寫此書，前後寫了七個月的時間，直到 2013 年 2 月底完稿，共寫了十四章。接著再著手蒐集教檢、教甄、教育研究所的相關考題，放入各章作為讀者自我評量之用，此用意在讓初接觸教育社會學的學生能掌握書中的重點及了解命題的方式。

　　本書能夠完成，得感謝諸多師長、同仁的勉勵與協助，其中特別感謝蔡校長提攜、方主祕的鞭策，以及教育系陳主任、本中心鍾主任的關懷與照顧，在此致上最高的謝意。

周新富
謹序於高雄師範大學師資培育中心
2013 年 3 月 30 日

目　錄

第一章

緒論

　　教育社會學顧名思義是教育學和社會學兩學科結合而成的學科，其研究的範圍相當廣泛，幾乎涉及從家庭到社會的所有領域，其中與教育學關係最密切的學科依序為社會學、政治學、經濟學、文化人類學，可以說是教育學領域內涉及的層面最廣的一門學科，如果要細分，它包含了教育政治學、教育經濟學、教育人類學、家庭教育學、學校社會學等，所以說教育社會學是一門綜合性的學科。而且這門學科存在不少的爭議，其中一項爭議是教育社會學是屬於教育學還是社會學的分支？是偏應用還是建立理論？這些爭議一直持續到現在。如果從學科的歷史來探討，許多哲學家和教育家都對教育與社會的關係做過思考和研究，也提出了不少理論，例如美國的教育家杜威（John Dewey）著有《學校與社會》、德國的哲學家斯普朗格（E. Spranger）提出「文化教育學」理論，他們是早期教育社會學的思辨學派（錢民輝，2005）。後來引進科學方法至此領域之中，我們今日所看到的教育社會學才告誕生。當今社會許多的現象及問題不斷湧現，僅使用單一學科來進行研究是不夠的，需要跨學科合作，才能妥善解決社會問題，教育社會學的存在價值也愈來愈受重視。本章分別從社會學發展概述、教育社會學的發展、教育社會學的研究方法論、理論學派等四部分，來對教育社會的發展情況作一敘述。

第一節　社會學發展概述

　　本節僅對社會學的重要內容作扼要敘述，分別探討社會學的定義、早期重要學者的理論概述，以及研讀社會學所要培養的能力。

壹　社會學的定義

　　「社會學」（sociology）屬於「社會科學」領域，亦為「行為科學」之一環，顧名思義，社會學是一門研究「社會」的科學，但社會是一個相當廣泛的概念，有必要明確界定要研究社會哪些面向。於是社會學者就有

如下的界定：社會學是研究人類社會、研究社會關係、研究社會行為、研究社會團體或團體生活、研究社會組織或社會制度、研究社會過程與社會互動的科學（詹棟樑，2003）。謝高橋（1997）認為社會學乃是探究人如何、為何及以何種方式，去創造與改變社會關係，以及社會關係對人的影響。筆者比較認同社會學是「研究社會關係的科學」這樣的定義，因為個人在社會群體中與他人互動而產生社會關係，這種關係包含靜態及動態兩部分，前者如家庭結構、學校組織、政府體制，後者如合作、競爭、衝突、變遷，這種社會關係會持續運作，進而建立社會制度和構成社會結構，而這種社會關係也會隨著時間而發生變化。

貳　社會學早期重要學者

十九世紀末到二十世紀初是教育社會學的萌芽期，這個階段出現了許多著名的社會學家，一般稱之為「古典社會學家」，這些社會學家的理論或思想直接或間接地促進教育社會學的發展，以下就幾位重要社會學者的理論作一概述（馬和民，2002；陳光中、秦文力、周素嫻譯，1996；謝維和，2001；蔡文輝，2011）：

法國孔德（Auguste Comte, 1798-1857）是第一位對社會做客觀科學研究的學者，他結合拉丁文的socius（夥伴）與希臘字的logos（科學），創立法文的sociologie，英文為sociology，由於「社會學」一詞為孔德所創，所以被尊稱為社會學之父。他以為人類學術的演進遵循神學（theological）→玄學（metaphysical）→科學（positive）的程序演化。孔德的主要著作為一套六冊的《實證哲學論文》，孔德的實證社會學研究有兩個主要概念：社會靜學（social statics）和社會動學（social dynamics）。社會靜學是指社會制度間的關係，就像生物體一樣，各部分協調運作。而社會動學，是探討社會變遷的過程。

英國斯賓塞（Herbert Spencer, 1820-1903），是另一位對社會學有極大貢獻的學者，孔德的社會學在法國並未受到熱烈的支持，經由斯賓塞的大力推展，社會學才受到各國重視。他把進化理論「適者生存」應用在社會

學，被稱為「社會達爾文主義之父」。斯賓塞出版三部社會學著作，即《社會靜學》、《社會學研究》、《社會學原理》，為社會學奠定穩固基礎。其重要論點如下：1.提出社會有機論觀點，認為社會如同一個「有機體」（living organism），能進行自我管理與協調；2.提出社會進化論，認為社會發展過程如同物種，是由簡單向複雜的自然進化過程；3.提出生活預備說的課程理論。

德國馬克思（Karl Marx, 1818-1883）亦是建立社會學理論的重要學者，他主要的理論有：經濟基礎決定上層結構（經濟決定論）、社會生產力是社會變遷的根本動力、社會階級觀等。在教育與社會關係上，他提出「教育作為一種上層結構但受制於經濟基礎，同時教育對經濟基礎又有反作用」的觀點，同時他也提出階級在教育方面的衝突，認為統治階級透過對教育的壟斷，來利用沉默的、被蒙蔽的工人階級。馬克思的理論進入二十世紀70年代後，在西方產生「新馬克思主義」，例如結構主義的馬克思主義、法蘭克福學派，這些學者對現代社會的教育理論產生極大的影響力。

法國涂爾幹（Émile Durkheim, 1858-1917）（或譯迪爾凱姆），他是一位有系統地考察教育和社會關係的社會學家，同時確定社會學的研究對象是「社會事實」，他也努力使社會學建立在科學研究的基礎之上，其主要著作為《社會分工論》、《社會學方法論》、《自殺論》、《教育與社會》、《道德教育》等書。涂爾幹的理論屬於功能論的觀點，他認為教育就是成年人對年輕一代進行有系統的社會化，所以教育的使命就是要在日益分化和異質化的社會中創造和維持團結與一致。在教育社會學史上，涂爾幹被尊稱為教育社會學真正的奠基者。

德國韋伯（Max Weber, 1864-1920）為另一著名的社會學家，他的主要著作有《經濟與社會》、《基督新教倫理與資本主義精神》等書，其影響力幾乎滲透到現代社會學和教育社會學，他提出「科層體制」（bureaucracy）的概念，對於學校組織理論的研究有極大影響；韋伯也提出有關權威及其類型的論述，對教師角色的研究也產生影響。此外，韋伯提出的價值中立（value free）、理念型（ideal type）等概念，更是社會科學研究

上的另一貢獻。

　　社會學重要的學者尚有曼海姆（Karl Mannheim, 1893-1947）、華德（L. Ward, 1841-1913）等人，前者創立了知識社會學，對英國「新教育社會學」產生影響；後者被譽為「美國社會學之父」，著有《動態社會學》一書，他主張建立「應用社會學」，提出「社會導進論」（social tele-sis），以有目的的社會行動來引導社會進步。二十世紀後社會學在美國的發展相當興盛，功能論、衝突論、互動論大師輩出，對教育社會學的發展產生極大影響。

 ## 參　社會學的想像力

　　美國社會學家米爾斯（Mills, 1959）出版《社會學的想像》（*The Sociological Imagination*），由於中文翻譯者（張君政、劉鈐佑譯，1995）以「想像」取代「想像力」，而使得此名詞不易理解或可能被誤解（沈姍姍，2005）。米爾斯認為人們傾向以有限的眼光來看世界，且侷限在自己可觸及的範圍內，「社會學的想像力」則鼓勵我們要擴大視野，將我們生活周遭經驗與社會生活世界建立關聯，我們的經驗不只是個人的現象，同時也與整體社會結構和型態有密切關聯。例如失業問題是個人的煩惱，還是公共議題？如果是個人煩惱，則只要改善個性、技能即能解決此問題；若是公共議題，則會由失業率高低探討整體社會的工作結構。這種思維是將個人的生平與社會歷史變遷相連結，進而區分「情境中的個人煩惱」與「社會結構上的公共議題」，藉此打破個人主義式的思考方式（吳嘉苓，2008）。英國社會學者紀登斯（A. Giddens）認為社會學的實踐在喚起米爾斯所說的社會學的想像力。由此可知「社會學的想像力」是用一種社會學的視野去探索世界，因而能超越事件的表象而看到隱藏其中的事實（沈姍姍，2005）。

　　應用到教育社會學，則希望透過社會學概念或觀點來分析教育現象，使教育學者與教育人員，可從另一個窗口看出教育上日常事例與活動中一個嶄新的景象（陳奎憙，1998）。教育社會學的教學目標之一是要培養學

生的「教育社會學的想像力」，冀望學生能以此種想像力去檢視教育與社會現象，養成學生了解社會結構是如何影響個人的行為與處境的能力（沈姍姍，2005）。

第二節　教育社會學意涵與發展

教育社會學從名稱上可看出這門學科是由教育學與社會學所結合，是屬於社會學的分支，在教育學的領域中，一般將教育心理學、教育哲學、教育社會學視為教育學的理論基礎。本節分別從意義、性質、基本重點與發展四個面向，來探討教育社會學的基本概念。

壹　教育社會學的意義

教育社會學（sociology of education）是介於教育學與社會學之間的一門學科，近年來教育社會學日益成為一個重要研究領域，對推動教育的革新有極大的助益。有關教育社會學的意義，學者各有不同的定義，其中以陳奎憙（2009）的定義最常被引用，其定義如下：教育社會學是探討教育與社會之間相互關係的科學；它是運用社會學的觀點與概念分析教育制度，以充實社會學與教育學理論，並藉以改善教育，促成社會進步。林生傳（2005）對教育社會學所下的定義為：結合教育學與社會學，分析社會結構中的教育制度，實徵教育歷程中的社會行為，並詮釋其意義為目的的一門科學。由上述學者的定義，吾人可以知悉教育社會學是以社會學的概念去認知、分析、詮釋教育制度及教育場域中的社會行為。雖然教育場域包含學校、家庭、社區、社會機構等，但教育社會學的分析主要是以學校教育為主。

教育社會學的性質

　　教育社會學是結合教育學與社會學，是一門科際整合的學科。然而教育社會學是屬於社會學的一支？或是屬於教育學的一支？教育學者所研究的教育社會學與社會學者所研究的教育社會學，在內容上究竟有何差異？林清江（1999）認為教育社會學由教育學家從事研究者，偏重規範性研究，旨在導致社會行動；由社會學家從事者，則重證驗性研究，旨在證實學理，建立社會理論。

　　從教育社會學的發展過程來看，教育社會學似首先得到教育學界的認可和接納，在二十世紀前三十年就把教育社會學視為建立教育理論和實踐基礎的學科，例如華勒（W. Waller）於1932年出版的《教學社會學》。但到了二次大戰以後，一些學者（C. A. Egenll、W. B. Brookover）撰文指出教育社會學應該是社會學，不是教育學，其主要原因是將教育體系作為社會學的一個重要研究領域，藉以發現新的理論觀念。也就是社會學家偏重歸納綜合以建立理論，而對應用性不感興趣。而教育學者可能對於社會學的理論不全贊同，甚至批評社會學者不了解教育理論，主張教育社會學的研究應偏重具體性、診斷性、預測性及應用性（詹棟樑，2003；錢民輝，2005），這些紛爭到現在仍持續不斷。

 教育社會學的發展

　　教育社會學二十世紀初在美國開始蓬勃發展，其發展的歷程一般分為三個階段，即規範性、證驗性、解釋性，本節除敘述這三個階段的發展概況之外，也略述教育社會學近二十年來的發展。

一、傳統的教育社會學

　　從二十世紀初期至1950年代之前，這個時期稱為「傳統的教育社會學」（educational sociology）、「規範性教育社會學」或稱之為「思辨教育社會學派」。教育社會學在美國發展迅速，不僅成為一門課程，於1917

年美國史密斯（R. Smith）出版《教育社會學概論》，是第一本冠有教育
社會學名稱的教科書；1923年佩恩（E. Payne）成立「全國教育社會學研
究學會」，並於1927年發行《教育社會學期刊：理論與實務》（*Journal
of Educational Sociology: A Magazine of Theory and Practice*），因此被譽為
「美國教育社會學之父」。這時期的特色為教育學者從事規範性的探討，
例如探討如何以社會化歷程來達成教育目的、探討教育的社會角色。同時
社會學者也應用社會學知識與原理於教育的實際之中，來幫助解決學校教
育問題。但這只是把教育與社會的知識拼湊在一起，給人一種大雜燴的感
覺（馬和民，2002；鄭世仁，2007）。這時期的代表著作是華勒（Waller,
1961）的《教學社會學》，此書對學校社會學或教學社會學的研究影響
頗大。

二、新興的教育社會學

1950-1970年，這段時期稱之為「新興的教育社會學」（sociology of
education）、「證驗性教育社會學」。教育社會學的英文名稱由educa-
tional sociology一詞被替換為sociology of education。這個時期是教育社會發
展的分水嶺，教育社會學的研究典範由規範性研究轉為實證性研究，即採
取社會學的科學分析方法來分析教育制度。在研究內容方面，著重於教育
制度與社會結構、社會流動之關係的探討，是「鉅觀」的教育社會學研究
（陳奎憙，1990a）。著名的研究如柯爾曼（Coleman et al., 1966）有關教
育機會均等的實證調查；布勞與鄧肯（Blau & Duncan, 1967）在《美國的
職業結構》中研究美國的代間社會流動，探討個人所接受的正式學校教
育年數、職業成就受到哪些出身背景因素的影響，據此建立了地位取得
模式。

三、新教育社會學

新教育社會學（new sociology of education）或稱為「解釋性教育社會
學」，於1970年代在英國興起，英國學者楊格（Young, 1971）主編《知

識與控制──教育社會學的新方向》發軔了新教育社會學的研究取向，其採取的研究導向與分析主題為：1.「非實證」或「解釋的」研究取向；2.「微觀」的研究內容；3.教育知識社會學的探討。這種方法論或稱為「人文研究典範」，其基本特徵是放棄「量」的研究，轉向「質」的研究，主張採用參與觀察的方式，實地了解師生互動過程中如何建構知識並形成價值。在研究內容方面，著重於學校內部班級社會體系中人與人之間的互動，包括師生關係、學校文化及教學活動歷程。另一新的主題為教育知識社會學的探討，研究該主題的學者認為，呈現在學校課程上的知識如何選擇，要傳授給什麼對象以及如何傳授，都和社會結構有關，並且反映出該社會權力分配的現實狀況。雖然本時期出現「微觀革命」（microscopic revolution），但在研究方法論上也相當歧異，除了新發展的統計方法、數學模式、電腦應用等量化研究外，比較、歷史、人種誌與田野研究、符號語言學等，也都在競爭方法論的正統地位（沈姍姍，2005；陳奎憙，2009）。

　　此一時期另一發展路線為提出社會再製、文化再製和抗拒理論的新馬克思主義（Neo-Marxist），認為教育是資本主義一種壓迫形式，被用來維護宰制團體的既得利益，該理論的主要目的是希望透過教育而促進社會的轉型或解放（譚光鼎，2011）。

四、新的教育社會學之後

　　新馬克思主義與新教育社會學盛行的二十世紀70年代、80年代早期，教育社會學中充滿著階級、階級再製與階級抵抗這類術語（劉雲杉，2005）。80年代後期及1990年代中期，女性主義、後現代、後殖民主義、多元文化主義等新思潮的批判論點，在此一時期特別活躍。教育社會學的研究主題出現三個明顯的焦點：1.有關性別與種族的社會正義問題；2.探討政府的政策形成與效果的問題；3.聚焦於學校教育成效的問題。進入二十一世紀後，深化教育系統的社會學分析、福利國家與公共教育政策的社會學分析，以及全球化與教育議題的討論日益受到重視（沈姍姍，2005；張建成，2009）。

第三節　教育社會學的研究方法論

　　教育社會的研究方法論主要是指教育社會學研究的典範（paradigm）而言，而不是研究方法所探討的調查研究法或實驗研究法。依不同層面可以區分不同的研究典範，以下分別說明之：

 壹　鉅觀與微觀研究

　　依觀點的不同，教育社會學研究方法論可分為鉅觀研究與微觀研究（林生傳，2005；譚光鼎，2011）：

一、鉅觀研究

　　採用鉅觀的觀點進行研究稱之為鉅觀社會學（macrosociology），探討整個社會和制度的關係，教育社會學的研究，向來著重在教育制度與社會結構的關係研究，社會結構中的經濟、政治、文化、人口等因素對教育的影響較大，這些因素並不是各自單獨地影響教育的發展，而是相互影響，因此大大增加了教育發展的複雜性。其研究主題諸如教育與社會流動、教育機會均等與教育政策等，結構功能與衝突學派多屬鉅觀層次的研究。

二、微觀研究

　　採微觀的觀點所進行的研究稱為微觀社會學（microsociology），探討個人在小的團體裡面的關係或人與人之間成雙的關係，此派學者認為透過個人層次行為的研究，才能對所有社會現象有正確的解釋。1960年代後微觀研究興起，側重師生互動、班級教學及學校的運作歷程。例如庫協克（P. A. Cusick）的《高中學校裡面》（*Inside High School*）、梅澈（M. H. Metz）的《教室與走廊》，均是分析教室互動的代表作。社會學三大理論學派中的解釋理論則屬於微觀層次的研究。

功能論的學者墨頓（Robert K. Merton, 1910-2003）另提出「中程理論」（theories of the middle range）（或譯中觀），為了避免像帕森斯（Talcott Parsons, 1902-1979）的理論距離社會行為與經驗過於遙遠，主張在研究社會互動的微觀社會學與鉅觀社會學之間，建立一組在邏輯上相關的命題，其可演繹出較小的理論，在經驗研究上可加以驗證，以便能整合到一個更寬廣的理論脈絡中（Merton, 1968）。

 ## 貳　實證與人文研究

社會學兩大研究傳統為實證主義與人文主義，教育社會學沿襲這兩種研究典範的傳統（馬和民，2002）：

一、實證研究

社會學的研究從孔德開始提出實證方法，涂爾幹明確倡導對「社會事實」的實證分析，韋伯則提出「價值中立」的規範，強化社會學研究中的科學精神。教育社會學接續實證主義的傳統，注重事實判斷，反對價值分析，強調量化研究，反對質性研究。實證典範運用自然科學方法，大幅度提高其科學威信。

二、人文研究

二戰以來，在社會學和教育社會領域，一些學者對科學主義的批判始終不絕於耳，他們認為實證解釋往往使社會現象非人性化、簡單化；同時他們認定對研究結果帶感情色彩的理解，往往比數學模式的解釋更精確。人文研究典範大致可以歸納為批判方法論、現象學方法論、解釋方法論三種，批判方法論強調主觀價值反省、意識批判的方法，現象學方法論強調對研究對象進行理智的觀察，解釋方法論重視理解和解釋人類的社會行為。

參 量化與質性研究

　　量化研究（quantitative research）與質性研究（qualitive research）主要是與蒐集和分析資料的問題有關。量化研究，採用自然科學的研究模式，運用數學工具蒐集、處理研究資料，例如問卷、統計分析。質性研究是根據人種學、現象學、解釋學等的研究思想形成的研究方法，這種研究提供歷程性、描述性、脈絡性的資料，只以文字來描述現象，不用數字（周新富，2012）。由圖1-1我們可以概略了解當前社會學不同理論學派，所使用的研究典範。

圖1-1　社會學研究典範與理論學派

資料來源：教育社會學研究（頁21），陳奎憙，1990a，臺北市：師大書苑。

第四節　教育社會學的理論學派

　　教育社會學的理論學派一般分為結構功能學派、衝突理論學派及解釋理論學派三大派別，結構功能學派的理論重點在探討教育制度如何協助建立與維持社會秩序，衝突理論學派多數的學者是從馬克思主義的觀點來批評資本主義教育制度的缺失；除此二學派外，另有一股第三勢力，通稱為解釋理論，它是由一些小學派所組成，成立的時間較晚。本節分別對結構功能、衝突理論與解釋理論三大學派的主要概念作一說明。

壹 結構功能學派

結構功能論（structural functionism）又稱功能論（functionism）或和諧論（consensus theory）。其思想源於十九世紀，當時是個生物學的世紀，達爾文進化論在此時期發表，社會學思想家受到當時生物學成就的影響，開始把一些生物學概念用於社會；同時，歐洲發生工業革命及政治革命，對「社會秩序」的建立與維護特別關心。孔德和斯賓塞提出了功能論的基本思想，認為社會在某些方面是生物的有機體，因為社會、生物二者都包括很多分開的、相互依賴的部分，而且每個部分對整體的生存有所貢獻，皆是在維持整體的穩定，如果社會的成員缺乏共同的知覺、態度和價值，這個社會將不能生存（Meighan & Siraj-Blatchford, 2003; Parelius & Parelius, 1987）。1950-1960年代，教育社會學受到結構功能的支配，主要是受到涂爾幹思想的影響，因功能論重視社會秩序、社會凝聚（social cohesion），強調社會穩定、和諧地運作，故其主要概念可以歸納出以下四項（Parelius & Parelius, 1987）：

一、結構與功能（structure and function）

功能論學者認為社會是許多部門（parts）所組成，這些部門組成每一社會的社會結構，社會中的每一部門對社會整體生存都有它們的貢獻，這種貢獻即稱為「功能」。認為社會中的制度、規範、社會角色等功能的發揮，有助於維持社會的均衡，促進社會的發展。但是這派學者過於誇大不同社會部門對整體功能的正面貢獻，而忽略了其他因素所造成的破壞性影響。

二、整合（integration）

社會中的不同部門要互相整合，而且要互相依賴、合作，每個部門要支持其他部門的運作，部門之間很少會互相衝突、反對，某一部門的改變會影響到其他部門。但是部門之間的整合不是可以完全成功，有時也會調和失敗。總之，整合是不同社會結構中的要素，維持整體社會系統和諧運

作的方法。

三、穩定（stability）

　　沒有社會是完全穩定的，功能論者承認至少某些社會變遷是不可避免的，例如當某一事件發生在社會外部，該社會即受到衝擊而以強制改變作為回應，這種力量會讓社會變得更為穩定，而不會被迫做出激烈和毀滅性的改變。功能論者指出基本機構如家庭的持續、代間價值一致性，可以作為社會變遷緩慢的證據。

四、共識（consensus）

　　重要的知覺、情感價值和信念的一致是功能論強調的另一主題，當然不同社會有不同的共識，小的鄉村社會比起大的現代工業社會更易達成共識，不論社會是大是小，是鄉村或是現代化，都存在一套對世界現象的假設，沒有這些假設社會生活可能難以進行，這些共識的達成是透過社會化，社會化的功能主要由家庭和學校來執行。

 ## 衝突理論學派

　　衝突理論學派簡稱為衝突論，功能論強調功能的整合、核心價值和社會的穩定，衝突論則強調社會強制性的面貌和社會變遷的普遍性，這兩學派皆關心社會結構層面的描述，也關心現存的社會結構如何促成社會的運作，因此有學者將功能論與衝突論合稱為傳遞理論（transmission theories），而批判理論、女性主義、後現代主義、後結構主義等理論稱為轉化理論（theories of transformation），因為轉化論強調個體能夠付諸行動以改善自身處境。衝突論用來解釋社會結構的主要概念有以下三項（林郡雯譯，2007；Parelius & Parelius, 1987）：

一、衝突（conflict）

　　衝突論者強調社會機構和團體通常在彼此持有不同目的的情形下運

作，團體的目標和計畫通常是與另一個團體相衝突，支配團體的利益通常與從屬團體的利益不一致，故衝突是普遍存在的，且是公開和暴力的。

二、變遷（change）

團體間連續的權力鬥爭導致一種連續的變遷，平靜和穩定的階段可能是反對力量正為另一次戰鬥聚集力量的時間，稱之為暴風雨前的寧靜，當暴風雨來臨，暴動反抗和革命即會產生。

三、強制（coercion）

在鬥爭和變化的過程中，任何一個特別的團體擁有足夠的力量，為維持穩定和社會秩序，就會使用強制的手段要求權力較小的團體合作，這些強制不會只用武力，宣傳、教導是另一種方式，讓受壓迫者確信他們的被壓迫是合法的。支配者也可能使用他們的資源，以正面的方法獎賞所欲之行為。但是不論是正面或是負面的手段，要完全成功是不可能的，受壓迫者還是會反抗，這種反抗會結合其他不可避免的社會變化，最後導致社會動亂和解組，新的強制力取代舊的力量。

 ## 參 解釋理論學派

有學者（Meighan & Siraj-Blatchford, 2003）將教育社會學的理論觀點分為功能論、衝突論及行動論（action perspective）三學派，其中行動論包含韋伯的社會行動論、解釋論和互動論等學派。上述學派統稱為解釋理論學派，其理論關注於社會生活的微觀層次，目的在詮釋人與人互動過程中所產生的社會行動（social action）。這學派是由符號互動論（或稱象徵互動論）（symbolic interactionism）、現象學（phenomenology）、俗民方法論（ethno methodology）、知識社會學（sociology of knowledge）、批判理論（critical theory）等學派所組成。有學者將現象學、符號互動論、俗民方法論合稱為解釋論，批判理論稱為轉化論，而解釋論是通往轉化論的橋梁（林郡雯譯，2007）。批判理論批判教育現象且試圖改變之，這個批判

傳統來自馬克思的社會學理論，新馬克思主義與批判理論是平行發展，但其中存在極大的差異，其中女性主義（feminism）、批判種族理論（critical race theory, CRT）及後現代主義（postmodernism）對教育社會學的影響較大（Sadovnik, 2016; Gewirtz & Cribb, 2009）。解釋學派以符號互動論的社會化理論及伯恩斯坦（Basil Bernstein, 1924-2000）的文化再製理論較為著名。

符號互動論是解釋理論學派最大的學派，其理論體系是米德（George Herber Mead, 1863-1931）所建立的，他受實用主義哲學及心理學行為論的影響，強調把個體置於整個社會或團體內來考慮和分析（Ritzer, 2000）。於是匯聚角色理論、齊美爾（Georg Simmel, 1858-1918）的互動分析、韋伯的社會行動論、胡塞爾（E. Husserl）的現象學及舒茲（A. Schutz）的現象互動論（phenomenological interactionism）而建立符號互動論，強調人類行為主動性和創造性的部分（Turner, 1998）。教育社會學受到符號互動論的影響始於1970年代早期，其與功能論及馬克思結構主義所強調社會結構對人類行為的限制不同，它強調人類不是社會的產物，強調主觀性（subjectivities）在社會世界的重要性，主張個體是社會的創造者，而人際之間的行動（agency）能夠塑造社會結構，故其研究觀點聚焦於微觀層級的互動和每日生活的細節（Gewirtz & Cribb, 2009）。功能論及衝突論對社會都採取鉅觀角度，集中注意力於大尺度的社會結構，相對地符號互動論強調微觀的社會生活（藍采風，2000），符號互動論則重視人對物體、事件和情境的解釋及賦予意義的過程，其主要概念有以下三項：

一、符號（symbol）

社會存在著許多符號，例如字、物體、顏色、聲音、感覺、味道及移動等，這些符號具有特定的意義和價值，符號互動論認為符號是社會生活的基礎（藍采風，2000）。人與人之間的互動大部分都包括了符號交換，透過這些符號建立不同的社會關係，例如伯叔、雇主與工人等，沒有符號的話，我們將無法與別人聯繫，無法計畫將來。社會生活的進行也是有賴

眾成員能分享符號的意義，否則大家無法溝通（Mead, 1934）。

二、意義（meaning）

米德認為每種符號均有其意義，而意義是由社會創造出來的。符號互動論有三個基本假設：

1. 個人的行為是以物、事或人對他的意義為基礎。
2. 意義來自社會的互動過程。
3. 意義是要闡釋和再闡釋。

根據此派理論，人經常尋找什麼是情境中的合宜行為、怎樣闡釋別人的意圖，一方面人會對情境進行闡釋，然後做出適當的行為反應；另一方面，人亦會為自己利益去界定情境，在互動過程中給他人留下特定的印象（龐憶華，2000）。在面對不熟悉的新情境，個人無法憑過去的經驗知道什麼是最適當的反應，這時候他會產生「意義的意識」，他會嘗試去知覺有關刺激的意義，以之和過去的刺激比較，並思考可能的後果及要採取的行動（Mead, 1934）。

三、角色（role）

符號互動論強調的另一重要概念是角色，角色通常依附在地位之上，當個體占據某個地位即要表現出符合社會期待的、適當的行為（Eshleman, 2003）。米德（Mead, 1934）認為社會角色不是固定的，在互動的過程中角色是經常要做調整的。易言之，角色是被我們生存的社會意義所定義的，諸如性別、年齡、種族、婚姻、職業、子女、親屬等。每一種角色都適應一定的社會文化，是文化背景的產物，亦是社會所期望的。結構功能論和符號互動論均應用角色的概念作為行為分析的架構，但是符號互動論不重視制度化角色，所重視的是由互動所發展出的角色，可以說互動論的角色概念著重描述合作行為和溝通的過程（Eshleman, 2003）。

第五節　本書的內容架構

　　教育社會學是要用社會的觀點和概念來探討教育制度，與教育有密切關係的社會學概念如下：社會體系（social system）、角色（role）、地位（status）、社會結構（social structure）、功能（function）、社會制度（social institution）、社會化（socialization）、社會組織（social organization）、社會團體（social group）、社會階層化（social stratification）、社會流動（social mobility）、社會變遷（social change）、社區（community）、文化（culture）、次文化（subculture）、多元文化（multi-culture）、社會關係（social relationship）、社會互動（social interaction）、權力（power）、權威（authority）、意識型態（ideology）、霸權（hegemony）、社會再製（social reproduction）、文化資本（cultural capital）、文化再製（cultural reproduction）等（陳奎憙，1998）。

　　在學校教育中，教育目的、學制系統、學校組織、班級活動、教師角色與地位、教師工作、學生次文化、學生同儕關係、班級氣氛、師生關係、課程內容、教學方法、考試評鑑、教育病態、當前教育改革課題、機會均等、教育政策等，均可作為教育社會學分析探討的對象。此外，包括家庭教育、成人教育、教育行政制度等，也可成為分析的對象（陳奎憙，1998；譚光鼎，2011）。將社會學的重要概念應用到學校教育層面，形成教育社會學所要探討的重要主題計有以下幾項（李錦旭，1991；張建成，2009）：

　　一、社會化與教育：以社會學的觀點探討教育目的與教育功能。

　　二、社會階層化與教育：此一主題包含社會階級與教育、性別與教育、族群與教育、教育機會均等、社會流動、社會再製理論。

　　三、社會結構與教育：探討教育與社會制度的關係，包含政治與教育、經濟與教育、文化與教育、社區與教育等主題。

　　四、學校組織社會學：以組織社會學的觀點分析學校組織，其內涵包括學校組織與學校文化。

　　五、教師社會學：探討教師角色、教師權威、聲望、職業特性等主題。

　　六、教學社會學：探討班級社會體系、師生關係、同儕關係、青少年次文化等主題。

　　七、課程社會學：以知識社會學的理論分析學校的課程運作。

　　八、社會變遷與教育：探討社會變遷的趨勢與教育改革的關係。

　　在上述主題之中，本書著重於與學校教育相關性較高之主題，共包含十三章：第一章緒論，第二章教育的社會功能，第三章社會結構與教育，第四章社會階層化與教育，第五章性別與教育，第六章族群與教育，第七章教育機會均等與教育政策，第八章學校組織與學校文化，第九章班級社會學，第十章教師社會學，第十一章課程社會學，第十二章教學社會學，第十三章學生。

自我評量

一、選擇題

(　　) 1. 大華在教學實習期間，想知道班上學生與某科任教師的互動歷程，最適合採用下列何種研究方法？　(A)德菲法　(B)參與觀察　(C)實驗控制　(D)問卷調查。

(　　) 2. 王校長在新生家長座談會中對家長說明教育的重要性，指出教育是協助學生進入社會的必要條件，接受學校教育的陶冶，將來才能成為理想的社會公民。王校長是持下列何種論點？　(A)知識社會學　(B)結構功能論　(C)經濟決定論　(D)象徵互動論。

(　　) 3. 下列何者屬於微觀社會學（microsociology）之研究？　(A)教室語言分析　(B)社會階層化　(C)社會變遷模式　(D)社會流動。

(　　) 4. 教育社會學的研究分類，可分為鉅觀研究與微觀研究，下列何者不屬於微觀研究的論述？　(A)強調社會變遷的研究　(B)重視實際社會生活的探究　(C)在社會行為研究中，著眼於行為情境因素　(D)突顯個人在社會實體建構中主動性的研究。

(　　) 5. 以下有關教育社會學的敘述，何者為非？　(A)是用社會學的觀點與概念　(B)探討教育與社會關係的一門學問　(C)兼具了教育學與社會學的性質　(D)偏重規範性研究。

(　　) 6. 採用調查法所進行的研究，大部分是屬於：　(A)量化研究　(B)質性研究　(C)量化與質性兼具的研究　(D)規範性研究。

(　　) 7. 以下有關新教育社會學（New Sociology of Education）的敘述，何者有誤？　(A)結合象徵互動論、俗民方法論及知識社會學的觀點　(B)認為資本主義透過教育的歷程，更形支配、穩固人類的社會生活機制　(C)學校教育有助於社會流動　(D)探討教育在社會歷程中所形成的不平等面向。

(　　) 8. 以下何者對於「新教育社會學」的敘述最為正確？　(A)理論觀點傾向社會功能的鉅觀分析　(B)探討社會優勢群體的價值，透過學校教育傳遞給學生　(C)知識的獲得係透過文化的傳承　(D)社會階級對於學生學習的影響力甚微。

（　）9. 下列對於教育社會學研究方法的敘述何者正確？　(A)實證性的研究過程偏向哲學性　(B)規範性的研究過程重視實證性取向　(C)實證性的研究方法是建立在質性探索基礎之上　(D)規範性的研究方法是建立在哲學思辨基礎之上。

（　）10. 何種理論認為學校課程的選擇、分類、傳遞與評鑑都和社會結構有關，並且反映出該社會權力分配的現實狀況？　(A)現象學　(B)符號互動論　(C)批判理論　(D)知識社會學。

（　）11. 張老師主張學校應該將當前社會中具共識性的價值體系教給學生，以維持社會運作的穩定發展。張老師所持的理論取向較偏何種學派之觀點？　(A)衝突論　(B)解釋論　(C)結構功能論　(D)社會建構論。

（　）12. 下列教育現象的敘述，何者屬於結構功能論（structural-functionalism）取向？　(A)學校教育在為資本主義服務　(B)學校教育促進社會文化的傳遞　(C)學校教育的結果為社會再製　(D)師生之間存在制度化的「支配─從屬」關係。

（　）13. 早期教育社會學直到1960年代，其研究主題仍偏重於：　(A)微觀的研究　(B)鉅觀的研究　(C)解釋的方法　(D)質的方法。

（　）14. 教育社會學中有關「再製」、「抗拒」等概念，主要出自於社會學的哪一個學派？　(A)衝突論　(B)結構功能論　(C)符號互動論　(D)人力資本論。

（　）15. 江教授認為隨著科技文明發展而來的「工具理性」，可能會對人性造成了扭曲與貶抑，因此特別著重揭露真相，透過辯證與反思，以追求主體的自由與社會的解放。他的立場與下列何者最為一致？　(A)批判理論　(B)文化再製論　(C)社會建構論　(D)結構功能論。

（　）16. 社會學家孔德（Comte）指出人類知識的進化有三個階段，請問是哪三個階段？　(A)哲學（玄學）→科學（實證）→工學　(B)神學→科學（實證）→哲學（玄學）　(C)神學→哲學（玄學）→科學（實證）　(D)神學→科學（實證）→工學。

（　）17. 為了解與預測不同學生的學習成就與家庭背景之關係，下列何者是最適合的研究方法？　(A)問卷調查的量化分析　(B)生命故事的批

判分析　(C)傳記與生活史的分析　(D)個案的歷史社會分析。

(　) 18. 無論是質性或量化研究資料的取得與分析，皆難以避免自我視角與觀念之涉入，社會科學是不可能如自然科學般完全的客觀中立。以上敘述最符合哪種研究概念之內涵？　(A)研究價值　(B)研究假設　(C)研究設計　(D)研究範圍。

(　) 19. 學校各科教學應依學生能力進行分組，讓每位學生適性發展，使他們將來進入社會後，能到不同領域的職業裡扮演不同的角色。此觀點較符合下列何種理論？　(A)結構功能論　(B)社會衝突論　(C)象徵互動論　(D)俗民方法論。

(　) 20. 下列哪些教育現象較符合「社會學的想像」（sociological imagination）？（甲）成績低落的學生主要是因個人努力不夠。（乙）少子化的現象和就業薪資結構有關。（丙）學校中的樂隊成員大多來自高社經家庭。（丁）智慧型手機和平板的暢銷造成「滑」世代來臨，現代學生幾乎都是數位原住民　(A)甲乙丙　(B)甲乙丁　(C)甲丙丁　(D)乙丙丁。

(　) 21. 美國社會學者米爾斯（C. W. Mills）曾經提出「社會學的想像」（sociological imagination），請問以下哪種說法不符合此項概念的內涵？　(A)關注個人心理和獨立事件　(B)重視社會模式和過程　(C)了解自身與社會的關係　(D)強調和公共議題的連結。

(　) 22. 下列何種學派最有可能認為學校「是一個價值中立的機構，用以傳遞社會共通的價值、規範和態度」？　(A)結構功能論　(B)衝突論　(C)詮釋學　(D)批判理論。

(　) 23. 有關教師進行同儕觀課，「解釋論」較關注下列哪一項重點？　(A)觀課時必須邀請校外專家並提供學生回饋統計資訊　(B)觀課者要理解被觀課教師的教學意識及班級獨特性　(C)觀課者應避免主觀價值判斷以遵守客觀的教學觀察指標　(D)觀課者主要關注社會結構再製所造成教育機會不均等的現象。

(　) 24. 關於詮釋學取向的教育社會學研究，下列何者為其基本觀點？　(A)社會真實是固定不變的　(B)人類互動過程產生社會建構的意義　(C)實驗研究能準確掌握行為的真實意義　(D)人類行為是依據客觀

條件或普遍的意義。

( ) 25. 墨頓（Robert K. Merton）建議社會學的理論應該是一種介於大型綜合理論與小型研究假設之間的中程理論（middle range theory），依照他的觀點，下列何者不屬於中程理論？ (A)社會流動理論 (B)參考團體理論 (C)角色衝突理論 (D)文化循環論。

( ) 26. 林教授對教師專業的詮釋是：將教師視為是文化工作者或轉化型知識分子，藉以突顯教師在專業化歷程中有關權力支配、社會控制等社會意涵。這接近下列哪一種論點？ (A)功能論 (B)衝突論 (C)解釋論 (D)交換論。

( ) 27. 下列哪一項屬於詮釋學派的觀點？ (A)了解補救教學的學校整體運作機制 (B)分析學校制度與家庭制度相互影響之關係 (C)探究教師教學專業訓練課程架構與實施成效 (D)分析班級教師個人的教學理念與蘊含的意義。

答案

1.(B) 2.(B) 3.(A) 4.(A) 5.(D) 6.(A) 7.(C) 8.(B) 9.(D) 10.(D) 11.(C) 12.(B) 13.(B) 14.(A) 15.(A) 16.(C) 17.(A) 18.(A) 19.(A) 20.(D) 21.(A) 22.(A) 23.(B) 24.(B) 25.(D) 26.(B) 27.(D)

二、問答題

1.請說明教育社會學的定義、學科性質和研究方法。

2.教育社會學的發展階段可分為哪些時期？各時期有何研究重點？

3.在教育社會學研究的發展中，有所謂鉅觀取向和微觀取向，請說明其意義及主要差別。

4.1970年代以後，教育社會學受到知識社會學（the sociology of knowledge）的影響而有新的發展，試敘述知識社會學的基本觀點，以及對教育方面有何衝擊？

5.何謂社會學的想像力？如何應用此概念至日常生活中？

6.請說明什麼是「鉅觀層面」的教育社會學，並舉出二個實例。

7.試述教育與社會的關係，並據以闡釋教育社會學的意義與內涵。

8. 教育社會學的理論中有「和諧論」（consensus theory）及其相對之「衝突論」（conflict theory），試述其理論大要。

9. 請比較功能論與衝突論的基本概念有何異同。

10.請說明解釋理論學派在方法論上有何特色，並敘述其理論要點為何。

第二章

教育的社會功能

　　「教育目的」與「教育功能」並不是相同意義的概念，所謂「教育目的」即是教育主體（施教者、受教者，或其他相關人或團體）在教育活動的歷程中想要或設想去達成或獲致的結果（陳迺臣，1990）。教育目的乃是指導教育發展的方向或理想，教育實務及設施須遵照這種方向或指標發展，當教育目的確定後，教育活動才可以前後一貫地朝向預定目標進行。而「教育功能」指的是「教育能發揮怎麼樣的功能，來達到我們所希望達到的目的？」因此又稱為功能性目的，例如生物學所主張的教育功能是發展個體潛能，倫理學則是文化的傳遞和創新（陳迺臣，1990；吳清基，1995）。教育尚有經濟功能、政治功能，並非所有的功能均為社會功能。有關教育社會功能的想法在我國可上溯至孔子，在西方可溯至柏拉圖，柏拉圖的教育主張，最早說明了多元教育是合乎社會進化原理的，任何教育都是要促進群體的進步（周新富，2020）。而社會學對教育功能的看法可以涂爾幹所說的「教育在於使年輕一代有系統地社會化」為代表，他認為教育是個人社會化的歷程，將「塑造社會我」視為教育目的，由涂爾幹的看法很難區別教育目的和教育功能的差異（吳康寧，2019）。雖然「促進個體社會化」這種說法忽視了個人的特性和需求，但民主社會的教育，個人除了學習良好的學識和專門技能之外，尚需培養積極助人、利群、服務奉獻的價值觀（周新富，2020）。本章將分別探討功能論、衝突論等學派對教育的社會功能所提出的理論。

第一節　正向的社會功能

　　結構功能論認為社會如同其他的有機體或建造物，它是一個完整結構，各個結構的組成部分均有其特殊的功能，由於各部分的分工合作，因此形成和諧的關係，而使社會歸於穩定的狀態，社會如要和諧運作，必須可以統整於共同的價值系統之下。如果結構中的某一部分不能發揮某些功能，將導致社會的調整與改變，在另一新的狀態下穩定下來而獲得平衡

（林生傳，2005）。在功能論的發展上，哈佛大學社會學家帕森斯是關鍵人物，一直到1960年代末期，帕森斯所提倡的功能論主導美國社會學理論約三十年。帕森斯受到歐洲社會學家涂爾幹的影響極大，他的某些基本理念是來自涂爾幹，因此對於社會秩序的議題著力頗深；他也從佛洛伊德的心理分析論借用其人格理論，來說明社會化的歷程（Meighan & Siraj-Blatchford, 2003）。墨頓，他是帕森斯的學生與同事，對帕森斯的功能論提出一些修正，不再如此強調社會運作的完美性，也不再去虛構一個社會運轉的抽象模型，而是將功能論轉換成一個分析觀點，作為各種社會現象的分析切入點，並且強調功能可能的負面影響。本節僅就帕森斯及墨頓的理論作一敘述。

 帕森斯的AGIL模式

帕森斯所建立的理論在引導我們了解教育制度在社會中是如何運作的，並且探討教育制度與家庭、政治、經濟等制度的關係。也就是說功能論主要在研究社會結構對個體生活的影響，強調社會世界的客觀面貌（Gewirtz & Cribb, 2009）。在帕森斯社會體系理論（social system theory）中提出「AGIL模式」（AGIL paradigm）有系統地對社會體系的基本功能作一描述。所謂的功能，是指一個體系為求生存與維持成長，所組織和動員的一切活動。因此，體系功能是指一個體系為滿足其存在而從事的一切活動的總和，為了滿足體系的基本需求，所有的行動體系須有下列四種功能（石計生，2006；Parsons, 1960）：

一、適應

模式的A是指適應（adaptation），行動體系之調適功能是建立外在環境與行動體系間的互動關係，透過調適的功能，行動體系從外在環境獲得資源和生產商品，藉以滿足內部需求。

二、目標達成

模式的G是指目標達成（goal attainment），所有行動體系都擁有界定其目標的功能，並動員所有力量與資源，藉以展現其所追求的目標。

三、整合

模式的I是指整合（integration），透過整合功能，可以維持體系內各部分間的協調，凝聚社會的價值和規範，例如一致的宗教信仰和語言，可以維持行動體系的穩定性。

四、潛存（或模式維持）

模式的L是指潛存或模式維持（latency or latent pattern maintenance），所謂模式維持的功能是指所有行動體系都能在社會規範與價值的支配下活動，為確保社會系統的價值規範，家庭和學校教育要傳遞信仰和價值系統，也就是建立社會成員的共識。

	手段性功能	目的性功能
對外功能	適應(A) 經濟資源	目標達成（G） 政治目標
對內功能	潛存（或模式維持）（L） 信仰和價值系統	整合（I） 規範

圖2-1　帕森斯AGIL模式

從以上論點可知：一個社會體系既然已經存在，就應該維持其模式穩定不變（L），力求成員之間的協調合作（I），以實現團體目標（G），為適合整體文化的變遷，本身亦應不斷調適（A），以達成平衡的發展（詹棟樑，2003）。根據這個模式，教育可以視為自「L」向「A」和「G」輸出，在學校中，兒童被教導符合社會要求的價值觀，在進入勞動市場後，被分配到不同的社會位置中，最後接受成人的組織責任角色（錢民輝，2005）。帕森斯認為教育皆在履行有利於社會生存與發展的積極功

能，發揮其正向的社會功能。

貳　教育的基本功能

帕森斯（Parsons, 1959）在〈學校班級為一種社會體系〉（The School Class as a Social System）的論文中，提出教育有兩種基本功能：社會化（socialization）和選擇（selection），但對社會化功能特別重視，認為如果社會化沒有有效地發揮功能，則社會秩序與和諧就不可能維持。

一、社會化

社會化是社會學的一個中心概念，人類經由社會化，發展了人格與自我，成為社會人，因而能夠在社會裡擔任工作（謝高橋，1997）。對於社會化（socialization）最通俗的解釋如下：個人為適應現在及未來的社會生活，在家庭、學校等社會環境中，經由教育活動或人際互動，個人認同（identify）並接受社會價值體系、社會規範，以及行為模式，並內化（internalize）至個人心裡，成為個人價值觀與行為的準繩，此一過程謂之「社會化」（龍冠海，1971）。簡單地說，社會化是指個人學習某些社會地位的行為，並在社會期望與約束中履行角色行為。帕森斯認為在學校課堂裡所學習的重點是社會性知識，不是事實性知識，學生對教師價值觀的認同和內化程度才是學校教育的主要功能。國小階段以女性教師居多，女老師就如同家庭的母親，提供感情交流、尊重個人人格、不拘小節和玩耍等家庭價值觀，但是老師也必須教導職業生活所要求的價值觀，如抽象、理性、控制與合作。擔任社會化責任的機構有家庭、教會與學校，而學校是重要的一環，具有「核心社會化機構」的地位，為盡社會化的職責，學校實施能力的訓練與人格陶冶，使學生具未來成功扮演成人角色所需的動機與技能（Parsons, 1959）。

解釋論學者如米德及顧里（C. H. Cooley, 1864-1929）皆提出有關社會化的理論，米德所提出的理論，稱之為「社會自我理論」（the theory of social self），其理論的中心概念為「自我」，也就是個人的「自我覺察」

（self-awareness）與「自我形象」（self-image）所構成的人格層面，是指一個人的行為傾向。自我雖然經常被界定為與心理學或個體有關的名詞，但實際上是社會現象，是由與他人互動發展而來，所以說社會化的過程即是社會自我的發展過程。他提出重要他人（significant others）、參照團體（reference groups）與概括化他人（generalized others）等概念，來說明社會自我發展的過程。米德認為自我的發展是經由下列三個階段：準備階段（preparatory stage）、遊戲階段（play stage）、比賽階段（game stage），大約9歲以後，兒童放棄捉迷藏、扮家家酒等遊戲，參與有組織性的團體遊戲，經由團體競賽，兒童發展出「概括化他人」的概念來組織他們的行為，所謂概括化他人即以有系統的、預期的行為、意義和觀點來要求參與者。兒童會將他人對本身的行為期望綜合成一種整體印象，然後根據這種印象，就他人的角度衡量及表現自己的行為。兒童將這種經驗應用在真實的社會生活，他們必須遵守社會規範，了解社會地位及社會的價值與態度，如此兒童才能發展出完整的人格（Eshleman, 2003; Ferrante, 2003; Mead, 1934）。

顧里的社會化理論稱為「鏡中自我理論」（theory of the looking glass self），他認為自我是社會產物，自我觀念源自兒童與他人不斷地互動，他以鏡中形象（the image of looking-glass）來說明他人如何影響自我觀念的情形。他認為「社會自我」的發展，是由我們觀察他人對我們行為所作的反應而發展的，在日常生活中，我們持續與他人互動，並判斷他人的行為，我們也想像他人對我們的行為所作的判斷，我們對「自我」的覺知是基於我們的想像之上，以為他人將對我們作怎樣的判斷（Cooley, 1961）。顧里認為鏡中自我的形成包含了三個階段：1.想像我在他人心目中的形象；2.想像他人對此形象的批評；3.由此形象而發展出自我的感覺，如驕傲、羞恥、自卑等。這個歷程說明我們藉想像他人的反應方式來評價自己的行為，例如胖瘦、高矮、美醜、智愚、是非等，皆是與他人比較後自我知覺的結果，亦即從他人的反應中學習得來，他人的反應即是自我的鏡子，沒有這種鏡子，就不會有自我觀念（白秀雄等，1979；Cooley, 1961）。

二、選擇

　　學校教育的第二種功能是選擇，也就是選拔人才的意思，社會上的各種職位尋找合適的人才來擔任。根據帕森斯的看法，教育選擇是一種分類的過程，其過程是依據整體社會價值及規範來區分學生，並透過選擇的機制，依據個別的才能，給予不同層級的教育酬賞，以反映「個人成就」的價值和「普遍主義」（universalism）的規範（張鐸嚴，1994）。

　　這種普遍主義是社會所要建立的價值共識，帕森斯在《現代社會體系》一書中，他指出因為教育的擴展，將使得教育機會均等的概念受到重視，但是學生成就上的差距是不可避免的，而這些差距是由能力、家庭取向（family orientations）和個人的動機所導致，因此教育成就的差距，將會導致新型態的不公平。因為教育資格決定一個人所獲得的工作，也決定一個人在社會階層制度裡的收入、地位與職位（Parsons, 1971）。這種不公平可能使社會趨於分裂和衝突，但經由學校教育的社會化過程，會將這種不公平現象合法化，以消除社會成員的緊張關係。教育會傳授這樣的觀點：由於教育成就差距而形成的收入和地位的不公平是可以接受的，也就是對那些在教育上有傑出表現的個人給予較高的酬賞是適當的（李錦旭譯，1987；Blackledge & Hunt, 1985）。因為在這個過程中，教育選擇的依據是「成就」，不是家世背景等「賦予」（ascription）的條件，而且低社經地位學生在「機會均等」的社會中，也提供機會讓他能向上流動（Mulkey, 1993）。基於上述理由，帕森斯認為「成就」和「機會均等」是社會所要培養的價值共識，社會要確定提供給個人的教育機會是均等的，其後所形成的教育成就不均等，應該歸因於個人智力與努力的差異（莊勝義，1989）。這樣的社會稱之為功績社會（meritocracy），在這種社會中，學校教育將扮演偉大平衡器（great equalizer）的角色。

　　學校教育選擇的方式是直接訴諸「能力」與「成就」，學校評量學生成就的優劣，給予選擇性的酬賞，成就較高的學生適於擔任功能特殊、技術性較高的職位；成就較低的學生則適於擔任低技術性、無技術性的工作。所以學校的選擇過程即在區別分化，使學生獲得不同的酬賞，並分

配到不同的教育體系，最後銜接到不同的職業體系（Parsons, 1959；譚光鼎，1992）。

依照成就高低而區分學生地位階層的作法，無可避免地將產生高低社會等級的差別，但是由於這是功績式的選擇，而選擇標準是社會各階層所建立的「價值共識」，故這種地位的差別是社會各階層所接受的。學校在選擇過程中所擔任的職責在公正評量學生成就，給予公正的酬賞，雖然學生能力的優劣與家庭地位高低有關，但在功績社會當中，個人的成就並不必然會受制於社經地位（Parsons, 1959）。

墨頓對功能的區分

墨頓對帕森斯的功能論提出了修正，他將參與某種行動模式區分為主觀動機，例如意向、目標、目的，以及行動模式的客觀後果，因而認為功能論中的「功能」應指客觀後果（黃瑞祺，1981）。他將功能區分為顯性功能（manifest functions）、隱性功能（latent functions）、反功能（dysfunction）三類。墨頓認為社會裡的功能有些是有意設計安排的、明顯的，且廣為人知的，即是顯性功能；另外有一些是原先尚未設定的，潛在隱藏，且為人們始料未及與忽略的功能，稱為隱性功能，並且認為社會學的貢獻在於探討社會行動的隱性功能。反功能或譯為負面功能、功能失調，其觀點說明功能的破壞性，強調並非所有的功能都是正面的，也有反面的效果，例如犯罪、離婚、吸毒等社會現象，事實上已經危及到整體體系的穩定運作，甚至導致體系的瓦解。社會體系也可能產生「無功能」（non-function），這類的結構結果可能是早期歷史遺留下來的殘存（survivals），姑且不論在過去它們可能是正面功能或反功能，但在當代社會一點也不發生重要影響。以教育的功能為例，教育有兩大顯性功能：知識傳授以及地位賦予；教育的隱性功能則是成為社會階級篩選與維持既得利益的重要機制；教育的反功能是學校提供校園幫派組織得以彼此串連、吸收與訓練新成員的場地與機會（馬康莊、陳信木，1989；郭盛哲，2010；Merton, 1968）。依墨頓所提出的框架，教育的功能可以分為四大類：顯

性正向功能、隱性正向功能、隱性負向功能、顯性負向功能（吳康寧，2019）。

第二節　教育的反功能

　　1950年代以後，社會衝突現象的不斷增加，一些社會學家開始對帕森斯理論產生懷疑，他們採用馬克思、韋伯、齊美爾等人有關衝突的思想，對結構功能論提出批評和修正，逐漸形成社會學的重要學派之一（蔡文輝，2011）。衝突論（conflict theory）不像功能論那樣觀點一致，可以分為馬克思主義與非馬克思主義的衝突理論，馬克思主義衝突理論採用馬克思的階級鬥爭論，否定功能論關於共同價值觀的觀點，而強調經濟階級之間的鬥爭；這一陣營又可細分為結構馬克思主義和文化馬克思主義，前者強調決定論（determinism），認為社會和文化的關係與實踐，主要是由經濟所決定；後者強調自由，認為資本主義社會關係的再製來自社會行動，因此會產生不同的社會生活情況（Gewirtz & Cribb, 2009）。非馬克思主義學者包括德國社會學家韋伯及達倫多夫（Ralf Dahrendorf），其中韋伯對教育社會學的影響較大，形成韋伯學派（Weberian school），他把社會衝突的原因歸因為權力競爭，當代韋伯學派著名的學者有華勒出版《教學社會學》、柯林斯（R. Collins）提出文憑主義（credentialism）與地位團體（status group）的概念、梅耶（John Meyer）提出體制理論（institutional theory）、布迪厄（P. Bourdieu）提出文化再製理論。這些理論大都是針對功能論的正向功能進行反思的結果，雖然未明確使用「反功能」的概念，卻承認教育除具有正向功能外，同時還存在著反功能（吳康寧，2019）。本節以衝突學派所提出的理論為主，分別闡述其對教育反功能的看法。

衝突論對教育的看法

　　衝突論的基本主張可歸納為四項要點：1.反對社會是一平衡而和諧的結構性說法；2.現代社會是由多個利害衝突的部分、團體或階級所構成的，社會學的分析應著眼於社會中利益如何差等的分配，及優勢團體如何維護並把持既得權益；3.其研究重點在揭露利益衝突的冷酷事實，並促進社會的解構重建，使社會不斷變遷；4.學校教育常作為優勢階級巧妙控制壓迫被控制階級的一種工具（林生傳，2005；陳奎憙，1990a）。功能論學者探討教育對於社會的重要功能，雖然研究成果頗為豐碩，但也飽受衝突論的批評，這些批評歸納如下：1.對社會的看法是保守的，它強調共同的社會價值觀，忽略了那些不享有共同價值觀或沒法改變價值觀的人；2.忽略了異議和社會衝突，社會組成部分不是為了整個社會利益而共同互動，有些團體得到好處是以損害其他團體的利益為代價的；3.教育的目標與制度常受許多不同壓力團體的相反意識型態所左右；4.只重視技術訓練和選擇，忽略教育歷程的內容，例如教師與學生間或學生之間的教室動力學（黃德祥、林重岑、薛秀宜等譯，2007；林生傳，2005）。

　　衝突理論的共同點即認為社會是處於衝突狀態之中，人們缺乏的主要資源就是權力，因此他們把學校看作是一個為權力而競逐的社會競技場（social battlefields）（鄭世仁，2007；Sadovnik, 2016）。衝突論的許多論點是與功能論相對立的，二十世紀60年代以後，一些教育社會學者運用這種觀點分析教育制度的功能、學校組織的社會過程等議題，雖然主張衝突論的學者包括改革者、新馬克思主義者、再製論者，但他們都把教育系統視為再製現存不平等社會階級的機構，對促進社會公平、和諧沒有積極性的幫助。這學派著名的理論有美國學者包爾斯（Bowles）和金帝斯（Gintis）提出的「社會再製理論」、法國學者布迪厄提出的「文化再製理論」及美國學者艾波（M. Apple）對「意識型態與教育」、「教育與權力」等議題的研究。

顯性反功能

　　顯性功能是刻意設計安排、公開的、明顯的正向功能，例如學校傳遞基本能力、生活知能、就業與公民參與等知識，我們都知道大學的功能是提升學術研究能力，以及訓練社會需要的各種人才。顯性反功能則是學校在運作上所存在的明顯缺失，也稱為負面功能或消極功能，例如廣設大學導致文憑貶值、就業市場競爭激烈。本小節以伊利奇的「反學校教育」理論，來說明學校存在著顯性反功能。

一、學校教育的失敗

　　美國學校在1960-1970年代，受到極端浪漫主義者、新進步主義者強烈抨擊，著名的批評者如霍特（J. Holt）撰寫《小孩為何失敗》（*How Children Fail*）、伊利奇（I. Illich）撰寫《去學校化社會》（*Deschooling Society*）、尼爾（A. S. Neil）撰寫《夏山學校》一書，對於學校教育方法、強迫學校教育、成人權威與校規表達了相當多的不滿，他們對學校的批評如下：學生像囚犯、教師如獄警、禁錮學生的智能與情感、以分類或分軌高度歧視學生並造成社會階層、只對少數人有利而忽視多數人的權益等（方德隆，2004a）。伊利奇所提出的激進教育理論稱為「學校消亡論」或「反學校教育」，書中舉例說明了制度化教育的無效性，提出了自我指導的教育，這是對教育的顯性反功能提出批判的經典之作。伊利奇（Illich, 1970）大部分的想法是遵循著馬克思主義者對歷史的解釋，並呼應馬克思改變世界的信念，他抨擊現代學校教育存在著以下的流弊（吳康寧譯，1994；蔡苔芬，2016）：

㈠制度上的依賴

　　學校之作為學習的機構，被認為有價值的學習是到學校上課的結果，人們對教育的高度期望，造成了學校壟斷教育的人力與財力，還阻礙了社會中其他制度涉足教育領域。但是教育投資並沒有帶來種族和個人的經濟成功，中產階級埋怨教育過分強調組織化、理智化而忽視學生選擇教育的

自由，貧困者和少數民族譴責學校沒有保證他們的孩子的成功，人們對學校的態度開始改變，他們不再盲目地認為學校是一個有價值的機構，而是覺得學校無能。

㈡套裝式教學與文憑捆綁在一起

制度化下的教育價值觀，使人們誤以為教學就是學習，接受教育愈多，個人就愈會成功；知識的多寡，取決於學校課程的修習是否充足；成績等第被視為教育的成敗，教育文憑與個人才能混而為一。伊利奇認為學校將套裝式教學（packing instruction）與文憑捆綁在一起，因此斷言學校教育不可能促進學習，久而久之學生也不會自己學習，因而失去了自我學習的能力。

㈢學校的非人性化管理

伊利奇認為學校機構就如同監獄、軍隊、修道院這些不平衡的社會機構一樣，使用強制的方式，將一群具有相當同質性的人聚在一起，以非人性化的方式管理學生，例如學校具有強迫性義務教育性質、教師對學生行使超越憲法的權力、壓抑學生自由與個性、對學生進行欺騙等。

二、改善措施

學校教育是社會制度的一環，但由於長久以來，我們對它的合理性和合法性認為理所當然，而不加以懷疑和批判，因此它已逐漸成為社會控制的工具或是意識型態的製造所，至於教育理想的實踐如促進社會均等、維護社會正義、發展個人潛能，卻成為不能兌現的「空頭支票」（吳康寧譯，1994）。伊利奇所提出建設性的主張是必須完全讓學習「非正式化」，只要有一個合適的地方，人們會主動地、好奇地、靈活地去進行與個人和社會生活有關的學習活動。他提出四種學習網絡（learning webs）來取代學校教育：1.教育用品參考服務（reference services to education objects），即廣設學習資源；2.技能交換（skill exchange），給沒有文憑但有技能者分享技能的網絡；3.夥伴選配（peer-matching），即讓志同道合的學習者可以一起學習；4.教育人員諮詢服務（reference services to educators at large），即給予學生與家長在學習上的指導（馮朝霖，2000）。伊利奇的主張在網際網路興盛的今日可以一一實現，甚至在新冠疫情肆虐的時代，學校關閉，學生只透過電腦網路在家學習。

參　隱性的反功能

　　所謂隱性功能是一種非意識到的、非計畫性的功能，例如大學提供個人交友擇偶的機會、學校提供社區休閒運動的場所等。而隱性的反功能即是在設立學校時沒有意識到的負面影響，例如過度教育、社會階級再製等現象。以下僅就社會再製理論、文憑主義、社會控制等三項理論來說明學校所存在的隱性反功能。

一、社會再製理論

　　衝突論的經典之作是包爾斯和金帝斯（Bowles & Gintis, 1976）所著的《資本主義美國的學校教育》（*Schooling in Capitalist America*）一書，他們從經濟的觀點來探討教育與社會的關係，結果發現低社經地位學生的學業成就低，接受教育的年數較短，較多從事低階的職業；而高社經地位學生的學業成就高，接受教育的年數較長，大都從事地位較高的職業。這說明學校教育並不符合教育機會均等的原則，不同家庭背景的學生，透過學校教育之後，進而影響到將來職業地位的高低，而產生代間社會階層再製的現象，故稱為「社會再製理論」（the theory of social reproduction）。「再製」一詞的原文為reproduction，源自馬克思對生產（production）的解釋，故有學者譯為「再生產」（高宣揚，1991），也有以資本主義工業社會文化生產的製造特質，而譯為「複製」。至於「再製」之意義，一般人都認為偏向負面定義，類似機械主義和科技主義所宣稱的複製（replication）或是重複（repeat），較中性的意義則是模仿或是類似（likeness）（Jenks, 1993）。應用到社會關係上則是指透過一個控制選擇的系統，使社會不同階級持續自己社會地位的過程。以下略述社會再製理論之大要：

影響教育年數和職業地位因素

包爾斯和金帝斯（Bowles & Gintis, 1976）在書中提出一個路徑圖，說明社經背景如何影響教育年數及職業地位。圖2-2說明成人的智商和學校教育年數是受先前變項如社經地位背景、孩童的智商所影響，而孩童的智商是受到遺傳繼承、社經背景及其交互作用的影響。模式中，社經背景直接影響收入，間接影響到教育成就和成人的智商。根據這項證據，包爾斯和金帝斯認為學校是透過表面上的公平與功績表象來合法化其不平等，雖然政治權力的不平等分配，使教育中的不平等得以維持，但最主要的原因仍在於階級結構本身以及資本主義社會的階級次文化中，因此不平等的教育是根植於階級結構的，而不平等的教育則使這種階級結構合法化並得以再製（Bowles & Gintis, 1976）。

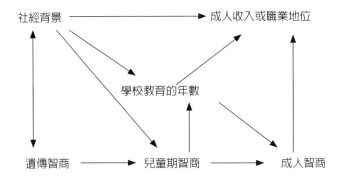

圖2-2　包爾斯和金帝斯的路徑分析架構

資料來源：*Schooling in Capitalist America* (p. 133), by S. Bowles and H. Gintis, 1976, NY: Basic Books.

在包爾斯和金帝斯的詮釋之下，突顯出美國學校的諸多教育問題，其主要論點如下：

㈠教育傳遞生產形式的意識型態

依據上述的量化分析，包爾斯和金帝斯認為美國學校教育的發展並不是要追求平等，而只是為了提供資本家對受過訓練的和有技術的勞動力的需求，而使學校成為加強政治穩定而設立的社會控制機構。他們使用質

化進行「潛在課程」的分析與探討，認為學校除了教導各種專業知能以外，也傳遞合乎生產形式的意識型態，以教導學生順從資本主義的勞動分工體制。學校所使用的主要方法有兩種：首先它藉著培養學生具有「經濟的成功本質上有賴於能力與適當的教育」這樣的信念，來將階級結構與不公平合法化；其次，藉著適合資本主義經濟的能力、資格、觀念與信仰，來教導年輕人順從，使他們能適應即將進入的階級支配體系下的工作職位（Blackledge & Hunt, 1985；李錦旭譯，1987）。

學校教育也就藉著「合法化」與「社會化」來傳遞合乎生產形式的意識型態，所謂合法化是指教育制度傳遞「技術專家主義─功績主義」的意識型態，這種意識型態認為社會上最重要的職位必須由最有才能的人來擔任，所以才會有收入、財富與地位的不平等。而社會化是學校教育在塑造學生的「勞工意識」，例如學校的獎懲機制獎賞溫順與服從的行為，懲罰並抑制自發性與創造性行為，以此方式教育學生成為適當的部屬，久而久之生產過程的社會關係即融入在學生的日常生活應對之中（李錦旭譯，1989；Bowles & Gintis, 1976）。

(二)教育制度符應生產的社會關係

包爾斯和金帝斯（Bowles & Gintis, 1976）提出「符應原則」（correspondence principle）來說明教育系統如何幫助年輕人整合到經濟系統。他們認為工作組織和學校教育組織之間存在著符應關係，例如訓練優秀分子接受階級經濟頂端的位置，訓練工人階級擔任階級經濟底層的職位，工人的子女被放置在後段班或進入不同中產階級類型的學校，鼓勵他們要溫順、要順從外在的規則，他們學習的技能也與手工有關。相反地，優秀分子的子女所放置的班級或學校，則鼓勵他們以自己的步調來工作，不需要他人監督，從事的活動是智能性的工作，並將外在強制規範內在化，而不是遵從外在規則（Mehan, 1992）。這種結構性的符應關係可由四個層面觀察得知（李錦旭譯，1989；Bowles & Gintis, 1976）：

1. 學生就好比工人，幾乎沒有力量，他們對課程的控制力是極小的，因此類似於工人對他們工作內容的情形。

2. 教育就好比工作，被認為是達成某種目的的一種工具，而非它本身就是一種目的，兩者都不是為了內在滿足，是為了外在酬賞（資格和工資），以及為了避免不愉快的結果（教育失敗和失業）。

3. 工作上的零碎分割，反映在課程內容的分化上，而因個人負責工作範圍狹窄而導致勞工之間不團結的現象，也反映在學生為求好成績而產生的不必要競爭上。

4. 不同階段的教育方式，也正好符應職業結構中對不同層次勞工的工作要求，亦即中學被要求依學校規定行事，大學時則被期望能在較獨立的情形下完成工作，這種情形與大企業內對不同層級員工的要求恰好相互符應。

由社會再製理論可以了解學校教育存在著隱性的反功能，即維護社會現狀、阻礙階級流動，學校教育與資本主義的社會階級存在著符應的現象，中產與上層階級的學生經由學校教育取得合法統治者的地位，享有高地位與高所得，而勞工階級的學生因為低教育成就或欠缺經濟資源，因而無法進入大學，離開學校後依然從事勞工階級的工作。學校並非如功能論所說的是「偉大的平衡器」，對於低社經地位的學生要取得教育上的成功是相當不容易的。

二、文憑主義社會

新韋伯主義的柯林斯（Collins, 1971）反對功能論的教育技術主義觀點，因此從美國教育制度的形成史蒐集資料來證明教育文憑制度的階層化與技術主義意識型態之間是沒有關係的。柯林斯（Collins, 1979）在《文憑社會》（*The Credential Society*）一書中，認為當今的美國社會就是一個「文憑社會」，所謂文憑社會是教育藉由文化市場與社會階層產生共謀關係的產物，由於教育體系最終和就業市場相銜接，而雇主無法準確識別每個應聘者的能力，他們往往退而求其次，即透過文憑來判斷人才的優劣，於是教育文憑滲透到職業結構，成為複雜階層結構的決定性推動力。社會中的中產階級愈來愈依靠專業性職業的獲得，來鞏固其社會地位和優越的

生活方式，教育文憑逐漸發展成為一種獲取特殊職業的方式，這就是教育為何成為中產階級再製的重要場域原因之一（劉慧珍譯，1998）。

柯林斯（Collins, 1971）認為學校不傳授有用的技術知識（intellectual skills），而是傳授特定地位團體（中產階級）的文化，例如詞彙和音調、服飾、審美能力、價值、社交能力和舉止。所接受的教育層級愈高，所得到的文憑愈優越，而受到上層文化的薰陶愈深厚，所以愈有可能被上層菁英所接納，因而取得上階層職位。教育文憑所代表的是一種地位象徵，並不一定代表具有某種實際的成就或專業能力，取得文憑代表進入某種地位團體的門票，也代表獲取高薪資和權利的保障，因此統治階級可以運用教育文憑作為門檻或區別的工具，接納或排拒某些人。這種現象導致「文憑主義」（credentialism）的興起，但這並不意味著各種具有專業能力的人愈來愈多，只是顯示教育愈來愈被統治團體所控制。社會大眾為爭取向上流動的機會而竭力追求文憑，其結果是造成文憑的通膨和貶值，產生過度教育（over education）的社會現象（劉慧珍譯，1998；譚光鼎，2011）。社會上有些人進入學校的主要目的是獲得文憑，而不是取得真才實學，因而延伸出只重視考試成績、考試領導教學、不考的學科就不學等功利的現象，這是一種反功能教育現象。

三、社會控制

社會控制（social control）一詞中的「控制」有「干預」的意思，指權力、力量、支配、權威等，同時也含有視導、檢查、監督等。美國學者杜威比較傾向使用「干預」意味較弱的控制概念，杜威所持的廣義社會控制觀，是由社會整體的鉅視觀點出發，以維繫社會良好運作為目的，採取非正式、間接、緩和、柔軟為主的社會控制手段，冀望增進社會的凝聚力，俾使社會在穩定成長中發展（單文經，2015）。依此定義則功能論所重視的社會化也是社會控制的方式之一，學校就是執行社會控制的重要機制。當學校灌輸兒童社會價值，要求兒童遵守社會傳統與制度，兒童再將這些社會價值內化，以個人的「自我控制」，以及社會群體的「內在控

制」為基礎的社會控制才能發揮其成效。1970年代之後，衝突論的社會學者開始強調階級權力、資源支配、文化霸權（cultural hegemony）等具有宰制意味的社會控制機制所發揮的作用，也就是將社會控制的範圍擴大到意識型態領域，直到今日仍處於主導地位（單文經，2015）。

西方馬克思主義的學者葛蘭西（Antonio Gamsci, 1891-1937）提出「霸權」（hegemony）的概念，認為霸權是現代資本主義社會中，統治階級透過同意（consent）所取得的統治權。葛蘭西把上層結構區分為：政治社會及市民社會，政治社會是國家施以壓迫性的單位，如軍隊、警察、公務行政機關等，以壓迫的手段來辯護和維持統治階級的政治領導權。市民社會是民間團體，例如教育機構、大眾傳播、宗教、商業活動等。國家需要透過市民社會進行意識型態控制，才能維持霸權，於是透過「文化霸權」的隱匿性的控制運作，以傳遞統治階級的價值文化、世界觀，來獲取被支配階級接受支配階級的宰制之同意。葛蘭西認為文化霸權的主要運作者是知識分子，它們為統治階層精心策劃宰制的意識型態，為了再製統治的霸權，國家必須經由知識分子的運用來支配學校教育，設計學校課程與教學，教導統治階層的文化，使學生順從霸權意識型態之駕馭（李光榮，2008；Gramsci, 1971）。

功能論者認為學校的社會控制功能可以促進社會的穩定，減少社會問題，這是屬於正向的社會功能。然而衝突論者認為學校社會控制的功能過強，可能造成思想上的箝制，壓抑學生批判思考的能力，教育就成為統治團體灌輸階級意識型態、進行思想控制的工具（譚光鼎，2011）。由馬克思主義衝突論學者的研究可以發現教育具備上述隱性的負面功能。

自我評量 ....

一、選擇題

( ) 1. 依帕森斯（T. Parsons）AGIL模式，由「對內」與「目的性」兩類範疇組合而成的基本功能為何？ (A)統整（integration）(B)適應（adaptation） (C)模式維持（latent pattern-maintenance）(D)目標達成（goal attainment）。

( ) 2. 為明瞭學校行政組織，倘若依照帕森斯的社會功能理論，學校為維持其文化價值模式，是謂何種功能？ (A)整合 (B)潛伏 (C)適應 (D)目標達成。

( ) 3. 帕森斯指出美國中小學班級的功能主要有二。評量學生的學習表現等第，以作為未來畢業分流的準備。這是屬於哪一種功能？(A)選擇 (B)照顧 (C)學習 (D)社會化。

( ) 4. 下列各項有關教育社會學理論的敘述，何者正確？ (A)解釋理論重視「實證取向」、「量化模型」的研究 (B)批判理論重視「工具理性」、「意識形態」的作用 (C)和諧理論重視「情境定義」、「互為主體性」之類的概念 (D)衝突理論重視「社會再製」、「文化再製」等現象的分析。

( ) 5. 下列何者是結構功能論（structural-funtionalism）對於學校的看法？(A)學校是文化霸權複製的場所 (B)學校是價值觀達成共識的場所(C)學校符應社會的階級 (D)學校是對立與衝突的場所。

( ) 6. 某位學者認為臺灣社會未來需要更多的專業人才，近年來臺灣高等教育擴充，教育對個人向上流動會扮演重要的角色，這位學者最服膺下列何種教育社會學理論？ (A)結構功能論 (B)衝突論(C)文化再製論 (D)知識社會學。

( ) 7. 學校具有維繫穩定社會結構、延續既有社會秩序的功能，是社會化的主要機構，此說法與下列何種理論相符？ (A)功能論 (B)衝突論 (C)符號互動論 (D)後現代主義。

( ) 8. 父母為中高級專業管理者，其子女考上國立大學的比例比父母為勞工與半技術階層者較高。從教育社會學論點，這種現象最符合下列

何者？　(A)社會變遷　(B)社會流動　(C)社會階級再製　(D)教育機會均等。

(　) 9. 有人認為學校教育的過程，是優勢階級巧妙地「再製」既存社會階級利益的不平等歷程。這種說法是屬於下列何種理論或學派的主張？　(A)交換理論　(B)系統理論　(C)衝突理論　(D)結構功能學派。

(　) 10. 學校試探學生性向與能力，並輔導其進入不同升學進路，這是發揮學校教育的哪一種功能？　(A)社會化　(B)社會控制　(C)知識傳遞　(D)選擇與分化。

(　) 11. 在教育社會學的理論中，以強調「社會變遷及強制的普遍性」為主要觀點的是下列哪個理論？　(A)功能理論　(B)衝突理論　(C)韋伯理論　(D)互動理論。

(　) 12. 國家統治者會透過教育制度將特定的意識型態及文化價值，經過精心設計，灌輸給民眾，以達到社會控制的目的，這種現象可稱為什麼？　(A)文化霸權的教育政策　(B)跨文化的教育政策　(C)文化融合的教育政策　(D)文化衝突的教育政策。

(　) 13. 父母與子女的教育程度和職業類別具有高度的相似性，這種現象稱為：　(A)階級再製　(B)文化資本　(C)地位世襲　(D)功績主義。

(　) 14. 在教育社會學理論基礎中，強調要由生活事件入手，透過觀察、深度訪談、文件分析等方式，以了解現象背後的深層結構，為哪一派理論的主張？　(A)和諧理論　(B)衝突理論　(C)詮釋理論　(D)批判理論。

(　) 15. 下列哪一位學者的教育學說較不具「文化批判與再製理論」的色彩？　(A)帕森斯（T. Parsons）　(B)布迪厄（P. Bourdieu）　(C)艾波（M. Apple）　(D)吉諾斯（H. Giroux）。

(　) 16. 符應原則（correspondence principle）的意義，學校扮演何種角色？　(A)促進社會流動　(B)複製勞動力結構　(C)達到社會解放　(D)培育學生獨立價值觀。

(　) 17. 依據馬克思主義的論述而寫成的教育作品為下列何者？　(A)華勒（W. Waller）的《教學社會學》　(B)涂爾幹（E. Durkheim）的

《教育與社會學》　(C)包爾斯與金帝斯（S. Bowles & H. Gintis）的《資本主義美國的學校教育》　(D)帕森斯（T. Parsons）的《班級為一種社會體系》。

(　) 18. 顧里（Cooley）強調自我觀念係透過與他人接觸，意識到別人對自己的看法，站在他人角度反觀自己所形成的結果，此概念稱為：(A)心靈反射　(B)鏡中自我　(C)自我反省　(D)後設認知。

(　) 19. 小明上學一段時間後，學習到一些社會規範，並轉變態度。這種轉變屬於結構功能主義的哪個概念？　(A)社會化　(B)文化資本　(C)機械連帶　(D)有機連帶。

(　) 20. 面對少子化壓力，星辰國中為招生，常於大門口牆壁貼滿該校師生參加各類學科、技藝、球類等比賽之優異成績，以向社區家長宣傳該校辦學績效之象徵，這種宣傳策略，明顯可謂是下列何種教育社會學理論之應用？　(A)生存理論　(B)交換理論　(C)衝突理論　(D)符號互動論。

(　) 21. 下列教育政策或措施，何者不是「文化霸權」之現象？　(A)學校本位課程之設計與實施　(B)國編版的教科書政策　(C)對私人興學或母語教育的限制　(D)全面同化的民族精神教育。

(　) 22. 小威的父母親在夜市裡擺攤，他三天兩頭曠課、不寫功課，還對老師嗆聲說：「幹嘛唸書！將來也用不到，錢也不會賺得比我爸多。」試問下列何種概念最能說明此現象？　(A)有機連帶　(B)符應原理　(C)抗拒文化　(D)角色距離。

(　) 23. 以下關於教育社會學學者的論述，何者為正確？　(A)布迪爾（Bourdieu）提出文化複製論　(B)金第斯（Gintis）屬於符號互動論　(C)華勒（Waller）提出文憑主義　(D)米德（Mead）屬於功能論。

(　) 24. 學校教導學生使其在行為上、道德上，以及文化上能順從，這是學校教育的那一種功能？　(A)生產功能　(B)社會控制功能　(C)潛在課程功能　(D)選擇功能。

(　) 25. 伊立希（Illich）的反學校化（deschooling）教育觀念主張？(A)人不必接受教育　(B)學校教育應與社會生活緊密結合　(C)另創

學習網來取代現存的學校教育　(D)學校應改由私人經辦。

（　）26. 以下何種論點倡導廢除現行學校，改用教育媒體網絡、技藝交流網絡、伙伴切磋網絡與專家諮詢網絡來取代？　(A)去學校論（deschooling）　(B)自由學校論（free school）　(C)開放學校論（open school）　(D)人本學校論（humanizing school）。

（　）27. 社會的文化、制度或個人的、團體的社會行動，對社會生活、社會系統的運作，具有不良的作用或負面的影響是？　(A)反功能　(B)外顯功能　(C)內隱功能　(D)潛在功能。

（　）28. 下列何者較符合於葛蘭西（A. Gramsci）對於「文化霸權」觀念所作的闡釋？　(A)文化霸權與武力霸權均屬於強制性的霸權　(B)對於勞工階級而言，取得政權的過程中，最好的方式是先以武力霸權取得統治地位，再以文化霸權鞏固政權　(C)文化霸權的取得及鞏固有賴意識型態的操作　(D)文化霸權的來源包括所有的國家機器及文化機制在內，諸如軍事、政治、教育及宗教等機制。

（　）29. 教育和其他社會制度一樣，具有維繫社會生存的目的，透過教育可使社會成員具有共同的觀念、態度及行為。下列何者最能說明這樣的過程？　(A)社會化　(B)社會分工　(C)社會流動　(D)社會階級。

（　）30. 學校透過時間與空間配置、儀式性活動及執行學校生活規則等安排，規範組織成員的言行舉止，並藉由獎懲方式維持校內秩序。這較符合下列哪一種概念？　(A)社會變遷　(B)社會控制　(C)社會流動　(D)社會階層化。

答案

1.(A)　2.(B)　3.(A)　4.(D)　5.(B)　6.(A)　7.(A)　8.(C)　9.(C)　10.(D)　11.(B)　12.(A)　13.(A)　14.(C)　15.(A)　16.(B)　17.(C)　18.(B)　19.(A)　20.(D)　21.(A)　22.(C)　23.(A)　24.(B)　25.(C)　26.(A)　27.(A)　28.(C)　29.(A)　30.(B)

二、問答題

1.結構功能論學者認為教育有何種功能？

2.構功能論學者帕森斯發展出AGIL模型（AGIL model），請略述其理論大要。

3.功能論學者墨頓對帕森斯的功能論提出了何種修正？

4.個人的社會化（socialization）過程，米德認為會出現「重要他人」（significant others）與「概括化他人」（generalized others）。請分別說明該兩者的意義，以及在社會化歷程的影響情形。

5.何謂社會再製？在教育上社會再製具有何種功能？請說明理由。

6.請說明包爾斯和金帝斯二人所提出的社會再製理論之內涵並批判之。

7.伊利奇提出「反學校教育」的主張，請說明他對學校教育有何批評及主張。

8.何謂抗拒理論？何謂鏡中自我理論？這兩個理論分別由哪個學派所提出？

第三章

社會結構與教育

社會學認為人類的行為由社會結構（團體、社區、組織等）、社會類型（年齡、性別、階級、族群等）、社會制度（social institutions）（政治、宗教、教育等）所形成。但是廣義的社會結構（social structure）其實包含三個層面：鉅觀層面包括社會制度和制度化關係模式，例如家庭、宗教、教育、社會階層化等；社會結構的中觀層面表現在社會網絡，例如美國白人擁有社交網絡都是白人；社會結構呈現於日常生活微觀層面則是社會互動，例如性別和性別制度化思想塑造我們對他人的期望與互動模式（Crossman, 2019）。依其定義有關社會結構與教育在教育社會學中主題相當廣泛，社會階層化與教育、社會制度與教育、性別與教育、族群與教育等皆屬之。本章著重於探討社會制度與教育的關係，其他主題則是分別成立專章探討。林清江（1997）認為在社會結構中，最主要的社會制度包括家庭制度、宗教制度、經濟制度、政治制度及教育制度。在討論社會結構與教育的關係，即探討教育制度與其他社會制度之間的相互適應、相互改變、相互依存的關係。依此脈絡，本章分別探討文化、經濟、社會變遷這三項外在的社會結構與教育的關係。

第一節　社會結構與社會行為

社會學鉅觀研究所重視的是社會結構的分析及其對教育系統的影響，包括經濟、政治、文化等；而教育的功能則被視為社會化、選擇及知識的管理，目的在於維持整體運作的和諧。因而行動者的重要性未被充分考量，他們本身並沒有創造力或自由意志，亦缺乏塑造社會制度的能力，僅被視為是被動的執行者，甚至是結構操控下的木偶。例如功能論認為個人在社會系統中只是一個被動的角色履行者，接受社會的規範及期望，目的是為了維持整體社會的順利運作。衝突論認為教育的主要功能是再製，它可以使個人的自我概念、期望及社會認同，適合社會分工的要求；雖然少數成員可以拒絕外來的控制，但終究也無法完全擺脫結構因素的安排

（許殷宏，1998）。本節所要探討的是英國社會學家紀登斯的結構化理論（structuration theory）及批判教學論的論述，二者皆認為個人可擺脫外在結構的限制而開展個人的行動方案。

 ## 壹　結構化理論

　　紀登斯對社會學的貢獻是提出「結構」（structure）與「行動」（或譯能動性，agency）這兩項概念相互對立的解答。他提出「結構化理論」，嘗試將結構與行動兩者統整在聯貫的理論系統中，主張過去有關行動與結構、個體與社會等概念之間的關係都應該重新加以組織，兩者不再是二元對立，而是相輔相成的雙重性（duality）（Giddens, 1984）。結構雙重性指的是社會系統的結構性特徵，既是構成這些系統的實踐的媒介，又是其結果，說明個體能動性與結構之間是相互依賴的。因此結構不應當被看作是行動的障礙，而是本質上包含在行動生產之中（Giddens, 1979）。如同個人具有知識，且能運用規則和資源改造外部世界，行動者的社會實踐展現其能知與能動的創造性，此一創造歷程得以引發社會的生產和再生產結果，並彰顯行動者具有主體性。也就是行動和結構之間的關係不是單向決定，而是雙向互動（陳淑敏，2020）。布迪厄（Bourdieu, 1990）亦認為人對於客觀世界的知覺，是一個雙重結構化過程的結果，在客觀的一面，它是被社會所建構，例如行為者的語言能力。另一方面是主觀的層面，社會世界被個人以知覺和評價的模式所建構，特別是被以語言文字所寫成的。這兩種機制一起製造了一個共同的世界，一個常識的世界。所以社會系統的運作是來自於以下二種方式：1.已結構的結構（structured structures），強調社會結構對人的影響；2.正在結構中的結構（structuring structures），強調當人們具有語言、藝術、科技等認知能力後，就可以創造新的行動，例如新思想和新科技。

　　紀登斯在理論中提及行動者如要在結構中採取有效行動，便有賴於對資源（resources）和規則之運用。資源有各式各樣的運作樣貌，如物質資源（財富、財產權等）、象徵資源（個人的特權地位、族群的服飾等）、

生態和認知資源（體力、工作技巧、知識等），是行動者用以使事物改變的依據，可使行動者獲得更大的影響力。資源的運用不是無限制的，其背後亦有存在規則的作用。規則是在社會實踐的實施及再生產活動中所運用的技術或準則，即人們根據認知和能力，進而實作社會互動的方法原則。更重要的是，規則具有引導行動者實踐的特性，提供行動者在實踐活動中，運用其意識來達到溝通或制裁的效果，藉以彰顯出人與人之間的權力關係。行動者在資源與規則的交互使用下，得以參照社會制度開展行動，並表現在特定的場域與生活中，使個體於社會實踐歷程，對結構和行動產生影響（陳淑敏，2020；Giddens, 1979）。

 批判教學論

　　二十世紀70年代以後進入「後現代」（postmodern），重要代表人物有：李歐塔（F. Lyotard）、傅柯（M. Foucault）、德希達（J. Derrida）、鮑曼（Z. Bauman）、布希亞（J. Baudrillard）等。後現代主義具備了批判反省的特性，針對現代主義的種種現象提出質疑與批判，其重要的概念有：1.李歐塔對理性及宏大敘述的批判；2.德希達的解構（deconstruction）概念，反對二元對立（binary），任何概念都沒有固定的意義，結構是不存在的；3.重視多元與異質性，後現代思潮重視邊緣的發聲權，重視「他者」（others）的發言權；4.布希亞所認為現今社會已被「假象」（simulacrum）所填滿，媒體氾濫讓事物真假難以判斷（張鐸嚴、周新富，2021）。

　　批判教學論（critical pedagogy）（或譯批判教育學）受到後現代思潮的影響，吸收批判理論思想，再與教育及社會運動相結合，而形成此一學派。其基本理念是社會階層化來自於階級、種族及性別的不平等，因此批判教學論提出教育領域的文化、政治和道德指導，目標在免於受壓迫，以及追求社會的自由及平等（Boronski & Hassan, 2015）。批判教學論著重於個體創新行動的「施為」概念，並認為教育具有解放與重建社會的功能，此派學者認為文化再製理論偏向「結構論」觀點，會導致不均等的教育

結果（姜添輝，2010）。批判教學論重要的學者包括弗雷勒（Paulo Freire, 1921-1997）、吉諾斯（H. A. Giroux）、麥克拉倫（P. McLaren）等人。以麥克拉倫的教育論述為例，他融入馬克思人道主義、啟蒙、喚醒受壓迫勞工的意識等觀點；以及弗雷勒教育思想中的「意識覺醒」、「對話式教學」、「愛與希望」、「解放」等觀點。他也經常與吉諾斯分享彼此的激進教育理論，認為教師要從傳統威權時期傳遞支配階級文化的角色，轉變為「轉化型知識分子」，並以達成社會公平與正義為職志（Boronski & Hassan, 2015）。麥克拉倫指出他的許多觀點都是受吉諾斯作品的啟發而來，例如「發聲」（coming to voice）的概念，其義是指個人解讀和訴說經驗的方法，在使學生從主流文化的宰制中得以解放，並有能力改造自己和社會（McLaren, 1998）。

第二節　文化與教育

　　文化所涉及的層面相當廣泛，幾乎包含社會生活每個層面，通常將文化分為物質文化與非物質文化，而社會學者著重在探討非物質文化部分，例如規範文化、認知文化、語言等，可以統稱為「象徵系統」。功能論者強調文化是人類及其環境之間的緩衝區域，文化代表社會人民為了滿足環境及歷史挑戰而設計出來的答案，並將此傳承給下一代，如此新的世代才不至於重新出發，而在過去的基礎上累積。因此文化提供教育內容，文化規範決定教育目的，文化亦具有非正式的教育作用；同時教育對文化亦有重要的貢獻，例如教育具有選擇與傳遞文化、創新與更新文化的功能（陳奎憙，1998）。然而衝突論學者布迪厄認為文化具有象徵權力（symbolic power），經由文化專斷（cultural arbitrary）的運作而形成象徵暴力（symbolic violence），導致社會再製得以持續不斷地進行（周新富，2005）。功能論重視的是文化的社會功能，而衝突論重視的是不同文化之間的權力關係。本節僅就教育場域內的重要文化功能作一探討。

文化的定義

「文化」這個概念不僅相當複雜而且應用的範圍十分廣泛，似乎很難對其下一個統整性的定義。社會學者巴特摩爾（Bottomore）強調文化的研究要以「觀念」為主題，而不是具體可見的事物。文化從語言學角度可以引申出社會化的觀念，如「教養」（cultivating）某人，教育可以「啟發」心智，殖民則可以「教化」土著等。這是把文化視為過程的用法，因此階級觀念也就從這裡開始出現，像是「有文化的人」，或「有教養的團體或個人」，甚至是「高等文化」（俞智敏、陳光達、王淑燕譯，1998）。文化這個概念強調的是一個特定社會中眾人所共享的「象徵系統」，即是一套與某個族群內部息息相關的符號系統。

古典社會學家涂爾幹和摩斯（Mauss）最早使用「象徵」（symbol）這個字來討論神話儀式、祭品和禱告，強調象徵在社會的功能，涂爾幹認為社會的本質是象徵，任何社會可看成象徵系統（Boudon & Bourricaud, 1982）。象徵的意義經不斷地擴大，所包含的範圍愈來愈廣。這些象徵的符碼或系統大致可分為以下幾類（王雲五，1983；Kuper & Kuper, 1985）：

1. 語言，包括言語、神話、標語、口號、文字等。

2. 宗教、政治、民族、職業團體的各種記號，例如十字架、國旗、圖騰等。

3. 行動或象徵式的風俗習慣，例如各種儀式、行禮的動作。

4. 會影響他人思想、情感或意向的想像概念，例如意識型態、信念。

 ## 文化的特性

由以上對文化概念的敘述可知，文化具有以下的特性（吳俊憲，2003）：

1. 文化是規範與控制的一種系統，在日常生活中扮演極具影響力的

角色，不容忽視。

　　2. 文化概念有其歷史淵源，也和思想傳統有密切的關係，同時亦是社會結構的一部分。

　　3. 文化有累積性，可持續不斷地發展。

　　4. 文化的研究是針對抽象的象徵（符號）來進行，不是具體的實物。

 ## 文化的類型

　　依不同的觀點可以將文化區分成多種類型，例如中國文化、日本文化、西方文化等，或是潘乃德（Benedict）在《文化模式》一書，將文化分為「阿波羅文化」和「酒神文化」兩大類（陳奎憙，2003），以下僅就與教育有關的文化類型作一敘述。

一、主流文化與次文化

　　社會當中會有許多文化的形式在流傳，但是在這些文化當中最為優勢族群所認同流傳的文化，通常人們會稱之為主流文化，人類學家史賓德勒（G. Spindler）稱之為文化的核心價值，這些核心價值成為優勢社會裡的主要評價其成員的標準，例如美國的核心價值具以下五個類別：1.清教徒的道德觀（節儉、延遲的滿足、性的抑制等）；2.工作成功的倫理觀；3.個人主義；4.成就取向；5.未來取向（黃純敏譯，2006）。各國政府都會利用強制性的義務教育，向兒童灌輸國族認同和社會核心價值，培養他們成為奉公守法的未來公民。因此社會所流傳的價值、規範以及社會當中各個角色的地位和期待，都由這些主流的文化所形塑出來，例如有關於父親和母親角色的期待和規範、學校內師生形象的塑造、男女性別角色的行為標準等（陳奎憙，2003）。

　　在很多現代化的國家中，有某些族群參與社會的主流文化，但同時擁有某些特定獨有的價值觀，這些個別的特殊文化稱之為次文化（subculture）。次文化常侷限社會生活中某些特定的群體，例如工作、學校、

娛樂、休閒、婚姻、宗教、社區及年齡群等，以致形成各民族文化、老人次文化、青少年次文化等，在教育方面青少年次文化最受重視（藍采風，2000；陳奎憙，2003）。社會組織如企業、政府機關、學校等內部都會形成組織文化，學校本身是一種組織，也會形成學校文化（school culture），組織文化也屬於次文化的範圍。

二、反文化

反文化是次文化的一種，有時當次文化的社會價值、標準及生活方式與社會主流價值相互衝突，這種文化稱為反文化（counterculture）或反抗文化，例如1970年代所謂「嬉皮」文化、新納粹剝皮光頭者（極端右派）、宗教異端、犯罪組織的行為規範等，大部分的社會都不允許這種反文化的存在。當社會不同群體思想模式與權力關係發生改變時，某些曾被視為反文化的現象會轉而獲得接納，如同性戀次文化逐漸在一些西方社會受到承認（藍采風，2000；蔡文輝，2011）。

 ## 文化與教育的關係

文化與教育二者的關係密切，吾人所熟知的文化對教育的影響有以下三項：文化規範決定教育目的、文化提供教育內容（課程）、文化具有非正式的教育作用（文化陶冶）（陳奎憙，1998）。從另一觀點來看，文化也依賴教育，透過教育社會的文化遺產才能得到保存，社會的文化方可代代相傳。若從社會關係的範圍來探討行動者的互動所構築的教育場域，個人行動者參與的場域，著重在日常生活與同儕友輩的互動，則可視為微觀；而集體行動者參與的場域，可以大到民族、國家甚至全球化的政經脈絡，因此可以視為鉅觀，而介於二者之間則以中觀視之。這裡所謂的教育場域不以學校教育或課堂教學為限，凡涉及訊息的傳遞與接收的人類活動，只要構成舊經驗的鞏固或新經驗的學習，皆可視為廣義的教育（張建成，2004）。以下分別從三個觀點探討文化與教育的關係（張鐸嚴、周新富，2021）：

一、微觀的場域

微觀的教育場域，主要指的是日常生活中的人際關係，如學生之間的同儕互動，青少年從日常人際互動中建構而成的流行文化，是一個顯著的例子。由於影音媒體發達，資訊流通便利，流行文化不但是青少年平常過日子的方式，也是青少年不時進出的學習場域。青少年次文化不盡然都是物欲、拜金、銅臭、商品化等異化或疏離的行徑，對增進社會隸屬、建構身分認同、發揮想像空間等具有積極意義。

二、中觀的場域

教育社會學者一直相當關注家庭背景與學習成就的關係，這部分的研究可以稱之為中觀的場域，在這種場域中通常涉及行動主體與某種正式組織的關係。1960年代的研究有文化剝奪（culturally deprived）、文化缺陷（culturally deficient）、文化不利（culturally disadvantaged）等觀點，將學生學習失敗的原因，歸諸家庭文化過於貧乏。1970年代以後這樣的論點受到許多的挑戰，認為這樣的論述呈現是族群中心主義與文化帝國主義的心態，有礙於「文化民主」的建立。於是文化剝奪的觀點被修正為文化差異（culturally different）或文化衝突（cultural clash），將學習失敗的原因，歸諸學校文化過於「專斷」，以致不利跨越或是不連續。

三、鉅觀的場域

比較鉅觀的教育場域，討論的重點是行動主體以個別的方式或集體的方式，置身於整個社會大環境或歷史大潮流時，如何與行動主體、社會力量、世界趨勢交互作用，此時的行動場域裡，既有的知識與權力結構，可能遭受新興勢力的挑戰，在相互拉扯之間，創造了文化生產的資源或是界定了文化再製的規則。例如1980年代以來，新自由主義當道，成功結合了國家控管與市場競爭兩種論述，導致社會及教育公平機制遭遇折挫。臺灣則是在1990年代推動本土化的文化論述之下，本土化課程取代實行多年的中國化教育。

伍 不同學派對文化傳遞功能的看法

　　教育具有文化的保存、傳遞及創新等功能，教育活動的實施則有賴文化作為其指引規範與內容（楊洲松，2004）。教育的實踐就是把社會上的知識、信念、價值、態度、規範與制度等內容一代一代傳遞下去。至於創新的功能，則包含生產知識、研發新科技、製造新產品、文學藝術的創作等，這個功能通常在高等教育階段顯現，而在教育的各個階段，主要的功能還是文化保存與傳遞。針對不同學派對於學校在文化傳遞所扮演的角色有不同的看法，以下分別說明之（黃純敏譯，2006；張鐸嚴、周新富，2021）：

一、功能論

　　帕森斯提出教育有社會化和選擇這兩項基本功能，但對社會化功能特別重視，認為如果社會化沒有有效地發揮功能，則社會秩序與和諧就不可能維持。透過這兩項功能，學校可以為社會培養具有共同價值及信念，及具有適當工作能力的人才，進而促成社會的統整與發展。教育在文化傳遞上最明顯的功能就是將一個社會的文化模式、價值觀念、社會規範等由一代傳到下一代。人類的文化包括物質的與非物質的二類，均有賴教育活動，將有意義、有價值，而且適合下一代學習的「文化材」選作「教育材」，經由課程與教學將物質文化與精神文化綿延不斷地傳遞下去。功能論學者德里本（Dreeben）將教育基本功能加以延伸，認為兒童可能從學校學到獨立，因為在學校裡學生必須學習自己負責自己的工作，對自己的行為負責；在家裡則是容易養成依賴性，因為有父母親的照料。

二、衝突論

　　柯林斯認為學校不傳授技術知識，而是傳授特定地位團體的文化，例如詞彙和音調、服飾、審美能力、價值、運動競技、社交能力和舉止，稱之為地位文化（status culture）。當學生所接受的教育層級愈高，所得到的文憑愈優越，而受到上層文化的薰陶愈深厚，所以愈有可能被上層菁英

所接納，因而進入上層階級。根據這個觀點，學校教育的主要角色就是教導地位文化，而非傳遞技術性的知識與技能，讓學生從參與菁英文化的過程中培養出他們的認同感。

三、批判教學論

批判教學論者認為資本主義社會中，因種族、階級、權力、性別等差異而產生種種的社會問題，希望能透過教育和課程的改革，轉化社會不平等的結構。吉諾斯從反菁英（anti-elitist）的角度，承認流行文化的重要性，並致力於建構新的公共領域，這也是學校教育所忽略的地方，這已符合後現代將高低級文化界限打破的立場。例如嘻哈音樂（hip hop）發展自1970年代的紐約街頭，且發展成國際性的青少年運動，有學者將此流行音樂轉化成嘻哈教學法，藉此解放少數族群的學習經驗。吉諾斯認為這種教育方式是將學習視為一種集體活動，對於經濟不利、受到社會排斥、低成就的非裔、拉丁美洲裔、巴西裔的美國人而言，在嘻哈音樂中，種族、權力、歷史、認同和政治等因素正產生著交互作用。這種嘻哈文化結合教學的趨勢受到美國、巴西的政治人物大力提倡，希望藉由嘻哈音樂所帶動的集體意識，轉化成教室的重建，以協助教育失敗的青少年增進教育成功的機會。

四、後現代主義

後現代主義的學者如傅柯與德里達認為被稱為理性及客觀的知識，事實上都是掌權者的知識，因此對於任何後設敘述（meta-narratives）抱持懷疑的態度，故主張在後現代主義的教育中，沒有所謂的主宰敘述（master narrative），也沒有一種典範可以主導。後現代學者提出必須檢視及解構那些我們認為理所當然的意義與知識，因此要將學校課程納入多種不同的聲音與觀點，以發展個人的認同，例如被壓迫者及窮人的著作與思想。後現代主義者強調文化的多樣性，批判現代社會的不正義，鼓勵不同階級、種族、性別者，發展後現代的抗拒，教育的目的即在將社會轉化成多元化的民主社會。

第三節　經濟與教育

「經濟」一詞最簡單涵義就是「生計」，任何生物皆必須滿足其生命形式的基本需求，方得維持生存，人類也不例外。經濟學所要探討的主題有：1.勞動與分工，勞動是不斷改造自然的生產過程，為提高生產的效率不得不實施分工，因為分工可以讓每個人專門從事他所擅長的工作，也可有效地降低製造成本。2.交換與分配，分工所帶來的大規模生產模式，如果缺乏有效的交換管道加以配合，那麼便無法消化這些大量製造的財貨；交換本身即隱含著資源分配的意義，分配意味著貧與富的對比，也就是涉及到個人或家戶所得的多寡問題，社會上的財富不可能分配得很平均，因而產生「社會不平等」的問題（張苙雲等，1998）。因經濟制度與教育制度同樣是社會制度的一環，但二者之間的關係密切，如何透過教育增進人力素質以促進國家經濟發展，已成為當代的重要課題（陳奎憙，2003）。本節分別從經濟與教育關係之理論、人力資本理論與教育的發展兩部分，來闡述教育與經濟的關係。

壹　經濟與教育關係的理論

功能論與衝突論皆針對教育與經濟的關係提出討論，衝突論從馬克思開始探討二者關係，前文提到衝突論的社會再製理論，說明教育與經濟的關聯性；功能論的學者則提出人力資本理論，來闡揚教育的經濟功能。以下分別就二種理論來說明教育與經濟的關係。

一、人力資本論

功能論認為教育制度與經濟活動之間具有一種基本的和諧與均衡的關係，彼此之間相互支持和補充，具有一種積極的互動關係。具體地說，教育的發展可以有力地推動經濟的發展和提高社會的生產力；同樣地，經濟的發展也可以有力地促進教育的發展，並不斷提高教育的質量。例如經

濟制度提供更多的經濟資源，可以為教育制度的完善和發展創造必要的條件；教育制度可以為經濟活動的發展提供符合一定要求的勞動力（謝維和，2001）。其中人力資本論主要在探討教育與經濟的關係，認為教育是培養經濟建設所需人才，故教育的擴充或教育程度的提高可促進經濟成長（Schultz, 1961）。

　　人力資本理論最早可以追溯到亞當‧史密斯（Adam Smith）在《國富論》一書中所闡揚的經濟思想，認為國民是國家重要的財富，透過教育可提高工人的生產力。但古典經濟學家視個人的角色是消費者，是經濟活動的結束，不是生產的工具，也將知識視為消費，不是資本（Salamon, 1991）。當代第一位有系統討論人力資本的學者是舒滋（Schultz, 1961），他喊出「投資人力資本」的口號，認為人是財富，經由對人的投資可提高其價值，增加其財富，要促進經濟的成長就增加對人力資本的投資。貝克（Becker, 1962）繼續發揚舒滋的理論，他認為人力資本不像物質資本，是將價值加在勞工身上，當勞工獲得知識、技能和其他對生產和交換過程有用的優點，則獲益的不只是勞工本身，對公司或生產者同時也帶來一些好處；認為人力資本是以下幾個重要因素所組成：教育、經驗、工作訓練、技能、健康、動機，個人如果在自己身上投資愈多的人力資本，將來得到更多薪資的可能性愈高。所以提升勞工的人力資本是一項投資，這項投資預期在市場上可以得到回報。

二、馬克思的社會結構觀

　　「資本」（capital）這項概念開始於馬克思的古典經濟理論，是一種具有生產能力的資源，馬克思認為只有資產階級才擁有資本，才能用來投資和生產，資本是構成社會階級的基礎。古典的資本理論依據資本主義社會階級差異的基礎，認為支配階級控制生產工具和蒐集被支配階級由勞動而產生的剩餘價值，逐漸累積成資本，透過資本的再投資，支配階級累積更多的財富，於是階級間的貧富差距加大，而社會不同階級之間的衝突與矛盾亦不斷地產生（周新富，2006）。馬克思以建築學上的隱喻來解釋社會結構，認為社會世界是由下層建築（infrastructures）、階級和上層建築

（superstructures）三部分所組成。下層建築就是「經濟結構」，又細分為「生產力」和「生產關係」，經濟基礎決定上層建築，所謂上層建築是指法律、政治、宗教、藝術、哲學、道德等意識型態，教育亦屬於上層建築（石計生，2006）。經濟基礎和上層建築的辯證關係如下（石計生，2006；姜添輝，2006）：

㈠經濟基礎決定上層建築

經濟基礎的性質決定上層建築的性質，一定的上層建築總是為了適應一定的經濟基礎的需要而建立起來的。經濟基礎的變革決定上層建築的變革，當經濟基礎發生變革後，上層建築遲早會發生變革，以求得與經濟基礎相適應，經濟基礎的變化發展引導著上層建築變化發展的方向。由於經濟條件左右社會型態，當生產模式產生變化時，底層（base）將隨之轉變，進而使上層建築亦產生變化。依循這種思路，馬克思認為歷史進程是被屬於經濟基礎的「下層建築」所主導的，而它會推動著第二部分的「上層建築」的發展，也就是促成人類社會的各種政治、法律、宗教信仰、道德文化、教育等等意識層面的建構。

㈡上層建築對經濟基礎的反作用

上層建築會呈現出反作用，為經濟基礎提供政治保障和意識型態形式。當上層建築適合於經濟基礎的要求時，它就產生鞏固經濟基礎和促進生產力發展的作用；當上層建築不適應經濟基礎的要求時，它就產生阻礙生產力發展的作用。在同一社會內部，經濟基礎和上層建築如果存在著相互矛盾狀態，則會不斷解決矛盾，但又不斷產生新矛盾，如此會推動著人類社會的發展。例如當教育制度無法因應新經濟型態時，教育制度就會面臨改革，以協助經濟的發展。

 ## 人力資本論與教育發展

人力資本論認為勞工素質在生產過程中的重要性不亞於物質資本，特別是勞工的教育和訓練程度，也就是勞工是否擁有技術和能力，這是促進

經濟成長的重要因素。所以學者將個體擁有促進個人創新、提升社會利益的知識、技術、能力和特質（attributes），稱之為人力資本（human capital）（OECD, 2001）。這裡的「特質」是指有關於個人身心方面的健康情形，與知識、技術、能力皆與學習和經驗有密切關係。於是終身學習的概念興起，經由學習可以獲得知識、技術和繼續學習的能力，個人的人力資本存量才會不斷地累積。要改進經濟和社會情況必須擁有知識和技術，也就是人力資本，在資訊和傳播科技進步神速的今日，國家或個人想要在經濟上有所成就，就必須在人力資本方面做更多的投資。

一、人力資本的投資形式

為了提高人力資本，人們將會增加資源在與學習和訓練有關的活動上，這稱之為人力資本的投資，其形式以學校教育、在職訓練為主，這些投資能改善我們的技術、知識、健康，進一步能增加金錢及精神上的收入（Becker, 1975），以下分別詳述各種投資形式。

㈠學校教育

人力資本的投資形式很多，最常用的方式是接受正式的學校教育，包括學前教育、義務教育、義務教育後的職業教育或高等教育，通常人們受教育是為了學位或教育文憑而入學就讀，但也可能是為了學習文字處理、編織或拒絕的方法而參加短期課程。從學校教育中我們會學習到與職業相關的特定知識和技能，以及一般性的知識和技能，其中有些重要的技術和個人特質與人力資本有密切關係：1.溝通能力（包括外語能力）；2.計算能力；3.個人內在技能：動機、堅忍、學習策略、自我紀律、價值判斷、生涯規劃等；4.人際間的技能：團隊合作、領導能力；5.其他技能：使用資訊和溝通科技、問題解決、休閒、健康照護、反應等能力（OECD, 2001）。

個人透過學校教育投資人力資本的主要目的是為了要增加未來所得，以增加未來的總財富，因為學校教育的年數愈高，個人在勞動市場的生產力相對提高，所得的薪資也相對提高，這就是所謂的「教育報酬率」。如

果受學校教育的年數提高，但教育報酬率卻降低，則個人將仔細考慮是否繼續投資在正式教育上（陳秋玫譯，1998）。但有時也不能僅從經濟的觀點來評估教育的功能，教育同時也是個人幸福和健康的來源。

(二)在職訓練

同樣的教育程度，為何40歲高中畢業的人賺得比20歲的人多？其原因是有無經驗的差別，不管是透過在職訓練或從工作中學習，個人的生產力會提高，所以他的收入會比較高。在職訓練是指在工作場所的正式訓練及非正式學習，即某人從工作中抽取時間學習如何將工作做得更好，例如職訓單位的訓練、企業辦理的講習、參與研究和創新的工作，以及每天工作上的經驗均屬之。通常在職訓練可區分為一般訓練及特殊訓練，一般訓練的內容與學校教育相同，例如工作習慣、個人技術、解決問題的技巧，以及能為任何雇主提高生產力的技能，皆屬於一般經驗。特殊訓練則指與提高生產量有關的訓練，例如通曉某公司的行政、會計決策結構、設備的操作，這些只適用於特定企業，稱之為特殊經驗。特殊技能的發展需要專業的分工和經驗，學校教育只學到一部分的特殊技能，大部分的特殊技能是從工作中學得，所以學校和企業是成互補的關係。個人透過在職訓練與經驗來投資人力資本，在訓練時薪資所得可能會降低，但在往後的生涯中將可提高生產力或獲得較高的薪資，將來要轉換工作也比較容易（陳秋玫譯，1998）。

二、教育投資的風險

由於人力資本論假定教育對社會經濟發展與個人所得有增進作用，因而引發教育政策決定者與社會大眾對教育事業進行投資，特別是與勞動市場有直接相關的高等教育（沈珊珊，1998）。在理論的影響之下，許多人將教育視為一種投資而不是消費，個人在受教育過程中需要付出許多代價或花費，這些代價可以視為一種投資，最基本也最直接的效益是提高就業機會與層級、增加薪資收入（譚光鼎，2011）。但教育投資不管對個人或社會均存在著風險，個人教育投資風險指的就是個人教育投資收益的不

確定性，投資人在投資時，因未考慮到風險的問題，而無法達到預期的報酬率。

㈠高等教育的擴充

從經濟立場出發的人力資本理論，強調教育對於社會及個人的利益，在經濟前景看好，而國家又致力於國防科技競賽的年代，相當具有說服力。於是國家投入大筆經費擴展教育結構，一方面貢獻生產增強國力，另方面呼應機會均等的教育訴求（張建成，2002）。以美國為例，1960年高中畢業生大學的升學率約45%，到60年代末期上升到55%，雖然1970到1980年代中期因大學畢業生供給過剩，導致畢業生失業率的增加。但是到了80年代，因為產業結構轉變，大學畢業生開始供應不足，到90年代高中生升學率擴大到60%（劉文君，2007）。我國開始擴充高等教育則稍微慢了一點，大約是1984年才慢慢開始（劉正、趙建州，2004）。若以高等教育新生人數與入學率來看，特羅（Trow）認為此比率15%以內為菁英型、15%-50%為大眾型，高於50%以上，則高等教育發展已邁入普及型，若以此標準來分類，我國在1987年以前都還屬於菁英型，1988到2003年則為大眾型，2004年以後已為普及型（張良丞，2009）。

以法國為例，從1950年代開始，法國因為教育的擴充造成擁有教育資格的人數持續增加，到了1990年代高等教育人數也加速擴充，18到25歲的年輕人就讀高等教育的人口總數之比率超過20%。過去那些自我淘汰或被排擠出去的弱勢團體，像小商販、手工業者、農家子弟，甚至工人子弟，由於義務教育延長到16歲，使得他們也開始進入學校系統，這個過程導致教育系統競爭的激烈化（孫智綺譯，2002）。這個現象被解釋為教育機構數量的增加及離開學校年齡的提高所導致，也就是教育的供給和需求改變所造成。功能論認為這是因科技的變遷導致教育資格需求的增加，衝突論認為是不同階級為在工作市場占有重要位置所產生的鬥爭結果（Bourdieu & Boltanski, 1978）。

㈡文憑貶值

在已開發國家例如英國、美國，有些研究發現正式教育的投資會減

少所得，這種現象稱之為「過度教育」（over-education），投資較長的時間在教育上，但在投資報酬率上卻是下降，這種現象發生在1970至1980年代左右，又稱為「文憑貶值」（qualifications inflation），但在後續的研究中這項假設未再被證實（OECD, 2001）。相當多的學生來自文化不利家庭，經由學校教育獲得文化產品，教育金字塔加寬的結果是學校授予的文憑貶值，就像貨幣經濟的運作機制，當貨幣數量大增，其他條件不變的情況下，貨幣的實際價值便會受到貶值。況且文憑的取得是整個社會結構整體性地提升，不是只有弱勢團體取得教育資源，原先占優勢的團體也會努力追趕，以便維持物質或頭銜的稀有性及區隔性。在此，布迪厄提出「整個社會結構的位移」來解釋這個現象，所有社會階級都一起改變位置，所以那些在從前教育體系該被淘汰的弱勢團體，其社會晉升的努力等於是白費了（孫智綺譯，2002）。

大學文憑的貶值造成勞工階級冀望社會流動的希望破滅，取得文憑無法保證可以獲得符合理想的職位，年輕人對學校制度的不滿、對社會的怨恨程度會不斷地增加。美國學者波特（M. Porter）也質疑國家開放這麼多的教育機會，投入那麼多的社會資源，培養那麼多的產業人才，經濟景氣卻不升反降，貧富不均日益嚴重。在此情況之下，主張國家投資的人力資本理論熱度遽減（張建成，2002）。

此外，主修專業的選擇也是人力資本投資的風險，在未開發國家中律師太多，導致低或負的邊際效益；主修藝術、人文和社會科學的邊際效益一定低於主修科學和科技教育（Salamon, 1991）。在教育領域中要作適當的投資決定是有其難度，因為影響因素實在太多了。

第四節　社會變遷與教育

社會變遷是社會結構、制度與文化的重大變化，社會變遷是一種恆久存在的事實，為了追求物質環境的改善，近百年來人類社會致力於「現代化」的發展，西方國家現代化成功，形成資本主義的社會，對外發動侵

略，導致不同國家之間的經濟發展存在極大的差異，例如許多第三世界國家仍生活在貧窮、落後的社會中。人類社會過去、現在與未來的變遷，與教育發展具有密切的關係，教育的普及引發了社會的變遷，同時在社會變遷過程中，教育問題一定會產生，世界上尚無沒有教育問題的現代社會。在社會變遷急劇的時期，新的需要與價值陸續產生，便形成制度與需要脫節的現象，因而衍生問題，於是需要進行改革。教育問題本質上是一種社會問題，教育改革的努力是一種社會行動，也是一種社會運動（林清江，1981）。近二十年來，國際社會正如火如荼的進行一場教改的運動，在二十世紀80年代，美國為了提振經濟景氣，曾經喊出「國家在危機中」，而尋求教育改革以重建國家競爭力；而我國為了紓解升學壓力，因應產業調整和社會變遷，也進行了一次盛大的教育改革。本節即針對社會變遷與教育改革作探討，首先闡述社會變遷的基本概念，其次探討社會變遷與教育的關係，最後再探討國外的教育改革情況。

 ## 壹　社會變遷基本概念

社會變遷是社會學上對各種社會運動結果的綜合名詞，它泛指一切社會現象的變動而言。所謂社會變遷是指社會生活方式或社會關係體系中的變異，社會變遷是社會現象在不同的時間上失去其原來面貌的變動，是一種社會過程（龍冠海，1966）。社會變遷不等於是社會進步或衰退，但它必定會帶來各種衝擊和影響，例如臺灣社會由農業社會、工業社會逐漸步入資訊社會，社會開始加速變遷，以至於在整體社會的制度形貌、結構形式及價值規範發生巨大的轉變（張月芬，2002）。

一、社會變遷的內容

社會變遷就是社會改變，這種改變是指社會本身的結構、制度、功能、生活方式、社會關係體系的變遷，此種變遷可能發生在個人、團體、社會，甚至全人類的生活中，它可能是正面的，也可能是負面的，尤其對政治、經濟、社會、文化的影響更為明顯（李建興，1999）。社會變遷不

同於社會發展，發展是指事物由小到大，由簡到繁，由低級到高級，由舊
到新的運動變化過程。社會變遷就其性質來說，包括較小的、局部的變遷
或重大的、整體的變遷，社會變遷有進步的或倒退的變遷，有進化的或革
命的變遷，有暫時的或永久的變遷，也有自發的或有計畫的變遷等。社會
變遷的內容包括自然環境與人口的變遷、經濟的變遷、社會群體與社會制
度的變遷、社會價值觀念與生活方式的變遷、科學技術的進步、新文化的
增加與舊文化的更替、教育制度的變更等（魯潔，1999）。

二、影響社會變遷因素

學者對影響社會變遷因素的看法意見紛歧，蔡文輝（2011）將影響社
會變遷的因素歸納為六大項：工藝技術、意識價值、競爭與衝突、政治、
經濟組織、社會結構。藍采風（2000）認為導致社會生活變革的因素有以
下六項：創新、衝突、生活環境因素、人口因素、擴散滲透、領導者的
行動。以下歸納影響社會變遷的四項主要因素（周祝瑛，2002；Giddens,
2006）：

㈠經濟因素

資本主義促進了生產技術不斷地革新，科學技術革新加速經濟的發
展，科學技術不僅影響到經濟領域，也影響到政治及文化領域。例如科學
技術的發展推動了現代通訊形式的產生，諸如收音機、電視、行動電話和
網際網路，這些電子通訊近年來在政治領域帶來了某些變化。

㈡政治因素

影響變革的第二種主要類型來自政治的發展，這裡的政治包含軍事力
量，國家以武力擴展權力、財富，一直是引發變遷的重大力量；現代政治
制度中，政治領導人和政府官員的活動經常會影響到大眾的生活，無論形
式上還是實質上，政治決策比起從前更能推動和指引著社會變革。政治發
展和經濟的變革之間又是相互影響，在工業化國家中，國家對生產的高度
干預，使政府成為最大的雇主。

㈢文化因素

文化因素所包含的範圍很廣，科學的發展和科學思想的普及，使人們的生活方式愈來愈「合理化」，除了影響如何思考之外，觀念的內容也發生了變化。自由、平等和民主參與的理想是過去兩三個世紀的產物，這些理想對動員社會和政治變革發揮了作用。雖然這些理想最初產於西方，但在實踐的過程中卻逐漸普及到全球，推動世界絕大多數地區的變革。

㈣全球化

全球化主要由跨國性的經濟和工業組織所推動，亦即資本主義的世界性擴張。資本主義全球性擴張導致了跨國企業林立，對全球提供及推銷特有的商品、服務以及消費模式，跨國企業的活動超越了國境，影響著全世界生產過程和勞動力的流動；還有全球金融市場大量資本的流動，某一地區發生的金融危機甚至會演變成全球的危機，例如2007至2012年的全球金融危機（金融海嘯）。全球化不能單純地描繪成一種經濟現象，其影響層面包含政治、社會、文化。全球化現象有以下的特徵：1.生產體系及市場全球化，各國經濟相互融合，依存度增加；2.科技發展與全球化交互增強；3.國家主權受到衝擊，角色面臨轉變；4.全球議題與日俱增，國際合作日益重要。

 ## 社會變遷與教育關係

林清江（1982）提到社會變遷與教育有三項基本關係：1.在意識型態方面，教育常為社會變遷之動因（agent），因為每一個國家都訂定明確獨特的教育宗旨或目的，國家為實現教育目的，其結果自必形成社會成員特定的價值觀念，常可導致某種社會變遷。2.在經濟方面，教育常成為社會變遷之條件（condition），一個社會必須從事相關的教育改革，其目的在促進經濟發展，卻間接造成經濟變遷，例如促進社會流動。3.在技術方面，教育常為社會變遷的結果（effect），也就是教育常反映社會變遷的事實。例如技術進步改變職業結構，職業教育便隨之調整；再如資訊傳播

技術進步,教學輔助工具也隨著改進。由上述可知教育可能是社會變遷的原因或條件,也可能是社會變遷的反映或結果,因此教育與社會變遷的關係共有三種:1.教育反映社會變遷的事實;2.教育成為社會變遷的條件;3.教育成為社會變遷的動因。陳奎憙(2009)認為二者關係不單是單向而是雙向的歷程,教育一方面「配合」社會變遷而調整本身的結構與功能,另一方面也在「引導」社會變遷的方向。

一、教育對社會變遷的因應

在社會變遷的影響之下,我們生活在一個高科技、全自動與科層體制的社會,於是新的需求與價值觀會持續產生,舊制度的運作已經無法因應社會的需求,因而衍生出急迫的社會與經濟問題,而需要進行改革,例如族群與性別歧視、人口老化、失業、自然資源枯竭、自然環境汙染等。美國的九一一等連串的恐怖攻擊事件,使我們發現生活在危險的世界中;全球的金融海嘯,更使我們了解生活在企業界道德墮落的社會。在這太空科技、電訊、電腦與機器人的時代,學校不能再食古不化教授那套適合工業革命時期的知能,我們必須讓學校教導可以在這知識社會成功的技能、資訊與態度(方德隆譯,2004b)。教育制度未能因應社會變遷而調整內部的結構與功能,於是就會產生許多的教育問題,林清江(1994)認為教育問題形成的原因有:1.新的社會需要造成社會解組(social disorganization)的現象,使原有的教育制度失去平衡,無法滿足新的需要;2.在變遷過程中,滿足新社會需要的價值觀念分歧未能統整,形成價值衝突的現象;3.變遷過程中,社會成員的個人行為偏差。社會解組、價值衝突及個人行為偏差,是社會變遷過程中教育問題的形成原因。

為解決社會問題,某些團體會發起社會運動(social movement),讓社會大眾了解問題的嚴重性,例如女權運動、民權運動、反戰運動等。透過媒體的傳播,會吸收更多的人加入,最後該運動的理念可能會被學校或其他機構所採納,且被「制度化」(黃德祥等,2007)。教育改革也是一種社會運動,是教育系統因應外在及未來之需求主動或被動產生、接受、

執行新的教育理念，進行有關教育行政體制、課程、教學、師資等方面的改革（王秀玲、林新發，2004）。近年來各國面臨國內外環境的變動，多藉由教育改革來改善教育問題，以提升國家競爭力，例如美國面對外在全球金融風暴襲擊與國內政權轉移下，「歐巴馬教育計畫」因而產生，透過該計畫的提出，希望重新正視教師素質，提升學生學業成就。日本方面，面對日益嚴重的孩童偏差行為，提出「教育振興基本計畫」，藉由各項措施的落實，以發展孩童潛能、提升競爭力（何文純，2009）。

二、教育問題與教育改革

在社會變遷的過程中，有一些社會問題會產生，這些問題與社會制度各層面環環相扣，影響到教育即形成教育問題，但教育問題尚未到「解組」的程度，經由「重組」教育制度又會回到穩定和諧的狀況（陳奎憙，2009）。以臺灣社會少子化這項重要的人口變遷為例，在1985年平均家戶中一位媽媽生育2.1人，之後每況愈下，平均生育率到了2004年為1.18人，2005年為1.1人，生育率下降速度非常快，到了2018年僅出生18.1萬新生兒，總生育率再掉到1.06人（教育部、衛生福利部等，2019）。人口變遷的現象導致各教育階段大減班，引發的教育問題有校舍閒置、超額教師、流浪教師、私校倒閉等問題，也因勞動人口減少，影響到經濟發展。針對這些教育問題就要借助教育政策的力量進行教育制度的改革，如同林清江（1994）所言：成功的教育改革不僅在了解、反映社會變遷事實，也不僅在形成某種社會變遷，更應導引社會變遷方向，創造新的價值，形成真正的進步。

 ## 參　英美的教育改革

社會變遷的過程會帶來一些社會問題，例如人口特性、經濟發展、家庭變遷等問題，這些問題會傷害到教育系統的運作，因此有必要制定新的教育政策，來對教育系統進行改革，這稱之為教育改革，但改革的結果是會變好還是變壞？則是人們所無法預料的。當社會邁入後工業化資訊社

會，知識的創新與處理已成為最具價值的商品，這些新興的產業將需要操作電腦與相關技術的能力，如此一來，要求高等教育水準的工作機會將會增加，高中的中輟生與未受良好教育的公民，則愈來愈沒有競爭力（黃德祥等，2007）。為了因應變遷的趨勢，教育系統將要有所變革。以下針對美國和英國的教育改革作一簡介，以了解教育系統如何因應社會的變遷。

一、教育改革背景

長久以來，國家興辦學校，並介入教育的經營，家長和學生都是被動地接受國家所提供的教育，卻也造成了公立學校的專占獨賣，且被歸咎為教育品質低落的主要原因。基於此種信念，在1980年代以來英美的教育改革中，均強調重新調整教育組織的架構，認為家長參與並引入競爭是促進學校教育革新的關鍵力量（陳鴻賢、許素艷，2002）。根據相關文獻敘述，促成歐美教育改革的背景因素有以下四項（張建成，2002；顏秀如，2003；范麗雪，2010；戴曉霞，2002；Bartlett, Frederick, Gulbrandsen, & Murillo, 2002；Leisyte & Kizniene, 2006）：

㈠高等教育的擴張，政府財政難以負擔

歐美高等教育在1960至1990年代快速擴張，由菁英型（elite access）進入大眾型（mass access），學生人數呈現倍數成長，例如英國在1962年的高等教育學生僅有13萬人，1973年有將近40萬人，到了2000年時則超過了210萬人。為減輕政府的教育負擔，大部分的國家開始注重教育資金的使用效率，以及更倚重於學費與其他私人經費。

㈡經濟典範的轉移，由福利國家轉向新自由主義

福利國家是二次世界大戰後的產物，為了重建戰後的經濟，政府強力介入經濟發展，並擴大公共投資與社會福利支出；但因景氣衰退與通貨膨脹，凱因斯學派的政府干預政策受到質疑，取而代之的是新自由主義學者倡導的自由市場制度。新自由主義經濟學者以美國經濟學家傅利曼（Milton Friedman）為代表，強調市場優先於政府、私有權優先於公有和社會所有，反對政府干預，提倡市場競爭等措施。所體現的是「後福特主義」

（post-Fordism）的經濟產銷觀念，講求教育鬆綁及教育體制的多樣化、彈性化和精緻化，意欲廢除大量製造或科層體制的僵硬作業程序，讓學生及家長自行挑選合意的教育產品，依市場機制爭取個人利益。這些教育改革的措施所受到市場機制意識型態的影響相當大，由圖3-1可以了解二者的關係。

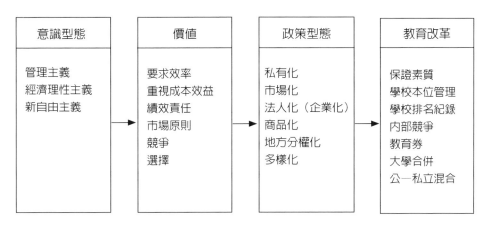

圖3-1　意識型態與教育改革之關係

資料來源：**教育社會學**（頁492），譚光鼎，2011，臺北市：學富。

㈢新公共管理意識型態的興起

新公共管理（new public management, NPM）（或稱管理主義）意識型態的興起是促成教育改革的第三項因素，其核心理念是將公共管理與市場經濟相連結，期望以效率的方法使用公共經費達到政府預期的目標與效能。卓越、提升競爭力、效率、績效（accountability）、授權及本位管理的學校（self-managing school）紛紛引進，並運用許多管理策略，例如目標管理（management-by-objectives）、策略管理（strategic management）以及將表現與成果作連結的評鑑方式等，以期改善教育服務的效果與效率。

㈣學校教育效果不彰，學生學習成就低落

許多學者認為學校直接接受政府全額的補助，會使學校喪失成本意識，而不會去追求效益，學校辦學效益低下，造成大量的教育資源得不到

充分的開發及利用。傅利曼就認為公立教育是一種政策壟斷，由於缺乏市場競爭壓力，因此造成教育效率不高、學生對學習不負責任。人們在面對公辦教育的缺失以及教育問題層出不窮的情況下，期望藉由引進民營教育的優點，讓教育面對市場的競爭，以改善教育的成效並促成教育革新。

二、教育改革的作法

新自由主義的教育政策，主要是推動市場化政策，賦予家長教育選擇權並發給教育券；推動管理理性化，實施成就測驗；增加教育的私有化程度，採取各種鬆綁措施以引進私人參與教育的機會（譚光鼎，2011）。以下僅就高等教育市場化、家長教育選擇權這兩項政策加以探討（張鐸嚴、周新富，2021；吳政達，2004；譚光鼎，2011）：

㈠高等教育市場化

高等教育市場化（marketization of higher education）是當代英、美高等教育發展的重要趨勢。英國首相柴契爾夫人上臺後，通過《教育改革法案》，減少政府公共開支，削減高等教育經費，因此導致學費的上升；大學只好運用市場營銷的手法來吸引學生，依據社會的需求自行訂定學費，充分發揮市場的功能。高等教育中的「市場」可區分為三類，一是提供教育服務的市場，學校出售教學服務，學生付學費購買；二是研究市場，爭取政府及企業在研究資金上的贊助，並且販售研究成果，例如企業支付專利費用；三是資本市場，學生向金融機構貸款繳學費，大學則從資本市場籌措必要的投資基金，例如發行債券、銀行借貸、服務外包等。為確保辦學品質，美國高等教育相當重視績效責任，因此實施學校評鑑及教師的教學評鑑。市場的基本原理還包括以需求為導向，縮短學習期限，以及重視職業化。

㈡家長教育選擇權

家長教育選擇權（educational choice of parents）是指家長擁有為其子女的教育，自由選擇符合其性向、興趣及需要的學區、學校及教育內容的權利。這項教育政策的主要目的是在提高學校競爭力，透過校際之間的競

爭，除能提高學校的績效責任外，也有助於改善學校品質。在義務教育階
段普遍採取「劃分學區，就近入學」，開放此種權利，就是要打破學區、
公私立之間的限制，提供家長自由選擇的權利。英美國家實施的家長教育
選擇權，依其形式可區分為五種：

1. 開放入學

英國《教育改革法案》就規定實施開放入學政策，先確定每一所學
校的招生最高限額，在沒有達到最高限額時，學校不得拒絕家長的入學申
請。為了鼓勵好學校招收較多的學生，英國實行按照人頭計算教育經費的
政策，這就意味著更多的學生就是更多的經費，學校之間經常為生源而展
開激烈的競爭。

2. 教育券

教育券的學校選擇（education-voucher choice）是由政府提供所有學齡
兒童家長一張相當面額的教育券，讓家長以教育券支付教育費用，而家長
可為其子女選擇任何學校就讀，不再受學區的限制，其主要目的是企圖解
決公私立學校的紛爭，消除種族隔離及社會階層不平等，並且提供家長自
由選擇的權利。類似教育券的作法是「教育稅減免」，若學生就讀非公立
學校，為減輕家長的經濟負擔，可以申請減免教育稅。

3. 磁石學校

磁石學校（magnet school）類似國內所稱的「重點發展學校」，除了
提供讀、寫、算的基本能力之外，亦可學習特殊專長的學科，讓學生選擇
其所感興趣的特殊專長，例如音樂、戲劇、電腦、法律等。所以磁石學校
就是透過提供各種特色課程來吸引學生的一種選擇性學校，以學生的自願
入學為原則。

4. 家庭學校

家庭學校（home schooling）是指學齡兒童不需進入公私立學校就
讀，而是以家庭為基礎與地點，透過家庭的管理與實施而接受教育。家庭
學校又可以分為兩大類，一類是以不同的宗教信仰為基礎的意識型態家庭
學校，一類是以不同教育理念為基礎的個性化家庭學校。

5. 特許學校

特許學校（charter school）是一種「公辦民營學校」（private management of public school），這種學校係指政府設置，委由民間團體經營或企業經營的學校，由承租者提供各種不同教學特色的辦學形式。特許學校的經費來源與公立學校一樣，但在招生上實行開放招生，在聘用教師、經費使用、課程設置、行事曆安排等方面有很高的自主權。

 我國的教育改革

近二十多年來，世界各國對教育改革不遺餘力，此思潮也影響臺灣的教育，因而啟動諸多教育改革。1994年由民間教改團體所發起之「四一○教改遊行」，提出制定《教育基本法》、落實小班小校、廣設高中大學、推動教育現代化四大訴求，之後行政院成立「教育改革審議委員會」，1996年12月完成《教育改革總諮議報告書》，提出教育鬆綁、帶好每個學生、暢通升學管道、提升教育品質、建立終身學習社會作為教育改革的基本方針。為落實教育改革之建議，教育部於1998年提出十二項教育改革行動方案，包括：健全國民教育、普及幼兒教育、健全師資培育制度及教師進修制度、促進技職教育多元化與精緻化、追求高等教育的卓越發展、推動終身教育及資訊網路教育、推展家庭教育、加強身心障礙學生教育、強化原住民學生教育、暢通升學管道、建立學生輔導新體制、充實教育經費與加強教育研究。復於2010年召開第八次全國教育會議，並公布《中華民國教育報告書》，推動十二年國民基本教育與幼托整合等政策。由上述教改過程可看出，1990年代以來的教育改革規模之大、範圍之廣（行政院教育改革審議委員會，1996；楊巧玲，2004）。其中重要的教育改革政策有：廣設高中大學、教育鬆綁（大學自治、私校開放、專校升格、中小學教科書開放、師資培育多元、校長遴選等）、多元入學方案、十二年國教、課程改革（建構式數學、九年一貫課程、108課綱）。

教育改革係指教育組織對於新理念的採用，它亦是文化改造的工程，因為它必須促使學校成員察覺新的意義方能回應教育改革的新理念，使得

新理念能夠落實。此外，由於教育改革會牽動文化的改變，也會喚起利害關係人的衝突，故必須規劃因應政策，方能催化學校成員對教育改革的熱情與行動，並強化落實教育改革的動能（黃乃熒，2010）。然而我們要有這樣的認知：1.教育改革不是解決教育問題的萬靈丹或特效藥，因為影響教育問題的因素是相當錯綜複雜的，所以一項政策的推行需要定期檢討、修改，以決定其適切性；2.教育改革是相當繁瑣複雜的一項工程，可謂牽一髮而動全身，若是流於片段式改革，缺乏整體性思考，很容易遭致改革失敗（連俊智，2007）。教育改革是永無止盡的工程，需要時時檢討改進，並且要與社會發展趨勢縝密結合。

自我評量 ....

一、選擇題

(　　) 1. 教育社會學中有關「人的能動性」、「壓迫」、「主體性」等概念，主要出自於哪一個學派？ (A)現象學 (B)功能論 (C)批判論 (D)符號互動論。

(　　) 2. 為了避免教育淪為意識灌輸工具，故強調教師應檢視課程文本潛藏的價值扭曲或宰制，也要檢視語言隱喻的思維框架，進而調整教學內容。請問教師教學若具備此種教育專業便能充分展現何種能力？ (A)解構性 (B)分析性 (C)能動性 (D)差異性。

(　　) 3. 自1988年教育改革法案通過之後，建立國定課程（national curriculum）和統一考試（national tests）制度的國家是： (A)美國 (B)英國 (C)法國 (D)德國。

(　　) 4. 學校將先人的傳統思想教給下一代，這是屬於教育的何種功能？ (A)家庭功能 (B)政治功能 (C)社會功能 (D)文化功能。

(　　) 5. 有關次文化、邊緣文化與主流文化的敘述，下列何者正確？ (A)次文化從主流文化中衍生而出，來去匆匆，所以也稱流行文化 (B)只要時間夠久，次文化與邊緣文化都會自然而然的融入主流文化 (C)主流文化為社會上多數人所共同持有與認可，不變是其最大特點 (D)邊緣文化多指社會中人數較少或弱勢群族的文化，也是一種次文化。

(　　) 6. 學校是文化政治的場所，教師是社會變遷的觸媒，教學是主體解放的過程。這是哪種理論的主張？ (A)文化唯物論 (B)後殖民理論 (C)批判教學論 (D)結構功能論。

(　　) 7. 下列何者不是解釋教育擴充與經濟成長關係的三項主要理論觀點之一？ (A)人力資本理論 (B)地位競爭或分配論 (C)階級複製理論 (D)心象理論。

(　　) 8. 促使低度開發國家從物質資本的大量投入轉為注意人才的培育，是下列哪一觀點？ (A)俗民方法論 (B)教育消費論 (C)和諧理論 (D)教育投資論。

（　）9. 教育具有經濟的功能是指：　(A)辦學校可以賺大錢　(B)教育可以促進人向上層社會流動　(C)教育可以提供生產活動所需的技能　(D)教育可以培養國家領導人才。

（　）10. 在教育社會學研究中，功能理論認為教育的功能是促進社會階層流動的重要力量，依此理論，以下何者是雇主在選擇新進人員時的第一考慮要素？　(A)健康情形　(B)依屬關係　(C)外表相貌　(D)技術能力。

（　）11. 在職業專門化的分工體系下，每個人都只從事枝節的工作，就像麥當勞的員工可以馬上被換掉，新員工可以馬上上手工作，工人像機器一樣，聽別人的腦袋做事，這導致了哪一種現象？　(A)人性化　(B)異化　(C)社會化　(D)反文化。

（　）12. 將教育視為有利投資並發展出評估教育回收率的模式，主要是受到何種概念的影響？　(A)博雅教育概念　(B)教育機會均等的概念(C)人力資本的概念　(D)全面品質管理的概念。

（　）13. 許多人認為：個人在教育所作的投資愈大，教育程度愈高，專業知識技能愈強，所得的薪資報酬也就愈高。此種觀點與下列何者無關？　(A)功能論　(B)衝突論　(C)功績主義　(D)人力資本論。

（　）14. 教育與文化關係密切，下列敘述何者錯誤？　(A)新移民子女同時學習兩種以上的文化，是一種文化的「涵化」現象　(B)學生喜歡吃速食和學習英語都是文化全球化的現象　(C)「反權威」、「去中心化」與「差異化」是後現代社會的特徵　(D)積極的差別待遇是從「我族中心主義」出發，充滿獨斷與霸權。

（　）15. 教育的文化功能中，下列何者最有價值？　(A)傳遞文化遺產　(B)繁衍文化遺產　(C)創新文化價值　(D)保存現有文化。

（　）16. 關於社會變遷，下列敘述何者為非？　(A)「社會變遷」一詞不只是社會事實或社會現象的敘述，還涉及社會進步或不進步的價值判斷　(B)斯賓塞（H. Spencer）和涂爾幹（E. Durkheim）的社會有機體演化觀是直線式的變遷理論　(C)衝突論者認為社會關係具有強制性，因此強調社會變遷的普遍性　(D)在技術因素促成的社會變遷方面，教育改革是因應社會變遷的結果。

（　）17. 「績效責任制」（accountability）是美國《不讓任何孩子落後法》
（No Child Left Behind Act）的改革主軸之一，下列敘述何者錯
誤？　(A)著重與提升學生的閱讀與數學能力　(B)給予各州、學區
及中小學更大的彈性空間　(C)要求各州行政機關積極處理不適任
教師問題　(D)州政府依法設定學校學生成就表現的及格百分比。

（　）18. 「家長教育選擇權」為近年來備受關注的議題，其主要意涵是指家
長可以為其子女做以下哪種選擇？　(A)就讀學校的設施　(B)就讀
學校的班級　(C)就讀的學校　(D)就讀學校的教師。

（　）19. 近幾年來設置「磁石學校」、「特許學校」並且採取發放教育券等
措施以增加學習選擇多元化的國家是：　(A)日本　(B)澳洲　(C)英
國　(D)美國。

（　）20. 以下哪一種理論認為勞動者個人的教育、經歷與年齡等特質將會影
響其薪資收入與升遷？　(A)人力資本論　(B)社會資本論　(C)文化
資本論　(D)知識管理論。

（　）21. 以鼓勵增設私校來增加大學的招生容量，俾厚植人力資本。這屬於
下列何種主張？　(A)文憑主義　(B)功績主義　(C)後結構主義
(D)新自由主義。

（　）22. 下列哪項作法不屬於教育市場化（marketization of education）的主
張？　(A)補償弱勢群體的學習資源　(B)家長擁有教育選擇權　(C)
強調自由競爭機制　(D)講求辦學績效責任。

（　）23. 關於教育市場化（marketization of education）的主張，下列哪一
項正確？　(A)明確的學區　(B)教育優先區　(C)教育商品化
(D)教育公平性。

（　）24. 下列何者非為家長教育選擇權之相關政策？　(A)教育券　(B)磁鐵
學校　(C)教育優先區　(D)特許學校。

（　）25. 下列教育政策的執行產生問題，何者均可歸因於未審慎評估「少
子化現象」的影響？　(A)廣設高中及大學、開放多元師資培育
(B)開放多元師資培育、高中職社區化　(C)推動國教九年一貫課
程、高中職社區化　(D)廣設高中及大學、大學多元入學方案。

（　）26. 下列哪一種制度最能彰顯家長教育選擇權？　(A)學區制　(B)教育

券　(C)在家自行教育　(D)公辦民營。

(　) 27. 以美國的特許學校（charter school）為例，下列敘述何者錯誤？
(A)提供家長教育選擇權的機會　(B)不以高風險或少數族群學生為
教育對象　(C)有些是新創設的，有些是自既有公立學校轉型而成
(D)有些是公立學校系統的一部分，有些是營利性的機構。

(　) 28. 近來「市場邏輯」逐漸擴散到教育領域，造成「教育邏輯」與「市
場邏輯」的混淆。下列關於教育的說法何者較少受到「市場邏輯」
的影響？　(A)現代學校應該是努力誘使人進行教育消費的「操
控型制度」　(B)教育邏輯可以完全化約為市場邏輯，以滿足顧客
（學生）的需求為前提　(C)現代教育應該儘量客製化，成為受歡
迎的商品，才能合乎教育的邏輯　(D)教育在促進受教者的獨立自
主，當教育被市場化時，其功能就會大打折扣。

(　) 29. 下列何者不是社會變遷與教育的關係？　(A)社會變遷影響教育
(B)教育形成社會變遷　(C)教育常成為社會變遷的一種條件
(D)社會變遷是教育的一種條件。

(　) 30. 自1980年代以來，紐、澳、英、加等國的教育經歷一場以「自由市
場經濟」為名的新右派教育改革行動，提出以下哪種口號，進行改
革？　(A)增加政府公共投資　(B)鬆綁與競爭　(C)減少學校本位課
程　(D)公平與正義。

(　) 31. 各國教育改革走向市場化的趨勢，跟「新右派」的思維成為密切的
共同體。下列何者不是新右派的理念？　(A)競爭、選擇與私有化
(B)效率和自由市場　(C)經濟理性的考量　(D)追求社會正義。

(　) 32. 對於「在家自行教育」（home schooling）之敘述，下列敘述何者
有誤？　(A)在美國，在家自行教育興起背景與宗教因素有關
(B)在美國，接受在家自行教育之學生的學業成就普偏高於一般接
受公私立學校教育的學生　(C)在家自行教育彰顯家長的教育選擇
權　(D)在我國在家自行教育尚缺法源依據。

答案

1.(C)　2.(C)　3.(B)　4.(D)　5.(D)　6.(C)　7.(D)　8.(D)　9.(C)　10.(D)　11.(B)
12.(C)　13.(B)　14.(D)　15.(C)　16.(A)　17.(D)　18.(C)　19.(D)　20.(A)

21.(D)　22.(A)　23.(C)　24.(C)　25.(A)　26.(B)　27.(B)　28.(D)　29.(D)
30.(B)　31.(D)　32.(D)

二、問答題

1. 請就功能論、衝突論及批判教學論等學派對於學校在文化傳遞所扮演的角色
　 作一說明。

2. 文化與教育間的基本關係為何？作為一位教育工作者應如何正視教育歷程中
　 的文化因素？試論述之。

3. 教育市場化為近十年來我國教育改革的主軸之一，試問何謂「教育市場化」
　 （marketization of education），並請就教育層面所可能產生的影響，及其對
　 應之道加以評論之。

4. 評述二十世紀80年代以來美國的教育改革，以及對我們的啟示。

5. 因應「鬆綁」（deregulation）和「分權化」（decentralization）的教育改革
　 趨勢，現階段教育行政運作應有何具體配套措施？試申論之。

6. 近十年來臺灣的教育改革以「教育鬆綁」（education deregulation）為核心理
　 念之一，請說明何謂「教育鬆綁」。請舉一實例，分析教育改革如何「鬆」
　 與「綁」。

7. 何謂家長教育選擇權？我國義務教育階段家長是否擁有此一權利？請說明之。

8. 關於社會變遷與教育的基本關係，學者常從意識型態（文化）、經濟發展、
　 科技發展等三方面加以歸納探討。請依以上三層面，簡要分析教育與社會變
　 遷的關係。

9. 教育活動是否要配合經濟發展？教育領域本身之自主性如何？

10.人力資本論（human capital theory）與文憑主義（credentialism）對於教育與
　 勞動市場的關係是採取「生產」（production）與「分配」（distribution）不
　 同的觀點，試論述此兩種不同的觀點，並說明你會採取的立場。

11.相信人力資本論（human capital theory）的經濟學者認為教育擴張可促進國
　 家經濟發展，然而社會學家對這看法持保留的態度。請解釋何謂人力資本
　 論，並說明社會學家對這理論的批評。

12.何謂人力資本？人力資源管理和人事管理有何差異？學校人力資源管理通常
　 包括哪些內涵？

第四章

社會階層化與教育

　　就所有社會而言，總是有些稀少而有價值的資源，如財富、收入、社會聲望與政治權力，以及與它們有重大關聯的教育、職業等，為大眾所渴望而努力追求。然而有人得到的多，有人得到的少，依所得到的各項資源多寡來給人們分層，就構成了許多層級高低不等的社會階層，同階層者擁有類似的資源。依種種不同的資源來作分層的標準，也就能得到許多階層體系，如教育階層體系、收入階層體系、職業階層體系等（黃毅志，1998）。社會階層化可以說是社會學最常使用的概念，應用到教育社會學則產生教育機會均等、性別與教育、族群與教育等主題。教育對職業地位的影響一直為社會階層化理論關心的焦點，教育對職業影響增強，家庭背景因素的影響減弱，則該社會通常會被認為是功績主義（meritocracy）社會，是社會日趨公平的表徵（黃毅志，2011）。本章先從社會階層化的基本概念談起，再探討社會階層化與教育的關係，第三節就社會階級與教育成就之影響因素作一探討。

第一節　　社會階層化

　　社會不均等（social inequality）是普遍存在人類社會的現象，隨著時間、空間的不同而程度有所差異，但不均等的現象卻是無法完全避免的，這種現象不僅表現在政治層面，在所得收入、種族、社會地位、教育與文化等方面，均可以看出存在許多的不均等，社會不均等的顯現就形成了社會階層。而現代化社會的不平等有五項特徵：1.以社會階級的階層化打破或取代喀斯特（caste）的階層化（一種基於世襲的、封閉的階層體制）；2.階級結構中大量的中產階級人口百分比上升；3.少量的上層階級控制生產和政治權力；4.小量低層的人們扮演低價勞工，但這些人通常是不同種族的人；5.性別的平等增加（Orenstein, 1985）。本節即在探討社會階層化與社會流動的概念，並說明教育在階層化過程中所扮演的角色。

壹　社會階層化的意義

　　階層化（stratification）本為地理學上的名詞，指層理或層次的形成，地層的構造由於地質本身的性質及外力作用的結果，於是有層次的形成。林生傳（2005）認為社會階層化（social stratification）是社會根據某一或若干標準，形成階層的歷程或現象，這是一種社會現象，也是一種社會過程，有學者更認為是一種不可或缺的社會制度。衝突論學者韋伯認為社會階層化是由以下三種不同的因素所導致：1.階級（class），如收入、財富等；2.地位（status），主要來自種族、家庭、教育與文化的差異；3.權力（power），參政、立法及司法方面的權勢（De Graaf, 1986）。所以社會階層化即可解釋為一個社會中的人，根據一個或若干標準，被區分為各種不同等級的安排方式或狀態，即稱為社會階層化（陳奎憙，2003）。通常根據的標準有個人學歷、權力、財富、聲望等因素，因而形成高低不同的社會等級的狀態。而一群擁有相同或類似社會地位（social status）的人則形成一個社會階級（social class）。

 ## 貳　社會階級的評定

　　經社會階層化的過程，社會形成各種不同的社會階級，個人因所屬階層或階級會影響人們的生活機會（life chances）、生活方式（ways of life）和階級行動（class action）（許嘉猷，1986）。如何評定一個人的社會階級？馬克思將階級定義為生產工具的擁有與否，將階級分為資產階級（亦稱布爾喬亞階級，bourgeoisie）及無產階級（亦稱普羅階級，proletariat）（Meighan, 1993），他似乎認為一個階級就是相同經濟情境的一群人所組成。但馬克思認為階級意識（class consciousness）是不容忽視的，其意即為社會成員主觀的階級認同。

　　英國社會學家戈德索普（John Goldthorpe）採用韋伯的概念劃分社會階級，韋伯之社會階級的中心概念是市場，戈德索普以市場和特定職業的工作情境定義階級，主要是以社會上想要的工作（social desirability of jobs）為架構（Marshall, Rose, Vogler, & Newby, 1985）。戈德索普（Gold-thorpe, 1987）忽略階級意識，他依據收入的水平、經濟保障的程度、升遷機會以及權威體系上的位置，而結合三十六類的職業類型為七個階級類型：

階級（Ⅰ）：所有高級專業人員（自僱及受僱）、公私部門的高級行政主管及人員、大企業高級經理、大老闆。

階級（Ⅱ）：低級專業人員、高級技術人員、公私部門的低級行政主管及人員、白領監督。

階級（Ⅲ）：行政及商業的例行白領人員、販賣人員、服務部門的例行人員。

階級（Ⅳ）：小老闆、小農、自僱工作坊生產者、除專業人員外其他自僱生產者。

階級（Ⅴ）：低級技術人員、藍領監督。

階級（Ⅵ）：熟練勞工。

階級（Ⅶ）：未熟練勞工、農業勞工。

這七個階級結構又可分為三個主要階級：服務階級、中間階級、勞工階級，其包含的類別如下：服務階級包括：(1)高級專業人員、行政人員、官員；大公司的經理、大企業家。(2)低級專業人員、行政人員、官員；高級技術人員、小公司和企業的經營者、非手工工人的監督者。中間階級包括：(3)行政和商業機構普通的非手工受僱者；(4)自僱技術勞工；(5)僱用員工的小商店；(6)沒僱用員工的小商店；(7)自耕農和小地主、自僱的漁夫；(8)低層級科技人員、操作工人的監督者。勞工階級：(9)技術操作工人；(10)半技術和無技術工人（非農業）；(11)佃農（Marshall et al., 1985）。

測量社會階級的另一個方法是以一些客觀的指標來衡量，常用的指標有教育、職業、收入所得、居住地區等，有時也可用家庭設備、家庭費用支出等項目為指標，但最常用的還是教育、職業、收入所得三項指標組合而成個人的社會經濟地位，簡稱SES（socioeconomic score）的計算法（蔡文輝，2011）。

參　社會階層化的理論

人類社會既然階層化是不可避免的現象，那麼是否可以探究出形成社會階層化的原因為何呢？這種現象對社會有什麼影響？通常稱解釋社會階層化現象的理論為階層理論，最主要的兩個學說為功能論和衝突論，以下分別說明之。

一、功能論

戴維斯和墨爾（Davis & Moore, 1945）是功能論的重要倡導者，在《社會階層化的原理》一書中，提出解釋社會階層化的主要論點為「不平等報酬的需要」，他們認為社會階層化有其功能上的必要性，這個系統的存在是為了以強而有力的規則分配資源和報酬。不同社會的職業系統裡，不同職位具有不同的重要性，人們會評估何種工作和等級更具價值，因而不同的職位伴隨著不同的報酬，並限制進入某些職業的人數。財富、權力、聲望，這三項是組成社會階層的基礎，也是人人渴望擁有的東西，故社會將制定一些規則來規範誰將擁有生活中想要的重要資源（Mulkey, 1993）。而且某些職位所需具備的才能及所要接受的訓練不相等，欲使不同職位者發揮應有的功能，應慎選適當人選。具有較高才能、能夠接受較高及較嚴格訓練者較少，例如外科醫生、核子物理學家等。社會為了吸引有能力和接受長期訓練者擔任這些職位，乃以較高的報酬與評價賦予這些職位的工作者（林生傳，2005）。由以上的敘述可知功能論認為決定職位報酬高低的因素有三：功能的重要性、所需能力及訓練時間。

功能論認為隨著工業化社會的到來，由於技術愈來愈複雜，不但勞力市場對於學校教育的要求日漸提高，民眾接受教育的意願也提高，接受教育的機會也因為公費資助的大眾教育逐漸擴充與制度化，而有愈來愈多的機會接受教育，以滿足勞力市場的要求，於是造成整個社會的教育擴充。由於教育的擴充，教育成就愈來愈不依賴父親的財政資助，只要個人能力強、肯努力，就能在教育上及職業上有所成就，出身背景對教育、職業的影響也因而減弱（黃毅志，2005；Collins, 1971）。功能論的觀點認為個

人教育程度愈高，代表擁有與經濟生產活動有關的專業技能與知識就愈高，因而在生產工作上效率也就愈高，所得到的收入也就愈高。

二、衝突論

帕森斯的功能論認為學校的功能在為兒童未來的成人角色做準備，為了整個社會順暢地運作，有必要接受社會和勞動力的階層化，因此未質疑學校系統為誰服務、誰能獲益等問題（Gewirtz & Cribb, 2009），因而受到不少學者的批評。衝突論者涂明（Tumin）就認為社會職位功能的重要性是不容易判斷的，且含有強烈的價值判斷，如醫生重要還是農民重要？社會職位的不可替代性往往不是功能的不可替代，反而只是一種彼此協議的結果；具有某些特定才能的人，並不是如功能論所主張的真的人才稀少，而是社會存在結構性的限制因素，而導致人才的稀少（王振寰、瞿海源，2003）。

衝突論者認為社會階層的存在是優勢團體（dominant group）為維護既得權益或把持已經獲得的資源，這些擁有財勢與高地位的人不願意改變現狀，利用種種設計來固守，以防止利益被他人爭奪，於是社會衝突產生。衝突論學者主張權力才是了解社會階層的主要概念，認為才能並不是社會階層的主要決定因素，有些人因為家庭背景關係而擁有財富與機會，因其父母給予他們較佳的教育，較優的生活與較妥善的健康保健等，所以這些人在爭奪好地位、好職務時，自然就有較優先的條件；也就是說，權力和環境背景決定哪些人會獲得較好的工作並致富。這些優勢團體於是設名位、定階級，進行世襲或再製，階級制度於焉形成，因而造成財富與權勢分配不平均，進一步產生各種社會問題。衝突論者因而認為社會階層的存在乃是人為的，是以武力或強制性所形成，是可以加以改革的，但只有用武力才可以改變現有狀況（林生傳，2005；蔡文輝，2011）。

衝突論的學者如包爾斯和金帝斯挑戰功能論有關社會階層化和教育關係的論述，提出社會再製理論，認為經濟結構是決定教育結構的主要因素，他們批評功能論的觀點忽略了微觀層級的師生關係和教學內容，因

此聚焦在學校非正式的社會化角色（即潛在課程）進行研究（Gewirtz & Cribb, 2009）。其他學者柯林斯（Collins, 1971）提出著名的「文化市場」（cultural market）理論，說明教育是不同地位的個人、社區或團體，為取得統治的優勢、經濟的利益或地位聲望而進行鬥爭的地方，市場中共同的文化貨幣稱為文化財（或稱文化資本），個人或團體感覺到教育的潛在利益，因此透過不同管道取得文化財，就在對教育文憑投資的過程中，人們達成了購買職位的目的。法國學者布迪厄（Bourdieu, 1986）則提出「文化再製理論」，認為學校教育透過文化資本（cultural capital）的分配，而進行社會的再製（陳奎憙，1998）。

 ## 肆　教育階層化

　　社會階層化對教育系統造成了極大的影響，教育階層化（educational stratification）即為形成的現象之一。所謂教育階層化即是社會成員被分配到不同的教育階層，而取得不同教育成就的過程（黃毅志，1998）。教育在工業化社會中是向上流動的重要管道，研究教育階層化就在探討個人的社會出身（social origins）和教育成就的關係，特別是父母的經濟、社會、文化等資本，是促進子女教育成就和向上流動的重要因素（Zhou, Moen, & Tuma, 1998）。巴蘭丁（Ballantine, 1983）就認為社會階級與教育成就有高度相關，他整理出不同社會階級成員本身及其子女可能的教育成就，由表4-1可以得知不同社會階級在本人教育及子女教育有極大的差異，中上階級家庭的子女，愈有機會進入明星高等學府，獲得較佳的教育成就。

　　衝突論學者布迪厄（Bourdieu, 1996）在《國家貴族》一書提出教育機構在社會的真正意義，是為了使統治階級建立基礎和合法化（legitimization）的理由，布迪厄深入分析作為社會和國家菁英的主要生產基地「一流大學」的制度及其社會功能，揭示這一特權顯貴培養機構與社會中各個場域的權力分配的關係。他說：「法國名牌高等學校保證了社會與經濟權力，幾乎自動化地傳遞到那些已經掌握權力的人們的孩子們手裡。」

表4-1 社會階級與本人教育成就和子女可能教育期望

階級在總人口的百分比	本人教育	子女教育
上層階級（1%-3%）	菁英學校接受博雅教育	大學教育
上中階級（10%-15%）	大學畢業	偏向他們興趣的教育系統
下中階級（30%-35%）	高中、有些大學	比勞工階級小孩更有機會進大學
勞工階級（40%-45%）	國中、有些高中	對教育系統有偏見、接受職業教育的傾向
下層階級（20%-25%）	小學或文盲	對教育不感興趣或輟學率高

資料來源：*The sociology of education: A systematic analysis* (p. 56), by J. H. Ballantine, 1983, New Jersey: Prentice-Hall.

他以居於法國名牌高等學校金字塔結構的頂尖國家行政管理學院為例，其學員占絕大部分是握有龐大經濟資本家庭的子弟，但是富家子弟所握有的政治和經濟權力並非如此簡單地直接表現出來，在實際的掌權運作過程，事情往往顯得更為曲折，用委婉的話來說，顯得更為「公正」一些，他們進入政權頂端位置總是經歷一番「合法化」的必要程序，不能以富裕和出身為合法化理由，而只能以「智慧」和「才能」作為藉口（高宣揚，1992）。

第二節　社會流動與教育

社會流動（social mobility）是指在開放式的社會階級制度中，各階級之間的社會成員，由一個位置移動到另一個位置的過程。學者將個人的地位分為兩類：與生俱來的地位稱為賦予地位或歸屬地位（ascribed status），個人的成就主要來自努力或才能，這種地位稱為成就地位或贏得地位（achieved status）。個人在社會位置的流動中，無論是向上或向下，個人本身的努力與家庭背景都會產生影響，只是每個社會所強調的有所不同。在愈高度發展的社會，愈重視個人努力取得的成就地位（王振寰、瞿海源，2003）。

社會流動類型

階級系統的社會流動有許多不同的分類形式，以下分別說明之：

一、垂直流動與水平流動

垂直流動（vertical mobility）是由一個階層到另一個階層上升或下降的流動，垂直流動又可以分成向上流動（upward mobility）與向下流動（downward mobility）。向上流動是由下層階級高升上層階級的流動，例如從女工變成小學教師、從黑手變頭家。向下流動是由上層階級下降到下層階級的流動，例如由富商轉為攤販。水平流動（horizontal mobility）是在同一階級或地位上流動，只是職業的轉換，未帶來社會地位的改變。例如從汽車推銷員轉到房屋銷售員（王天佑，日期不詳；蔡文輝，2011）。

二、代間流動與代內流動

依據社會階層改變之時間來看，可分成兩類型：代間流動（intergenerational mobility）與代內流動（intragenerational mobility）。代間流動是指親子兩代間在社會階層上的差距；也就是父母與兒女之間的職業地位改變，或是比較兩代以上家庭成員的社會地位之不同。若是年輕一代之地位高於老一輩的社會地位，稱為上升的代間流動；反之，稱為下降的代間流動。例如一位司機兒子因為努力念書，取得博士學位，然後在大學任教，父子間的社會階級具有顯著的差異。代內流動又可稱為事業流動（career mobility），這是追蹤一個社會成員在其個人生命過程中社會位置轉變的狀況。通常個人隨著教育程度的提升及年齡的提高，其所得、職業聲望及權力都有上升現象（王天佑，日期不詳）。

 影響社會流動的因素

影響社會流動的因素頗為複雜，一般分為社會及個人因素兩類，教育在個人社會流動的歷程中扮演相當重要的角色，但社會因素亦是不可忽

略因素，若大環境不佳，個人要有所成就也極為不易。學者的研究發現，影響社會流動的因素如下（林生傳，2005；林義男、王文科，1999；蔡文輝，2011）：

一、社會因素

社會因素方面包括社會職業結構改變、生育率在階級的差異、社會的移民政策，例如高科技等知識經濟產業給年輕一代有更多職業選擇機會；上層階級因生育率較低，所遺留的職缺讓中下層階級成員有機會往上流動；外來移民或外籍移工也常會造成當地人的上升流動，因為新移民願意從事骯髒（dirty）、危險（dangerous）、辛苦（difficult）的「3D行業」，本土勞工即可獲得較佳的工作。

二、個人因素

在個人因素方面，教育成就常被認為是促進社會流動的工具，教育程度高者，多從事專業與技術性工作；教育程度低者，則從事低薪、非技術性工作。成就動機亦是影響社會流動的因素之一，個人對流動的渴望愈高，往往上升流動的機會也愈高，為了未來的目標，寧願將目前的慾望滿足延後。家庭背景的影響也是一項重要因素，父母的社會階級愈高，對子女未來教育與職業地位取得之影響力也愈大。

 功績主義的教育選擇

功能論學者認為大量教育的發展有助於創造一個更符合功績主義的社會，這個社會中能力和努力是決定地位高低的重要因素，而不是家庭背景或聲望決定其地位高低，因此這些學者就認為未來社會有三個重要趨向：1.教育和職業地位之間的相關會愈來愈高，學校教育將是決定個人職業地位最重要的因素；2.父母社會地位和子女社會地位間的相關會愈來愈低；3.父母社會地位和子女教育成就間的相關會愈來愈低（Hurn, 1993）。個人的能力與努力是否可以獲得高教育成就還要視社會是開放或是封閉而

定，封閉的社會中，個人的財富、權力和地位是來自於繼承或賦予，有能力的個人很少有機會可以流動到菁英團體，而且這些菁英團體也會透過特權保護自己的利益，讓貧窮而有能力者，很難提升其社會地位。開放社會則依靠卓越的才能和動機，低階級個人進入高地位的障礙已經被掃除，社會流動不只靠關係的影響，而是靠個人的才華和能力，故開放社會的本質即是功績主義的社會（meritocratic society），一個社會決定成功和地位的因素是能力和努力，而不是階級或種族，這個社會即可稱之為功績社會（meritocracy）（Hurn, 1993）。

一、教育選擇的特性

這種社會下的學校教育具有以下的特性（張鐸嚴，1994）：

1. 學校教育選擇的依據是成就原則，受到與教育有關的因素如能力、努力、志向、興趣所決定。

2. 社會階層因素對於學生的不公平影響，可以藉由功績主義的教育選擇予以均等化。學校教育強調形式正義的公平性，每位參與競爭的學生都必須獲得公平的對待。

3. 低社會階層的子女可以經由學校教育改變其原屬的社會階層，各階層的子女有均等的機會追求生涯發展。

4. 功績主義的學校教育提供社會所需的不同勞動力，不同能力的學生藉此一過程分配不同的職業地位及將來。

5. 分軌的目的在於將不同能力和特性的學生，在課程和教學上做適當的安排，這種安排是公平的。

6. 功績主義相信透過競爭式的公平考試，可以挑選出具有高能力的人才，完美的測驗及考試制度的建立是重要的。

二、對功績社會學校教育的批判

教育成就與個人社會流動的關係愈來愈密切，但教育成就又受到家庭背景的影響，家庭的經濟資本和文化資本都是影響教育成就的重要變

項，例如施威爾和豪瑟（Sewell & Hauser, 1980）的研究發現來自高社經地位的高能力學生，其大學畢業的機會是低社經地位學生的3.5倍，高等教育的成就很難擺脫社經地位的影響，出身低社經地位的學生在克服某一教育階段的障礙後，到了另一階段仍是處於不利的地位。迪麥哲和默爾（DiMaggio & Mohr, 1985）的研究發現高階級位置者擁有較高的文化資本，這些人較受教師的喜愛，所以教師或輔導人員會對這些學生提供特別的協助，加上自己想成為文化人的動機，學生在教育成就上才會有很好的表現；也就是說，影響個人教育成就最重要的因素還是家庭背景。高等教育的擴充是為解決此一現象的作法，但卻成為製造問題的來源，教育中的功績主義機制確實出現問題，這些問題造成了教育機會不平等（譚光鼎，2011）。衝突論學者如包爾斯和金帝斯（Bowles & Gintis, 1976）的批判最為激烈，他們認為學校是透過表面上的公平與功績表象來合法化其不平等，美國學校的發展並不是要追求平等，而只是為了提供資本家對受過訓練的和有技術的勞動力的需求，而使學校成為加強政治穩定而設立的社會制約機構，透過功績主義的意識型態將分層的學校系統加以合法化。學者對功績主義的教育尚有以下的批評（張鐸嚴，1994；Hurn, 1993；Weakliem & McQuillan, 1995）：

　　1. 職業成就依靠知識能力，這是大家都肯定的論點，但是能力是受遺傳的影響比較大？還是環境因素的影響比較大？這個爭論則未有定論。中上階層的家庭擁有豐富的資源，可以讓他們後代子孫獲得良好的教育，但勞工階層卻無法得到資源的幫助，所以得到重要教育文憑而提升社會地位的人數還是很少。

　　2. 職業成就不只受到能力的影響，有些因素很難測量出來，如社會關係、個人特質、運氣等，如果社會背景的影響力下降，則其他的影響就會增加，但不是智識能力的影響增加了。

　　3. 教育選擇的結果不論以什麼為指標，最後都還原於社經背景的影響。高社經背景的學生，在學校中有較佳的分軌和課程分化，初始的選擇（initial selection）在學校中早已進行，區分的效果也在學校中擴大，終致影響教育選擇的最後結果。

4. 一些研究發現學校的成就不是依照功績主義來實施，低社會階級的學生在學校裡受到教師有意識地、系統化的差別待遇。

肆　社會升遷模式與教育選擇

帕森斯將學校教育功能從社會化擴及至選擇的觀點，但是促成學者對教育選擇功能加以重視的是英國學者杜納（R. H. Turner）的研究（楊瑩，1995）。他對於社會升遷（social ascent）模式及教育選擇策略的分析，是探討教育選擇過程的重要理論，以下就其理論重點說明之。

一、社會升遷模式

杜納（Turner, 1970）的〈贊助性流動、競爭性流動和學校制度〉這篇論文把社會升遷的型態區分為兩種：贊助性流動（sponsored mobility）及競爭性流動（contest mobility），兩種型態代表不同的價值觀念及菁英結構。他所謂的贊助性流動，意指個人獲得一種社會地位，正如進入私人俱樂部，須得其他會員的贊助或同意，成員對會員資格的同意或拒絕，決定其是否向上流動（Morrish, 1978）。在這種制度下，未來菁英的甄選是由既有的菁英或其代表來決定，而且菁英的地位是由這些在位者依其所認定的功績規準來給予符合條件者。而所謂競爭性流動是指在一社會中，菁英的地位本身是一種獎賞，個人可憑本身的才能和努力，在某些公平的遊戲規則下，運用各種方法或策略獲得該地位（楊瑩，1995）。為了使制度發揮作用，必須建立規範與價值共識，故他提出組織的民俗規範（organizing folk norms）此一理念，來說明不同社會中的規範（Blackledge & Hunt, 1985），由表4-2可以看出二種規範的差異。

二、中等教育選擇策略

杜納（Turner, 1970）依據兩種社會流動方式，而把教育制度歸類為「贊助型教育制度」及「競爭型教育制度」，並以英國、美國的教育制度為例，比較二者差異。在不同的流動規範之下，英、美兩國中等學校的學

表4-2 杜納的民俗規範

競爭性規範	贊助性規範
1.獲得菁英地位的方法好像賽跑，每人的起跑點是相同的。	未來菁英分子的地位是由目前菁英分子或代理人指派。
2.賽跑的規則大家都很清楚。	只有菁英分子才能夠辨識潛在具有智慧或眼光的人才。
3.菁英地位以擁有財富的方式表現出來。	
4.不能有早期的淘汰，不給有才能的人特別的幫助。	有早期的選擇及針對菁英分子的專門訓練，應該給予未來菁英分子最好的訓練。
5.社會中普遍發現許多菁英團體在競爭。	社會裡很普遍發現一個被認定的菁英團體。
6.保持對菁英地位的活潑期盼，直到對該社會的忠誠被好好建立。	社會大眾被訓練成視自己為無能，且用神祕的感覺來看菁英分子。
7.菁英分子被控制在承認他們能被其他菁英團體所取代之下。	菁英分子被社會化而具有仁慈的作風，並對同儕菁英分子的意見敏感。

資料來源：*Sociological interpretations of education* (p. 79), by D. Blackledge and B. Hunt, 1985, Dover: Croom Helm.

生選擇政策存在極大的差異。英國系統雖然在二十世紀連續遭受自由化的變革，但許多人仍贊同教育早期階段的分化，對較優秀者給予特別形式的訓練，使其在成人之後有較高的地位。例如1944年通過一項著名的《11歲考試法案》，只有少數學生通過考試後，再加上學校成績和個別的面試，才決定誰可以進入文法中學，文法中學是高品質的大學預備教育，這些人將來從事中產階級或高地位的職業；其餘學生則就讀現代中學或技術中學，他們進入大學的機會，和接受高地位職業訓練的機會較小。這說明了贊助型流動的教育制度是以早期的選擇，而對某些團體施以特別的訓練，一旦通過了分化階段的選拔，學生生涯就從此確定。在不同的規範下，教育強調的價值不同，贊助型流動的學校教育重視菁英文化的培養，非菁英的教育很難得到公平對待，大量的教育資源集中在菁英學校，如文法中學的財政補助、教師人數、師資素質都比現代中學來得高。

競爭型流動的美國視教育為向上努力的工具，在教育的內容上，不會過於強調菁英分子的權力，一般而言，美國學校對學業標準的要求都較為

鬆懈，沒有關鍵的分化點，各種課程間的轉換或者輟學後繼續升學是相當容易的。雖然美國高中學生可以選修不同的課程，也有一些人可以進私人企業或教會設立的學校，但大眾對教育最關心的事是避免在優秀、低劣學生之間建立任何形式的社會隔離，盡可能讓選修課程的管道維持暢通，學校教育最重要的地方在提供機會，以發揚學生的進取心（Turner, 1970）。美國的教育制度不斷地延後最後的職業決定，以前的菁英式高中證書變得普遍，大學教育被研究所教育取代，而待遇佳的專業人員，則改由博士階段的專業化教育來培育（劉慧珍譯，1998）。

第三節　社會階級對教育成就的影響因素

　　如果說社會階層化是不可避免的現象，在這種情況下對於學校教育將有怎樣的影響呢？社會將無法提供每個人相等的教育機會，會剝奪低社經地位學生向上流動的機會。學生的家庭背景代表其所處的社會階級，教育社會學探討中產階級與勞工階級子女在教育成就的差異，以駱明慶（2002）的研究為例，由臺大法學院學生的背景資料顯示，42%的父親和27%的母親為大學畢業生，父親或母親為公教人員的比例高達42%，顯示中產階級家庭子女有較佳的教育成就。很多學者認為社會階級並非直接影響教育成就，而是透過若干中介因素的影響。本節首先探討家庭背景與教育成就關係，其次就相關理論探討家庭背景變項如何影響子女的教育成就。

壹　家庭背景與教育成就關係

　　「地位取得」（status attainment）研究主要在探討，地位的取得是自己努力得來的？還是世襲的？也就是探討賦予的（ascribed）與贏得的（achieved）影響力到底是哪個大，所以這個模式基本上在探討個人出身背景如何直接影響地位，或者間接透過教育而影響地位（許嘉猷，

1986）。地位取得研究最早始於布勞和鄧肯（Blau & Duncan, 1967）於
《美國的職業結構》一書中提出「地位取得模式」，他們以1962年20-64
歲的男性為樣本，探討父親的教育程度和職業地位對兒子教育、第一個工
作、後續職業的影響，結果指出在不同的年齡層裡，教育在職業地位過程
中扮演重要的角色。布勞和鄧肯提出的模式稱為基本模式，之後一些學
者（Jencks et al., 1972; Duncan, Featherman, & Duncan, 1972; Sewell & Hauser,
1976）再對此模式裡的變項做部分的修正，而提出新的模式，稱之為「威
斯康辛地位取得研究模式」。

　　此模式說明家庭社會經濟地位背景對學業成就影響的研究，其社經
地位指標包括父母收入、父親、母親的教育和父親的職業，研究發現在社
經地位的分組中，教育成就有很大的差異。當控制學業能力變項後，依據
智力分成四組，高社經地位學生仍然比低社經地位學生有很大的教育成就
（Sewell & Hauser, 1980）。後來增加一些社會心理變項如「重要他人」，
包括父母、教師及同儕，父母的價值觀或是教育期望，會影響其子女的期
望，進而影響子女職業地位的獲得與教育的成就（郭丁熒，1997）。

　　美國學者柯爾曼等人（Coleman et al., 1966）要檢驗不同背景學生所
產生的不同學校成就，是否因為學校教育機會不平等所導致？一般人相信
不利背景學生所進的學校，其師生比例、教師素質及學術氣氛等各方面均
比較差，但是最後的研究發現卻是學校品質及學生學業成就幾乎是沒有
相關，最能預測學生學校成就的竟是學生心智能力及家庭背景，而不是
學校因素。這項研究的結論令人震驚，並引起很大的爭議，雖受到很多人
的攻擊，但是其影響卻是相當深遠。俄羅斯學者的研究（Konstantinovski,
2003）亦發現年輕人不可能經由功績的模式得到高的社經地位，就算教育
上有所成就但也無法獲得較高的位置。臺灣的相關實證研究也多證實家庭
社經地位與子女學業成就呈正相關，也就是家庭社經地位愈高，子女的學
業成就也愈高（李敦仁、余民寧，2005；李鴻章，2006；林義男，1993；
陳怡靖、鄭燿男，2000；陳正昌，1994；許崇憲，2002）。

影響教育成就的中介因素

　　學者孟根（Meighan, 1993）試著解釋社會階級如何影響教育的成敗，他提出以下的看法：1.社會階級和父母對教育的態度、子女智商有相關存在。中產階級小孩的遺傳較優，因其父母遺傳的品質較好，故有較佳的學校表現；教育態度方面，低社經地位家庭的父母和小孩較缺少追求學校成功的動機。2.不同階級有不同的文化，導致語言、經驗、行為、態度、理念、價值和技能等方面的差異，這些因素與學校教育生活機會有相關。一般而言，中產階級的文化對學校教育的成功比較有利。3.教育資源的提供也因階級而產生差異，高社會階級者，在教育資源的支出較多，故教育成就較高。4.學生學習社會階級的認同會影響到學業成就。學校通常存在「理想學生」（ideal pupil）的概念，其形象為整齊、健康、穿著正式、有禮貌、有耐性、對學業感興趣、認真學習，中高社經階級的學生較認同這種形象，低階級學生則行為偏離，不認同這些角色行為。而學校教師的技術也對處理「理想學生」的問題比較有效，對偏差行為則無足夠的處理能力。

　　國內學者陳奎憙（1990a）歸納一個社經地位對教育成就的影響模式，如圖4-1所示，說明家庭社經地位並不直接影響教育成就，而是透過物質條件、教育態度、教養方式、價值觀念、語言型態、智力因素、成就動機、抱負水準、學習環境等中介因素來影響它，這些中介因素與社會階級關係密切，但並非絕對密不可分，研究發現階級之內學業成就的差異，可能是這些中介因素所造成的。林生傳（2005）社會階級可能決定家庭的擔負教育經費能力，影響家庭結構、價值觀念、語言類型、教養方式等因素，從而對教育成就發生影響。以下就幾項重要的中介因素，引用相當學者的理論，來說明其與教育成就的關係。

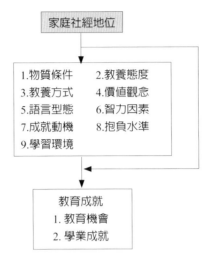

圖4-1　社會階級影響教育成就的理論模式

資料來源：**教育社會學研究**（頁69），陳奎憙，1990a，臺北市：師大書苑。

一、家庭經濟資本

　　經濟資本是各種社會資源中最基本也是最有效的資本形式，其他社會資源如社會資本和文化資本都是以經濟資本為基礎的，它包含了我們平常所說的物質資本、自然資本、財務資本等。布迪厄（Bourdieu, 1986）將經濟資本界定為經濟學的「實體資本」，是指個人的財富、物質資源及所擁有的生產工具，可以輕易轉變為其他形式的資本。家庭財富或收入是經濟資本最常見的形式，通常是指物質資源的部分，透過財富，父母能購買許多重要的教育資源，可營造良好的物質環境，以利於學生學習。故由家庭財富可以決定兒童在家庭擁有學習資源的多寡，例如書籍、電腦、家庭教師、補習、夏令營、就讀私立學校等，只有當家長擁有相當充足的經濟資本時，才能為子女的教育投入更多的資源，從而能為子女提供充分及優質的教育，使子女在各階級教育競爭中能脫穎而出。富裕的家庭因為擁有這些資源，所以可提升子女的學習成就；反之，缺乏經濟資本的家庭，可能會限制子女接受更好的教育（Orr, 2003）。

　　布迪厄同時以非經濟因素來說明影響經濟資本投入的原因，純粹追求物質利益的經濟行為僅僅是抽象的理論，實際的經濟實踐過程是包含各種非經濟因素的，例如性情傾向、習性、興趣、場域結構在經濟實踐活動中都發揮著作用。譬如父母的經濟資本用來投資子女的文化資本，讓子女增加藝術、音樂、文學的知識和經驗，進一步對這些領域產生興趣，如此子女將逐漸擁有這些文化資本，這些文化資本可能對子女將來經濟資本的獲得沒有直接的幫助，父母的考量可能不存在經濟動機，僅在提升子女的生活品味、培養對藝術的興趣（Bourdieu & Wacquant, 1992）。

二、家庭文化資本

　　布迪厄和巴賽龍（Bourdieu & Passeron, 1990）提出「文化再製理論」（cultural reproduction theory），說明法國的學校教育再製社會階級的不平等的歷程。不同社會階層的個人得自家庭中不同類型的語言、文化能力、思考模式以及所展現的不同氣質與品味，在優勢階層的支配下，分別被賦予不同的價值和地位，而形成不同的文化資本。但學校所訂的教育內容、規則、教學、競賽和測驗評量往往契合於優勢階級的文化資本，而有意地忽視不同文化背景的學生。來自中下階層的學生，在付出相當大的努力後，僅獲得和文化優勢階層相似的品味、氣質和才氣的一點點皮毛而已，但這些卻是支配階層子女所熟悉的（張鐸嚴，1995）。這些文化不利兒童必須捨去原先內化的文化資本，質變為另一種文化資本，才有可能獲得教育的成功。這樣的運作過程稱為「象徵暴力」（symbolic violence），這個概念的意義是任何權力都會以權力關係為基礎，採取隱而不顯的方式去設定意義，並使之合法化，以鞏固支配團體的權力關係（Bourdieu & Passeron, 1990）。

　　布迪厄將個人所可能擁有的資本分為四種，四種資本可以相互轉換：1.經濟資本（economic capital），指個人的財富及所擁有的生產工具，可以輕易轉變為其他形式的資本；2.文化資本（cultural capital），指個人的教育、學歷、資格、品格及文化財等，在某些條件下可以轉化為其他形

式的資本；3.社會資本（social capital）指個人的社會關係及影響力，社會資本的獲得和個人的社會地位、專業和階層有關；4.象徵資本（symbolic capital），指個人的魅力、聲望以及權威和信譽，甚至包括穿著、表現自己，以及和女孩談話的能力，象徵資本同時具有感受不到和感受得到的特質（Bourdieu, 1986）。

　　布迪厄（Bourdieu, 1973）所指的文化資本是指上層階級所具有的高層次文化活動，包括一些品味與行為，例如喜好藝術和古典音樂、觀賞歌劇、參觀博物館及閱讀文學作品等。這些文化活動稱之為形式文化（formal cultural），這類型文化資本則稱之為形式文化資本（formal cultural capital）。布迪厄（Bourdieu, 1986）認為文化資本主要是由三種形式所組成：1.身體化狀態（embodied state）；2.客觀化狀態（objectified state）；3.體制化狀態（institutionalized state）。身體化的狀態或稱為具體化形式，亦即存在精神和身體上的稟性形式（disposition of the mind and body），是與個人的身體直接關聯的文化資本。客觀化的狀態是指以物質性的實物和媒體（material objects and media）表現出來的文化商品形式，例如圖書、繪畫、紀念物、藝術品等。制度化的形式是指由合法化的制度所確認的文化資本，最常見的表現形式是透過文憑、畢業證書等學術資格來確認。故布迪厄文化資本的內涵包含了個人的教育、學歷、資格、品格、習慣及文化財等（Kingston, 2001）。後續學者對文化資本的定義加以擴充為「文化資源」（cultural resources），加入父母每週的讀書時間、每月上圖書館的次數（De Graaf, 1986），也有學者加入儀態、裝扮、曠課習慣等，這些生活及學習上的習慣，雖與學業成就無直接相關，但會影響到教師評分（Farkas et al., 1990）。

　　在某些條件下，文化資本可以轉化為其他形式的資本，就像錢一樣能夠保存、投資和用來獲得其他資源（例如經濟資源），所以才具有價值性。家庭裡的文化資本主要是以父母親所擁有的文化資本來呈現，舉凡父母的教育價值觀、文化品味、藝術鑑賞、休閒活動等，均為構成家庭文化資本的要素。擁有較多文化資本的父母，通常會更加重視子女接受教育的狀況，也可以透過言傳、身教和家庭文化氣氛，使子女養成較好的學習習

慣，進而使其子女能夠接受更多、更好的教育；父母因為擁有良好的學歷，可以指導子女學業上的問題，因為重視教育，願意在子女的教育上做更多的投資；因為父母喜歡到美術館、博物館參觀，子女也會培養出愛好藝術的品味。父母的文化資本對子女的影響是潛移默化的，需要長時間的進行，如此方能將本身的文化資本轉移到子女的身上（周新富，1999）。

三、家庭社會資本

布迪厄（Bourdieu, 1986）所指的社會資本是由社會關係所構成，個人或群體因有相對穩定且一定程度上的制度化互動關係網絡，逐漸累積而形成的資源總和。所以社會資本就是指人際關係，這種人際關係是一種制度化的網絡關係，不是靠親戚或血緣關係建立的，是存在特定的工作關係、群體關係和組織關係之中。這種資本可以轉換成社會上有價值的資源和機會，例如感情的支持、合法的機構角色、特別的資訊、社會流動的機會。將社會資本的理論應用到家庭社會網絡的分析，即構成家庭社會資本，故透過家庭網絡關係的人際互動，所產生可能運用或實際運用的資源，即稱為家庭社會資本。家庭社會資本的運作，大部分是為了要支持家庭裡的人力資本和文化資本，家庭組織如果缺乏社會資本的支持，在成員人力及文化資本的發展過程中，將達不到所欲達到的目標（林南，2004）。

柯爾曼（Coleman, 1988）也提到家庭裡的社會資本是子女與父母的關係，假如家庭關係不佳，父母的人力資本對子女的教育成長是沒有用的，家庭缺乏強的關係會導致子女投入同儕的懷抱，子女就無法從父母的人力資本得到利益。他認為家庭社會資本包含兩種關係：一是父母與子女的關係；一是父母和其他可影響子女發展的個人和機構的關係。第一種形式的社會資本是經由時間發展而成，父母花費時間、金錢在子女的養育、教育、監督和照顧，因而形成親子相互間的義務、期待和相互作用，透過規範和獎懲方式來維持社會關係。第二種形式的社會資本則包括父母與學校、教會的接觸，父母與鄰居、親戚、子女朋友父母的互動。這些學校外

的因素對個人的學習產生很大的影響，在生涯發展和人力資本形成的過程中，家庭社會資本是一項重要的影響因素。

普特南（Putnam, 1993）擴展柯爾曼社會資本的概念，強調社會資本中的網絡主要指次級團體中的水平網絡（horizontal networks），因為無論垂直網絡（指親子之間）有多麼緊密和多重要，都不能維持社會信任和合作，因為在支持社區凝聚力和集體行動上，次級團體這種較弱的人際連結反而比親戚和親密朋友這種較強的人際關係更為重要。強的親戚網絡（即垂直網絡）固然重要，但不能給予子女較多、較異質性的資訊，例如不能提供行為控制、有關大學考試、工作機會等資訊；相反地，弱的連結（水平網絡）反而較能取得資源的協助。以家庭為本的水平網絡具體表現在以下二方面（Hofferth, Boisioly, & Duncan, 1998）：1.父母與學校的溝通；2.父母與鄰居關係。學校與家長接觸討論子女的學業表現、學習計畫、高中後的計畫、大學預備課程的選擇、出席率、行為、幫助子女家庭作業和學校技能的資訊（Carbonaro, 1998）。與鄰居的互動是每天生活的例行活動，從互動中可以學到容忍、合作，進而建立秩序感和歸屬感，所以個人與鄰居的關係是建立社會凝聚力的基礎，但因為快速的都市化使傳統共享空間親密關係由匿名、個人主義和競爭所取代，所以鄰居關係的重要性不易受到都市居民的重視（Forrest & Kearns, 2001）。鄰居的特性對兒童有其重要性，鄰居可以提供非正式的社會控制及相互支持兩項功能，例如居住的穩定和安全的知覺（Lee & Croninger, 1999）。

四、家庭語言型式

伯恩斯坦是英國教育社會學家，自1960年以來，致力於理解語言、家庭、教育與政治經濟學之間的關係。其符碼理論（code theory）關懷社會正義與公平性，提示弱勢團體在教育過程中可能遭受的潛能浪費（王瑞賢譯，2006）。他最著名的著作是《階級、符碼及控制》（*Class, Codes and Control*）一系列叢書，從語言使用的觀點來分析社會階級與行為表現關係，但在1977年之後的論著卻慢慢朝文化再製或衝突論題有關的研究

發展，所以他後期的理論有學者將之歸為衝突學派（Blackledge & Hunt, 1985）。伯恩斯坦所建構的理論也稱為「文化再製理論」，與布迪厄的差異在於他認為學校透過「語言符碼」進行再製。

伯恩斯坦的理論亦稱為「符碼理論」，所謂符碼（code）即指語意體系，它是一種默默作用的規範性原則，它可以選擇並整合：1.合適的意義（relevant meanings）；2.意義實現的形式（form of their realization）；3.意義的情境脈絡（evoking contexts）（Bernstein, 1982）。換言之，符碼是指潛存於某一社會深層結構的語言原則，對於該社會的運作，具有潛移默化的規範作用。他從語言學的觀點來解釋社會階層對學校教育成就的影響過程。他認為不同的社會階層採用不同的語言符碼，中產階級家庭傾向於採用「形式語言」（formal language）（又稱精緻型語言），但不排除「公共語言」（public language）（又稱限制型語言）的使用；而勞動階級家庭則僅限採用公共語言的傾向（Bernstein, 1967）。中產階級所採用的形式語言，較能導向複雜而抽象觀念的發展，使用者易於感受環境中客體之間的結構關係，好奇心較強烈，知覺的領域也較廣，較能以語言表達自己的感受和對事物的看法（Bernstein, 1977）。

什麼是公共語言？什麼是形式語言？伯恩斯坦（Bernstein, 1977）列舉出其特徵：

㈠公共語言特徵

1. 簡短、文法簡單、句子常不完全，以動詞構句，強調主動語氣。
2. 簡單重複地使用連接詞。
3. 常使用簡短的命令句和問句。
4. 僵硬及有限地使用形容詞和副詞。
5. 不常採用非人稱代名詞當主詞。
6. 陳述本身即隱含反問，構成一種博取他人同情的共鳴情結（sympathetic circularity），例如：Wouldn't it? Isn't it?
7. 事實陳述通常兼含推理和結論，更精確地說，推理和結論常混淆不清。

8. 個人慣用語常持續地出現。

9. 概括化、抽象化層次較低。

10.句子結構中常隱含個人特有的經驗,因此意義較隱晦。

㈡形式語言的特徵

1. 以精確的文法和構句來表達說話的內容。

2. 以複雜的文法和構句傳達邏輯上的關係與重點,尤其是常採用連接成對的對等句子來表達。

3. 常採用表示邏輯關係和時空連續性的前置詞。

4. 常使用非人稱代名詞(it, one)作為主詞。

5. 能精確地選用各種形容詞和副詞。

6. 經由句子的建構和句子間關係的連結,較能將個人的經驗和條件,以語言方式明確地表達出來。

7. 此種語言,情感上較支持表達的抽象化。

8. 較能以複雜的觀念階層來組織經驗。

形式語言和公共語言概念化層次較低,1962年分別以「精緻型語言符碼」(elaborated language code)和「限制型語言符碼」(restricted language code)取代之。由於使用的語言不同,不同的社會階級可能發展出不同的認知結構及不同層次的認知,中產階級所常用的形式語言,較能導向複雜而抽象觀念的發展;勞動階級家庭則傾向於使用閉塞型符碼語言;而學校裡的語言環境則是一種形式語言類型,即以精緻型符碼之使用來評量學生表現,對中產階級學生較為有利,故其教育成就也較高(Bernstein, 1977)。將伯恩斯坦的理論應用到美國低社經黑人學生,研究結果發現:黑人兒童在社區及家庭通常說帶方言式的黑人英語,使用這種非標準英語的兒童會形成推理能力的欠缺,甚至不能從事抽象概念的思考(Parelius & Parelius, 1987)。

五、社會心理因素

除上述因素外,在親子互動中的各種社會關係與心理態度,包括信

念態度、價值觀、教養方式等，共同構成家庭的「社會心理」特質，這些特質經過教導、示範、行為反應、獎賞與懲罰等互動歷程，逐漸發展出兒童的智能和態度（譚光鼎，2011）。例如兒童對學校的態度、對自我的期望、成就動機、教育抱負等，都會影響學生的學業自我概念，進一步影響到他們在學校的努力情形，而這些個人因素又與家庭背景有顯著的相關存在（Hess & D'Amato, 1996）。

自我評量 ....

一、選擇題

( ) 1. 信傑原本是大型建築公司董事長，年收入數億，但經營不順，公司倒閉。現今改做雞排生意，勉強維持生活。他從大企業老闆變成雞排小販，這種社會流動屬於： (A)代內垂直流動 (B)代內水平流動 (C)代間水平流動 (D)代間垂直流動。

( ) 2. 下列有關美國1966年柯爾曼報告書〔Coleman Report〕的敘述，何者正確？ (A)該報告促使質化的研究受到更大的肯定與重視 (B)該報告的主要資料，源自對美國公立學校的訪談 (C)該報告的主要目的，是探討影響個人教育機會均等的因素 (D)該報告發現：影響學生成就的成因為學校因素與社會因素。

( ) 3. 下列有關社會階層化概念的敘述，何者正確？ (A)功能論者認為社會分工、職位分類，有利社會控制 (B)衝突論者批評社會階層化是因為權力與利益分配的結果 (C)功能論者認為社會各階層的成員，應享有相同的聲望與尊崇 (D)衝突論者認為中下階層成員的集體意識，必然會隨著時代的進步而覺醒。

( ) 4. 依據P. Bourdieu的理論，學歷文憑屬於下列哪種型態的文化資本？ (A)具體化 (B)制度化 (C)內在化 (D)外顯化。

( ) 5. 教師認為學生在學校學習失敗的主要原因，是由於家庭無法塑造刺激學習的適當環境。此種說法較屬於下列何種觀點？ (A)文化差異 (B)文化貧乏 (C)文化衝突 (D)文化宰制。

( ) 6. 張老師任教於職業學校，他觀察到該校的學生家長有相當多數是屬於勞工階級，學生的兄姐有蠻多人也是勞工階級。這種現象讓他思考：「為何勞工階級的子女長大後常會從事勞工階級的工作？」請問下列哪一項在探討張老師的問題？ (A)社會再製 (B)文化融入 (C)社會運動 (D)勞工運動。

( ) 7. 下列何者符合伯恩斯坦〔B. Bernstein〕所稱的精密型語言（elaborated code）之意涵？ (A)較多分析、抽象的陳述 (B)脈絡依賴的語意表達 (C)單刀直入、簡潔明瞭的敘述方式 (D)強調事務本身

而非歷程的表達方式。

(　　) 8. 新聞報導中常見所謂「政治世家」、「醫生世家」。這些可視為下列何種現象？　(A)社會流動　(B)競爭性流動　(C)階級再製　(D)社會化。

(　　) 9. 小明家每晚都有「親子分享時間」，分享當日所經驗的事情。他的父母親會在談話中，適時提供豐富的形容詞和副詞，幫他充分表達。這種溝通方式較接近下列何種語言類型？　(A)精緻語言類型　(B)大眾語言類型　(C)閉塞語言類型　(D)地位語言類型。

(　　) 10. 下列敘述何者較屬於精緻型符碼（elaborated code）的句子？　(A)這朵玫瑰花香氣撲鼻，真是令人喜歡它　(B)我爬過玉山，爬喜馬拉雅山絕對沒問題　(C)那個人經常開高檔轎車，一定是千萬富翁　(D)同學，那個東西我沒看過，請傳給我，謝謝。

(　　) 11. 下列何者不是社會階層與社會流動的論點？　(A)教育是促進社會流動的趨力　(B)社會階層常常會影響到兒童的學習機會　(C)代間流動是比較不同世代間社會階層地位　(D)封建社會強調成就地位而現代社會強調歸屬地位。

(　　) 12. 以下所敘述的社會地位改變，哪一項是屬於強調「歸屬性地位」（ascribed status）之傳統社會的特質？　(A)家世顯赫，祖蔭庇護　(B)十年寒窗，苦讀有成　(C)夤緣富貴，趨炎附勢　(D)學有專精，建立權威。

(　　) 13. 柏恩斯坦（B. Bernstein）所稱精緻型符碼（elaborated code）的表達特色，最接近下列哪一種？　(A)脈絡依賴的語意表達　(B)單刀直入、簡潔明瞭　(C)文法較複雜、措辭精確　(D)強調事務本身而非歷程。

(　　) 14. 以美國學者杜納（R. Turner）對教育與社會流動的看法而言，因參加國家公職考試錄取而提高了自己的社會階層，應該屬於何種社會流動？　(A)代間流動　(B)地域性流動　(C)贊助性流動　(D)競爭性流動。

(　　) 15. 有些學者認為學校教育扮演偉大平衡器（great equalizer）之角色，他們會持下列哪一種看法？　(A)教育加重弱勢族群的不利

(B)學生的分軌或分班反映出階級差異　(C)學生的分流是功績主義篩選的結果　(D)教育可以滿足各個不同學生的興趣。

(　) 16. 下列何者最能說明社會學中贊助式流動（sponsored mobility）的意義？　(A)基金會捐款扶助弱勢學生就學　(B)政府減免低收入學生營養午餐費用　(C)原住民升學加分政策　(D)普通與職業教育提早分流。

(　) 17. 史教授原本任教於英國某所大學，後來應聘到臺灣一所大學任教。此說明較符合下列何種社會流動？　(A)從流動的代距來說，是代間流動　(B)從流動的方向來說，是水平流動　(C)從流動的人數來說，是群體流動　(D)從流動的原因來說，是權力提升。

(　) 18. 關於決定個人社會階層高低的關鍵，下列何者不是結構功能論的觀點？　(A)取決於其工作所需的訓練程度　(B)取決於其工作對於社會之重要性　(C)取決於能擔任該項工作之人才的多寡　(D)取決於其工作能促進社會公平的程度。

(　) 19. 近年來在探討家庭因素如何影響教育成就時，除了各種物質與心理因素之外，「社會資本」逐漸受到重視。下列何者不是社會資本的意義？　(A)有利於行動者達成其目標　(B)受個人意向與社會規範的影響　(C)其核心要素包含信賴及共享價值等　(D)以具體化的形式存在各種社會網絡中。

(　) 20. 依據R. H. Turner的論點，早期英國11足歲的分流教育屬於何種流動？　(A)種性流動　(B)文化流動　(C)贊助性流動　(D)競爭性流動。

(　) 21. 人際間流通有用的訊息，有利於行動者達成目標，此種陳述屬於下列何種概念？　(A)社會資本　(B)人力資本　(C)文化資本　(D)經濟資本。

(　) 22. 學生從家裡習得的吸煙、喝酒、嚼檳榔等生活習慣，往往會造成教師對學生的不良印象。這是指父母給予子女的何種資本？　(A)社會資本　(B)人力資本　(C)文化資本　(D)經濟資本。

(　) 23. 下列何者是功績主義（meritocracy）對學校教育的假設？　(A)成人地位的決定依據繼承因素　(B)社會愈來愈不相信學校教育的公

平性　(C)個人在學校的成就是依據普遍的標準予以評判　(D)文憑
與證照的授予非依據個人在校成就的高低而決定。

(　) 24. 劉老師研究發現學生的學習成就和家庭文化頗有關連，下列四種
活動之中，哪一項對於增進學生文化資本較有爭議？　(A)家長陪
同孩子一起對打電玩遊戲　(B)家長陪同孩子閱讀各國歷史故事
(C)家長陪同孩子赴社教館參觀展演活動　(D)家長安排孩子利用課
餘學習音樂才藝。

(　) 25. 下列何者的主張認為，個人或家庭的背景或品味是造成社會不平等
的重要因素？　(A)威立斯（P. Willis）的文化創生　(B)布迪厄（P.
Bourdieu）的文化資本　(C)涂爾幹（E. Durkheim）的集體意識
(D)包爾斯（S. Bowles）與金帝斯（H. Gintis）的符應原則。

(　) 26. 小明來自低社會階層的家庭，小華是高社會階層的子弟。一般而
言，有關他們語言型態的敘述，下列何者最有可能出現？　(A)和
教師溝通時，小明比小華運用較簡單的字彙　(B)寫作業時，小明
比小華運用較多的附屬句和抽象句　(C)和同學討論功課時，小明
比小華運用較複雜的句子　(D)對家長說明教師交代事項時，小明
比小華運用較多的形容詞和副詞。

閱讀下文後，回答27-28題。

以下是李老師跟阿貴媽媽的對話。

李老師：教育是脫貧致富的最佳捷徑，阿貴能讀書，只要努力，一定有前途。

阿貴媽：但報紙寫「好學校都被有錢人的小孩占滿了」，我們沒有能力支持
他，他是不是只能跟著我們做工？

李老師：不會的，我家種田，也窮啊！但我靠著讀書才當上老師的。

(　) 27. 李老師的說法比較接近下列哪一種論點？　(A)習性論　(B)功績主
義　(C)社會論述　(D)垂直論述。

(　) 28. 李老師本身的例子可以說明下述何種現象？　(A)代內水平流動
(B)代內向上流動　(C)代間水平流動　(D)代間向上流動。

(　) 29. 功績主義強調社會地位與報酬取決於個人能力所及的成就地位，而
非先天階級種族性別背景的先賦地位。請問功績主義對何種人最能
創造向上流動的機會？　(A)中上階級　(B)中產階級　(C)勞工階級

(D)貧民階級。

( ) 30. 下列何者是功績主義（meritocracy）的特色？ (A)機會和資源的競逐不是一種普遍權利 (B)菁英分子不能享有較高的酬勞與地位 (C)職業地位的分配基於依屬關係（ascription） (D)以能力和成就作為階層化的指標。

( ) 31. 下列何者屬於「代內流動」（Intragenerational Mobility）的垂直社會流動？ (A)富商將公司傳給子女繼承家業 (B)富商家族經過幾代子孫繼承後逐漸衰敗 (C)窮苦的勞工努力求學後成為專業的工程師 (D)窮苦的勞工辛苦地將其子女培養成中產階級。

答案

1.(A) 2.(C) 3.(B) 4.(B) 5.(B) 6.(A) 7.(A) 8.(C) 9.(A) 10.(A) 11.(D) 12.(A) 13.(C) 14.(D) 15.(C) 16.(D) 17.(B) 18.(D) 19.(D) 20.(C) 21.(A) 22.(C) 23.(C) 24.(A) 25.(B) 26.(A) 27.(B) 28.(D) 29.(B) 30.(D) 31.(C)

二、問答題

1. 很多研究顯示社會階層化與教育成就有著密切的關係，不同社會背景（家庭、學校、地區、族群……）的學生，其教育成就也往往有所差異，請問可循哪些途徑或策略來改進此等現象，以落實教育機會均等的理念？

2. 試分別說明贊助性流動（sponsored mobility）和競爭性流動（contest mobility）的意涵及相應的實際教育措施。

3. 請簡述家庭的社會階級如何影響子女的教育成就。

4. 請依據伯恩斯坦理論，說明家庭語言類型如何影響教育成就。

5. 何謂社會流動？教育如何影響個人的社會流動？

6. 布迪厄以文化資本（cultural capital）的概念來分析社會階級與學習表現之間的關係，他認為文化資本主要有三種形式，試說明這三種文化資本的形式及其特質。

7. 何謂社會資本？這項資本可以發揮什麼功能？

■第五章■

性別與教育

　　家庭是個人出生的地方，是孩子成長的第一個場所，也是接受社會化的第一個場所，兒童性別角色的認同與定型，往往與親子關係中父母的態度及教養行為有關，所以性別角色社會化可以說是家庭社會化的主要內涵之一。但是家庭中存在許多性別刻板印象、性別歧視的現象，例如對男、女賦予不同的角色期望，男性被期望長大當工程師、科學家、醫生、總統等；對女性則有不同的期望，如當教師、護士、音樂家、祕書等，致使男性身價遠高於女性。各個國家或多或少都存在以下性別階層化的現象：1.女性所受教育低於男性；2.女性參政比例較低；3.婦女的工作困境較多；4.女性所受暴力較多（藍采風，2000）。性別不平等的一個實例為性別薪資所得的不平等，以勞動部統計處公布的108年薪資統計初步結果來看，男女薪資差異為52天，也就是說女性要比男性多工作52天，才能達到整年總薪資相同；換成時薪女性平均為292元，男性為340元。要改善性別不平等的現象必須從教育著手，實施性別平等教育，教導新生代建立兩性平等的理念，長期下來，社會的成員即能消除性別刻板印象及性別偏見，一個沒有性別歧視的社會就會逐漸建立起來。本章共分三節，首先敘述性別階層化的社會現象，其次就教育系統存在的性別差異作一概述，最後則探討如何實施兩性平等教育。

第一節　　性別階層化

　　所謂性別階層化（gender stratification）是指社會成員因為其社會性別，而對社會的珍稀價值（財富、聲望、權力、個人自主權、人身安全、教育機會等）的取得受到不平等的對待。其重點強調在階級、種族、宗教信仰等社會特質都一樣的狀況下，女性仍較男性在財富、權力、聲望等各方面較不易取得。性別階層化與父權體制環環相扣，在「男尊女卑」的意識型態下，建構出男女權力差異的社會藍本，以致男性在政治、經濟、社會及文化各領域，都比女性擁有更多的資源與權勢（藍采風，2000）。本

節分別從性別概念、性別刻板印象及性別理論三方面探討社會上性別不平
等的現象。

 性別刻板印象、偏見與歧視

　　人天生有男、女之別，如同高等的生物有雌、雄之分，所以「性」
（sex）是生物的概念，「性別」（gender）不僅包括由生理的性衍生的差
異，尚包括社會制度、文化所建構出的性別概念，故「性別」是由社會
文化所建構，與生理的性別概念是不同的。早在1935年，瑪格麗特‧米德
（Margaret Mead）的研究《三個原始部落的性別與特質》已說明sex與gen-
der的區分；歐克利（Ann Oakley）在1972年《性、性別與社會》一書中，
指出西方社會認為女性所謂「自然」、「天生」的特質，事實上是由社
會壓力及制約內化而成的，她將這過程稱為性別化（gendering），也就是
把gender這語彙當動詞使用，用-ing代表這是一個不斷進行的過程（引自
李淑菁，2007）。林生傳（1999）認為性別是一種「文化專斷」（cultural
arbitrary），是一種優勢團體宰制弱勢團體行為、態度、觀念、思想、意
志、價值與理想的機器或機制。透過教育的「再製」功能傳襲並延續社會
的建構與文化的宰制工程，以維持父權社會秩序。

一、性別角色

　　社會文化根據性別，為其成員規劃許多行為範本，個人生存在社會中
即依循此社會角色來行動，舉凡「男主外，女主內」、「男性剛強，女性
柔弱」等，皆為社會對於男、女性別行為的評價或期待，這稱之為「性別
角色」（gender roles）（Myers, 2002）。性別角色是對性別所反映出來的
行為期待；也就是指社會、文化根據性別，為其所屬個體所規劃的行為腳
本（陳皎眉，1996），即男性、女性應該扮演哪些角色，有哪些行為的規
範與期許。社會文化要求男性要具備工具性特質，例如目標導向的、有邏
輯的、富攻擊性的；女性要具備情緒性特質，例如溫柔、富同情心、會照
顧人的（張淑貞，2005）。工具角色的特質使男人能擔當並完成艱鉅的工

作及目的，使男人得以扶養家庭裡的妻子、兒女；情感角色則使女人在輔助男人的地位上有很重要的作用，這種明顯的角色分配深植在許多人心裡和生活習慣的行為表現裡（蔡文輝，2007）。個體在發展的過程中，透過家庭社會化學習到社會、文化中對於兩性角色及其行為的信念、價值觀和行為模式，則稱之為性別角色社會化。

二、性別刻板印象

由於性別角色是經由後天學習而來，因此個體在其社會化的歷程中，若學習到社會文化所賦予性別的特定規範，而對於性別角色及其行為的信念與態度形成一種固定、刻板、概化的標記，並產生相對應的行為傾向時，即出現所謂的「性別刻板印象」（gender stereotypes），是社會對某一特定團體的概括化（generalizations）、簡化的看法，是一種先入為主的態度（Myers, 2002）。性別刻板印象的內涵包含以下四項：1.人格特質的差異，例如男性要追求成就、獨立、勇敢、果決、進取等工具性特質；而女性則被要求具有與「人際互動」、「情感表達」相關的特質，如順從、依賴、細心等。2.行為的雙重標準，例如男生「有淚不輕彈」，女生則可以「把眼淚當作武器」。3.對未來成就的期待不同，例如父母盼望並願意支持家中男孩受更高教育，以換取較高的社會地位，而對家中的女孩而言，父母多認為「書念太多或工作能力太強，會嫁不出去」。4.擔任職務的重要性，例如有些機構考量女性會因懷孕或照顧家庭而影響工作，而男性卻沒有這種限制，因此喜歡任用男性部屬（劉默君，2004；吳宗曄，2005）。

三、性別偏見與歧視

由於性別刻板印象使然，社會對於男、女性的行為賦予不同的期望與標準，形成所謂的「性別角色規範」。當男、女兩性脫離或違反性別角色規範，即容易出現所謂「性別角色衝突」（gender role conflict）之情形，出現性別角色衝突的個體，很容易因此而限制自己或他人的潛能，其

中又以男性最為明顯，所以性別刻板印象隱含著一些問題，有必要加以指正。性別刻板印象最危險的是會產生性別偏見（gender bias）或性別歧視（gender discrimination），導致性別階層化的結果。例如父權社會中，性別歧視剝奪女性受教育權利，女性在勞動市場、政治體系、家庭地位中皆處於不平等位置，女性受到男性的支配與歧視，而無法與男性平起平坐。以性別與職業為例，男女的工作人口數已很接近，但是他們的工作領域仍然有區別，幾乎一半職業婦女集中於兩種工作：行政支援工作及服務工作，這兩種屬性的工作其收入、地位及權力均屬低層的，男性壟斷絕大多數高薪、高權力及高社會地位的職業（洪淑敏，2003；黃安邦譯，1990）。女性的平均工作收入在1998年僅是男性76%，而且職位的升遷受困於性別歧視，有「玻璃天花板」支撐，即僅能看到天花板（高職位）而無法衝到頂點（藍采風，2000）。在校園裡的性別歧視不是只有男生嘲笑或捉弄女生，甚至已嚴重到性霸凌地步，例如國小男性學童被強行脫褲或摸下體，女性被嘲笑「男人婆」等。

 性別不平等的相關理論

　　儘管婦女地位在許多國家都提高了，但性別差異仍舊是社會不平等的基礎，學者提出了許多理論來解釋男性在經濟、政治、家庭及其他領域對女性的長期支配，但本節僅以列舉社會學基本的理論觀點來說明性別不平等的性質。

一、結構功能論

　　帕森斯結構功能學派接受小團體角色分化（role differentiation）的必然性，建立核心家庭角色分化理論，他認為家庭的角色分化是為發揮功能所必需的，由於生物因素及生物社會演化的原因，母親自然扮演情感表達角色。工作領導角色（instrumental roles）與情感領導角色（affective expressive roles）是互不相容的，一個人無法同時兼任兩種角色，根據角色互補原則（role complementarity principle），父親責無旁貸地扮演工作領

導角色。在家庭中，工具領導角色負責解決團體的工作、生計、決策、經營，以及對子女管教負最高權責；情感表達角色負感情的聯繫與照顧、支持、安撫，鬆弛緊張的氣氛，維持和諧溫馨的環境。家庭角色分化在積極方面有利於子女的社會化，而且在消極方面也可防止父母因為收入多寡、地位不同而起競爭，可以維護婚姻穩定，故角色分化也是出於特殊功能需求（林生傳，2005）。

另一有關養育孩子的功能論觀點是鮑爾比（Bowlby）於1953年提出，他認為母親是孩子初級社會化的關鍵，如果母親不在，或者孩子在很小的時候就與母親分開，孩子將可能面臨不充分社會化的極大危險，將對其以後的生活造成嚴重的社會和心理困難，諸如反社會和心理變態等傾向。鮑爾比認為只有透過與母親緊密的、親身的和持續的關係，孩子的幸福和精神健康才能得到最大的保證。帕森斯關於女性情感表達的觀點及鮑爾比的理論都受到女性主義者的批評與反駁，一系列對雙薪家庭的研究未能證實母愛剝奪理論的真確性（李康譯，2009）。

二、女性主義理論

「女性主義」一詞源於十九世紀的法國，意指婦女運動，在近兩世紀之內，因使用廣泛，而被賦予不同意義。至今一般人傾向於把女性主義看作是為了中止女性在社會生活中的附屬地位所做的種種努力。換言之，女性主義之產生是基於人們主觀上感受到男女不平等或者女性受壓迫，而企圖以行動謀求改善（顧燕翎，1996）。女性主義的基本目的在期望及促成所有婦女的自主、自決與自由抉擇，但由於對性別問題的根源見解上有基本的差異，所以產生自由派女性主義、馬克思學派女性主義、基進派女性主義、後現代女性主義等流派（張盈堃，2001）。以下就自由派女性主義及激進派女性主義等作一敘述（李康譯，2009；洪鎌德，2004；張鐸嚴、周新富，2021）：

㈠自由派女性主義

自由派女性主義（liberal feminism）認為每個人應有公平的機會，依

其能力扮演社會角色，若能清除社會上的限制爭取公平之公民權，就是公平，她們關注工作地、教育機構和媒體中男性至上主義和女性的歧視。認為兩性關係的不平等，本質上是社會化不同所造成的，並非生理上的差異，現代自由主義則致力於立法以消除對女性的限制，例如制定同工同酬法、性別歧視法等，他們不僅認為法律不可歧視女性，任何歧視女性的行為也應視之為非法。所以自由女性主義者致力於體制內以漸進的方式進行改革，希望透過國家的干預，使女性有更好、更合理的社會結構。

㈡社會主義女性主義

社會主義（socialist feminism）女性主義主要受到阿圖塞（L. Althusser）和哈伯瑪斯（J. Harbermas）等人的影響，強調婦女受剝削的根源在於私有財產制及現存的婚姻家庭制度錯綜複雜的相互作用，婦女應從個別的家庭中解放出來，直接參與社會生產工作，成為社會一分子，不再依賴個別男人。社會主義女性主義所追求的改變不只是全新的、公平的社會制度，更是意識結構、本能需求的根本改變，使人的本能由宰製和剝削的欲求中解放出來，以生命本身為目標，使知性和感性都得到充分開發，讓人類能夠享用自己的「生存」。在教育方面，此派學者關注女性就讀學科的選擇，並檢視學校教育如何在職場再製性別分工與階層化。

㈢基進主義女性主義

基進女性主義（radical feminism）起源於二十世紀60年代的美國，稱為第二波婦女運動，強調婦女受壓迫與剝削的根源在於父權制度（patriarchy），此派學者致力於挑戰男性的宰制，追求婦女的解放，進而達成性別正義。所談論的議題多與女人有切身關係，如性別角色、愛情、婚姻、家庭、生育、母親角色、色情、強暴等。至於如何改變，此派學者提出不同的解決策略，其中激進文化派女性主義者提出，應該肯定婦女最重要的「女性特質」（femaleness），強調那些文化上與婦女相聯繫的價值和美德。另有學派提出拒絕異性戀制度，其中色彩最顯明者為女同性戀者，採取性別分離主義，創造女人文化。後現代女性主義為較新的思潮，因與基進女性主義的精神有許多相通之處，同樣主張「婦女本位觀」，女性

特質不再被認為是婦女壓迫的根源，反而被視為婦女力量的來源與解放的種子。

㈣後現代女性主義

後現代女性主義（postmodern feminism）是二十世紀80-90年代女性主義與後現代主義相遇、結合的產物，有的學者甚至將這一新流派的出現稱為女性運動的「第三波」，因為此派學者大都是居住在法國，又被稱為「法國女性主義」。後現代女性主義主張社會身分是以多元性、多重性和差異性所建構的概念，替代統一的性別身分概念，將性別視為其他許多類別中的一種，同時也關注階級、種族、年齡及性傾向等問題，例如將消除性別歧視的範圍擴展到黑人女性與同志女性的平權議題。其理論觀點如下：否定傳統哲學二元對立的思維模式、否定一元化宏大敘述（grand narrative）、否定本質主義（essentialism）和普遍主義（universalism）、肯定女性作為人的主體性（subjectivity）。後現代女性主義對傳統女性主義侷限的超越，為女性在實踐上合法終結現代父權社會的舊傳統，創造出一片新的活動空間。

第二節　教育系統的性別差異

社會系統必須靠學校傳遞重要的信念與價值觀，包括性別角色行為與期望，這種傳遞部分是透過課程中的正式科目與教材，或是依照性別結構分派任務，但大多數的社會期望經常是透過非正式的潛在課程來傳遞（黃德祥等，2007）。為建構兩性平權的社會，有必要檢視學校的各項教育活動是否存在性別不平等的現象，進一步思考改進的作法。

 ### 壹　入學機會的不均等

提倡兩性平權已蔚為國際潮流，亦是近年政府重要推動工作之一，國

內教育環境在性別差異方面，則呈現男女差距逐年降低情況，以下就不同性別學生在入學機會以及學習領域上的差異作一探討。

一、各教育階段的入學率差異

在各級教育階段方面，男女性入學率的差異國小、國中、高中方面，109學年女性學生所占比重分別為國小48%、國中48%、高中46%，比重相當接近。高等教育方面，自103學年起大專校院女性學生人數占比首度跨越半數門檻，不僅超越男性且逐年緩步上升；109學年學士班女性學生人數之占比約49.66%，高於男生的49.4%；碩博士班之女性學生占比各為46.56%、35.08%，與整體大專校院學生人數之性別對比呈現大幅落差，顯示就讀博士的女性明顯低於男性，然而若與97學年之27.8%相比較，人數有遞增趨勢（教育部統計處，2021）。由上述教育統計可知男女學生在義務教育及高中階段有均等的入學機會，但是在高等教育的研究所階段就開始出現性別間的差異，碩士階段雖然男生於女生，但差距不大，到了博士班的階段則是差距明顯變大。

二、就讀學類領域的差異

其次觀察大學生就讀學類領域情形，109學年大專校院女性學生以就讀「藝術及人文」人數最多，高達10.6萬人；「商業、管理及法律」位居第二，人數為10.3萬人；「服務」及「醫藥衛生及社會福利」領域為三、四名，女性學生數達6.3-6.4萬人。各領域109學年女性學生占比，以「醫藥衛生及社會福利」71.51%最高，「教育」為66.26%、「藝術及人文」為64.96%，分居二、三位。女性占比較低者為「工程、製造及營建」、「資訊通訊科技」及「自然科學、數學及統計」等領域，分別占18.83%、27.83%、43.36%（教育部統計處，2021）。在就讀學科領域上也有性別區隔的現象，女性大都就讀直接成本低的學科或較低經濟報酬率的類科，例如人文藝術、教育。男性大都就讀工程、資訊及科學類科，將來就業比較容易獲得高薪。

貳 男尊女卑的人事結構

　　至於在教育職場方面，中等以下學校教師以女性占多數，且隨教育等級之提高，女性教師所占比重則反向減少。109學年國小女性教師比重接近71.79%、國中占68.91%、高中占58.57%，到了大專校院減至36.43%。此外，各級教育女性校長比重偏低，其中國小約占31.24%、國中占34.46%、高中23.98%、大專校院僅7.24%。另各級教育一級女性行政主管比重國中小皆超過五成，其中國中占53.13%、國小占51.08%；高中一級主管48.25%、二級主管51.79%；大專校院一級學術主管及行政主管分別為27.05%、27.74%，惟男女差距呈現逐年降低情形（教育部統計處，2021）。未來如何縮短性別落差，讓不同性別的潛能有公平發揮的機會，仍為繼續努力之方向。從這些數字可以發現，在基礎教育階段，教師人口以女性占大多數，而到了高等教育，則是以男教師人數比例為高，間接顯示過去傳統社會中，男性接受教育的機會比女性為多，也因此使得男性在社會上從事的是較高經濟效益、較高社會地位的職業，造成兩性在學術發展及職業的區隔。而且雖然在中小學女性占了絕大多數，但是擔任學校校長卻是男性占了大多數。同時，中小學主管中，輔導主任為女性的比例最高，而學務主任以男性為多。這樣的現象延續了女慈男嚴的傳統印象，也傳遞了某些性別刻板印象的訊息（張盈堃，2001）。

 參 性別區隔的課程設計

　　臺灣過去的學校課程安排依循著刻板化的性別角色，如過去國中男生修習工藝，女性學家政、高中和大學的軍訓與護理，形成性別區隔（gender segregation）的課程設計。經過婦女團體的努力，從1997年起，家政與生活科技成為全體國中生的必修科目，高中原來的工藝和家政也整合成「家庭與生活科技」，男女兼修。如果軍訓和護理的課程內容對學生是重要的，是現代男女應有的觀念和知識，則修習的對象不應限於男性或女性（方德隆，2002）。目前除了體育課部分存在性別區隔的現象之外，應該

注意非正式的課程或潛在課程，是否仍存在這種現象？例如《性別平等教育法》規定學校每學期應實施性別平等教育相關課程或活動至少四小時，但有些學校只安排女學生參加講座或活動，最好的方式是要全體學生共同參與。

 ## 教科書中的性別歧視

　　學生所使用的教科書或是讀本，都會將存在於社會的性別偏見現象傳達給學生。在教科書中對兩性社會角色的描述也有性別分化的情形，像是男性多為醫生、軍人、警察、大學教授等；而女性則多為祕書、教師、家庭主婦等。而教科書中常見對男性的描寫是堅強的、勇敢的、有主見的、具責任感的；而女性則是多柔弱的、可愛的、服從的及安靜的。在具有兩性偏見的教材書，包含以下幾種形式（方德隆，2002；蕭昭君，2009；莊明貞，1999；林生傳，1999；Sadker, Sadker, & Long, 1989）：

一、語文偏見（linguistic bias）

　　美國教科書中常會出現以男性的名詞或代名詞指涉所有的人，例如mankind、policeman、chairman等，中文則是以「他」、「他們」指一切性別。有時教科書會出現男性專屬語言，此語言會扭曲學生對事實的認知，譬如國語舊課本中曾出現「媽媽早起忙打掃，爸爸早起看書報」，強化了媽媽以家務為重的母職，區隔了兩性分工的角色。

二、刻板印象（stereotyping）

　　在許多的教科書或課外讀物中，都把男性描述成「勇敢」、「主動」、「獨立」，而把女性描述成「膽小」、「被動」、「依賴」。在描述成人時都為男女兩性賦予傳統的性別形象、角色和工作，而未依時代變遷有所改變。

三、略去不提（invisibility）

這是性別偏見的另外一種表現方式，常見教科書中的內文和插圖中，男女出現的比率太過懸殊。莊明貞於1994年對國小社會教科書進行分析，發現在插圖部分男性占97%、女性僅占3%，而圖片中女性角色僅限於母親、教師、護士等附屬角色。而對國中理化第二冊的分析，發現男性在圖片出現的次數高達13次，女性才5次。歷史上，女性的貢獻與活動在教科書中都被略而不談，其社會和歷史上的角色地位不是忽視，就是偶爾提及。

四、偏狹失衡（imbalance）

教科書談及某些史實或觀點時，對不同族群、不同性別，常常只偏重於某一方面的論題或解釋，未作平衡報導。例如中小學歷史教科書以漢人男性經驗為書寫觀點，內容偏政治史，缺乏女性圖文及女性在政治公領域的紀錄。

五、違背現實（unreality）

有一些教科書或其他的教材，為了避免引起爭議，常常畫了一些不實在的插圖。例如只要介紹家庭，就必然以核心家庭為代表，卻忽略了單親家庭或其他類型的家庭。

六、支離破碎（fragmentation and isolation）

支離破碎係指某些弱勢族群的文化及相關的議題與貢獻，從教科書中的整個脈絡中被切離，而只在一個段落或章節中加以討論。教科書通常並未統整的介紹有關女性的資訊，而只是以某一個章節帶過，給人一種錯誤的印象，以為女性對社會的貢獻，並非社會的主流，而是微不足道的。

伍　師生互動過程的性別不平等

除課程外，教室裡的師生互動是另一個可以分析不同性別學生在學校教育過程中是如何被對待。教學是一複雜的師生互動歷程，教師可能在教學或處理學生行為的過程中，展現其對性別關係的看法與態度，並透過課堂互動傳遞給學生。以下擬從五方面探討師生互動過程的性別差異（陳立軒，2007；潘慧玲，1998；莊明貞，2003；蘇芊玲，2002）：

一、互動次數與時間多寡

國內外研究皆發現，課堂師生互動普遍存在性別差異。其中，最明顯的是教師在教學過程中所製造的兩性失衡的學習機會，降低女性課堂參與比例。在教學歷程中，男生與教師的語言或非語言互動率明顯高於女生，獲得老師關注時間也較多，這種因性別差異而出現不同互動模式的結果，常導致女生喪失許多學習的機會，特別是數、理科的學習。當女生在數、理學科的學習機會被剝奪的同時，男生也可能因此喪失語文、社會學科的學習。國外研究亦發現當老師被詢及是否自覺在男孩身上花費較多時間時，他們常會以「男孩較令人操心，需要花費較多的時間」應答，然而這樣的說詞卻無法令人信服。因為研究發現教師對於不令人操心、成績優秀的男孩所給予的注意與關懷，一樣高於相同條件的女孩。事實上，男女兩性課堂參與的比例，牽涉到兩性享有的教育機會，及其可以延伸建立的自尊與自信，如果教師輕忽這樣的比例，將會剝奪女生的教育資源。

二、互動內容的差異

教學歷程的機會均等不僅表現在師生互動的次數多寡，不同師生互動模式不僅會影響學生的學習成果，亦會造成學生特定行為的產生。在教師的回饋與獎賞方面，男孩固定被詢問較複雜的問題，常因課業表現敏銳而被讚美，女孩則是因為乖巧被讚美。在幼兒園或低年級的學童，教師總是稱讚或認可小孩表現出符合其性別期待的行為。而教師對學生違規行為的關注，也展現差異的性別對待方式，例如老師通常會大聲且公開斥責或懲

罰男生，卻迅速地、安靜地處罰女生。

三、指派工作性質的差異

在師生互動過程中，有時教師會依個人的性別意識和性別認知，製造性別區隔的現象，例如男女生分開排隊、分組競賽或討論，分配男生室外的、較粗重的清潔工作，分配女生室內的掃地工作等。教師的性別意識若再加上性別刻板印象的運作，例如要求男生做一些需要體能或機械技巧的工作或示範，卻要求女生做一些較靜態的活動。

四、教師對於學生外表的關注

孩童在幼兒園或是低年級時，不管男女，總愛向老師展示自己所穿戴的衣物，面對這種情形，教師總不忘讚美學生幾句，然而讚美的方式卻因學生性別而有差異。通常老師較會注意到女童的外表，因此「好漂亮的衣服」、「好可愛的項鍊」常是教師讚美女童的話。但是，當對象轉至男童時，老師讚美的話語便有了不同，老師常常僅用簡短的話語帶過，表示自己已注意到男童的外表，或是直接將話語的焦點轉到男童的身體技能或是有關課業的學習。

五、教師對於學生的期望

教師期望是一個十分複雜的問題，根據研究發現教師對學生的期望與學生的成績表現會有密切相關，通常教師對於來自家庭經濟條件較差或來自比較偏遠地區的學生會給予低的期望；在性別期望差異方面，教師對女學生在數理學習方面也存在較低期望。美國的研究發現性別與種族因素會產生交織性，研究指出男孩所得到的教師關注通常較女生為多，其中白人男孩所得到的教師關注又較之其他種族的男孩為多。黑人男孩常不為老師所喜愛，且被認為能力較差；黑人女孩較之同種族的男孩有著更糟的境遇，即使她們的成績較男孩為佳，所得到的正面回饋卻較其他學生為少。而當黑人女孩與白人男孩具有同樣的優異表現時，老師一般將之歸因於黑

人女孩努力認真，卻認為白人男孩不夠盡力地表現自己的能力。

 陸 空間的使用與分配

有多位研究者在觀察校園空間的使用後指出，與女孩相較，男生使用了較多的空間。如果我們進入小學校園，可以見到下課時間孩子們的遊戲情形，操場上、球場上打球的多為男童；而女童僅在有限的空間中玩玩跳格子、跳繩等遊戲。到了中學，這種情形更為明顯，在男女合校的球場上，所看到的幾乎為男孩的身影。對於這樣的情景，似乎從未見過校方以性別的觀點重新考量校園空間的規劃使用，以致規劃的男性使用面積往往高於女性，規劃形式往往以男強女弱的刻板印象分配空間（潘慧玲，1998）。

另外要談到的女廁，原應是隱私安全的處所，卻常成為異性入侵、偷窺的地方。而廁所在位置與間數的規劃上亦欠缺性別差異的考量，例如有些學校的廁所位處偏僻，使得女生不敢上廁所而憋尿；廁所間數的設計未曾慮及女性如廁時間較長，不足的女廁經常在下課時間人滿為患。對女性而言，學校往往以保護之名，限制女學生自由運用空間之機會，將會影響其空間能力及解決問題的能力（畢恆達，2004）。

第三節 性別平等教育的實踐

以下從落實性別教育機會均等及實施性別平等教育兩方面，來說明性別平等教育如何實踐。

 壹 落實性別教育機會均等

要落實兩性平等教育，首先要先做到性別教育機會均等，所謂性別教育機會均等其界定如下：不分男女，每個人皆獲得充分的入學機會，接

受基本的教育，必有一定學力程度。在此一基礎上，無分男女皆能依其性向與興趣，享有公平的機會繼續接受教育。在教育情境中，不因性別受到任何歧視，必要時並能享有積極的差別待遇，充分參與教育歷程並得到最佳的教育效益。在教育結果方面，無分男女，每個人應依其資質差異、潛能得到充分的發展，並進一步獲得公平的預期效應，不因性別而形成性別階層化之現象（林生傳，2005）。目前臺灣地區性別教育機會均等之理念多半能普遍落實，由第二節的分析資料得知，男性與女性在大學階段就讀比例接近均等，但是，當繼續探討就讀碩士及博士學位的性別人數及其所就讀的類科，卻是有非常明顯的差異。當女性的生產勞動被社會結構化為不需要太多的知識，在學科的學習上以經濟報酬率較低的人文社會學科為主，高等教育更容易變成作為控制、壓迫女性的合法性政治工具（鍾明倫、龔心怡、翁福元，2008）。教師及家長應多鼓勵女性繼續就讀碩、博士班及理工、科技類科，拉近這兩方面的差異。

 ## 貳　實施性別平等教育

　　在教育部頒訂《性別平等教育法》之前，臺灣社會與學校體制教育並非沒有性別教育或性教育，第一線教師很可能身處於男尊女卑的人事結構、性別區隔的課程設計、充滿性別迷思與歧視的教材，以及隱藏性課程與師生互動中而不自覺。因此，教師要揭露並面對校園中所進行的性別不平等歧視教育，教師必須逐步發展實際的改革行動（李雪菱，2011）。以下即針對如何實施性別平等教育詳加說明。

一、性別平等教育的意義

　　性別平等教育（gender equity education）係屬於多元文化教育的領域，其中「性別」包括不同性別及跨性別的受教對象，「平等」則是符合多元文化教育之教育機會均等的理念，意即透過教育的歷程使他們均能在公平的立足點上充分發展其潛能，不因個體之性別因素而遭到不當限制；同時應對不同性別的人給予同樣的尊重態度，依其生理上的差異，秉持著

公正的原則，讓其均有發展潛能的機會，不因性別因素而受到限制，也不強迫將其納入主流價值中，而是依其自然的本質而能適性發展。所以性別平等教育的理念，就是在打破傳統社會文化的性別角色刻板印象與性別偏見，讓不同性別的學生都能依其興趣、能力而適性發展，不會因性別因素而受到限制，使其潛能獲得充分發展（蔡文山，2006）。

二、性別平等教育的實施目的

性別平等教育的實施目的，是藉由提出社會建構才是造成男女行為表現與發展差異的主因，以消除社會對性別的刻板印象、性別歧視，並去除性別不平等的再製。經由教育的實施促使學習者能檢視自己潛在的偏見，從而改善之，以締造兩性互相尊重接納、和諧共處的社會（莊明貞，1999）。

三、臺灣地區性別平等教育政策的制定與執行

1980年代，民間婦女團體，特別是婦女新知基金會，鑒於長久以來教育對傳統男尊女卑文化的忽視，而教育是為達成性別平等社會的關鍵，因而著手致力於性別平等教育議題之推動。1997年「教育部兩性平等教育委員會」正式成立，1998年9月教育部公布《國民教育階段九年一貫課程總綱綱要》，性別議題已融入七大學習領域中，性別平等教育由理念的宣示轉化成為各學習領域的知識內涵，進入正式的教育體系。2000年年底教育部宣布兩性平等教育委員會更名為「性別平等教育委員會」，2004年6月《性別平等教育法》公布實施，《性別平等教育法》明訂性別平等教育為「以教育方式消除性別歧視，促進性別地位之實質平等」，而性別地位之實質平等，指任何人不因其生理性別、性傾向、性別特質或性別認同等不同，而受到差別之待遇（王采薇，2009；王儷靜，2010）。這項法令內容有以下三項重點：1.中央、地方及學校須設立「性別平等教育委員會」，委員的組成及任務均有詳細規範；2.學校學習環境、課程與教學不違反性別平等原則；3.防治校園性侵害、性騷擾及性霸凌之發生。

四、性別平等教育的作法

性別平等教育即希望透過「教育」的歷程和方法，促使不同性別或性傾向者都能站在公平的立足點上發展潛能，不因生理、心理、社會及文化上的性別因素而受到限制。性別不平等的建立過程是「社會建構」的過程，社會既然可以被建構，當然就可以被解構、被重新建構。其具體的作法計有以下幾項（王儷靜，2010；蔡文山，2006；李雪菱，2011；洪久賢，2001；教育部，2010；潘慧玲、林昱貞，2000；謝臥龍，2002；游美惠，2004）：

㈠消除教科書的性別偏見

依據「性別平等教育教科書評鑑規準」全面檢視教科書、學生手冊、習作、教學指引、教師手冊及教學媒體，是否存在性別角色刻板印象、性別偏見或對女性的貢獻與成就省略不提的內容，而提出糾正。教育部亦應將此項規準提供給教科書出版業者編輯教材、國編館審查教科書，以及學校研發自編教材與教師選用教科書時參照使用，如此有關性別偏見的教材與教科書就能完全掃除，以營造一個無性別偏見的教學環境。

㈡性別平等理念融入課程設計

性別平等教育的目的不只是在課程中多加入幾堂性別課程，而是以認識多元文化和尊重差異為基調，除了協助學生認知社會文化的多樣性，破除性別偏見、歧視與刻板化印象，也希望引導學生探究性別權益相關議題，積極參與社會團體，建立解決問題的能力。目前性別平等教育議題是採用融入學科課程內涵的策略，在課程實施上則有不同的作法，如消除課程中含有偏見或歧視的內容、在課程中針對某些有所貢獻的女性事蹟給予肯定和表揚，或以附加的教學單元，將性別有關的概念、議題和觀點納入課程之中。在選擇附加教學單元方面可考慮下列議題：

1. 突破性別區隔性的議題。
2. 在複雜父權建制的文化社會環境中，視為習以為常而有待價值澄清或富有爭議性的議題。

3. 由學生最感興趣且具有思辨性的議題，如兩性交往。

4. 與學生生活經驗相近的議題。

如此可提高學生的學習興趣，使同學們易於進入討論情境，激發課程討論的參與動機，喚醒其性別意識及參與程度，進而有助於建構性別平等概念。此外，學校亦可朝發展性別平等教育的校本課程來努力，其作法為由學校課發會規劃學校彈性時間，如週會、級會、慶典活動及彈性節數，將性別平等教育設置為學校特色課程，自行發展以學校為本位的整體課程與教學活動。

㈢女性主義教學論的落實

1980年代女性主義學者發現在傳統的教學理論或過程中，忽視了性別這個重要的議題，為了改善這種不利的處境而發展出女性主義教學論（feminist pedagogy），企圖在教師教學之中注入女性主義觀點，以達成性別平等的教育。但是女性主義教學論由於理論觀點的不同，又可以大致分為四種：性別模式、解放模式、結構模式與後結構女性主義教學論，四種模式沒有整體統一的理論，但是它們仍有一些共享的信念：

1. 重視經驗：女性主義的研究觀點肯定女性的經驗、想法與需求，其目標是為了能以某些方式改善女性的生活，是為了在解放上有所貢獻。因此女性主義教學論認為個人的生命史和經驗對學習而言是很重要的，它認為當學生認知到教材與她們生命的關聯時，會學習得比較好。

2. 具有包容性：女性主義教學論意欲建立一種觀點，可以質疑關於性別、種族、階級的歧視系統，幫助學生改變對女性負面的態度。

3. 非階層化的教室：女性主義教學論不是教師單方面地傳遞學生知識，而是依賴一種非階層化的教室結構，以共同製造、分享知識。

4. 賦予學生權能：女性主義教學論的一個目標就是在學習過程中賦予學生權能，所以強調學生主動積極地參與。

為實現平等的目標，女性主義教學論引入沒有性別歧視、種族偏見、文化偏見的教材。在此情況下，課堂被要求營建為一個「自由環境」，且每位師生都是主體，「賦權」予學生成為女性主義教學論的一個中心。

「自由課堂」形成的關鍵，是身處其中的每位成員都要有對差異（包括種族、階級、文化、性別等）的接受和尊重。儘管人們出身、經歷和對未來的期望各不相同，但卻有可能運用各自特有的方式來吸取知識、共享知識，在保持個性的同時達到整合與提升。如何發揮學校教育的解放功能，減少其再製作用，以達到性別平等教育的理想？女性主義教學論提供了部分的答案，但是女性主義教學論只是提供原則與方向，教育工作者在教育現場必須善用女性主義的教學策略與學生互動。此外，問題與討論、分享與對話、實作與表演、專題報告、善用時事案例等教學策略，可以協助學生學習性別平等教育的議題。

㈣經常省思師生互動過程

教室中的師生互動，由於男生較積極投入學習或是有較多的違規行為，以致教師無意中常會以男性為中心，給予較多的關注，而忽略了女性。這是融入兩性平等教育於各階段的教學時，教師應特別隨時自我提醒、檢視。在教室中的師生互動，有時班上有些學生比較積極參與教學活動，經常發表意見或挑戰教師，引起教師的注意或花比較多的心力在解答其問題，因而忽略了其他學生意見的表達，使得教室情境中失去多元意見發表的重要精神。老師需在教學過程中自省、檢視，且經常提醒自己留心於平等的對待學生。在班級幹部安排、教室座位安排、學習分組、小組分工等方面，教師也要省思是否有不當的性別隔離現象或不當的性別意識型態。

㈤在校園空間設計給予女性積極性差別待遇

「積極性差別待遇」與「肯認差異」（recognize difference），是推動性別平等教育的重要概念。性別平等教育是希望能消除對女性和不同性取向者的偏見、歧視及種種不公平的待遇，讓性別之間達到平等。這個過程不是要把所有人都變得相同，才能得到相同的待遇，如果不能在差異的基礎上保障每個人都能得到公平的對待，就不是真正的公平。對於受到不平等對待者，我們應積極提供資源及機會等協助，以確保其地位之平等並維護其人格尊嚴。因此在校園空間的設計與規劃方面，就要考慮到女性的特

殊需求，而給予較多的資源，例如增加女生廁所的間數、廁所內有掛勾及垃圾桶、設置性別友善廁所、增加學生置物櫃等。為不限制女學生的活動空間，可以師生共同製作校園危險地圖，提醒學生在校園的某些空間要提高警覺性。

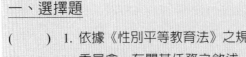

一、選擇題

( ) 1. 依據《性別平等教育法》之規定，中央主管機關應設性別平等教育
委員會，有關其任務之敘述，何者錯誤？　(A)處理有關性別平等
之申訴案件　(B)推動性別平等教育之課程、教學、評量與相關問
題之研究與發展　(C)督導考核地方主管機關及所主管學校、社教
機構性別平等教育相關工作之實施　(D)協調及整合相關資源，協
助並補助地方主管機關及所主管學校、社教機構落實性別平等教育
之實施與發展。

( ) 2. 依據《性別平等教育法》之規定，學校、主管機關或其他權責機關
為性騷擾事件之懲處時，得命加害人為下列一款或數款之處置，
下列何者不包含在處置範圍內？　(A)經被害人或其法定代理人之
同意，向被害人道歉　(B)接受8小時之性別平等教育相關課程
(C)接受心理輔導　(D)賠償被害人一定額度金錢。

( ) 3. 依據《性別平等教育法》之規定，國民中小學每學期應實施性別
平等教育相關課程或活動至少幾小時？　(A)2小時　(B)4小時
(C)6小時　(D)8小時。

( ) 4. 根據《性別平等教育法》，學校招生及就學許可不得有性別或性傾
向之差別待遇，但可依下列哪一個例外情況為之？　(A)全校校務
之決議　(B)全校家長會之決議　(C)歷史傳統之考量　(D)教師會之
建議。

( ) 5. 下列何者最符合父權體制的特徵？　(A)是後現代社會的特性
(B)性別角色的界定模糊　(C)父母親的家庭分工明確　(D)只以身體
暴力形式展現。

( ) 6. 學校裡成立的各種組織，如：考核會、教評會、申評會……，都規
定女性最低所占百分比，這種規定的法源依據來自於：　(A)婦女
保障組織法　(B)性別保障條例　(C)性別平等教育法　(D)婦女及兒
童保障條例。

( ) 7. 依《性別平等教育法》之規定，學校某些委員會之任一性別委員應

占總人數三分之一以上，惟下列何者並不在其列？　(A)性別平等教育委員會　(B)考績委員會　(C)申訴評議委員會　(D)教師評審委員會。

(　) 8. 依據立法院已通過的《性別平等教育法》，下列哪些是正確的？(A)師資培育大學之教育專業課程，不用開設性別平等教育相關課程　(B)學校對懷孕學生，應鼓勵其休學，以減少其在學校可能遭遇之歧視與困難　(C)國民中小學每學期應實施性別平等教育相關課程或活動　(D)學校不能只招收單一性別之學生。

(　) 9. 學校應設置什麼組織來調查、審理性騷擾或性侵害的事件？(A)學生評議委員會　(B)教師評審委員會　(C)性別平等教育委員會(D)教師考績委員會。

(　) 10. 張老師認為課程應該引導學習者面對當前的問題，例如汙染、失業、性別歧視、消費者權益等。這種課程觀比較接近下列何者？(A)課程是一種科技　(B)課程是一種社會重建　(C)課程是認知發展的過程　(D)課程是學習者的自我實現。

(　) 11. 張老師知悉服務學校發生疑似校園性侵害事件，卻沒有依照《性別平等教育法》的規定通報，導致校園性侵害事件再度發生。依據《教師法》，此種情事經學校教師評審委員會查證屬實審議通過，並報主管機關核准後，張老師會面臨什麼樣的後果？　(A)解聘，且終身不得聘任為教師　(B)不續聘，且終身不得聘任為教師(C)解聘，且一年至四年不得聘任為教師　(D)不續聘，且一年至四年不得聘任為教師。

(　) 12. 性別平等教育相關敘述何者錯誤？　(A)中央性別平等委員會人數九至二十一人，採任期制　(B)性別平等教育指以教育方式教導尊重多元性別差異，消除性別歧視，促進性別地位之實質平等(C)學校性別平等委員會人數五至二十一人，校長為主任委員，採任期制，其中女性委員應占委員總數二分之一以上　(D)性霸凌是指透過語言、肢體或其他暴力，對於他人之性別特徵、性別特質、性傾向或性別認同進行貶抑、攻擊或威脅之行為且非屬性騷擾者。

(　) 13. 某天，學生小芬的媽媽帶著傷，紅著眼眶到學校告訴陳老師，小芬

的爸爸昨天晚上在小芬的面前對媽媽拳打腳踢，對小芬也暴力相向，身上出現明顯傷痕。陳老師聽了非常吃驚，但小芬的媽媽拜託陳老師：「為了小芬，我打算忍耐，請老師不要將這件事告訴任何人！」面對難過的小芬媽媽，依法陳老師應該怎麼做？　(A)打電話給社工，請求社工介入協助　(B)打電話給小芬的爸爸求證是否屬實　(C)按照程序在24小時之內對主管機關進行通報　(D)尊重小芬媽媽的個人意願，將這件事當成永遠的祕密。

(　) 14. 下列何者是實施兩性平權教育的核心能力？　(A)輔導生、心理或社會造成的性別歧視　(B)同性戀和異性戀的互助合作　(C)夫妻相處、家庭和諧與友善校園　(D)兩性的自我了解、人我關係以及自我突破。

(　) 15. 依據《性別平等教育法》規定，學校、主管機關或其他權責機關為性騷擾或性霸凌事件之懲處時，應命加害人接受心理輔導之處置，並得命加害人須接受幾小時之性別平等教育相關課程？　(A)4小時　(B)8小時　(C)16小時　(D)24小時。

(　) 16. 依據《性別平等教育法》第21條之規定，有關學校校長、教師、職員或工友知悉服務學校發生疑似校園性侵害、性騷擾或性霸凌事件時之處理方式，下列何者正確？　(A)應立即依學校防治規定所定權責，僅需依性侵害犯罪防治法規定通報　(B)應向學校及當地直轄市、縣（市）主管機關通報，至遲不得超過48小時　(C)學校校長、教師、職員或工友得偽造、變造、湮滅或隱匿他人所犯校園性侵害、性騷擾或性霸凌事件之證據　(D)學校或主管機關處理校園性侵害、性騷擾或性霸凌事件，應將該事件交由所設之性別平等教育委員會調查處理。

(　) 17. 學校的性別平等教育委員會共有15位委員，根據《性別平等教育法》，此委員會至少應有幾位女性委員才符合規定？　(A)5位　(B)6位　(C)8位　(D)10位。

(　) 18. 依據《性別平等教育法》規定，有關國民中學實施性別平等教育課程、教材與教學，下列敘述何者錯誤？　(A)教材內容應呈現多元之性別觀點　(B)應利用空白課程進行性別平等教育相關課程或

活動　(C)學校之課程設置及活動設計不得因性別而有差別待遇　(D)每學期至少實施4小時性別平等教育相關課程或活動。

(　　) 19. 以下何者非女性主義教學特點？　(A)注意教師角色與權威問題　(B)重視班級經營與互動　(C)重視個人情感與知識為重要的知識來源　(D)注重差異的探討。

(　　) 20. 教科書內容通常包含性別、族群和特殊需求者等主題。這種包含「跨越差異的對話」較符合下列何種理論？　(A)批判教學論　(B)社會交換論　(C)現象社會學　(D)俗民方法論。

答案

1.(A)　2.(D)　3.(B)　4.(C)　5.(C)　6.(C)　7.(A)　8.(C)　9.(C)　10.(B)　11.(A)
12.(A)　13.(C)　14.(D)　15.(B)　16.(D)　17.(C)　18.(B)　19.(B)　20.(A)

二、問答題

1. 針對性別教育之目的上有人說「人生而不平等，尤其男女性別、族群、社會階層、國家關係都不平等」，為何要追求性別平等之教育？試說明你的看法。
2. 試列舉教科書中常見性別偏見的五種類型並簡要說明之。
3. 當教師發現教科書中出現具性別意識型態的內容，在教學中應如何處理？請舉一例並說明之。
4. 性別階層化（gender stratification）意指男女之間在財富、權力及聲望等的分配不平等。試說明功能論及女性主義對於性別階層化的論點和視角為何。
5. 我國課程改革已經納入性別平等議題，如果你是教師，試條列式提出五項教師應採取之具體作為，將性別平等教育落實在教學實務當中。
6. 教師在執行性別平等教育時，在教學態度、教具準備、教學方法上宜注意哪些原則？
7. 試說明女性主義教學論（feminist pedagogy）之內涵為何。

族群與教育

　　族群衝突問題在某些社會是一項嚴重的社會問題，以美國為例，從種族隔離到廢止種族隔離是經歷一段漫長的努力過程，在教育上則是強制黑白合校、合班上課，雖然引起「白人遷徙」現象，但這是對族群融合的一大進步。自2010年初以來，先後有多位歐洲國家領導人在公開場合發表言論，聲稱他們施行幾十年的文化多元主義政策已經失敗了，由此引發人們對當代歐洲社會發展的反思。文化多元主義在歐洲的遭遇，反映出歐洲人對待外來移民群體的態度，外來移民一方面對歐洲社會的發展做出了貢獻，另一方面又確實帶來了諸多日益突顯的社會問題（張金嶺，2012）。在全球化時代，不管是合法移民或非法移民，都給移入社會帶來不少問題，例如失業、犯罪等。既是多元族群共同生活，在政經文教等各種社會關係上，便會有「和諧與衝突」、「合作與對立」的關係，和諧的族群關係有助於社會的穩定發展，族群的衝突則可能引發殺戮，甚至造成國家社會的分裂。因此，如何制定合宜的社會政策、實施多元文化教育，以促進族群和諧發展，乃是族群關係的重要課題（譚光鼎、劉美慧、游美惠，2008）。本章分為四節，首先探討族群的基本概念與族群關係，其次說明教育場域中的族群歧視與壓迫，第三節分析弱勢族群低教育成就的原因，第四節探討如何實施多元文化教育以促進族群和諧。

第一節　族群基本概念與族群關係

　　各個族群必須和這個國家的其他族群共同相處，因此在對於這些國家或地區的研究中，族群關係是相當重要的主題。本節先探討族群、種族與少數族群的概念，次就族群關係的類型作一敘述。

壹　族群的基本概念

　　「團體」是社會學的基本概念，認為每個人從小在團體中接受社會化，最基本的團體是家庭，同時個人也隸屬於許多不同社會團體，例如可

能屬於女性、母親、原住民、每日只能聽從命令的勞工、同志、住在貧瘠的鄉村、老年、對抗汙染和徵收的居民等等不同的社會團體（廖婉余，2018）。族群（ethnic group）與種族（race）是團體概念的延伸，在一個國家或地區之中，族群的基礎建立在文化的相似性與差異性上，相似性出現在同一個族群的成員之內，差異性則出現在這個族群和其他族群之間，同一族群的成員出自同一種血緣、體貌膚色特徵相近、語言文化相同，有共同的生活習慣、道德規範、價值信念（徐雨村，2005）。例如美國可分成墨西哥裔、古巴裔、德裔、華裔等族群，臺灣社會可分為閩南人、外省人、客家人、原住民四大族群。種族則是指在生物學上所形成的不同團體，其分類是依據膚色，例如黃種人、黑人、白人、紅人、高加索人等。「民族」（nation）是與種族相近的概念，民族強調的重點則是共同分享的歷史文化、宗教信仰、生活習俗。在分類概念上，種族之下可依語言文化及地域分布之差異再區分成不同族群，所以族群在一個意義上可以視為種族的次類（張茂桂，1993；徐雨村，2005）。

　　而「少數族群」（minority group）指的是一個社會裡受到政治和經濟上的壓抑，以及受到不平等待遇的團體。少數族群所指的不在於人口數目的多少，而在於權勢，指社會地位低微、被控制的團體，因此少數族群也被稱為「弱勢族群」。例如南非的黑人人口超過白人，雖然其政權已有改變，但在經濟上及社會上，黑人仍是地位低下的弱勢團體；統治者的白人代表著「強勢族群」（majority group）。有些社會婦女的人口雖比男性多，但婦女地位低於男性，成為少數族群。某一種族、族群、女性或老人等團體，只要受到社會不公平的待遇，都算是少數族群（蔡文輝，2011）。弱勢族群是指在社會中由於經濟收入、權益保護、競爭能力等原因，而處於困難與不利地位的人群（賴永和，2009）。臺灣社會的弱勢族群大致包括以下五種類型：1.低收入者；2.原住民；3.新住民與新臺灣之子；4.偏遠及離島地區居民；5.受社會排斥者如自殺者、藥物濫用者、反社會的人等（周仁尹、曾春榮，2006）。

族群的關係

所謂族群關係是指在民族群體之間的相互關係，它當然可以指民族間的溝通、互相尊重和互相學習等正面的關係，可是在現實社會中所見的，卻常是歧視、不相容、鄙視和暴力相向之類的負面關係（洪泉湖，1997）。但就其深層而言，族群關係乃指各族群在政治、經濟、教育、文化等方面的權力分配結構。由於社會是由多個族群所構成，各族群的人數、權力、資源以及經濟情況不一，因此族群關係或屬正面，或屬負面，或可能均衡和諧，也可能傾斜衝突。正面的族群關係可使少數族群積極融入主流社會團體、力爭上游；負面的族群關係則可能組合成各種異議團體，進行批判與抗爭（譚光鼎等，2008）。在不同的社會中，少數族群所受的待遇會有很大的差異，像法國、德國、瑞典移民到美國，卻沒有像非裔、波多黎各人那樣受到歧視，原因就是因為膚色的關係，同是白種人，移民到另一個白人強勢族群的社會就會被接受（acceptance），不同膚色的人則會受到排斥（rejection），所以族群關係的類型可以分為兩大對立的類型，即接受型與排斥型，接受型是試圖使少數族群與主流族群處於完全平等的地位，排斥型是阻止對少數族群的接受或使接受程度最小化（Popenoe, 1995）。以下就族群兩大關係類型作一說明：

一、接受模式

如果一個社會重視平等和自由，那就有可能在某種程度上接受少數族群，依接受程度的差異又可分為以下幾種類型（劉阿榮，2006；陳枝烈，2010；Marger, 2009）：

㈠同化

同化（assimilation）係指社會裡的少數族群或團體，放棄其本身的文化而接受強勢族群的文化，並成為主流社會一部分的過程。又可分成墨西哥同化方式與美國的同化方式，前者係指把西班牙人、印第安人和黑人融合為一個新的、混血的墨西哥人，共同擁有新的文化和認同。後者則並沒

有把所有移民或黑人、印第安人加以混合，而是這些人均逐漸認同於盎格魯撒克遜（Anglo-Saxon）民族的文化與社會。所以同化又可分成兩類：

1. 熔爐式的同化

熔爐式（melting pot）的同化係強調一種全面性的融合，強調的是相互滲透及文化的雙向或多向融合過程，原先不同的團體經過此一過程之後，都丟了各族群原有的文化獨特性，而構成一個新的、同質的團體。用簡單的公式表示：甲＋乙＋丙→丁，其中的「丁」是不同於前三個元素「甲」、「乙」、「丙」。這種同化隱含功能論的觀點，族群之間存在的需要是使族群之間造成同化的主要原因，為了使各個族群能夠有效地生活在一起，成員對於基本價值及規範的共識是必須的。

2. 教化式的同化

教化式的同化最初是源於對1920年代以後，因美國新移民團體的族群關係經驗而發展出來的概念，它強調的是單方向的教化過程。在這種狀況下，劣勢的族群將被要求學習優勢族群的文化、生活方式，以便能夠順利地在優勢族群所控制的社會中，正常而有效地生活與工作。例如新到移民團體被要求學習「美國文化」，以便能在美國生活的過程。這樣的方式背後隱含著優勢族群對弱勢族群文化的宣揚與教導，使其適應於優勢族群所定義的文化與生活方式。教化式的同化是單一方面的，也是一個刻意形成的結果，它是以破壞劣勢族群的文化，使其逐漸喪失其文化獨特性的方式，來降低族群的界線。若將此一族群關係的結果也以公式表示，則它代表的是：甲＋乙＋丙→甲，其中「乙」、「丙」是被「甲」同化的族群。國內的族群關係也是維持著這種關係，要求臺灣的河洛、客家、原住民、新移民學習漢族的文化、生活方式、語言、價值觀、社會規範等。

㈡文化多元主義

文化多元主義（cultural pluralism）是少數族群完全參與主流社會，但是仍然保留許多社會和文化差異的一種文化模式，例如瑞士只要能說德語、法語、義大利語中的一種語言，即可作為一個參與社會活動的公民，新教和天主教信徒之間的地位平等。文化多元又分為平等的文化多元

（equalitarian pluralism）與不平等的文化多元（inequalitarian pluralism），平等的文化多元社會裡，不同族群並未同化，而是在多少保持平等的地位下相互往來，但各自保有自己族群的文化和認同，如瑞士、加拿大、比利時等。有人以「沙拉碗」或「拼布」來比喻這樣的多元文化社會。

不平等的文化多元主義以結構多元主義（structural pluralism）為代表，這是高登（Milton Gordon）針對文化多元主義的理想而提出的一種觀點，在族群交往、互動中，不同文化固然可以尊重、包容或同化，但結構上維持原有的「族群界線」，各族群保有自己的文化獨特性，各族群仍只和自己族群人交往、結婚及工作。此種結構多元主義隱含著衝突論的觀點，以優勢族群的觀點而言，他們不希望與少數族群完全同化，只追求某些向度的同化，所以優勢族群認為較有利的同化方式是：一方面少數族群能夠接受優勢族群的意識型態或規範，為其利益而服務，另一方面同時又能維繫優勢族群與少數族群的界線，使剝削的關係能夠維持。例如臺灣在國民黨執政時提倡「省籍融合」，但只發生在文化及態度上的融合，外省人教育程度較高者，較少認同自己是臺灣人，也較少自願使用臺語，這些情況反映出外省人的族群優越感。

二、排斥模式

在不同族群的社會中，強勢族群與少數族群之間的關係與互動中，往往會以本身的文化為標準來評判他人文化的傾向，這種傾向稱之為種族中心主義（ethnocentrism），即肯定本身文化優於其他文化，輕視任何他人的文化，這種傾向往往會造成對其他族群文化的偏見（prejudice）和歧視（discrimination），例如因為他是黑人而被老闆拒絕僱用，或被房東拒絕租屋（蔡文輝，2011）。除個人歧視外，另一種歧視是「制度性歧視」，將歧視加以合法化，拒絕特定族群平等地獲得各種生活機會，例如二十世紀60年代之前的美國，透過立法阻止黑人享有與白人相同的經濟、政治和社會機會（Merger, 2009）。優勢族群對少數族群的社會排斥（social exclusion）通常表現在下列方式（徐雨村，2005；蔡文輝，2011；Popenoe,

1995）：

㈠族群滅絕

最極端的排斥形式是消滅（annihilation），即優勢族群導致大量少數族群死亡的過程。例如二次大戰時，希特勒殺害了600萬的歐洲猶太人；2017年以來，緬甸軍方殺害境內的洛興雅人（回教徒）。

㈡驅逐

驅逐（expulsion）是強迫一個族群離開某一個地區或某一社會，如果不願意離開自己的家園那就要使用強制手段。例如十九世紀30年代美國軍隊強迫印第安人離開喬治亞州的家鄉，1979年越南逐出100萬的華僑。

㈢隔離

隔離（segregation）是指基於族群的特徵，透過法律將人們的居住地、社會服務或其他設施隔離開來，少數族群可能被迫生活在城市的某一個地方。例如美國《1875年民權法案》批准公用設施中實行「分開但公平」的作法，後來此一原則適用於學校，形成黑白分校，白人的設施遠比黑人好。1964年通過《民權法案》，推翻了「公開但平等」的原則，禁止公用設施的歧視，黑人、白人可以同校上課，公共汽車上的座位也無白人、黑人的區分。

㈣文化殖民主義

文化殖民主義（cultural colonialism）係指國家內部是由一個優勢族群及其文化意識型態所控制，而壓制少數族群的文化，例如前蘇聯帝國以俄羅斯族的人民、語言、文化及社會意識型態為強勢文化，透過學校及傳播媒體，強制各個共和國與地區的少數族群學習、接受及運用這種文化。2021年媒體報導加拿大所實施的原住民族寄宿學校，強迫改信基督教、禁止用自己的母語交談，有許多人遭到毒打和言語霸凌，加上環境惡劣導致疾病傳染，許多學生在學校中死亡。

第二節　教育場域中的族群歧視與壓迫

　　學校是社會的小小縮影，學生的組合可能來自各種不同情境脈絡下成長的族群，在不同文化的激盪下理應開出多元的繁花榮景，但在學校中卻可發現屬於少數的族群，例如新移民子女、原住民等，遭受到來自主流團體的歧視與壓迫，認為他們學習能力較差、學習有障礙等（陳莞茹，2012）。壓迫者可能是教師及同學，為促進族群的和諧關係，有必要透過教育來改善這種現象。

 壹　教師的偏見與歧視

　　歧視一詞的概念具有「分類」的意義，在教育活動中需要許多的分類，例如評定等第、批改作業等。但歧視性分類則缺乏正確事實的根據，而是依循偏見和不適當的標準。在實際教學活動中，教師的刻板印象、成就期望都有可能影響學生的學習行為，例如教師可能認為原住民學生學業成績較低，因而給予較低的期望，導致學生較低的自我觀念和學習動動機。教師也可能表現以下的制度化歧視行為：1.教室活動依族群分組；2.對漢族學生給予較多關注，對原住民學生關懷少批評多；3.教學、輔導、分班等安置，不依據能力而過於考量學生的族群；4.默許學生對原住民學生攻擊性言詞及行為（譚光鼎等，2001）。潘恩（Pang, 2001）將學校場域中的教師偏見分成五個層次：1.仇恨言論（antilocution），例如標籤、嘲笑等；2.退避（avoidance），例如儘量避免與移民家庭聯繫；3.歧視（discrimination），例如給國語較不流利的移民學生較少發言機會；4.肢體衝突（physical attack），對於有色人種或外來移民學生總給予較多的動手規範或大聲斥責；5.種族清洗（genocide），少數族群漸漸放棄學業成為邊緣人甚至輟學。教師本身的偏見不但會造成學生學習意願的低落，甚或造成弱勢，教師不可不慎，唯有透過自我省思才能減少偏見的產生（引自陳莞茹，2012）。

在教科書中亦存在著偏見和歧視，根據國小社會科教材的分析，在民國70年代時，連原住民的「九族」名稱都未提及，對於原住民族的描述也帶有偏見，原住民等同獵取人頭的「野蠻人」。後期教科書被批評為國小社會科教科書充滿大漢沙文主義色彩，存在幾個明顯問題：1.關於原住民的圖片，漢人穿著現代衣服，原住民族則穿著傳統衣著，似乎給讀者一種原住民還活在歷史時期的錯誤印象；2.「臺灣開發史」被撰寫成漢人的「獨白史」，原住民澈底被邊緣化；3.教科書中對於原住民各族的來源與屬性，故意忽略，籠統地覆蓋在「我們的祖先從大陸來」命題之下（譚光鼎，2008）。現在的教科書經由審查機制的建立，這方面的歧視與偏見已經少見，教師在教學中如果發現教科書及補充教材仍存在這種現象，則務必向學生加以澄清，並且向書商反應，請其更改。

貳　學校內的族群壓迫

壓迫（oppression）的現象即使在自由社會也是司空見慣的存在，它是一種系統性、結構性的現象，是在日常生活互動中，所具有的無意識的預設和行為反應，處於社會結構不利地位的少數族群，往往因媒體、國族、種族、階級、性別、性傾向、世代、地域等類型的差異化，經常被附加許多刻板印象，以維持讓優勢階級繼續支配的正當性。在社會上，弱勢族群所受到的壓迫如表6-1所示。

在教育現場裡，新住民子女、原住民子女、弱勢學生等，受到種族主義、階級主義、性別主義等不同形式的壓迫。至於壓迫在教育現場是如何進行？楊格（Young, 1990）提出五種壓迫的形式：剝削、邊緣化、無力感、文化帝國主義、暴力，以下分別說明之（廖婉余，2018；Young, 1990）：

一、剝削

剝削是指勞工階級的勞力被用來造福那些有錢的人，複製、製造階級分化和階級不平等的關係。由於技術性、高薪、有工會保護的工作，都保

表6-1 弱勢族群所受到的壓迫

弱勢族群	壓迫名稱	優勢族群
有色人種	種族主義	白人
窮人、勞工階級	階級主義	中產階級、富人
女性、跨性別、性別酷兒（gender-queer）	性別主義	男性
男同志、女同志、雙性戀、雙靈（two-spirit）	異性戀主義（heterosex-ism）	異性戀者
回教、佛教、猶太教等非基督教團體	宗教壓迫、反猶太主義（anti-Semitism）	基督徒
身心障礙	健全中心主義（Ableism）	身體健全者
移民（immigrants）、原住民	民族主義（Nationalism）	公民（Citizens）

資料來源：*Is everyone really equal? An introduction to key concepts in social justice education* (p. 42), by Ö. Sensoy & R. DiAngelo, 2012, NY: Teachers College Press.

障給白人，因此黑人和拉丁裔的美國人，都被資本家透過區隔化的勞力市場極度剝削。教室內的剝削則表現在較具權力者（如在體育、課業上具較高成就，或者較富有的學生）使喚人際關係較差或者社會地位較低落的新住民、窮人、低成就等學生，叫他們去搬餐桶、掃地、跑腿等工作，甚至組成團體指揮其他同學做事，或替自己服務。

二、邊緣化

邊緣化現象，指的是居住在社會最底層的一群人，他們的物質生活嚴重被剝奪，被困在失業的日子，而且被排除在某些參與社會生活之外。教室裡的邊緣人多半係指在班級上較不具地位的一群人，可能是因成績低落被排擠、族群身分被歧視，或經濟較弱勢的學生，在班級活動中可能常被排除在參與班級活動之外，例如分組時找不到夥伴。

三、無力感

當學生常常苦於自己無用，無法融入班級活動，繼而產生生命了無生

趣和自我價值喪失的感覺，因此就產生無力感，特別是在個人的能力發展方面，無法在專業上獲得他人尊敬時。當學生在現實生活互動中缺乏決策力，或因自己所處的地位而遭受不尊重的待遇，將使其對於學校生活產生無力感。

四、文化帝國主義

文化帝國主義是將主流團體的經驗和文化普遍化，並將它們變成唯一的規範準則，藉此以權力宰制其他團體。在班級內存有文化帝國主義情形，多半是班上主流族群對於他們既有價值理念的擴散與宰制，希望能以自有的生活方式擴散或支配其他不同族群，例如對新住民子女冠以「泰勞、菲傭」等不雅的稱號、模仿原住民學生說國語的口音等，這樣的戲謔方式其實是一種非暴力的霸凌。

五、暴力

在校園發生的大多數暴力事件是以團體方式進行，多半會出現在欺侮某些特定族群或者弱勢者，常對同學做出嘲笑、謾罵，甚或毆打等攻擊行為，因此暴力成為一種集體的行為，由一位學生帶頭，及其他團體裡的跟隨者一起進行。

第三節　**弱勢族群的教育成就與歸因**

族群和教育之間的關係，大致可分為兩方面：一是不同族群的教育機會的問題，一是教育活動中的族群偏見與歧視問題（譚光鼎等，2008）。以下分別說明之：

弱勢族群與教育成就

因為弱勢族群在經濟和文化的弱勢，使他們缺乏適應社會所需要的

文化資源，較難與強勢族群學生相互競爭，因之產生較多的低教育成就問題。少數族群及原住民之低教育成就的問題，在世界各國相當普遍，以美國為例，各族裔在「國家教育發展量」（簡稱NAEP）的數學和科學測驗上的得分比較，整體而言，亞裔學生成績最高，白人其次，西班牙裔和美國原住民表現相似，黑人則遠遠落後在各族群之後。由於低教育成就的不利影響，少數族群和原住民學生繼續升學者更相對降低，在高等教育階段，族群背景的差異更加明顯（譚光鼎等，2008）。以下分別就臺灣原住民與新住民的教育成就作一探討。

一、原住民與教育

臺灣是一個位於亞洲太平洋的美麗島嶼，居住著各種族群，其中原住民族約有55萬人，占總人口數的2%，目前經政府認定的原住民族有：阿美族、泰雅族、排灣族、布農族、卑南族、魯凱族、鄒族、賽夏族、雅美族、邵族、噶瑪蘭族、太魯閣族、撒奇萊雅族、賽德克族、拉阿魯哇族、卡那卡那富族等16族，各族群擁有自己的文化、語言、風俗習慣和社會結構（行政院原住民族委員會，2017）。長期以來，由於同化政策的影響，使得原住民教育發展出現嚴重問題，原住民多淪入社會底層，難以向上流動，並陷入貧窮的惡性循環（高德義，2000）。

㈠原住民教育現況

原住民委員會於108年針對15歲以上原住民的教育程度進行統計，其中以高中（職）比率最高，占40.87%，小學及以下占16.89%，國（初）中占16.62%，而專科學歷者占6.53%，大學及以上占19.09%，專科以上的教育程度僅占原住民人口總數的25%。若與非原住民相比較，其大學以上人數所占人口比率為34.53%，遠高於原住民的19.09%；原住民高中（職）所占比率遠較一般生的29.93%來得高，由這兩項數字顯示原住民的教育程度偏低，高中職的教育程度所占的最高。而專科、大學及以上者之比率則低於全體民眾（行政院原住民族委員會，2019）。

原住民學生在學期間的學習成就亦是我國教育研究之主要課題之一，

巫有鎰（2007）的研究則發現，臺東縣原住民學生平均成績比漢人低；巫有鎰、黃毅志（2009）運用「臺東縣教育長期資料庫」的國小六年級學生及其家長、教師與校長普查資料做分析，分別就臺東縣六族原住民與漢人的成績做比較，以釐清原住民各族與漢人的成績差異及造成差異的因果機制。研究發現臺東原住民各族成績均比漢人低，特別是平地原住民，而非一般認為的山地原住民，其中學生人數最多的阿美族成績很低，僅高於人數最少的達悟族，原住民中成績較高的反而是山地原住民。

㈡原因分析

由於原住民社區多地處交通不便的山地、偏遠地區，因學校教師流動率高，影響教學成效（陳奕奇、劉子銘，2008）。在家庭社會資本方面，原住民父母教育期望較低。在家庭財務資本方面，電腦網路及學科補習較少。在學生文化資本方面，「負面文化」較多，亦即較常表現抽菸、喝酒、嚼檳榔等行為。在學校社會資本方面，原住民有較多不良的師生關係（巫有鎰，2007）。在學校因素方面，例如經費不足、設備不完善、學習資源不足，以及教師身兼數職，課務、雜務負擔沉重，流動率高，加上教師配課情形嚴重，鮮少為學生設計符合其需求或發展的創新課程等，這些因素都使得原住民學業成績較低（甄曉蘭，2007）。譚光鼎等（2008）提出原住民族群自我認同消極不振，因為在「學校同化教育」及「升學優惠制度」雙重夾殺下，原住民菁英學生普遍缺乏傳統文化認知。

㈢改革策略

為改善原住民教育問題，教育部制定《原住民族教育法》、「發展原住民族教育五年中程個案計畫」、《原住民教育政策白皮書》及原民會訂定的許多短程、中程與長程的原住民族教育推展計畫，都可見政府長期以來為達成教育機會均等精神的理想，在原住民族教育已投入相當經費，另也積極提升原住民族教育的品質，充分開展原住民族教育的特色，不僅著重推動弱勢族群的補償教育，更強調多元文化的落實。其中補償教育的實施在基於正義與公平的原則下，實施積極性差別待遇，因此投入相當多的教育資源（許惠娟，2010）。從每生產單位成本的數據來看，原住民所處

的山區偏遠學校是教育資源最高者（陳奕奇、劉子銘，2008）。此外，政府還提供原住民升學優惠待遇及就學獎助學金，原住民學生參加高級中等以上學校（不含研究所、學士後各學系）新生入學考試，取得原住民文化及語言能力證明者，可加原始總分35%；未取得文化及語言能力證明者，加原始總分25%，且自99學年度招生考試起，加分比率將逐年遞減5%，並減至10%為止（教育部，2009）。除寬列教育經費及升學優惠外，提升師資素資、落實母語教學、加強親職教育及推展多元文化教育，都可改善原住民的教育現況（高德義，2000）。

在教學方面，各國原住民族群長期致力推動「文化回應教學」（culturally responsive pedagogy），並在教學場域中加以實踐。所謂文化回應教學是在尊重學生文化，避免用主流文化的標準來評斷學生的學習行為，並且要運用學生文化知識經驗、先前經驗、知識架構和表現風格來設計教學活動，促使學生的學習更具效率（Gay, 2000）。文化回應教學這項教育理念具有以下的特色（解志強譯，2006；Gay, 2000）：

1. 承認不同種族或族群文化遺產的合法性。
2. 針對學生不同的學習型態，使用多樣化的教學策略。
3. 教導學生要了解和頌揚自己及他人的文化傳統。
4. 將多元文化知識、資料和素材，整合在學校日常教學科目裡。
5. 教師應避免採取直接教學法來傳授單一主流的價值觀，要在課堂引導學生檢驗一些視為理所當然的意識型態。

二、新移民子女與教育

受全球化趨勢影響，自民國80年代起，因國際交流頻繁，跨國婚姻日益普遍，新住民及其子女數均呈增加，迄90年代初雖因新住民相關政策實施而轉趨減少，近年新住民結婚人數，除108學年受嚴重特殊傳染性肺炎（COVID-19）影響，人數大幅減少外，餘仍維持每年約2萬人之水準。108學年各級學校新住民子女學生計31.2萬人，占全體學生人數之7.4%。其中父（母）來自大陸地區者計13.7萬人（44.0%）居首，越南11萬人

（35.3%）居次，印尼2.9萬人（9.4%）居第三，三者合占8成9，其餘為菲律賓、泰國、柬埔寨、緬甸、馬來西亞等東南亞國家（教育部統計處，2020）。新臺灣之子已逐漸成為繼閩南、客家、1949年遷臺之中國籍、原住民之後，臺灣之第五大新興的族群（吳瓊洳，2008b）。

㈠新移民子女的教育問題

國內相關研究指出，新移民子女受母親生活適應、語言溝通、人際關係適應等問題的影響，在教育方面有以下問題（賴振權，2009；蔡榮貴、黃月純，2004；顏佩如、張淑芳、陳純瑩、溫子欣，2016）：

1. 語言發展遲緩

語言是一切學習的基礎，若孩子語言發展遲緩、口語表達能力不足，不但會影響學業的學習，亦將使其難以適應學校生活。新臺灣之子多分布於農業與偏遠鄉鎮等經濟狀況較不富裕家庭，其外來刺激較都市孩子不足，孩子無法得到應有的模仿和學習。如果媽媽講話不標準、媽媽的語言能力又有限，則孩子學到的自然也不標準，也很難讓孩子得到充分的了解，以致語言發展容易產生較遲緩的現象。

2. 低教育成就

課業學習是學校教育的重點，一般而言，孩子在學校學習方面若遭遇困難，除了第一線的教師予以協助外，家長的關心與支援更是學習的後盾，但新臺灣之子大都住在偏僻的鄉下，缺乏外界資訊，所得到的文化刺激也較少；若其父親因生活而忙碌，母親不會中文，可能導致在指導孩子功課及與老師溝通上產生困難，導致孩子學習表現低落。蔡榮貴與黃月純（2004）研究指出，新住民女性本身教育程度較低落、居住較偏遠地區、文化刺激缺乏、不重視子女學校教育、語言能力差無法教育子女、多屬勞工階級、社經地位差、無暇管教子女、缺乏自信感到自卑等，造成子女成就動機及學習成就低落。

3. 子女的管教問題

新住民家庭因社經地位不佳、離婚、單親、隔代教養或教養觀念不一致等因素，展現出不同的需求與困難，尤需給予輔導或資源方面之挹注。

有些新住民媽媽對子女過度的補償性溺愛與寵慣、管教無力、長期提供3C產品、忽略放任等教養行為、任憑孩童閒晃,也導致失去學習競爭力的媽寶出現。

□改革策略

在新臺灣之子愈來愈多的情況下,學校教育應該積極採取各項作為,提供這些族群必要的協助,除了強調多元文化教育的落實,也要推動教育優先區、課後照顧、課業輔導等方案,企圖以補償教育為手段,達到教育平等的目標。教師在日常的教學活動方面,可以融入女性主義教育學者諾丁絲(Noddings, 1984)所提出的以關懷為本的課程理念,她想要從人際之間的相遇、接納、承諾、回應等互動之中,建構一個微觀的、具體處境的、重視人際關係、情意交流取向的「關懷倫理學」(ethics of care)。她主張在教育上應該走向「去除專業化教育」(de-professionalizing education),這並非是一般人所想像的降低師資品質,或使教師失去專業自信與專業區隔,而是主張教師不要以學科專業來宰制學生學習的內容和價值,而要在教學中突顯對人的關懷,教師除了對教材、教法要非常精熟外,更要對學生有敏銳的觀察和細膩的感受,因而不是將教學任務的核心放在展現知識上(顧瑜君,2008)。

 ## 貳 弱勢族群的教育成就歸因

為何族群之間會存在差距頗大的教育成就?許多學者想要尋找答案,嘗試建立可以解釋的理論模式。弱勢學童被認定的主要核心問題是文化不利與經濟不利,因學童身處貧窮的文化(culture of poverty),他們的生活環境中缺乏文化刺激,家庭教育沒有激發智識發展,讓兒童在學校處於不利的地位。

一、遺傳基因論

由於少數族群家庭背景多居於臺灣社會結構中的弱勢,隨著其子女進

入教育體系的人數日益增多，似乎就理所當然的被視為是「問題」。此種先入為主的「成見」，可能將弱勢族群學生的低學業成就部分歸因於智力遺傳因素，最著名的理論是美國學者詹森（R. A. Jensen）所提出的「詹森理論」（Jensenism），他發現美國黑人在智力測驗的表現，較白人及亞裔美國人來得低落，詹森就推論其原因與種族遺傳基因有關，因此推論即使推動大量的補償教育也無法突破黑人的學習限制，達到白人的學習水準。遺傳基因論基本主張乃是「少數族群的遺傳基因有缺陷」或是「少數族群的遺傳基因比白人差」，所以學業成就和升學結果才會有優劣高下之分，這種論調是西方白人思想中一種古老而傳統的「生物決定論」，是西方中心主義或種族主義的基本主張之一。然由於此項論點無法解釋遺傳與環境的交互作用，而且有研究方法上的缺陷，故無法獲得普遍認同（黃新民，2007；黃鴻文，1993；譚光鼎等，2008）。

二、文化缺陷論

　　除遺傳因素外，「文化剝奪」（cultural deprivated）在1960年代也受到相當重視，此類觀點擴充弱勢族群學生學習失敗的解釋，不以遺傳心理的觀點作為學習失敗的主因，而是社會文化因素，認為弱勢學生的家庭背景多是單親、隔代教養、生活貧困，因此缺乏正確的教養觀念，而且低社經階層家庭無法提供子女充分的文化刺激，故而導致「文化不足」，使得這些弱勢族群的子女在進入學校前未有正確的學習態度、發展遲緩、學習能力低落、學習動機不足，因此這些學生需要提早學習或補償式的教育，提供更多的學習時間與學習內容以彌補先天條件的不足。此種觀點預設主流社會的學習模式才能提升學習者的學業成就，卻忽略學習者主體性與生活風格的差異，缺乏反省主流文化對於弱勢文化的壓迫與宰制，並可能落入「種族中心主義」的迷思（黃新民，2007）。

三、社會再製理論

　　這種理論是把少數民族低教育成就的現象，歸因於低社經地位及社會的不公平待遇，而與他們的智能和努力無關，又稱為「結構不平等理論」

（譚光鼎，1998a）。前上所提到的社會再製、文化再製理論或文化抗拒理論，亦可以用來解釋族群間的教育成就差異（Bourdieu & Passeron, 1977; Bowles & Gintis, 1976; Willis, 1977）。階級再製觀點強調家庭社經背景不利、缺乏文化資本等因素，對於學業成就將產生負面影響，並造成社會地位之再製。「反文化理論」解釋少數族群因受壓迫而有抗拒式社會適應策略，因而導致負面的成就動機，教育成就也偏低。教育現場發現少數族群通常因為社會經濟地位較低、無力負擔昂貴的高等教育學費，而被迫較早中斷教育，進入勞動市場；窮父母因為教育程度較低，生活壓力較大、工作較忙，導致家中人力不足而無法在學業上及教養上提供子女較多的幫助；貧民區的教育資源稀少，導致教育品質較低落、同儕與老師的教育動機與期望較低、學校教學與教育受到學生偏差行為干擾較為嚴重等問題（蘇國賢、喻維欣，2007）。

四、文化差異論

面對亞裔學生在教育成就上普遍的傑出表現，90年代的文獻多所探討，文化取向的解釋更是占了其中大多數。東亞裔學生顯著較高的學業成績，關鍵在於東亞文化裡極度重視教育、紀律與勤勉美德的價值觀；這樣的文化觀不僅由學生、家長與同儕所共同抱持，而且反映在子女的學習成就動機、父母的期望以及具體行為上，例如家庭內的學習活動或同儕之間的互助學習（陳婉琪，2005）。文化差異觀點較為完整的理論模式是歐格布（Ogbu, 1991）的「文化模式理論」，認為少數民族具有其獨特的文化模式，包括社會適應策略和文化認同態度，它們形成一種集體意識，影響族群成員的教育價值觀。因此少數族群的教育成就乃是文化模式所產生的結果。

文化模式最核心的概念為「文化參照架構」，它分為兩種類型：積極的二元參照架構（positive dual reference frame）、消極的二元參照架構（negative dual reference frame）。積極的參照架構大都屬於移民的少數族群（自願性移民的少數族群），為改善生活品質，以積極進取的態度努力

學習新語言和新文化，以爭取向上流動，這些族群以亞裔移民為代表，他們在數學、科學的成績令人刮目相看。他們採取「和而不同」的文化認同策略，重視新的文化，也盡力保存族群的傳統文化。消極的參照架構大都屬於少數民族（印第安人、毛利人）和黑人（非自願性的少數族群），在社會中因長期處於低社經地位並受到壓制和歧視，或因某些歷史事件的影響，使其和優勢族群產生一種對立的矛盾，認為再怎麼努力也無法打破其被歧視的社會地位。因此在歷經長期挫折之後，採取「犬儒主義」的社會適應策略，或對社會主流文化產生對立、反向的文化認同態度，因而發展出與社會主流完全相反的行為模式，以作為自我認同的標記。這種觀點產生兩種教育態度：一是「教育無用論」，放棄受教育及努力的機會，自願成為社會底層或社會邊緣人；二是「教育同化論」，認為受教育等於被同化，因而採取抗拒的策略，以顯示自己和主流文化的差別。少數民族成員一旦進入社會就會經歷內外雙重衝突，內心衝突是個人文化認同危機的內在衝突，外在衝突來自同儕或族群內部反對和壓力，致使其為求得社會認同，而付出「放棄學校教育」的代價（陳婉琪，2005；譚光鼎，1998b）。

第四節　多元文化教育

多元文化教育是一種追求教育卓越的運動，目的在促進教育機會均等和公平性，它也是一種課程設計途徑，以所有學生為對象，藉以發展個人的多元文化性，促進個人以多元方式知覺、評鑑、信仰和行動，理解和學習去面對文化多樣性，去接納欣賞不同文化的人所具有的差異（黃政傑，1995）。然而許多教育人員還是把它視為處理少數族群兒童教育的一種關懷策略而已，這是對多元文化教育的扭曲，應將多元文化教育的概念擴展到文化、種族、社經地位、性別等領域（黃純敏譯，2006）。

壹 多元文化教育的涵義

　　班克斯（Banks, 2010）認為多元文化教育至少有三個含意：是一種理念（idea）或概念，是一種教育改革運動，也是一種過程。這樣的定義幾乎將多元文化教育視為等同教育改革，未能突顯多元文化教育的特色。有些人執著於多元文化教育的單面向意義，例如將多元文化教育等同於原住民教育；有些人則強調多元社會的文化差異，廣納所有弱勢群體。前者窄化多元文化教育的內涵，後者則使文化逐漸失焦（劉美慧，2011）。黃政傑（1995）認為多元文化教育是一種追求教育卓越的運動，目的在促進教育機會均等和公平性，它也是一種課程設計途徑，以所有學生為對象，藉以發展個人的多元文化性，促進個人以多元方式知覺、評鑑、信仰和行動，理解和學習去面對文化多樣性（cultural diversity），去接納欣賞不同文化的人所具有的差異。多元文化教育強調任何人不應因為種族、族群、語言、地域、性別、階級、宗教、身心特質、年齡等等因素之差異，在某特定教育觀的運作下，而在受教機會的取得、教育資源的分配、教學及學習的內容與方法，或者學習成效的期待與評量等等方面，受到不合理或不公平的對待，這與基於機會均等原則的教育訴求相一致（莊勝義，2009）。

貳 多元文化教育的內容

　　多元文化教育的發展是來自於「多元文化」概念的興起，多元文化主要包括下列三項意涵，第一項意涵為因地理位置或國家文化不同而產生的多樣性文化風貌，即在地球村中，不同地區、國家的各種風俗特色。第二項意涵係指在地球村中，不同種族、族群（如原住民、新移民、弱勢族群）的文化觀念與風俗民情。第三項最廣義的多元文化定義，係指不同階級、宗教、性別（男、女）、性愛傾向（異性戀、同性戀）、黨派、身心狀況（如殘障者）、年齡等，不同身分、背景、需求與社群者的價值觀念、行為特色（林志成，2009）。

　　多元文化教育的發展有其歷史文化背景因素，依不同國家的經驗，大概可以歸納為人口變遷（包括人口比率的改變與移民）、種族衝突、公民權利運動、對殖民主義的反思與反動、文化主體意識的覺醒，以及文化研究與批判的推波助瀾等因素。例如加拿大魁北克省的英法語裔之間的緊張關係、美國長期以來的種族衝突以及1960年代的公民權利運動，英國面對自殖民地湧入的移民、紐西蘭與澳洲的少數民族之文化主體意識覺醒等。除了受到歐美國家的影響之外，臺灣受到解嚴與本土化運動、國際原住民（族）運動的影響、對多元社會與多元價值的反應、對族群和諧的期待、對混亂的「國家認同」之反省，以及對社會相對弱勢者的關懷等，都可能說明或解釋多元文化教育興起的部分原因（莊勝義，2007）。

　　由上述的論述可知人們對多元文化教育的理解已不像以前僅僅侷限於種族或族群的立場，多元文化教育已超出了少數民族教育問題，涉及到了不同的文化群體，如性別、宗教、語言、階層、特殊兒童、性傾向、各種次文化群體的特殊需求等，其目的是幫助學生形成對待自身文化及其他文化的適當方式及參與多元文化的能力（張建成，2007）。

 ## 參　多元文化教育的理論

　　多元文化教育是一場精心設計的社會改革運動，其目的是改變教育的環境，以便讓那些來自於不同種族、族群、性別與階層的學生，在學校獲得平等受教育的權利（Banks, 1994）。其運作方式為學校透過系統化的多元文化課程，提供學生各種學習機會，讓學生了解各種不同族群文化內涵，培養學生欣賞其他族群文化的積極態度，避免種族的衝突與對立（林志成，2009）。所以多元文化教育不但是一種理念、理想，也是一種持續不斷的課程改革和教育改革。

　　多元文化教育不僅是教育的信念，也包含課程設計與教學歷程，班克斯（Banks, 2007）指出多元文化教育包含五個向度：

　　1. 內容的統整（content integration）：內容的統整指教師使用來自不同文化的教學內容和實例。

2. 知識的建構（knowledge construction）：指教師幫助學生了解、探索和決定某一領域隱含的文化假設、內在參考架構、觀點及偏見是如何地影響知識建構。

3. 公平的教學法（an equity pedagogy）：指教師修正教學法，以幫助及催化來自不同文化、種族、性別及社經地位的學生的學業成就。

4. 偏見的減少（prejudice reduction）：指教師藉由教學法及教學內容，修正學生的種族性別態度和其他偏見。

5. 賦權的學校文化（an empowering school）：指檢驗學校內各種社團運作、師生關係及學業成就，創造一種賦權給不同種族、性別和團體的學校文化。

期盼透過多元文化教育的落實，培養學生更真實、多元的觀點，提供學生與不同團體互動的機會，並增進相互理解、相互包容的能力。更進一步則是揭露隱藏在社會生活中的壓迫和不平等，包括種族、性別、階級等方面，進而促進社會公平正義的實現。

肆　多元文化教育的課程模式

傳統的學校課程只反映了主流族群的文化、經驗和觀點，如此會使弱勢族群學生產生疏離感和自卑感，導致他們在家庭和學校之間產生文化衝突（Banks, 1994）。因此，多元文化教育學者提出多種多元文化的課程設計模式，以下列舉三位學者的課程模式：

一、班克斯的課程模式

班克斯（Banks）所提出的多元文化課程模式有以下四種（方德隆，1998c；黃純敏譯，2006；Banks, 2004）：

㈠貢獻模式（contributions approach）

將特定族群或文化團體的節慶、英雄故事加入課程裡，教師透過講授、課程安排，讓學生接觸少數民族的文化，特別是在幼兒園和小學階段。

(二)附加模式（additive approach）

附加模式或稱為添加模式，是將文化內容、概念或主題加於課程中，但並沒有改變課程的架構，通常是以一本書、一個單元、一節課來達成。例如在國文課中加入與少數族群有關書籍、文章的討論。臺灣於1993年頒布的課程標準中，增列「鄉土教育」與「認識臺灣」的內容，即屬此模式。

(三)轉化模式（transformation approach）

改變既有的課程架構，讓學生從不同的文化觀點來看概念、議題、主題和問題，主流文化的觀點只是其中之一。學習者會了解知識是一種社會建構，也就是人們根據自己對周遭世界的經驗與了解來創造意義，其目的在教導學生批判性思考能力。例如哥倫布發現新大陸，從哥倫布遇到的原住民的觀點看來，則根本不是發現。

(四)社會行動模式（social action approach）

除了包含轉化模式的所有內容外，增加對族群問題、性別、階級有關的概念、議題的省思，並在該議題討論中澄清自己的價值觀，並且做成自己的結論之後，學生就有能力採取個人的、社會的或公民的行動。例如寫信給教科書出版公司，促使他們對教材內容採取一種比較平衡的取向。

二、史麗特和葛蘭特的課程模式

史麗特和葛蘭特（Sleeter & Grant）提出另外一個思考多元文化教育的方式，將多元文化課程分為以下五種模式（吳雅玲，2009；劉美慧，2007；Sleeter & Grant, 2007）：

(一)教導特殊與文化差異模式
（teaching the exceptional and culturally different）

教導文化差異興起於1960年代，此模式的對象為因自身語言、文化、種族等因素而異於主流團體的學生，教師的工作是以補償教育來填補主流文化與特殊文化的空隙，協助學生獲得能與主流社會生存或發揮功能的知

能、技巧與生活經驗，課程須與學生背景經驗相結合，運用能使學生迎頭趕上的教學策略，並注意學生學習型態的差異及鼓勵父母參與。

(二)人類關係模式（human relation）

於1960年代興起，此模式的課程內容包括探討刻板印象、個別差異與相似性及各團體的貢獻，並以合作學習等方法提升所有學生的自我概念、減少刻板印象，並培養社會行為，以促進學生相互接納與和諧相處。最能代表這種模式是許多學校努力發展同儕調停（peer mediation）與衝突解決方案。

(三)單一團體研究模式（single-group studies）

此模式興起於1970年代，努力在實質上改變課程，與班克斯的轉化與社會行動模式一致。目的為促進學生對某一特定文化團體，如勞工、婦女、身心障礙者等團體的了解、尊重與接納，並從此團體觀點探索此團體在主流社會下遭受的不平等待遇及目前的需求，經由上述議題的討論，協助學生培養積極行動改善社會的意願與能力，以改善此團體目前的社會地位。

(四)多元文化教育模式（multicultural education）

希望透過學校整體改革過程，以促進校內學習機會均等、維護社會正義及文化多樣性，以及支持各團體的權力平等，這些改革包括課程、學校政策、硬體設備、親師合作等層面。課程內容統整不同團體的觀點與貢獻，強調批判思考與分析不同觀點的能力，進而提升學生學業成就。

(五)多元文化社會正義教育模式
（multicultural social justice education）

此模式目標是使所有學生能為追求社會結構平等而努力，並致力於提升文化多元性，對學校教育機會均等相當重視。其課程內容是圍繞各種偏見的社會議題，運用學生的經驗來分析社會的壓迫，再者教導學生批判思考、分析另類觀點及教導社會行動與增能技巧。這個模式聚焦於團體如何經由合作來改變結構，故社區行動方案是學習的核心。

批判種族理論對多元文化教育的批評

　　批判種族理論（critical race theory, CRT）源自於1970年代中期不滿美國批判法學（critical legal studies）與公民權利運動（civil rights movement）無力推升黑人權益，學者因此提倡將種族議題及種族主義納入法學學理的探討。對象原本僅限於黑人，後來也逐漸擴展到拉丁裔移民、亞洲裔，以及美洲原住民族甚至社經地位較低的白人（吳啟誠、張俊紳，2015）。到了1990年代以後，這個發展於法學領域的學派逐步影響到教育、媒體、社會政策、公共行政等其他領域。批判種族理論關注的範疇，大致圍繞在揭露各種與種族或種族主義相關的論述（discourse）、意識型態（ideology），在方法上則更強調後設（meta）層次的批判。除了理論的開拓之外，此派學者也強調知識分子不能只在理論層次空談，還必須進一步替社會肩負起主動發現問題並尋求改變的責任（黃之棟，2016）。其主要訴求如下：1.揭露種族主義和族群歧視；2.解構種族主義文化；3.促進族群整合。批判種族理論對自由主義式的多元文化教育給予強烈抨擊，回顧過去五十年來的實際成果，對多元文化教育並不滿意，他們認為多元文化教育的理論典範表面是在減少偏見，實際上則是在進行同化（譚光鼎等，2008）。綜觀學者們的批判大致可歸納為以下三點（譚光鼎，2007a；譚光鼎等，2008）：

一、活動簡化

　　學校的多元文化教育，就僅只於介紹通俗音樂、不同的服飾衣著，最不費事的方式是採取附加課程模式（additional approach）教學，介紹飲食文化、民族歌謠教唱、民族舞蹈教學、民族服飾展示、閱讀神話故事等。但綜觀這些活動型式，既膚淺、簡單，也瑣碎而空洞，無深入解說，也缺乏深刻的體驗。

二、問題淡化

　　多元文化教育實施多年以來，最受批評的乃是它未能確實地反映族

群關係問題，例如種族主義、性別主義、性別偏見、階級主義、宗教偏見等社會問題，仍未在教科書中呈現。因此多元文化教育在妥協中轉變成為「介紹英雄人物、慶祝民族節日」的軟性教學，喪失了對社會壓迫與衝突的反抗訴求。

三、課程淺化

多元文化教育在課程教學上的另一個主要問題，乃是有色人種（特別是移民族群）的課程教學偏於淺化，對於這些移民族群的未來升學，或是往高等教育的向上流動，都造成不利的影響。例如公立學校提供給少數民族（或有色人種）學生的教育，多偏重講授指導而少有詰問啟發、多偏重機械記憶而少有批判分析、多偏重補救教學與勞動職業課程而少有進階或升學的課程（college bound curriculum）。

自我評量 ....

一、選擇題

(　) 1. 近年學校中新移民子女的人數逐漸增加，導師在與新移民子女家長溝通課業問題時，下列哪一種作法較為適切？　(A)儘量透過聯絡簿進行溝通　(B)將對方視為弱勢者或受幫助者　(C)了解家庭中孩子的主要教養者　(D)建議由補救教學機構代替家長指導作業。

(　) 2. 下列何者不是班克斯（J. Banks）提出的多元文化教育的向度？　(A)公平的教育　(B)情境的獨特性　(C)知識的建構歷程　(D)降低偏見的存在。

(　) 3. 多元文化要真正落實到教師的教學活動中，下列何者不是適當的方法？　(A)透過不斷的研習進修活動，改變教師信念　(B)提供教師多元文化教學經驗　(C)培育教師發展一套真正落實多元文化的教學設計或課程　(D)檢討在教學上如何因應學生本身的能力、學習經驗上的差異。

(　) 4. 若有新聞報導指出：「近幾年臺灣出現疑似禽流感病例，大多與外籍配偶返鄉探親有關。」以下哪一項解讀比較正確？　(A)外籍配偶的免疫力較差　(B)異國通婚容易導致疾病的傳染　(C)外籍配偶最易成為疾病傳染媒介　(D)此種報導容易造成外籍配偶的負面形象。

(　) 5. 多元文化教育強調教師應該與同事或學生展開文化對話，請問下列哪一項不是文化對話的特色？　(A)創造一個跨文化議題與對抗衝突的學習環境　(B)檢視族群關係與文化認同　(C)分析對其他文化的偏見和刻板印象　(D)強調自由市場經濟與主體意識培養。

(　) 6. 關於多元文化教育（multicultural education）所欲達成的目標，下列哪項敘述是不正確的？　(A)了解與尊重多元文化之美　(B)強調消極性的補償教育　(C)協助弱勢族群學生提升學習成就　(D)培養解決族群衝突問題的能力。

(　) 7. 多元文化教育（multicultural education）在教育上受到重視，下列描述何者不正確？　(A)多元文化是教導學生先對別的種族與族群

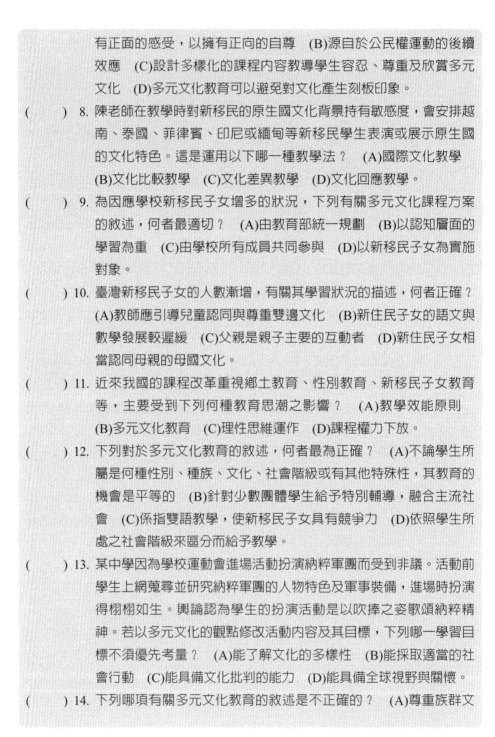

有正面的感受，以擁有正向的自尊　(B)源自於公民權運動的後續效應　(C)設計多樣化的課程內容教導學生容忍、尊重及欣賞多元文化　(D)多元文化教育可以避免對文化產生刻板印象。

(　) 8. 陳老師在教學時對新移民的原生國文化背景持有敏感度，會安排越南、泰國、菲律賓、印尼或緬甸等新移民學生表演或展示原生國的文化特色。這是運用以下哪一種教學法？　(A)國際文化教學　(B)文化比較教學　(C)文化差異教學　(D)文化回應教學。

(　) 9. 為因應學校新移民子女增多的狀況，下列有關多元文化課程方案的敘述，何者最適切？　(A)由教育部統一規劃　(B)以認知層面的學習為重　(C)由學校所有成員共同參與　(D)以新移民子女為實施對象。

(　) 10. 臺灣新移民子女的人數漸增，有關其學習狀況的描述，何者正確？(A)教師應引導兒童認同與尊重雙邊文化　(B)新住民子女的語文與數學發展較遲緩　(C)父親是親子主要的互動者　(D)新住民子女相當認同母親的母國文化。

(　) 11. 近來我國的課程改革重視鄉土教育、性別教育、新移民子女教育等，主要受到下列何種教育思潮之影響？　(A)教學效能原則　(B)多元文化教育　(C)理性思維運作　(D)課程權力下放。

(　) 12. 下列對於多元文化教育的敘述，何者最為正確？　(A)不論學生所屬是何種性別、種族、文化、社會階級或有其他特殊性，其教育的機會是平等的　(B)針對少數團體學生給予特別輔導，融合主流社會　(C)係指雙語教學，使新移民子女具有競爭力　(D)依照學生所處之社會階級來區分而給予教學。

(　) 13. 某中學因為學校運動會進場活動扮演納粹軍團而受到非議。活動前學生上網蒐尋並研究納粹軍團的人物特色及軍事裝備，進場時扮演得栩栩如生。輿論認為學生的扮演活動是以吹捧之姿歌頌納粹精神。若以多元文化的觀點修改活動內容及其目標，下列哪一學習目標不須優先考量？　(A)能了解文化的多樣性　(B)能採取適當的社會行動　(C)能具備文化批判的能力　(D)能具備全球視野與關懷。

(　) 14. 下列哪項有關多元文化教育的敘述是不正確的？　(A)尊重族群文

化之差異　　(B)包容與欣賞其他族群文化　　(C)擁有愈多元文化的學生，具有較佳的社會適應力　　(D)主流文化應同化外來的族群文化。

(　　) 15. 下列何者不符合「文化回應教學」的理念？　　(A)課程與教學模式應與學生文化相結合以進行教學　　(B)以學生的母文化作為學習的橋梁　　(C)文化回應教學並非只是一種教學方法，而是一種對待學生的態度　　(D)是針對低收入與少數族群學生的一種特殊教學方式。

(　　) 16. 設計多元文化課程時，當我們強調某個族群在工藝、節慶上的特殊意義，以彰顯其價值，這接近何種課程設計模式？　　(A)貢獻模式　　(B)消除偏見模式　　(C)補救模式　　(D)添加模式。

(　　) 17. 課程學者J. Banks曾將多元文化課程分為四種模式，其中主張改變既有的學校課程結構，允許不同的文化群體能自行建構自己的觀點，使學生能採用不同文化的觀點來思索問題，此為哪一種模式？　　(A)社會行動模式　　(B)轉型模式　　(C)附加模式　　(D)貢獻模式。

(　　) 18. 教室中的學習環境應能反映多元文化，下列教具或材料何者較不適用？　　(A)各種語言的兒歌　　(B)各個國家的國旗　　(C)本土及外國繪本　　(D)各種膚色的娃娃。

(　　) 19. 新臺灣之子日益增多，教師在不改變既有的課程架構下，特別規劃了「新移民週」，邀請幾位印尼及越南籍家長到學校來介紹東南亞文化特色。此種教學，較接近班克斯（J. Banks）的哪一種多元文化課程模式？　　(A)附加模式　　(B)轉型模式　　(C)貢獻模式　　(D)社會行動模式。

(　　) 20. 林老師在社會領域公民科的課堂上，透過「賽德克巴萊」的影片，講述「霧社事件」原住民抗日英雄莫那魯道的故事。這是屬於何種多元文化課程的設計取向？　　(A)附加取向　　(B)貢獻取向　　(C)轉化取向　　(D)社會行動取向。

(　　) 21. Young, I. M.提到五種壓迫的形式，其中主流群體將其思想加諸於其他群體，並同時將其他群體標示為他者（other），例如認為所有原住民都是酒鬼。這是以下哪一種壓迫的形式？　　(A)文化暴力

（cultural violence） 　(B)邊緣化（marginalization） 　(C)文化霸權
（cultural imperialism） 　(D)文化剝削（cultural exploitation）。

(　　) 22. 小樺出身於勞動階級的家庭，學校老師認為她在學校課業表現不佳
的主要原因，是因為家庭環境不利的影響，並且主張學校應該提供
補償教育計畫來提升小樺的表現，此種說法是較屬於以下何種理論
之觀點？ 　(A)文化差異理論 　(B)勞動市場理論 　(C)資源不均理論
(D)文化剝奪理論。

(　　) 23. 「小瑛的學業失敗是因為學校文化與家庭文化之間的不同或不連續
所導致的結果。」此種說法是屬於以下何種論點？ 　(A)資源不均
理論 　(B)文化剝奪理論 　(C)勞動市場理論 　(D)文化差異理論。

(　　) 24. 許老師經常採用不同的教學策略，以因應學生不同的學習型態，同
時也教導學生認識並欣賞自身與他人的文化。請問此種論述是屬
於何種教學型態？ 　(A)文化回應 　(B)文化探究 　(C)文化溝通
(D)文化差異。

(　　) 25. 林老師在學術研討會上表示：「學校教育應極力消除各種型式的壓
迫，運用多元的敘事方法讓有色人種的經驗得以發聲，促進社會正
義的實現」。請問這是受到哪種思想的影響？ 　(A)俗民方法論
(B)結構功能論 　(C)衝突理論 　(D)批判種族論。

答　案

1.(C) 　2.(B) 　3.(D) 　4.(D) 　5.(D) 　6.(B) 　7.(A) 　8.(D) 　9.(C) 　10.(A) 　11.(B)
12.(A) 　13.(B) 　14.(D) 　15.(D) 　16.(A) 　17.(B) 　18.(B) 　19.(A) 　20.(B)
21.(C) 　22.(D) 　23.(D) 　24.(A) 　25.(D)

二、問答題

1. 試說明族群偏見（ethnic prejudice）的意涵，並列舉出三個課程教材中族群偏見的例子。

2. 新住民子女的學習問題（提出四種）？政府應提出的解決策略（提出三種）？

3. 臺灣社會在教育現場存在哪些不公平的族群歧視和壓迫？要如何改善？

4. 有學者對多元文化的批判如下：「多元文化主義既廣泛又空洞。它已經被過

度使用或誤用，以至於在二十世紀末的今天，每當提及多元文化主義或多元文化教育，我們都要特別聲明所指為何。」試申其義，並說明你如何界定多元文化教育。

5. 當前臺灣的原住民教育存在哪些問題？要如何改善？

6. 何謂文化回應教學（culturally responsive teaching）？文化回應教學可促進少數族群學生的學業成就嗎？為什麼？

7. 請說明班克斯（Banks）所提出的多元文化課程模式之內涵。

8. 請說明史麗特（Sleeter）和葛蘭特（Grant）所提出的五種多元文化教育模式內涵為何。

第七章

教育機會均等與
教育政策

　　社會上因階級、族群、性別等因素的差異而造成社會階層化，也導致教育的不平等，在講究文憑的現代社會裡，教育往往又是影響職業的重要變項，教育機會是否均等，也就成為眾所關注的焦點。在教育機會不均等的社會裡，不論如何努力，也少有機會取得高職業與高收入，占據高位的往往是能力不強，又不努力的權貴子弟；這不但埋沒人才，保障怠惰，使得整個社會無法發揮應有的效率，也給社會的穩定運作帶來問題（黃毅志，2005）。在功績社會中，即使社會成員在取得教育成就的過程中是依據能力和努力，而不是特權和社會出身，但社會上仍然有為數不少的弱勢族群，因家庭欠缺足夠的教育資源，以致在接受教育的過程中遇到許多的挫折，例如弱勢學生及原住民族學生低成就問題、城鄉教育素質落差等，這些都是屬於教育機會均等的議題，要解決這些問題，當然有賴政府制訂教育政策來拉平差距，以達成社會的公平、進步與穩定。在探討教育機會均等此一主題，大多數的研究均從入學機會、生理狀況、城鄉差距、社經地位、地區差異、資源分配等面向來分析，期望透過教育資源的投入來提升學生的學業成就。本章先就教育機會均等的理念作一探討，其次就實務方面探討教育政策要如何發揮功能，以改善教育不均等的現象。

第一節　教育機會均等的理念

　　本節分別從社會正義、教育機會均等的涵義及發展過程，來採探討教育機會均等理念。

壹　社會正義的思潮

　　在西方社會裡，正義的論述早在古希臘時代出現，當時柏拉圖與亞里斯多德都十分關注正義的議題（楊深坑，2008）。美國哲學家羅爾斯（Rawls, 1972）發表的《正義論》（*A Theory of Justice*），可以視為西方對後工業轉型的一種理論表述，他的理論在充實自由主義的平等觀，其要

義是平等地分配各種基本權利和義務，同時儘量平等地分配社會合作所產生的利益和負擔，堅持各種職務和地位平等地向所有人開放，只允許能給最少受惠者帶來補償利益的不平等分配。羅爾斯認為正義就是公正或公平（fairness），至於什麼是公平？他認為有兩個原則必須滿足：1.平等原則；2.差異原則。其中「平等原則」主要是指自由權的平等享受，「差異原則」是承認不平等的存在，因為人天生就有智能、體能上的差異存在，其所處的社會背景也各不相同，因此不可能完全平等（趙敦華，1988）。其中差異原則表達平等主義的正義觀念，因為差異原則考慮到補償原則、表達互惠觀念，並可解釋博愛原則（林火旺，1998）。

　　在自由競爭的社會中，知識、能力、社會關係、文化背景以及其他各種境遇的差異，都會導致不同的結果，而造成不平等的現象。一個合乎正義的社會，必須持續改善不平等的情況，所用的補救方法應合乎正義，就是要求對於天賦能力的弱者給予特別的保護與照顧，以補償其先天的不足，如此可以促使社會中處境最不利的成員獲得最大的利益（趙敦華，1988）。教育機會均等的理念就在這種「社會正義」思潮下應運而生，不論這項理念是否能落實到教育場域，但這卻是一個社會是否符合公平、正義的重要指標。在對教育制度的影響上，羅爾斯的正義論與二戰後主導的教育機會均等一樣，是一種以「補償教育」為中心的理論。柯爾曼（Coleman）對教育機會均等的論述是以實證結果為基礎，對羅爾斯理論的合理性提出了質疑。柯爾曼的調查結論是：在影響學生學業成績的各項條件中，最重要的是學生的家庭背景中所含的私人資源，其次是學生所屬社會背景的人際關係群體，而學校條件的重要程度最低。柯爾曼認為羅爾斯未區分「機會的均等」與「結果的均等」，如果是結果的均等，則必須對影響教育機會均等的最重要的因素，即學生的家庭資源進行再分配。為了克服「機會均等」這個幾近不可能的目的，只能把所有的資源置於公共管理之下，這顯然是一種理想主義的思維（熊春文、陳輝，2011）。

教育機會均等的涵義

為追求「社會正義」目標的達成，於是教育機會均等（equality of educational opportunity）的理念受到世人的重視。在解釋教育機會均等意義之前，有必要先對「平等」與「均等」（equality）的字義作一區別。所謂「平等」包含「均等」與「公平」（equity），「均等」則有「相等」、「一致」的意思，不是性質相同，就是數量相等，「平等」可以單獨使用，但「均等」不能，要加上「機會」而成「機會均等」（林生傳，2005）。

陳奎憙（1990a）將教育機會均等的定義界定為：每一個人均有相等的機會接受教育，且在教育的過程中，應在同等的條件下接受適性教育。楊瑩（1994）則提出教育均等有兩個概念：1.每一個體應享受相同年限、共同性、強迫性的基本義務教育，不因個人家庭背景、性別或地區之差異有所不同；2.每一個體應享有符合其能力發展的教育，此教育非強迫性，但應含有適性發展的意義。

美國學者柯爾曼（Coleman et al., 1966）的研究發現在學校因素差異的影響方面，影響最大的是學生的教育背景，其次是教師品質，最小的是設備和課程。於是他將教育機會均等的意義就入學機會、課程、學校類型與教育經費四方面來界定：1.要提供免費教育到一定水準，以使受教者獲得基本的勞動能力；2.不論兒童的背景如何，都要提供他們共同的課程；3.使來自不同背景的兒童進入同一學校就讀；4.提供每一學區相同的教育資源。柯爾曼早期對教育機會均等的界定大致是「立足點的平等」，以後融入「積極性差別待遇」（positive discrimination）的觀點，也對教育機會均等的意義做了修正，依輸入、歷程、結果三種層面，教育機會均等的意義應包含：1.教育基本條件的均等，例如入學機會、學校環境條件的均等；2.教育歷程的均等，例如資源運用的均等、參與的均等；3.教育結果的均等，例如達到某種程度的學業成就、教育成就、社會生活等方面的均等（譚光鼎，2011）。

美國學者哈利南（Hallinan）認為教育機會均等有兩種定義：1.建立

公平的規範來管理社會資源的分配，使每個人皆有均等的機會可以獲成功的機會；2.將社會獎賞做平等的分配，包含權力、地位、財富、教育，以達到教育結果的平等。第一種是個人透過功績主義式的方式取得教育資源，是形式上的平等；第二種是透過公共力量分配資源來達成結果上的平等，是齊一的平等主義（引自曹孝元，2005）。但是第二種定義在自由國家是很難落實，比較容易達成的是教育資源的分配，政府如何公平地分配教育資源，決定教育機會均等能否實現。

　　柯爾曼（Coleman, 1990）於《教育中的均等和成就》（*Equality and Achievement in Education*）一書中，對1966年他所提出的教育機會均等理論進行了修正。柯爾曼認為無論是「機會的均等」（主要是學校資源的均等），還是「結果的均等」（主要指學生學業成就、態度人格的均等），都只有在極端情況下才有可能實現。無論學校如何努力，結果的均等都不可能實現，因為家庭背景一定會對兒童教育產生影響。他並且認為「教育機會均等」是一個錯誤的、誤導的概念。之所以說它是錯誤的，因為它在教育機構中強調「機會的均等」，這使得人們集中關注教育自身，而不是把教育視為成年期以追求成就為目的之手段。之所以說它是誤導的，因為它暗示著一種超出學校投入之外的均等的教育機會是可以實現的，然而事實上是不可能的。因此，比均等更為合理的概念用語應該是「不平等的減少」。

教育機會均等理念的發展歷程

　　隨著時代的演進，教育機會均等的理念也隨之轉變，以下將教育機會均等理念的演進歷程分為五個階段來說明（楊瑩，2000；鄭世仁，2007；巫有鎰，2003；張建成，2002）：

一、第一階段（1950年以前）

　　最早所謂教育機會均等指的是每個國民都有受相同年限義務教育的權利，以消除因家庭社經背景、性別、種族、身心特質、宗教等因素而存

在的不平等，希望使學生皆擁有接受教育的同等權利，以達到「有教無類」的理想。此階段強調之重點在於接受基礎教育的入學機會相等，重視就學機會的平等與保障，希望藉「免費」的教育，減少因經濟障礙造成的不均等現象，所以各國採取的措施大都集中於為民眾提供免費的公立小學教育。

二、第二階段（1950-1960年代中期）

此一階段注重共同教育經驗的提供，主張人人不但應有接受免費中等教育的權利，而且每個人也都應有相當之機會接受共同、綜合型態的教育，例如英國工黨1960年代力倡普設「綜合中學」。由於學校環境、課程與師資大都是為一般的學生所設計，因此，弱勢階層、身心障礙或資賦優異的學生往往無法得到應有的指導與協助，因此學者在此一階段強調入學後教育「過程」與「內容」的均等。故此一階段強調學生的適性教育，以發揮「因材施教」的功能。像補償教育計畫、保障入學名額等作法，即為地位不利學生所發展出來的補救措施，但這些政策的作為效果似乎有限。

三、第三階段（1960年代中期至1980年代）

此時期可說是教育機會均等理念與政策最興盛的時期，美國在1964年通過《人權法案》，其中第402條的規定就教育機會均等問題提出調查報告，柯爾曼就於1965年起接受國會委託展開大規模的調查，1966年提出一份非常有名的《柯爾曼報告》（Coleman Report）。此時期對教育機會均等問題關注的不僅是「投入」（input），也關注「效果」（effect）。於是在弱勢團體的爭取下，「積極肯定行動」方案隨處可見，「補償教育」亦蔚成風潮，於是英國有「教育優先區」（education priority areas）、「積極性差別待遇」等方案；美國有「積極肯定行動」（affirmative actions）、「補償教育」（compensatory education）等方案。簡言之，本階段著眼於補償的角度，對於不同需求的團體，在基於正義與公平的原則下，教育資源的投入應有所不等，補償教育的實施是本階段的特色。以美

國為例，1960年代中後期至1980年代初期，黑人的民權運動喚醒了世界各地的弱勢族群，奮起伸張自己在主流社會中的均等權益，迫使教育政策必須有所更張，最顯著的是改採積極肯定的正向政策，取代過去消極補救的負面作法，具體的措施包括廢止種族隔離施教、實施雙語教育計畫、推動多元文化教育方案等。

四、第四階段（1980-1990年代）

此時期的教育機會均等政策呈現緊縮的狀態，一方面是因為政府的財政吃緊，無法負擔不斷擴大的各項社會福利支出；一方面是有些學者的研究發現，以教育機會均等的政策，企圖解決社會的不平等問題，並沒有明顯的效果。1980年代起，隨著教育思潮的演變與政府的財政緊縮，學者們開始懷疑政府干預是否真能達成教育機會均等？等到「新保守主義」（the neo-conservatism）或「新右派」（the New Right）執政以後，英、美社會的發展，在許多政策上採行自由市場的改革策略，將教育目標由原先的追求「均等」，轉而強調教育的「品質」、「效率」與「自由」。這些學者的論調與政府的政策轉向，對教育機會均等產生一定程度的衝擊，艾波在2000年即撰文批評美國新自由主義者所倡導的教育市場化與家長選擇權制度，是以「自由」之名，行「再製」不均等之實。

五、第五階段（1990年代至今）

到了1995年，各國普遍出現貧富差距及社會不平等加劇的現象，終於引起聯合國的重視，發表的一份報告說，世界各國的貧富懸殊問題正在加劇，對全球經濟和政治穩定構成新的威脅。1997年，英國工黨執政後所設立的「教育行動區」（education action zones），目的就在減少教育機會的不均等。但教育市場化儼然成為主流趨勢，這些零星的呼聲與方案，是否能喚醒各國對教育機會均等的再重視？在各國爭相追求教育品質與效率的同時，教育機會均等會不會被「犧牲」或「忽略」？新右派教育理論與實踐的重心轉向教育選擇權和學校品質提升，並不意味著公平問題就

消失了，經過對教育機會均等觀念的澈底反思與對教育公平（educational equity）概念的重新界定後，主張用教育公平（equity）來重新界定過去的教育機會均等（equality）的概念，它反映的是一個多元主義的社會，而不是官僚制的和同質化的社會。

衝突論對教育機會均等的批評

包爾斯（Bowles, 1971）在〈不平等的教育與社會分工的再製〉指出，教育的不平等是資本主義這張網的一部分，於是透過教育均等的作用，以抵消體制中的不均等勢力，因此他分析美國普及教育興起的原因，這些原因也可視為對教育均等的批評（厲以賢，1992；袁薏晴，2002）：

一、誤導學生認為政府出於善意

學校不但引導學生接受紀律、守時以及接受家庭之外的權威，同時讓學生誤以為政府是出於善意地在協助他們適應社會的勞動分工。

二、製造教育開放的假象

製造學校教育是對所有人開放的假象，並強調每個人在社會勞動分工中的地位是靠其努力和能力決定的。如未能達成此目的，就透過課程來灌輸資產階級的意識型態。

三、教育擴張具有強制性

初等教育擴張主要是為了適應工業化以及對外來勞動力進行社會制約的需要，雖然有些勞工運動提出自由教育的要求，但卻不能掩蓋教育擴張的強制性質。

四、誤認教育符合社會化需求

經濟發展提出新的社會化需求，雇主要求工人更順從和守時。由於工作的複雜性增加，雇主也開始尋找中階管理人員，許多人便將學校教育看

成是提供新社會化需求的途徑。

五、教育階層化現象加劇

在迅速擴展的教育體制中，滋長出階級階層化系統，有錢人的子弟進入私立學校就讀，工人子弟則提早離開學校。

六、課程分流反映社會階層

為了因應進步主義的觀點（教育適應每個兒童之需要），職業學校和職業教育也發展了，學術課程則留給大學生，由此可見進步主義也反映著社會階級結構是無法改變的事實。

七、教育符應勞動階級關係

由於教育階層化與勞動力階層化齊頭並進，個人收入、地位和自主權大都是依其在勞動關係中之等級而決定，且各種職位有與教育文憑有關，正因為教育和技能對社會階層制度作用頗大，因此使得學校在階級結構的再製和合法上扮演著重要的角色。

第二節　影響教育機會均等的因素

柯爾曼（Coleman et al., 1966）的研究告訴我們，影響學生學業成就的變項有學生家庭背景、學校教師的素質、學校課程、物質設備，但是家庭背景的影響大於學校因素。詹克斯（Jencks et al., 1972）的研究也說明學童在家裡所受到的影響大於在學校教育所受的影響，教師對影響學生學校生活因素的控制力很小；方德隆（1994）的研究也指出學校無法彌補處於文化不利的學生與居於優勢文化環境學生之間的差距，因為學生的學業表現取決於學生的家庭背景。這些學者普遍對學校教育存在著悲觀的想法，但事實是不是如此？難道說學校教育的存在是在加強階級的不平等？

還是創造了一個開放社會，讓有能力和努力的人有出人頭地的機會？陳麗珠（1993）研究發現，造成教育機會不均等的原因，大約可從幾個方面來探討：1.地理環境因素，如學校所在位置、周遭環境及社區特性等；2.學校本身因素，如經費、設備、師資及班級規模等；3.家庭背景因素，如經濟情況、社會地位、家長教育程度及對子女教育的態度等；4.學生個人因素，如天賦、教育機會、族群、性別及生理狀況等。以下僅就學校及地區或城鄉差距兩方面來探討。

 壹 學校因素

《教育基本法》第四條詮釋教育機會均等的定義如下：「人民無分性別、年齡、能力、地域、族群、宗教信仰、政治理念、社經地位及其他條件，接受教育之機會一律平等。對於原住民、身心障礙者及其他弱勢族群之教育，應考慮其自主性及特殊性，依法令予以特別保障，並扶助其發展。」此法確定國民教育階段不論學生背景一律入學的平等精神。對於凡應入學而未入學、已入學而中途輟學或長期缺課之適齡國民，為保障其受教機會，《強迫入學條例》第九條規範應透過以下強迫學童入學：家庭訪問勸告入學、書面警告限期入學、罰鍰、必要時移送法院強制執行等方式（陳麗珠，2007）。由以上說明可以了解我國在國民教育階段的入學機會是均等的，已達到完全入學的情況。但因受到學校本身教育資源等因素的影響而使教育過程存在不均等的現象，以下分別說明之：

一、教育資源

從教育投資或資源投入的角度觀之，不同的學校或學生之間，教育資源是否公平合理地分配，是影響教育機會均等的重要因素。學校的教育資源包括師生比率、學生單位成本、學校單位面積、圖書館藏書量、學校教學設備、班級大小等項目，這些項目均與教育經費的多寡有關，在我國因為各縣市政府的財力不同，加上學校的規模大小不一，因此學校的教育經費就形成頗大的差異，形成教育經費分配不均等的現象。但柯爾曼

（Coleman et al., 1966）的研究發現，學生單位成本對黑人的學業成就解釋量不到3%，對白人則不到1%；學校設備對學業成就的影響隨年級增加而增加；校地大小、圖書量多寡則對學業成就沒有影響。卡爾達斯（Caldas, 1993）以美國路易斯安那州高中以下各級學校所做的分析發現，在全部1,301所學校中，全校學生數與學校平均學業成就無關。但國內的研究發現則是相反，例如陳正昌（1994）對國小的研究發現學校規模愈大，學生學業成就愈高，學生的學習態度也愈正向，因大規模的學校設備好，課程充實。

教育資源之提供是否對學生的學業成就有影響，這一直是學者爭辯的話題，學者正反面的意見都有，但不論二者的相關如何，教育資源為教育機會均等與否的指標之一，每位學生所接受的教育資源不能有不平等的情況（陳麗珠，2006）。

二、教師結構

教師對學生學習結果的影響相當大，教師影響學生的學業成就，間接影響學生的價值觀及人格，所以教師素質、教師態度和教學投入影響教育機會均等。柯爾曼（Coleman et al., 1966）在探討可能影響學業成就的學校因素研究中，把教師有關的變項分為以下幾個變項：

1. 教師的社會背景，如教師父母的教育程度、教師是否在學區內求學及居住。

2. 教師的個人特性，如種族、年齡、性別。

3. 教師教育背景，例如最高學歷、口語能力、任教總年資、同一學校任教年資、是否閱讀專業期刊。

4. 教師的工作情況和對學校的態度，例如薪資、授課時數、與學生諮商時間、教學的問題、職業倦怠等。

5. 教師和校長對種族問題看法。

沙哈（Saha, 1983）在探討教師對學業成就的影響因素時，把變項分為教師人口及背景變項、教師素質變項、教師行為和態度三部分，比柯爾

曼的研究多增加了教育期望及教師行為變項。這些研究大都證實教師變項
與學生學業成就呈正相關，其中最受重視的教師因素是教師期望，許多研
究證實教師的態度與期望不僅影響學生的行為表現，也影響學習成就，是
影響教育機會均等的重要因素。

國內學者鄭淵全（1997）的研究指出，師生關係及同儕關係是影響國
小學生學業成就的重要過程，二者對學業成就的預測力是35.62%。陳仕宗
（1995）、鄭淵全（1997）的研究發現，城鄉間國小學生的學業有顯著的
差異，無論國語或數學成績，都呈現出市區優於郊區，郊區又優於偏遠地
區。其原因為都市學校常能吸引較優秀的師資，鄉村地區學校因規模小，
教師編制較市區學校少，教師須兼任許多行政工作，再加上交通不便、生
活機能不佳，教師流動率相當頻繁。有些較偏遠的學校有約一半的教師為
代理教師，學校師資結構不穩定，學生常須適應不同老師的教學方法，也
間接影響其學習成效。

三、能力分組與分流制度

學校常會依據學生的性向、成就或期望而安置在不同的班級，通常
最常使用的方法有能力分組（grouping）和進行不同課程的教學，所依據
的標準有三種：1.標準化測驗分數；2.教師的評分、建議或學生的意見；
3.學生的種族和社經階級。根據調查，最常用的方式是成就測驗和智力測
驗（Persell, 1977）。班級之中學生素質良莠不齊，教師教學不易進行，
教太快學生聽不懂，教太慢學生索然無趣，因而有能力分組的作法，教
師依學生能力將相近的學生歸為一組，再依學生的程度而教，理論上
學生、教師會因此而獲益，但實際上卻是相反。分流（streaming）或分軌
（tracking）制度則是在高中階段分為大學預科、職業學校供學生選擇，
但所依據的標準還是學業成就。分流的目的則在希望藉著分軌制度，提供
學生在課程或教學上獲得適當的安置，以落實因材施教，進而讓學生能發
揮潛能。

㈠實施分軌制度的理由

　　贊成中等教育實施能力分班（組）者，其所持的基本理由有二（Oakes, 1985）：1.分軌制度是功績制度的一部分，經由學生的表現及成就，獲得應得的酬賞及機會分配；2.學業能力及成就相近的學生在一起學習效果較佳，同時教師或學校在教學安排上較為容易。反對者則認為能力分班（組）會加大學生之間的差異，因為分軌是與社會因素（如種族、性別、地位、階級）相結合，使學生產生階層化，與無分軌相比，產生學業更大的不平等，無法改進學習結果（Gamoran & Mare, 1989）。在臺灣因高中、大學階段的教育是屬於選擇性教育，要經過嚴格的淘汰和篩選才能進入好的高中或大學，通常所使用的方式是以「入學考試制度」作為選才的依據。而提高學校升學率的最好方法就是實施能力分班，將菁英分子集中在少數幾班，給予最好的教學資源，期望在升學考試時能有傑出的表現。

㈡分軌制度對學生學校經驗的影響

　　雖然分軌制度在理論上似乎很公平，但卻帶來許多弊端，歸納學者的研究將之整理如下（謝小芩，1993；Inciardi & Rothman, 1990；Lee, 1993）：

　　1. 分軌的安置會導致不同的教育經驗，通常最好的教師被分配到「大學預科」組別，這些學生享受不平等的照顧和特權；前段班讀莎士比亞，鼓勵發展知識，職業分組的課程則用來教導填寫就業申請表和培養良好的工作習慣。

　　2. 實證研究發現高能力學生在同質或異質班級一樣可以學得好，但對低能力學生則相當不利，少數民族和低社經地位學生很多分到非學術的班級，學業的學習比較少，表示分軌對教育的平等有負面的結果，會增加教育結果的階層化，會增強先前因社經地位不同所造成的成就差異。

　　3. 當前教育過程中的公平原則，因能力分班的實施而破壞無遺，教師對前、後班學生施以差別教學，學生明顯地感受到自己所受的不公平待遇，因而導致校園暴力和青少年問題日益嚴重。

貳 地區或城鄉的差距

不同地域之間的教育資源差異，是影響教育機會均等的重要因素。偏遠地區學校在人事費用支出後，可運用的經費所剩無幾，必須仰賴政府額外的補助（黃昭勳，2019）。根據張淑美（1994）的研究分析，就教育起點的入學或參與率，在國民義務教育階段雖然在我國各地區已相差無幾，但仍以都市地區較有利，而在選擇性教育階段的差異則愈來愈明顯；就教育過程而言，城鄉差距現象則包括：教育經費、學校經費、設備、資源、師資、教學、教材、行政領導，以及學校和社區、家長的關係；至於教育結果方面，高中以下的教育階段，雖不一定達到顯著差異，但仍大致可見非都會區、偏遠及離島地區等地，學生成績在某些方面呈現比較不利的情況。甄曉蘭（2007）的研究也指出偏遠地區由於交通不便與地理人文特殊環境，常有弱勢家庭比率高、學校規模小、教師流動率高、學生文化刺激不足等問題，使得偏鄉學生相對於非偏鄉的學生有較低的學習成就。服務於偏鄉的師資亦存在著代理代課教師比率偏高的問題，由於交通不便及生活機能不佳等因素，正式教師持續留任的意願不高，導致學校教師流動頻繁，而學生必須時常適應不同老師（黃昭勳，2019）。

國民教育資源的分配應本著「水平公平」、「垂直公平」的理念，水平公平是指依照一定標準將教育資源平均分配，讓每位學生均獲得相等的教育資源；垂直公平是指對於條件不利的學生和學校，給予較多的資源，也就是「積極的差別待遇」。雖然國民教育依據《地方制度法》規範為縣市自治事項，但縣市的財源畢竟不如中央豐沛，乃有賴中央政府的補助款加以協助。補助方式不應以班級數、人數為經費計算基準，除打破齊頭式的平等外，還應保證教育經費分配達到一定標準，確保所有學生，不論其所居住縣市的財政狀況，都能享有基本水準以上之教育資源，以達成教育資源分配「適足性」（adequacy）的目標（陳麗珠，2007）。

第三節　以教育政策促進教育機會均等

　　弱勢族群在學校學習的失敗，引發英、美等先進國家的注意，教育當局紛紛提出許多對策，企圖改善因為經濟、文化等因素所導致的教育機會不均等。政府在改變社會不平等的現象時，一定要提出一套有效的教育政策，方能達到預期效益，而在制定教育政策時，利特（Little, 1986）他提出了三個努力方向：1.社會政策需要朝導致教育不利的社會、經濟根源去努力；2.教育系統需要發現直接作用在學校之外的方法，以影響學校的教育功能；3.教育系統需要投注更多的資源和努力於學校內。三項之中第一項最難實行，假如低收入、住宅破舊、工作機會不好和其他社經因素是影響學校功能的重要因素，則要使教育機會均等則需要靠社會政策來改變這些事項。在此理念之下，有三項工作領域是很重要的：1.試著直接影響父母；2.直接從事提升學生教育動機的活動；3.發展結構的教學方法和教師支持。這三項策略在美國的補償教育計畫、英國的教育優先區政策中開始使用，以下則就教育政策的制訂、英美及我國政府促進教育機會均等的教育政策作一說明。

壹　教育政策的制訂模式與內容

　　1990年代以來，教育社會學界出現了明顯的應用研究傾向，英美教育社會學界普遍重視教育政策研究。但兩國的研究傳統不同，美國依然承襲科爾曼開創的社會政策實證研究傳統，英國則傾向於以解釋理論和批判理論研究教育政策行為，倡導批判性政策研究（閆引堂，2006）。所謂教育政策是指政府機關為解決某項教育問題或滿足某項公眾的教育需求，決定作為及如何作為的教育行動，以及該政策行動所產生的結果及其對公眾的影響（吳政達，2007）。教育政策需貼近社會脈動，連結社會環境與教育制度，並且肩負維繫社會結構或促進社會演變的任務（張建成，1998）。

一、教育政策制定模式

從提案到成為政策的制定過程包括五個主要階段，首先是問題形成，再來是政策形成、政策採納、政策執行及政策評估。分析政策制定過程的不同階段，通常將焦點放在進出政府的利益團體，了解參與利益團體之價值觀、立場、資源等等。從教育政策制定過程中可以了解政府做了什麼事，以及政治在過程中所扮演的角色（吳政達，2007）。通常教育政策的制定可以分為以下兩種模式（王麗雲、甄曉蘭，2009；閆引堂，2006；劉國兆，2013）：

㈠國家─控制模式

國家─控制（state-control）模式主要從國家的立場，按照上述的步驟制定教育政策，這種模式至今仍居主導地位。這種模式偏重經濟學分析，是從鉅觀決策的角度，以理性的計算為工具，但忽視了教育政策制定和實施過程中充斥的混亂、無序和斷裂的複雜性，以此來研究教育政策，顯然是不完整的。以「教師專業發展評鑑政策」為例，國家藉由政治人物、媒體、權威的專家學者、家長團體等媒介，理所當然地認為評鑑可以幫助教師專業發展，但忽略了深植於政策底層諸多問題的處理，以致造成教師的抗拒與反彈，最後以失敗收場。

㈡教育政策社會學模式

社會學分析的意義有二：一是指採取特定社會學理論觀點，對社會現象進行分析或解釋，例如以批判理論的觀點對教科書進行分析。因為探究事物的角度不同，所問的問題與提出的解釋也就不同。社會學分析另一項意義則是指利用社會學研究方法進行分析，常見的社會學分析方法包括量化分析與質性分析。教育政策社會學模式的理論靈感大都來自現代社會理論，如布迪厄、紀登斯、傅柯的社會理論及批判教學論，透過理論的解釋、對話，探討教育政策對不同群體的影響；而研究取向大都採用微觀的人種誌研究與批判性政策分析，從方法論上彌補了國家─控制模式的侷限，充分關注教育政策影響下的階級、族群、性別等群體的行為和心態及

相互交織而成的複雜問題。

二、民主國家教育政策的內容

　　教育政策已成為政治訴求的重要工具，民主國家每到選舉期間，各政黨都要提出教育政策供選民檢視，教育方面的政見成為選民是否支持某一政黨執政的重要參考資訊。以英國為例，1997年起的新工黨取得政權，工黨黨綱、工黨的教育文件、競選宣言等政見，即成為制定教育政策的重要依據。執政黨將這些資料改寫成綠皮書（green paper）、白皮書（white paper），最後再轉化成教育法案送交國會審議，通過後便是教育法（姜添輝，2012）。民主國家的教育政策，表現最為醒目的，一是重視機會均等、公平參與的民權運動，另一是重視資本累積、自由競爭的市場經濟。以下分別說明之（張建成，1998；姜添輝，2012；張鐸嚴、周新富，2021）：

㈠社會公平的教育政策

　　自1950年代以來，教育機會的均等與否受到普遍關注，最初關注社會階級，隨後加入種族因素，再逐漸注意到性別及其他因素。許多國家紛紛制定促進社會公平的教育政策，像是補償教育計畫、保障入學名額、廢止種族隔離施教、實施雙語教育計畫、推動多元文化教育等方案。教育政策最顯著的轉變是改採積極肯定的正向政策，以取代過去消極補救的負面作法；所謂積極肯定的政策，係指破除偏見、化解歧視，承認不同群體的文化及語言，促進所有學生的交流與合作。但不是每項政策都能成功地達成預期的目標，有時反而加深了原來想要克服的不平等。

㈡市場經濟的教育政策

　　1980年代以來，民主國家復辟了古典的市場競爭規律，學者通常稱為新右派，立場偏左的自由派人士，或傾向社會主義的學者，對此多半不表苟同。如英國1986年《教育法案》（Education Act）及1988年的《教育改革法案》（Education Reform Act），堪稱是英國自1944年以來最大的變革，政府創造了一個必須同時接受中央控制及市場節制的教育系統，也就

是跳過地方教育當局，推出「國定課程」，提高學科標準增加國家考試次數等政策；而所謂市場節制，則是指學校依自己的品牌及資源調整學費、家長教育選擇權等政策，一切遵照市場供需法則自由競爭。市場化的政策過度強調績效與效能，容易產生教育商品化的危機，因而忽略國家的公共服務職能以及落實社會正義的理想，導致受壓抑的弱勢族群更加邊緣化，而且造成社會原本就存在的階級、族群、文化認同等衝突進一步惡化，導致教育的更加不平等。

貳　美國政府的補償教育政策

　　1960年代以來，美國全國與地方基層為出身貧困家庭或少數族裔的學童，提供了大規模的教育服務方案，以補償這些學童在智能與社會發展方面的缺憾不足，這些政策稱為「補償教育」。政策的形成與當時美國詹森總統所提倡的「向貧窮宣戰」、「邁向大社會」的政治訴求密切配合，但最重要的是補償教育方案有學理上的依據，這些依據可由三個角度來理解：1.兒童在出生後的數年內，學習的速度特別快；2.來自資源匱乏家庭的兒童，在學前教育階段，就已經比同齡的中產階級兒童的發展有所落後；3.提供特殊的教育補償方案，可以改善貧困兒童的發展機會與前途展望（張煌熙，1995）。

一、及早教育方案

　　補償教育方案主要的理念是對特別需要的學生提供「積極的差別待遇」（positive discrimination），而採取「不同但相等」（different but equal）的教育補助策略（林生傳，1995），因此在1965年聯邦通過《初等與中等教育法案第一款》（Title I of the Elementary and Secondary Education Act, 1965，簡稱ESEA），提供文化不利、低收入家庭的學生，擁有足夠的教育機會。1981年ESEA則被《教育整合與改進法案第一章》（Chapter I of the Education Consolidation and Improvement Act, 1981，簡稱ECIA）所取代（Odden, 1991）；而全國性的學前教育補償教育方案，以

「及早教育方案」（Head Start Program）為代表（張煌熙，1995）。

㈠政策的內涵

「及早教育方案」是由聯邦政府的「經濟機會處」（Office of Economic Opportunity）所推動，主旨在於提供有助於兒童發展的多項服務，諸如：促進兒童的心智與學習技能、改善兒童身心的健全發展、推動親職教育、健全家庭的社會功能等（張煌熙，1995），但是這個方案不是由公立學校推動的方案，不在聯邦教育機構之下執行，除了幫貧困學童教育打好學校教育基礎之外，也提供醫療、餐飲及社會工作服務，強調兒童全面的發展，而最重要的一點，這個計畫是自願的，沒有任何學齡前兒童或家長是被迫參與的（Jones, 1985）。而所謂「第一款」或「第一章」的教育服務，則在提供聯邦經費給地方學區，使其運用不同的方法去擴充或改進教育方案，以滿足低收入家庭的教育不利學童所特有的教育需求（張煌熙，1995）。

㈡實施成效

「及早教育方案」在1990年度所投入的經費高達14億美元，為全美將近50萬名3到5歲的兒童提供為期兩年的教育服務，「第一款」或「第一章」的補償教育方案在1995年的補助經費也高達75億美元，兩項方案對教育不利學童的智能與社會發展的確具有積極正面的影響（張煌熙，1995）。該計畫至今仍持續推展，依據研究發現這項計畫對3、4歲幼兒的認知、健康和親職領域有顯著的助益，而親子關係的改善對兒童長期發展又有潛在的助益（Weigel, 2011）。

二、職業教育

職業教育是聯邦對學校補助計畫中最早實施的方案，從1917年的《史密斯—休斯法案》（Smith-Hughes Act）開始，已做過多次的修正，補助的範圍包括初中、高中，內容則涵蓋農業、家政、工作研究與職業教育的設備購置，近年來成人職業教育人數的逐年增加，將是未來發展的主要趨勢。對於貧窮者和失業者須提供職業訓練，讓他們能夠改善經濟環境

（Jones, 1985）。

三、雙語教育（bilingual education）

　　這個方案是為不精通英語的學生而設的，其主要決定乃是1964年《聯邦民權法案第六款》（Title Ⅵ of the Federal Civil Rights Act of 1964）的規定，法院認為學校要對非精通英語的學生地區差別對待，應該實施雙語教育，因此各學區要去設計和實施雙語教育方案（Odden, 1991），先讓非以英語為母語的外國移民精通英語，在以後的學校學習才能跟上進度，不會成為一位學習失敗者。

四、從「別讓孩子落後」到「每個學生都成功」

　　2002年小布希總統簽署《別讓孩子落後法案》（No Child Left Behind Act, NCLB），進一步強化聯邦教育力量，要求州、地方及學校負起教育績效責任，提供卓越的教育，讓每個孩子都能有效學習，並縮短學生學習落差，NCLB法案內容的特性包括：1.強調績效責任；2.重視弱勢學生的教育公平；3.全國性的教育品質管制，提升基本學科能力；4.處罰與獎勵並重；5.擴充家長教育選擇權；6.提升教師素質（吳清山、王令宜，2016；顏國樑，2013）。

　　到了2015年，歐巴馬總統亦簽署《每個學生都成功法案》（Every Student Succeeds Act, ESSA），除改進《別讓孩子落後法案》的缺失外，新法案主要反對過度使用標準化測驗及一視同仁的測驗，確保讓每個學生高中畢業有能力進大學或職場；提供更多學生取得高品質公立學前教育，並保障美國弱勢學生，也要求各校提出解決辦法，補救學業落後學生，確保每位學生的學習表現（吳清山，2016）。這兩個法案對促進美國教育機會均等的提升有很大的貢獻。

 ## 英國政府的教育優先區政策

　　英國以「教育優先區方案」（Educational Priority Areas Scheme）

作為教育改革的積極策略，其理念是來自1967年的《卜勞頓報告書》（Plowden Report），報告書引進了「積極差別待遇」觀念，英國政府即開始讓社會經濟不利地位的學生得到補償文化經驗不足的機會（楊瑩，1998）。

一、政策的起源

《卜勞頓報告書》的概念基礎是來自英國曼徹斯特大學的魏思邁（Wiseman）教授在曼徹斯特地區進行的研究，該研究在探討小學生學業成就與環境因素關係的研究，結果指出經濟水準及社會階級對兒童學業成就的影響，要比父母態度的影響來得高；另外也發現年級愈低，其所受環境因素的影響愈大，而且此影響程度有隨兒童年齡之增長而減低的趨勢，因此魏思邁即建議以透過學前教育的提供，來解決因家庭環境因素所帶來的不良影響。根據這項研究發現，卜勞頓委員會在1967年發表的報告書中，大力鼓吹「積極差別待遇」的概念，並提出教育優先改善地區方案的構想（楊瑩，1995）。

二、教育優先區的指標

在英國所謂不利地區需要優先發展的基本標準是（The Center for Information and Advice on Educational Disadvantage, 1977）：1.家庭缺乏基本的舒適；2.過度的擁擠；3.需要由學校提供免費食物；4.需要強調學童父親的外來移民背景；5.國語文調查的結果落後其他一般地區。

三、教育優先區的具體作法

為使教育優先區方案能夠具體落實，卜勞頓委員會在報告書結論中建議計畫的實施分兩階段進行，第一階段是自1968-1972年，在這階段應採取的策略歸納如下（楊瑩，1995）：

1. 地方教育當局要設法降低班級師生比例，採取小班制，列為教育優先區的學校學生人數應縮減為每班不超過30人，在這些學校任教的教師

薪津應予以額外的貼補。

2. 在教育優先區小學任教的教師，每兩班應配置一名教學助理，在幼兒教育階段，則以每四班應配置一名教學助理為原則。

3. 校舍老舊或破損不堪使用者，應補助其校舍修繕或重建的經費。

4. 提供額外的圖書與儀器設備。

5. 增設幼稚園或為該地區年幼兒童擴大提供學前教育的機會。

6. 修改原有的教師配額規定，優先僱用當地人力，鼓勵在他地通勤的教師在原地區任教。

7. 負責教師訓練的師範學院盡可能與優先區學校建立持續性聯繫網路，師範生應在教育優先區學校中進行教學實習。

8. 各地的教師中心應設置在職進修課程，為中小學教師提供在職進修的機會。

9. 社會工作的服務與發展也應與學校結合。

10.政府應首先在教育優先區設立社區學校。

11.政府相關部門應致力於推展各地區所有層面的協調行動，包含就業服務、工業訓練、住宅安置、都市計畫等措施。

12.進行評估研究，以助未來長期方案的規劃。

13.國庫對地方教育當局的教育經費應隨其實際需要而調整增加。

英國教育優先區所採行的措施總共包括：積極性差別待遇、學前的教育、社區教育計畫、社區中小學的整體發展、城內學童的教育計畫、文化不利地區的教師中心、成人教育計畫，以及其他有關的諮詢服務等（張鈿富，1998）。

四、實施成效

教育優先區方案的重要貢獻，即把民眾注意的焦點由中學轉移至學前教育與初等教育的階段（楊瑩，1998），但是大規模補償教育的實施往往會因人員、經費、教材等問題，而影響計畫實施的成效，加上英國政黨的更迭，使得此方案的進行遭遇阻礙。自1970年代起，受到財政緊縮與經濟

不景氣的影響，民眾開始檢討對教育優先改善地區學校的大量經費補助是否合乎經濟效益的原則，於是在1970年代的英國，學校經營的效率、教育品質的維護或提升、課程的改進，以及青少年暴力行為的預防等規定，已逐漸取代早期民眾對「積極性差別待遇」的熱衷與關懷（楊瑩，1995）。1977年在英國曼徹斯特召開的檢討會中，就認為教育優先區方案有以下的優點（The Center for Information and Advice on Educational Disadvantage, 1977）：1.提供多元教學方法；2.改善學校與家庭之間的關係；3.消除兒童文化不利的限制；4.可以減輕教師壓力；5.增進父母參與學生的學習，可提高學生的學習成就。

我國的教育優先區及其他相關政策

　　政府為解決城鄉教育差距或某一地區特有的教育問題，對一些位處偏遠、地理環境特殊、交通不便、人口逐漸流失、班級數較少、教師流動率過高等文化不利地區的學校，無法獲得解決特殊問題所需的資源，致使他們的教育水準永遠難以迎頭趕上，而形成所謂「國民教育的暗角」，因此教育部於1994年補助臺灣省教育廳8億元試辦教育優先區（Educational Priority Areas, EPA）計畫，1996年正式實施。主要的精神在於教育機會均等與社會正義原則的實現，以「積極性差別待遇」（positive discrimination）的理念，來關懷並降低文化資源不利因素的影響，並依照各種不利類型而訂定補償計畫或教育支援策略，以增進相對弱勢地區的教育條件與品質（范雅惠，2008）。

一、教育優先區的指標

　　開始辦理的時候，教育部僅就具有地震震源區或地層滑動區、地層下陷地區、山坡及離島地區需要特別建造、試辦國中技藝教育中心、降低班級人數急需增建教室等五項指標之學校予以專款補助，用以改善教育環境。此後指標不斷地更新，各個指標均加以詳細界定，符合指標學校即可申請軟硬體方面的補助。2021年度教育優先區計畫之指標，計有以下五項

（教育部，2021）：

(一)原住民學生比率偏高之學校。

(二)低收入戶、隔代教養、單（寄）親家庭、親子年齡差距過大、新住民子女之學生比率偏高之學校。

(三)國中學習弱勢學生比率偏高之學校。

(四)中途輟學率偏高之學校。

(五)離島或偏遠交通不便之學校。

二、教育優先區計畫的補助內涵

教育部期望以專案補助的策略，提供優先區的學校較優厚的經費補助，在軟硬體設施補強之下，整體提升優先區的教育條件及文化水準，滿足弱勢學童及文化刺激不利兒童的學習需求（藍順德，1995）。2021年度教育優先區計畫之補助項目，計有以下六項（教育部，2021）：

(一)推展親職教育活動。

(二)補助學校發展教育特色。

(三)充實學校基本教學設備。

(四)發展原住民教育文化特色及充實設備器材。

(五)補助交通不便地區學校交通車。

(六)整修學校綜合球場。

三、促進教育機會均等的其他教育政策

除設立教育優先區的政策之外，促進教育機會均等的教育政策尚有：延長義務教育年限、幼兒教育普及化、學校制度單軌化、公平開放的升學制度、發展特殊教育、合理分配教育資源、實施終身教育等（黃天、周翊，2013）。升學制度方面延後分化分流、大學繁星入學皆可促進教育機會均等。近年推動的「十二年國民基本教育」，其目標在均衡各地教育資源、拉近城鄉與公私立學校教育差異，進而促進教育機會均等、追求社會公平正義。具體的教育措施則是高職免學費，高中則是有條件免學費；免

試入學則可促使國中小教學的正常化，扭轉升學型教育體制所導致的教育不公平；推動優質化高中則可均衡城鄉教育資源的差異，提供偏遠地區學校更多的教育資源（陳昭志、吳勁甫，2014）。

　　至於促進教育結果的教育政策，教育部陸續推出的政策有：課後輔導方案、攜手計畫、夜光天使點燈專案計畫等這些政策皆併入「國民小學及國民中學補救教學實施方案」，隨後將「補救教學」名稱改為「學習扶助」。這些政策皆可視為補償教育的配套政策。期望經由補救教學方案，可以落實教育機會均等的理想、實現社會公平正義，進一步弭平低成就學生的學習落差。

　　為解決偏遠地區學校教育問題，行政院（2016）制訂《偏遠地區學校教育發展條例》，該條例有以下五項重點：1.解決師資流動率高及人力不足之問題，針對透過「公費生分發」或「專為偏遠地區學校辦理之甄選」而進用之偏鄉地區學校初任教師，明定應實際服務滿6年以上始能提出介聘；2.保障學生就近入學權益，明定偏遠地區設立分校或分班之基準；3.明定偏遠地區學校特殊的教育措施，其組織、人事及運作，得採取特別處理措施，不受《國民教育法》及《高級中等教育法》之限制；4.提供住宿設施、久任獎金等激勵措施，以提高偏遠地區學校教師服務誘因，穩定偏遠地區學校師資；5.中央補助偏遠地區學校教育經費。

伍　對補償教育之批判

　　1950年末期，美國教育界非常關心物質環境不佳之社會階層兒童教育問題，發展出所謂文化剝奪、語言剝奪、社會不利等觀念，解釋教育失敗的現象，並企圖以補償教育（compensatory education）的方式，改善社會低階級兒童之教育問題，但伯恩斯坦（Bernstein, 1977）認為這種觀念值得商榷。首先，他認為把教育問題完全歸咎於兒童家庭是不適當的，因為如此一來勞動階級兒童在入學前，就被標記為文化不利兒童，使得教師對其期望降低，兒童遭遇更多的心理挫折，教育失敗的現象根本無法根除。更嚴重的是，這種觀念容易使得教育人員對於現行課程、教學及評鑑等學

校措施深信不疑，不能對教育知識背後各種社會假定詳加探討，以便探究教育失敗現象問題的根源。其次，伯恩斯坦雖然主張勞動階級兒童傾向於使用閉塞型語言，但這並不表示這種語言是不對的、不能發展的、價值低落的，或者是不能朝向普遍性意義的學習，伯恩斯坦不主張以另一種文化型態來取代或補足其文化之不足，而認為教師文化如果想要被兒童所意識，教師必先意識到兒童文化，教師應先去了解兒童語言，而不是要致力改變它（黃嘉雄，1989；Bernstein, 1977）。

自我評量 ....

一、選擇題

(　) 1. 政府制定教育政策「積極差別待遇」的概念係屬：　(A)差別公平
(B)機會公平　(C)水平公平　(D)垂直公平。

(　) 2. 下列何者為教育政策制訂過程的最後階段？　(A)問題形成
(B)政策採納　(C)政策執行　(D)政策評估。

(　) 3. 從「機會」而非「條件」或「結果」的均等而言，下列何者是評估
教育機會均等的最適當指標？　(A)在學率　(B)升學率　(C)就學率
(D)輟學率。

(　) 4. 美國「提早教育」（Head Start）制度，主要是針對下列哪一種兒
童所做的補償教育？　(A)文化剝奪　(B)資賦優異　(C)偏遠地區
(D)移民子女。

(　) 5. 近年來，臺灣強調對於中小學弱勢學生的課後輔導，其主要精神與
下列何者較為相關？　(A)提供更多就業機會　(B)強化教師專業發
展　(C)強化多元文化教育　(D)促進教育機會均等。

(　) 6. 《偏遠地區學校教育發展條例》對於保障偏遠地區學校師資穩定
有多項規定，以下敘述何者有誤？　(A)專任教師應實際服務滿6年
以上，始能申請介聘至非偏遠地區　(B)偏遠地區若甄選專任教師
確有困難，得甄選具教師資格者為「專聘教師」，聘期最長2年
(C)專聘教師連續任滿6年者，得無條件直接再聘6年　(D)未具教師
資格的代理教師三年內在偏鄉服務滿四學期，可參加師資職前教育
課程，取得教師資格。

(　) 7. 教育部近年來積極推動繁星計畫，其主要目的為何？　(A)落實社
區扎根　(B)公私立學校平衡　(C)促進潛能開發　(D)加強產學合
作。

(　) 8. 趙老師主張成績好的學生，應得到較多的機會和資源；此種功績主
義的觀點，較不符合下列哪一項原則？　(A)能力原則　(B)機會均
等原則　(C)菁英原則　(D)量化原則。

(　) 9. 有關《偏遠地區學校教育發展條例》的規定，下列哪一項敘述錯

誤？　(A)中央主管機關應每三年辦理全國偏遠地區教育會議　(B)偏遠地區學校應予分級；其分級及認定標準，由中央主管機關會商原住民族委員會、地方主管機關訂定，並每三年檢討之　(C)接受公費生分發與專為偏遠地區學校辦理之甄選合格專任教師，應實際服務六年以上，始得提出申請介聘至非偏遠地區學校服務　(D)偏遠地區國民小學全校學生人數未滿五十人且採混齡編班者，除置校長及必要之行政人力外，其教師員額編制，得以生師比六比一計算。

(　) 10. 由於資源分配上的差異，教育機會可能產生水平不均等和垂直不均等的問題。下列何者可能造成垂直不均等？　(A)公立學校學雜費較私立學校低　(B)在教育預算中調高高等教育經費　(C)地方政府關閉或合併偏遠地區學校　(D)較富裕地區的班級教師編制數量較多。

(　) 11. 下列對教育機會均等的敘述，哪些是正確的？（甲）教育階層化是一種自然現象（乙）每個學生都能上大學就是教育機會均等理想的實現（丙）「教育優先區」政策是基於「積極的差別待遇」，希望幫助弱勢地區提昇教育品質（丁）Coleman（1966）的研究發現學生學業成就主要受家庭背景的影響，學校教育幾乎沒有影響，其後引發許多後續的研究。　(A)甲、乙、丙　(B)甲、乙、丁　(C)甲、丙、丁　(D)乙、丙、丁。

(　) 12. 學校提供低成就學生補救教學的機會，以提高學生的基本學力。這是屬於下列何種教育機會均等的觀點？　(A)輸入的均等　(B)結果的均等　(C)歷程的均等　(D)入學機會的均等。

(　) 13. 教育部於2011年公布《中華民國教育報告書》，揭櫫精緻、創新、公義、永續四大主軸作為施政重點。其中「關懷弱勢群體的教育政策」是下列何種「教育施政主軸」的項目？　(A)精緻　(B)創新　(C)公義　(D)永續。

(　) 14. 教育政策制定過程應先掌握下列哪一項步驟，才易進行後續之政策規劃？　(A)教育政策評估　(B)教育政策合法化　(C)教育政策問題界定　(D)教育政策執行。

(　) 15. 下列哪一項教育政策的目的是為了減少地區背景不利對教育的影響，採取「積極性差別待遇」（positive discrimination）的主張，以實踐教育機會均等的理想？　(A)九年一貫課程　(B)小班教學計畫　(C)廣設高中大學　(D)教育優先區。

(　) 16. 下列哪一項政策或措施與「教育機會均等」的精神較無關聯？(A)及早開始計畫（Head Start）　(B)教育優先區　(C)發放教育券(D)國立大學法人化。

(　) 17. 教育機會均等與適應個別差異的精義，應指：　(A)以相同的方式對待相同的學生　(B)以相同的方式對待不同的學生　(C)以不同的方式對待相同的學生　(D)以不同的方式對待不同的學生。

(　) 18. 以教育機會均等的觀點而言，教育對個體的地位取得應發揮何種功能？　(A)中介（mediation）　(B)傳遞（transmission）　(C)社會化（socialization）　(D)複製（reproduction）。

(　) 19. 美國「沒有落後的孩子」方案、英國「五年改革方案」、臺灣「幼兒教育券」之共同教育理念為何？　(A)教育機會均等　(B)教育中立　(C)閱讀推廣　(D)學校本位課程。

(　) 20. 國民中學學生基本能力測驗成績「兩極化」與「雙峰現象」有愈來愈嚴重的現象。請問以教育社會學的觀點，下列何種概念對前述現象最具解釋力？　(A)社經背景　(B)社會變遷　(C)社會流動(D)社會趨勢。

(　) 21. 下列作法何者較能彰顯學校教育的選擇功能？　(A)辦理校慶園遊會　(B)營造友善校園文化　(C)發展學校特色課程　(D)數理資優班招生考試。

(　) 22. 下列哪一項教育措施較屬於「積極性差別待遇」（positive discrimination）理念的策略？　(A)常態編班　(B)教育優先區　(C)全面免學費　(D)教師專業發展評鑑。

(　) 23. 小明的學校位在偏遠鄉村，放學回家有家人照顧的同學不到三分之一。最近有個基金會提供課後陪讀計畫，資助學生晚餐和指導作業的陪讀老師。這種措施較符合下列哪一種教育理念？　(A)教學正常化　(B)教育多元化　(C)教育普及化　(D)教育機會均等。

(　　) 24. 曉華今年5月參加學校學習扶助師選測驗，符合參加學習扶助方案之條件。他是屬於哪一種性質之學生？　(A)具特殊才能的學習者　(B)需要充實教育的學習者　(C)具所指定科目（領域）學習低成就者　(D)具有平均程度以上但學習動機低落者。

(　　) 25. 教師進行班級教學時，應公平對待不同身分背景、階層的學生。這是較符合下列何種教育機會均等的概念？　(A)每個人都享有受相同教育過程的機會　(B)每個人都享有受相同教育資源的機會　(C)每個人都享有受相同年限教育的機會　(D)每個人都享有受相同類型教育的機會。

(　　) 26. 某偏鄉國中全校只有3班計18名學生，依據現行《偏遠地區學校教育發展條例》，下列敘述何者正確？　(A)學校可以實施混齡編班或教學，課程節數不受課程綱要規定之限制　(B)學校如實施混齡編班或混齡教學，學校依規定要改名為「實驗學校」　(C)學校的混齡班屬學校編制內合格教師缺額，不可以用聯合甄選方式聘用　(D)學校如採混齡編班，學校預算或補助基準依班級數計算，經費會被核減，對學校發展不利。

答案

1.(D)　2.(D)　3.(C)　4.(A)　5.(D)　6.(C)　7.(A)　8.(B)　9.(D)　10.(B)　11.(C)
12.(B)　13.(C)　14.(C)　15.(D)　16.(D)　17.(D)　18.(A)　19.(A)　20.(A)
21.(D)　22.(B)　23.(D)　24.(C)　25.(A)　26.(A)

二、問答題

1. 在多元的社會文化裡，貧富差距反而愈來愈大，為了避免「社會階層化」日益惡化，分析在學校裡，有哪些「教育機會不均等」之問題？並提出具體改善學生「教育機會均等」的策略與方法。

2. 照顧弱勢與培育菁英都是教育上重要的課題，在M型社會下，臺灣的貧富差距也愈來愈大，引發教育機會及資源分配不均的疑慮。試說明目前學校有哪些行政措施，可能造成對弱勢學生學習的不公平？並請說明您認為的改善之道為何。

3.何謂積極差別待遇（positive discrimination）？分別從政府、學校、教師三方
　面說明可以進行哪些積極差別待遇的措施。

3.試依序寫出教育政策制訂的決策過程，並說明過程中各階段的重點。

4.在追求教育機會均等的同時，學校應如何兼顧對菁英學生的培育？

5.教育機會均等是教育進步中的基本原則。請從教育機會均等概念演進的觀
　點，說明學校有責任使每位學生，都有機會接受適合其身心發展的教育。

6.基於教育機會均等的理想，學校應如何扶助「弱勢學生」，以實現教育
　公義？

7.請說明臺灣如何實施教育優先區？這項教育政策實施的成效如何？

8.為協助高級中等以下學校及幼兒園低收入家庭的子女提高其教育成就，試分
　別從政府與教師兩方面論述可行策略或方法各兩項。

第八章

學校組織與學校文化

　　大多數人都工作、學習和生活在社會組織中，社會組織究竟有何特徵？又如何影響我們的生活？這是社會學家所想要探討的主題。韋伯是最早對現代社會組織的興起做出系統解釋的社會學家，他提出科層體制的理論，往後的學者紛紛針對社會組織提出不少理論，來分析其內在結構與功能。學校屬於社會組織的一種，其運作方式當然不能脫離科層體制的特徵，但是學校大部分是由教育專業人員所組成，是一種教育專業組織，其運作方式不同於科層化組織，以致學校存在科層化與專業化的衝突，如何解決二者的紛爭？這考驗著學校領導人的智慧。每個社會組織由於長期的發展，逐漸會形成組織文化，學校組織也因此形成學校組織文化，校長的領導與管理方式對學校文化的塑造有很大的影響，假如校長推動學習型組織，教師成立專業學習社群，如此學校文化將發展出協同合作的文化。有關組織的理論與運作，除了社會學之外，行政學、管理學等提出相當多的研究，例如目標管理，這些研究成果皆可供學校人員學習，並應用到學校組織，進而促進學校組織的運作效能。本章先從學校組織基本概念談起，再探討影響學校組織的理論，其次就學校組織結構的特徵及變革作一探討，最後就學校文化的內涵與塑造作一論述。

第一節　學校組織的基本概念

　　社會學者如韋伯、帕森斯和墨頓，均對組織理論的建立留下深遠的影響，後續學者持續對拓展組織的研究領域。教育社會學和教育行政學皆對學校組織進行研究，前者偏重理論的建構，後者偏重應用。本節從社會組織的定義談起，再探討學校組織的性質及其運作方式。

學校組織的定義

　　組織（organization）是由團體所衍生而來，團體分成初級團體（primary groups）和次級團體（secondary groups），這個概念，最早由顧里所

提出，二者間的區分主要在於團體關係的親密程度、持續性與情感展現，初級團體包括家庭、遊戲團體、同儕團體與情侶等。次級團體的成員歸屬感與認同感較弱，彼此間缺乏強烈感情如學校、工廠、工會、政黨、軍隊、社團與俱樂部等皆屬於次級團體（鄭世仁，2007）。社會團體的取向不外乎關係取向或工作取向，關係取向（情感取向）的團體主要功能為拓展人際關係，例如校友會、宗親會、同鄉會。工作取向（任務取向）的團體主要功能在完成工作或任務，例如慈善公益團體、環保團體、農會、工會等（謝高橋，1997）。狹義的組織專指為某種事務或達成某種目標而設的團體，如學校、公司與軍隊；而廣義的組織則指一群具有經常且固定互動的人，此時，組織與團體是同義的，社會團體為讓團體功能維持健全長久，亦可能逐漸擴大為社會組織，組織的規則較正式與制度化，而且有一套公認且透明的標準來指引或約束成員互動（謝文全，2003）。所以社會組織是一群人為了達成共同目標時，經由權責的分配、層級的結構所構成的一個完整的有機體，它會隨著時代及環境的改變而自謀調適與適應，同時人員之間建立了一種團體意識（陳奎憙，1998），例如學校、醫院、公司、政府、銀行、連鎖商店、軍隊等皆屬之。

　　由以上的分析可以得知學校組織（school organization）是人們為達成學校教育目標而結合形成的有機體，藉由學校成員（校長、教師、學生、家長、其他工作人員）與職位權責結構的交互作用，經由協調並統合人力與物力，以及對外在環境的調適，來完成學校教育的任務。學校具備正式組織的條件如下：1.學校組織目標；2.職位權責結構；3.學校內部成員的協調、溝通與互動；4.與校外社會環境的交互影響與調適（陳奎憙，1998）。學校組織內部亦包含正式結構與非正式結構，正式結構是組織內部各個職位、部門之間正式確定的、比較穩定的相互關係，例如教務、學務、總務及輔導等處室的設置。為了實現組織目標，由組織的規章制度正式規定各層次、各職能部門之間穩定的關係模式，便形成了學校組織的正式結構。學校組織還存在著各種各樣的非正式結構，主要是在日常工作中因為經常性的互動而產生的非正式關係，例如組織中的私人關係、派系、關係網。非正式結構可能彌補正式結構的不足而能發揮積極作用，但也有

可能干擾正式結構的運行而影響組織目標的實現（江岷欽，1991）。

 學校組織的性質

社會學家根據不同的標準，對社會組織做出了各種不同的分類，從分類當中也說明了不同組織的性質。依據學者的看法，學校組織主要具有以下三項性質（謝文全等，2008；秦夢群，2011；張鐸嚴、周新富，2021）：

一、學校是模式維持的組織

帕森斯根據組織的社會功能為基準，把社會組織分為經濟生產組織、政治目標組織、整合組織和模式維持組織。經濟生產組織把經濟利益擺在首位，從事物品的製造或生產，這類社會組織的典型是實業公司。政治目標組織是形成和部署社會權力的組織，以保障實現社會整體的目標，這類社會組織的典型是政府機關。整合組織是調節社會衝突的組織，包括各種以減緩社會衝突、進行社會控制為目的的社會組織，這類社會組織的典型是法庭和各種法律職業實體，政黨亦屬此類組織。模式維持組織是指那些具有文化、教育和價值傳承的組織，它的功能是教化社會成員認同社會文化和價值、維持原有的社會制度和行為模式，這類社會組織的典型是學校和教會，例如大學創造文化，其他教育組織則是傳播及保存文化。

二、學校是服務性的組織

布勞（Blau）和史考特（Scott）則從社會組織運行的受惠者角度，把社會組織區分為互惠組織、服務組織、企業組織和公益組織。互惠組織以組織成員的互惠互利為目的，比如工會、政黨和俱樂部等。服務組織為人們提供專業性的服務，如醫院、學校、社會工作機構、律師事務所等。企業組織是盈利性組織，如銀行、公司、企業等。公益組織以社會公眾為受惠對象，政府機構、郵局等都屬於這類組織。依此觀點學校是提供教育服務的組織，也是培養人力資本的組織，是以服務為宗旨，不以營利為

目的。

三、學校是規範性組織

　　埃茲奧尼（Etzioni）根據組織中的權力運作方式及部屬的順從程度為基礎，把社會組織分為強制性組織（coercive organization）、功利性組織（utilitarian organization）和規範性組織（normative organization）。強制性組織建立在暴力基礎上，以強迫的手段使成員服從組織，監獄、精神病院和軍隊是這類社會組織的典型。功利性組織透過金錢或物質報酬來控制其成員，如各種工商業組織。規範性組織則是運用規範來控制其成員，透過規範的內化實現對其成員的控制，最典型的是各種宗教組織，學校亦屬此類組織。此一觀點是著眼於學校組織權威及規範對教師產生的影響作用，學校的教育活動所依據的約束手段不是法律，而是社會文化規範，學校組織控制教師並使其服從組織要求，主要是來自社會的道德和價值觀念等文化規範。就學生而言，學校所進行的教育活動中，教師應秉持愛心、耐心，以道德勸說方式讓學生自動自發從事學習活動，萬不得已才採取強制手段。

 學校組織的運作

　　組織的運作是由組織的性質所決定，組織的運作同時也反映組織內部的構成要素與外在環境的互動，從組織運作的描述可以了解組織績效與功能。學校組織是由許多成員、部門所組成的，這些團體或個人的互動就形成組織行為，學校組織內部的次級系統有：行政部門、教師會、教評會、各項委員會、學生組織、非正式組織（教師社團）等，彼此交織成綿密的關係網絡。學校組織的運作除了教學活動之外，尚包含以下的特性（章英華、葉至誠、吳來信，2006；謝文全等，2008；蔡璧煌，2008）：

一、學校願景的建立

　　社會組織儘管性質不同，但每一個組織都有目標，目標是組織各單

位、人員努力奮鬥的方向,學校組織目標就是學校願景(vision),這是組織在一定的時間、空間內,努力爭取以期達到的最終結果或狀態,但是學校組織目標過於抽象,不容易具體實現。

二、學校組織領導的運用

組織的領導人適度運用領導權威,發揮統整功能,以實現組織的目標。領導人要發揮影響力來影響成員,使其服從組織規則及確實執行組織任務。同時領導人也要不斷鼓舞士氣,提高組織的活力。在學校組織的運作體系中,校長一方面是組織的管理者,必須承接來自學校組織之外的各種壓力與要求,以維持組織的運作並達成組織的目標;另一方面,校長又是組織的領導者,必須體察來自學校結構內部的各種利益主張,以滿足成員的需求,引導組織發展與變革。

三、學校組織氣候的形成

組織中由組織成員的感情、態度、思想、精神、情緒所表現的,或產生的一種普遍而又持久的行為趨向或風氣態勢稱為組織氣候(organizational climate)。組織氣候和組織效能之間有密切的關係,如果組織氣候良好,諸如責任心強、歸屬感與認同感強烈、工作主動積極,那麼組織凝聚力便強,組織成效必然提高。校長是主要的管理者,必須找出激勵教師的方法,開展教師潛能及促進協同合作。

四、學校組織衝突的產生

組織中雙方因目標、利益、價值等差異而引起的一種公開與直接的行為互動,意在阻止對方達到目標。衝突是任何組織都存在的一種普遍狀態,組織衝突也有形成組織整合和發展的積極功能。學校組織在運行過程中不斷地發生內部和外部的衝突,又不斷地進行對內部與外部的協調,衝突與協調就成為學校組織運行過程重要的手段。

五、學校組織文化的影響

　　組織文化決定組織所追求的目標、價值和利益，組織文化也為組織成員提供了行為規範，從而使成員各守分際、各盡職責。組織文化有其正、負面功能，並不全然對學校有所助益，因此要儘量發揮組織文化的正面功能，營造優質的學校文化。

六、學校組織溝通的必要

　　組織不僅是一個權力分配體系，同時也是組織成員意見溝通、情感交流的場地。良好的組織溝通可加強組織的認同感及歸屬感，可提高成員的士氣，最終達到提高組織效率的目的，因此學校必須善加利用各種正式與非正式的溝通管道。

七、學校組織效能的功用

　　組織效能是組織達成其預定目標的程度，對內而言是組織滿足其成員需求的程度，對外而言是組織適應環境的能力，由組織效能的高低，可以看出社會組織在運作上的優劣。一所有效能的學校必須鼓勵教師追求卓越及創新，對於學生則是重視學習及激發潛能。

第二節　與學校組織運作相關的理論

　　韋伯最早對現代組織的興起提出系統性解釋，建立著名的科層體制理論，有關組織理論的研究，有從行政學、社會學、心理學等不同學術背景切入，以致這方面的理論相當多，本節僅侷限在社會學者所提出的組織理論來說明，分別介紹科層體制、科學管理與傅柯組織理論，說明其對學校組織運作的影響。

科層體制

　　根據韋伯的觀點，所有大規模的組織經常具有科層體制（bureaucracy）的性質，科層體制為組織正式結構的典型，其目的在於追求組織的效率與合理性。然而韋伯的科層體制是一種理念類型（ideal type），在現實世界中或許沒有這種組織結構，但韋伯相信一個組織愈接近科層體制的理想型式，愈能有效地完成所設立的目標。韋伯去世後，後代的許多組織社會學家對其理論提出修改意見，例如布勞（Blau）研究科層體制內部的非正式關係，功能論學者默頓擔心科層體制可能會僵化成儀式主義（ritualism）（李康譯，2009；Weber, 1946）。韋伯的科層體制具有下列的特徵（李康譯，2009；秦夢群，2011；孫志麟，2005；Weber, 1946）：

一、明確的權威階層（hierarchy of authority）

　　組織係由各種不同的職位編配而成，其權威結構是一種垂直的階層體系，具有清楚的主從關係，最高的權力處在上層位置，一系列的命令自上而下的延伸，低職位者為高職位者所監督控制。例如學校中校長、主任、教師的位階，存在著權力階層，具有「上級—下級」和「指揮—服從」的關係存在。

二、專職分工（division of labor and specialization）

　　組織依職位分類分層分工，讓所有的工作均職有專司，每個人按其專門的訓練，負責特定的事項，使其精熟自己負責的工作，維持組織內部的互動與合作。學校行政人員與教師扮演不同的角色，基於協調功能的需要學校分處分組，學校組織人員的任用、考核以專業知識為依據，教師依專業技能擔任不同學科教學。

三、法令規章（rules & regulations）

　　為維持正式職位權威階層的運作，規範組織成員的權利與義務，在組織的各個層級上，都有成文的法令規章控制著成員的行為，如此有助於組

織運作的持續進行。

四、不講人情（impersonality）

科層體制的工作氣氛應該提供一種統理運作的精神，亦即正式化而不講人情。所以成員的家庭生活與他在工作場所的活動是分開的，避免因私害公，在物理空間的安排上，也要相互分離。校長在處理校務時，雖不能完全擺脫人情關說，但因法令逐漸完備，大部分都能依法行事。學校組織成員也要依一定程序與步驟行事，限制教職員自作主張，去除不必要個人或私人因素。

五、記錄檔案（records & files）

組織內、外部的一切活動事項，無論是決策、規則、程序或人事資料，都經由一定的程序予以記錄並建立檔案，以作為日後有關政策或活動之參考依據。員工的紀錄，則作為人事升遷、獎懲與支薪的標準。學校中各處室中有人事紀錄、開會紀錄，乃至師生的請假、出缺席紀錄都已建立檔案，以備隨時參考。

六、支薪用人（salaried personnel）

組織編制內人員是全職的且領有一定的薪資，而組織也常利用薪資的調降來評鑑個人表現的優劣，對於表現優異者予以晉級加薪，鼓勵成員貢獻所學。

七、不擁有生產工具

在傳統社會中，農民和手工業者對他們的生產過程擁有控制權，並擁有他們的生產工具。在科層體制中，成員並不擁有他的辦公室、桌椅及辦公設備。

貳 科學管理理論

與韋伯幾乎同時的泰勒是科學管理的宣導者，他以自己在美國企業組織工作的實際經驗為基礎，對關於社會組織的知識的產生和發展做出了重要貢獻，因而被尊稱為科學管理之父（楊偉民，1989）。泰勒認為只有採用科學的方法來管理，才能找到最有效率的作法，尋求客觀的績效標準，才能提高行政的效率。泰勒（Taylor, 1911）於伯利恆鋼鐵公司（Bethlehem Steel Co.）任職間所發表的《科學管理原理》（*Principle of Scientific Management*）一書，提出了四項「科學化管理」的原則：

(一)發展一套準確的工作程式，以使員工可用最佳方法來執行每項工作。

(二)使用科學的方法選拔員工，然後加以訓練，以使員工對工作具有責任感並可適任。

(三)對於工人在每項工作的表現應予詳細教導及監督。

(四)對於任何工作，管理階層與工人均應有相等的分工和相對的責任，管理階層可應用科學管理的原則來規劃工作，而工人則可準確地完成工作。

科學管理的概念加速了大規模生產的實現，首先應用泰勒主義到工廠的是福特（Henry Ford）的汽車裝配線，福特希望節省時間、能源及金錢，進而以更高的生產效率帶來低廉的售價、提升銷售量（林佑聖、葉欣怡，2001）。福特意圖用機器來取代人力，並由生產線來左右工作的速度，生產線固然提高了生產力，但是工作的單調無聊和被剝奪技能的失落感，也導致超高的工人流動率和工作過程的怠工現象。義大利馬克思主義葛蘭西（Antonio Gramsci, 1891-1937），首先創造福特主義（Fordism）一詞，代表二十世紀二次大戰期間福特首創之大量生產方法的特性，以及其對義大利社會和家庭生活之影響。和泰勒比起來，福特主義進一步剝奪了工人的自主權，使工人成為生產的工具（戴曉霞，2002）。

參　傅柯的組織理論

　　法國社會學家傅柯（Foucault, 1977）於《規訓與懲罰》一書中，對於現代監獄的研究用了很大篇幅關注監獄設施的實際布局，透過組織物理特性的研究，探討它的社會構成和權力體系存在著密切關係。於十八、十九世紀，對於罪犯的懲罰機制逐漸獨立、自主，「專業性」的懲罰制度亦成為趨勢，「監獄」成為懲罰的專業機構，成為現代社會中，對於罪犯規訓、教化的最佳場所。當時邊沁（Bentham）所設計的「圓形監獄」建築構想獲得大量的採用。「圓形監獄」（panopticon）源自希臘文，語意為「無所不見的地方」（all-seeing place），顧名思義，其建築物即對於罪犯進行無所不見的監視設計。建築物呈現圓形狀，監視塔立於建築物的圓心位置，而牢房則設於圓周邊緣上，牢房出口向著監視塔，監視人員可於出口透光處完全觀察到罪犯於牢房中的一舉一動。監視塔與牢房呈現圓心與圓周的相對位置，管理人員位於監視塔之中，對於犯人所有的行為將全盤知曉。如此，犯人面對監視人員的隨時監控，所代表的意義在於，受監視者知道位在中心監視塔會有監視人員在執行監視工作，然而，受監視者卻無法知道此時此刻是否受到監視，這一種來自於受監視者個人內心的想像，想像自己正受到監視者的監控一事，便逐漸內化於受監視者本身，並形成約束自己的力量來源，甚至大於監視者當面所進行的監視。傅柯認為邊沁「圓形監獄」當中展現的監視者與受監視者的特殊關係，活生生地上演於現代社會當中。有紀律的社會，便是以「監控」作為手段，滲透、侵入社會各個層面進行無時無刻的澈底監視。而權力的運作便於其中向社會各個層面蔓延開來：權力中心位於監控圓心所在，與圓周位置的受監視者之間，呈現不平等的權力關係（范家豪，2007；劉北成、楊遠嬰譯，1992）。

　　由傅柯的理論可得知在學校組織中每個人都會受到監督，包含時間及空間上的控制，即使處在相當高的權力位置也會受到監督，位置愈低的成員就愈容易受到嚴密檢查。監視有兩種形式，一是監視者直接監督下屬的工作，例如行政人員的巡堂；另一種是保存與個人的生活有關的卷宗、

紀錄和個案歷史，這些紀錄被用來監督成員的行為和表現，作為是否晉升的依據。除物理環境的安排外，時間表亦是維護組織紀律的必要條件，此即傅柯所言「圍繞著組織有效地分配身體」，時間表可使活動在時間和空間上規律化，組織才能有效率地運轉（李康譯，2009）。此外，為使監視體系良好的運作，就必須要有一種標準，使其統一的操作，而進一步地鞏固其懲罰（或獎勵），以達到一種更為精細的具體化水準，這「標準」傅柯謂之為「規範化評判」（normalizing judgment），即透過學校校規的懲罰和獎勵制度，而產生出規範化的力量，以強化整個規訓機制（張鍠焜，2006）。

第三節　學校組織結構的特性與變革

　　陳奎憙（2003）認為學校為一受養護性的組織，缺乏競爭與挑戰性，易導致固守常規，不知革新。這裡指是公立學校，經費預算及學生來源不虞匱乏，教師工作又受法律保障，因此公立學校常被詬病其效能不佳。加以學校組織目標不夠明確，許多學校強調升學，忽略學生道德等重要情意領域的學習與陶冶。當科層體制與科學管理應用到學校，對教育管理產生了很大影響，雖然提高了學校管理的功能和效率，但也導致不少的弊端。以下分別從學校組織結構層面分析及探討學校科層化所遭遇到問題，並提出改變學校組織的作法。

壹　學校組織的特徵

　　由學校情境科層化程度的研究，發現學校具有下列五種科層特性：1.系統集權化（權威層級體制）；2.學校集權化（決策權集中在校長、主任手中）；3.專門化（人員專司其職）；4.標準化（以客觀標準執行任務）；5.形式化（因循苟且，不事革新）（張慶勳，2004）。學者在探討學校組織結構時，均以「科層化」與「專業化」作為分類基礎，學校組

織因此可建構出四種不同的類型：韋伯型（Weberian type）、權威型（authoritarian type）、專業型（professional type）、混亂型（chaotic type），類型二權威型的學校為一高科層、低專業的組織，稱為權威型，主要是以行政領導者為核心，著重於科層體制的建構與維護，確立層級分明的權威階層體系，一切依法辦事，不講求私人情面，順從法令規章及指揮系統是組織運作的基本原則，權力集中並且系統地由上往下傳達，整個學校的行政事務由校長和行政人員作決定，教師少有表達意見和參與決定的機會，其專業知識較不受到重視，專業自主權亦相當有限（孫志麟，2005；Hoy & Miskel, 2001）。大多數的私立學校多屬於這種類型，行政部門和教師部門之間，存在著嚴重權力不平衡的現象，在學校組織運作中，主要是以行政人員的角度來處理大小事務，教師只負責教學，教學結果還要符合行政人員所訂的標準。這種學校組織行政權獨大，教師甚至要接受行政單位的監控，傅柯的組織理論最適用在這類組織。以下歸納學校組織結構的特性如下：

一、學校組織兼具科層化與專業化特徵

然而科層體制並不完全適用於學校組織，其理由如下：第一，學校組織不像一般的營利組織或行政組織，具有明確一致的目標，學校目標具有多元性與模糊性，因而難以客觀的進行評鑑；第二，學校組織中的主要角色是教師，而非科層體制中的行政人員，無法要求全體教師完全照章行事；第三，學校教育目標是以人的改變為標誌，涉及知、情、意、行等各方面，此與科層體制所要求的非人情化的特徵迥然相異，教師情感的涉入是使教學有效的必要條件；第四，科層化體制適用在都市規模較大的學校，小規模學校較沒有出現科層體制的主要特徵，非正式的溝通與互動反而較為明顯；第五，過度的科層化必然會增加教師的困擾、抗拒與不滿，降低學校組織的教育效果（林生傳，2005；鄭世仁，2007；孫志麟，2005）。因此學校組織同時存在著科層化和專業化的特徵，科層人員的行為是否正當要視是否與法令規章一致而定，專業人員則以專業學識自訂準

則自行管理，強調同行導向及自主決定權，在這種情況下，科層取向和專業取向之間就存在衝突的可能性（張慶勳，2004）。因學校組織中教學專業人員占絕大多數，形成學校組織的扁平化，校長、教師之間的層級簡單化，所以學者林明地（2002）就認為學校組織應該是一種專業科層組織或是教學專業組織。但畢竟學校組織並非是個專業組織，同時還存在著科層化的行政單位，所以我們可以說學校組織並存著科層化與專業化特徵。

二、學校是鬆散連結的系統

學者魏克（Weick）於1976年提出學校組織結構是一種「鬆散連結系統」（loosely coupled system），即明白指出學校組織運作有兩個主要的單位，一是以行政人員所主導的行政系統，背後隱含著科層體制的運作型態，講求法理規章的行政作為與階層關係；另一則是以教師人員為要角的教學專業系統，背後彰顯著教學專業自主權的維護，講求教學擁有自主決定權限。魏克指出學校組織雖由多部門所結合，但是各自卻擁有各自的自主性（引自陳幸仁，2007）。

三、雙重系統理論

歐文斯（Owens, 1991）提出「雙重系統理論」（dual system theory），可視為對魏克的理論加以詮釋，他認為學校組織同時具有「科層體制」與「連結鬆散」兩種特性，學校組織在教學系統方面具有連結鬆散的特性，而在行政事務的非教學系統方面，則是具有緊密結合的特性。上述這兩種組織結構的特性，是可以在學校組織中同時存在。例如行政系統只負責經手預算與配合、人事聘任與否、整體學校運作及公共關係事宜，而教師則是負責每天的教學工作，校長或主任不可能每天視導教師的教學（蔡榮貴，2005）。學校組織這種制度結構有助於長期的適應力，每一部門均能自主地針對其所處的環境做調整，因而保持各自的獨立性。如果系統中的任何一個部門發生困難或解組的現象時，將不會影響及其他部門。然而，這種結構設計的缺點在於當組織需要改變時，各單位往往不易合

作，反而會認為中樞權威單位剝奪了他們的自主權而予抗拒，且會以拖延方式延宕中樞權威單位擬定交付的方案。因此，這類型的組織結構最適合各部門不須一致反應外界變化的組織（林綺雲，2002）。

 ## 貳　學校組織的變革

　　學校組織遵循這樣的科層體制，可以達到合理性、專門、效率高、可預測、公正無私、速度快、激勵、服從等功能；但也可能產生一些反功能的問題，例如厭煩、士氣低落、溝通障礙，僵化、目標錯置（displacement of goals）、成就與年資衝突等。最常見的是「目標錯置」，成員忘了組織的原有目標，國中校長為提升全校升學率而辦學，老師的教學是為考試而教、為升學而教，學生的學習心態是不考試就不讀書、升學考試不考的學科就不讀。科層式的學校管理也不能在外部環境急劇變化的情況下對學校的發展做出快速反應（鄭世仁，2007；謝高橋，2004）。因此，二十世紀80年代以來，各國都在不斷地對教育進行改革，以適應外部環境的需要。以下謹就校長的變革領導及學校本位管理兩項議題，來說明學校組織如何變革。

一、變革領導

　　學校變革領導（change leadership）是學校領導者引導學校成員進行學校組織更新的歷程。領導者，依其對教育價值的體認及對學校現有情況的了解，擬訂學校組織的變革方向，經由溝通以便學校成員體察學校革新的必要性，並透過個人影響力使學校成員認同學校的變革方向，進而轉化變革理念為學校的日常工作，並統合學校各系統的力量，使學校全體成員能持續朝向變革方向努力，以提升學校教育品質（謝文豪，2004）。變革領導與學校組織文化的革新有密切關係，校長如何帶動學校改革，其基本途徑均著重於學校文化的革新，這也是變革領導的基本任務（譚光鼎，2007b）。變革領導的具體作法由四層面說明之（譚光鼎，2007b；謝文豪，2004）：

㈠心理層面

學校變革領導首先需建立危機意識，協助成員適應變革歷程之不確定性，並透過溝通以凝聚共識並塑造「共同願景」。

㈡物質層面

校長宜建立學校資訊溝通網路並妥善管理；同時亦可結合並運用有利資源，透過重新規劃空間、展示藝術成品、美化綠化校園環境等作法，發展學校文化特色，達到境教之潛移默化的目的。

㈢結構層面

校長應建立組織革新團隊，以集體領導取代個人領導；次則適度調整原有組織結構型態，建立有利變革的管理結構與歷程。

㈣技術層面

學校變革領導需強調溝通、建構對話行動舞臺、強化教師專業發展、革新行政運作模式、發展評鑑制度、調整或創新學校典章儀式、建立學校持續變革的機制。

學校改革的達成必須透過成功的組織文化革新，而變革領導的基本任務，就是在推動學校組織文化的革新（譚光鼎，2007b）。有關學校組織文化的改造部分，將於下節中詳加說明。

二、學校本位管理

學校本位管理（school-based management, SBM）本質上是對傳統科層體制管理模式的改革，是一種能有效適應外部環境需要的教育管理模式，簡而言之，即教育行政機關充分授權並尊重學校自主決定的學校經營方式。其沿革可追溯至1960年代有關社區參與（community participation）、分權化（decentralization）或對教師授權（teacher empowerment）等觀念的發展；而目前的教育改革者則將學校本位管理視為校園民主化的工具，同時也是學校改革的目的之一（張明輝，1997）。學校本位管理強調政府將經營學校的權力與責任下放到各學校的學校管理，學校在政府規定的教育

目標、政策、標準、績效責任等範圍內，自主決定學校資源的分配，包括課程、教學、人事配置、時間分配、評量方法、經費財務等自主決定或分配（謝文全，2003）。此一管理策略之要旨，主要有下列四點（陳俊生、林新發，2003）：

(一)決策權力分權下放

就上級教育行政機關與學校間的權力結構關係而言，教育行政機關集權化之行政決策權，分權下放給各學校，而學校層級本身之權力，亦由校長或行政人員分權給學校教職員、家長、社區人士甚或學生之代表，使其有充分機會參與校務之決定。

(二)決策過程參與分享

不但以學校作為決策的主要單位，且其過程係校長、教職員、社區人士，甚或學生之代表，一起透過管理（諮議或審議）委員會參與分享決策的過程。

(三)授權學校核心事項

授權決定的範圍通常包括與學校層級發展息息相關的核心事務，諸如經費資源、人事、課程、教學，乃至組織目標、結構及評鑑等事項。

(四)學校承擔績效責任

上級主管教育機關賦予學校更多斟酌自主的空間，學校成為教育事務決策之主要單位，相對地，其亦應負起辦學成敗及績效責任。

第四節　學校文化

學校為一種教育性組織，必須形成一種積極性的學校文化，才有利於教育目標之達成，學校又是一種專業的組織，欲發揮其專業的功能，必須重視其文化環境的安排，才有利於其專業目的之實現（陳木金、吳春助，2011）。所謂學校文化則是指學校在與環境調適、互動及本身內部統整的

過程中，長期累積發展而成的產物，如信念、價值、規範、態度、期望、儀式、符號、故事和行為等，學校成員共同分享這些產物的意義後，以自然而然的方式表現於日常生活之中，形成學校獨特的風貌，以有別於其他學校（黃素惠，1997）。因此學校文化，乃是由學校成員（包括校長、行政人員、教師、學生與家長）的價值觀念與行為模式所形成（陳木金、吳春助，2011）。以下分別從學校文化的性質、組成要素、功能等方面，探討學校文化的重要性。

 ## 學校文化的特質

　　最早提出「學校文化」此一概念者是美國學者華勒，他在1932年出版的《教學社會學》（*The Sociology of Teaching*）一書中，認為學校文化是學校中形成的特別文化，一方面藉兒童遊戲團體保留成人文化，另一方面則由教師設計，引導學生從活動中學習文化。林清江（1982）將學校文化的性質歸納為五項：1.學校文化是一種次級文化，學校文化一方面反映大社會的文化，另一方面則又有其獨特性。2.學校文化是一種綜合性文化，它一方面包括世代之間的文化，另一方面則又包括校內、校外的文化。3.學校文化是一種對立與統整互見的文化；師生之間的價值與行為，可能並不一致，在交互作用中，乃經常出現對立與統整的現象。4.學校文化是一種兼具積極與消極功能的文化，有益教育工作進行，則具有積極功能；無益或不利教育目的實現，則具消極功能，而教師主要職責乃在盡力抑制消極功能，而促進積極功能。5.學校文化是一種可刻意安排或引導發展方向的文化；學校文化有些是自然天成，有些是人為安排的，兩者不一定完全符合教育的需要；無論學校的物質文化、制度文化或心理文化，都可改變或引導其發展方向。學校文化的特質就如同迪爾和彼德森（Deal & Peterson, 1990）所言：學校文化是一條活動著情感、社會習俗和群體行為的河流，永遠不斷地在學校內部流動著。

學校文化的要素

「校園文化」、「學校環境」、「潛在課程」等名詞是與「學校文化」意涵相近的概念,但這些概念是不等同的。校園文化等名詞特指物理空間限制下的特殊行為,特別突顯「圍牆」所區隔出來的物理空間,其意義比較狹隘;學校文化則比較不受空間的限制,學校圍牆之外也同樣存在著學校文化,學校文化所代表的是象徵系統中的「教育符號」(周宗偉,2006),其所包含的範圍較廣泛。歐溫斯和史坦霍夫(Owens & Steinhoff, 1989)認為,學校文化的內容包括價值和信念、傳統和儀式、歷史、故事和迷思、英雄人物、行為規範等六大部分。學校文化以價值和假設為核心,具體表現於學校行政制度、課堂教學方式、學校研究活動、師生互動方式、學校建築、學校傳統、故事、儀式、慶祝活動、典禮等方面,是學校群體成員秉持的價值取向和行為動機的統一體。學校文化結構呈「冰山」形式,其基本構成要素如表8-1所述(謝翌、馬雲鵬,2005)。

表8-1　學校文化的冰山結構表

基本成分	具體內容	主要特點
顯性成分	1.做事方式(待客方式、學校成員內部的互動方式、與上級部門互動方式、處理問題的行為模式) 2.學校圖騰、標語等 3.學校建築與布置 4.典禮與儀式 5.榜樣與故事 6.學校制度與規範(包括課堂規則) 7.課堂教學行為	可觀察和測量的
灰色地帶	學校傳統	半顯半隱的
隱性成分	1.學校成員共享的價值與觀念 2.學校成員行為和價值觀的前提和假設(比價值隱藏得更深,需要更深入的挖掘) 3.制度化行為的動機	需要長期的共同生活方可掌握

資料來源:重建學校文化:優質學校建構的主要任務,謝翌、馬雲鵬,2005,**華東師範大學學報**(教育科學版),**23**(1),頁9。

參　學校文化的內涵

學校文化的形成是多元的，受到校園內、外各種環境因素的影響，因此學校文化的內涵包含六個層面，即教師文化、行政文化、學生文化、社區文化、物質文化、精神文化，每一所學校受其六個層面學校文化的影響程度不一，加上領導者不同的領導重點，即使是在相同的地區、環境與條件，所展現出來的學校文化仍有其不同的特色與風格（陳怡君，2005）。以下分別介紹學校文化的六種內涵（吳俊憲，2004；陳木金，1999；李新鄉，2002；陳奎憙，2003；陳怡君，2005）：

一、教師文化

教師是學校社會體系中的領導者，教師因社會背景不同，對於教育專業倫理的定義，專業信念的認知，對學校教育目標的認同與投入，教學經營的分享與創新，教育新知的接受與批判，與同儕間的相處，與學生、家長的互動皆因人而異，形成教師文化的重要成分。教師文化的形成不僅是教師社會化的關鍵力量，對整體學校文化而言更是重要支柱。依據哈格里夫斯和馬克米蘭（Hargreaves & Macmillan, 1995）的研究，英國中學教師普遍存在著一種「巴爾幹文化」（Balkanized culture），同一個學校中的次級團體，如級任教師、專任教師、行政人員、各學年之間各有其信念系統、價值趨向與認同對象；平時，各個次級團體之間表面相安無事、各行其是、「井水不犯河水」，實則充滿緊張、對立，乃至因為權力、資源、利益分配而爆發衝突的鬆散系統。學校教師的次團體正如巴爾幹半島的諸小國，各有其信仰及種族的認同凝聚。在巴爾幹文化中，教師對特定團體具有忠誠與認同，但次團體各自分立的狀態卻導致教師之間溝通不良、各行其是；於是不同學科的教師對學生進步狀況的監督失去協調，在教學空間、時間、資源分配上經常有不同看法而起衝突。

二、行政文化

校園裡行政人員包括校長、兼行政職務的教師、專任職員、人事、

會計、軍訓護理、工友等，由於教育背景的差異，工作任務的不同，人際互動或溝通的模式有別，價值觀念和行為表現各異，自然形成不同的次文化。不同行政人員次級團體的合作與競爭關係、和諧或衝突的交互影響，與本位或寬容的協調過程等，對整體的學校文化有相當的影響。其中最具影響力的人物是校長，學校文化的形成常決定於校長的角色觀念與角色行為。

三、學生文化

在校園裡學生文化和社會的流行趨勢與脈動有密切關係，學生文化依不同類型的學生在學習態度、價值觀念、服飾穿著、語言形式、社團參與、人際關係和未來展望等將有所差異，學生文化對於學校教育功能的達成、學生人格成長、社會價值觀的內化，可能形成助力，也可能是阻力，學校必須善加引導與運用，才能有助於教學目標的實現。

四、社區文化

學校是社區中的一個單位，更是社區共同生活體的一分子。學校所在的社區，其大小、都會型態或鄉村型態、工商社區或文教社區、封閉保守或進步開放的社區，對於學校目標、課程內容、教師教學、學生價值觀念、抱負水準和學業成就等，都有密切的關係。學生來自社區，將受社區影響而形成的價值觀與行為帶入校園中，加上家長對學生及學校的期待，終將影響整體的學校文化。

五、物質文化

學校的校地大小、綠化美化情形、校園建築和硬體設備、庭園規劃與空間設計等，均具有潛移默化的影響作用。學校的教室布置優美，文化走廊設計精緻，各種的標語圖畫、衛生設備、運動場所規劃良好與否，對政治銅像或鏡框如何擺設，對創校先賢或傑出教師、校友的事蹟介紹或保留整理方式等，都是學校物質文化的重要成分。其他諸如藏書的質量、照明

情形、視聽器材、學生制服名牌或書包的型式、資料等,亦都是學校物質文化的表現。一個舒適的環境,不僅有助於學生學習,對於學校文化也有潛移默化的影響效果。

六、精神文化

精神文化或稱為制度文化,學校校園除了有形的物質文化之外,更講求精神文化的塑造。精神文化的範圍包括有象徵意義的傳統、習俗、故事、儀式、規章和制度,有些是學校正式課程的一部分,有些是非正式課程,有些則為潛在性課程。如學長姐制、迎新送舊活動、學術研究風氣、社團活動、對校譽、升旗、週會或畢業典禮的期望和參與表現等,都是構成學校精神文化的重要成分。而這些往往會代代相傳,甚至具有強制性。

 ## 肆 學校文化的功能

學校文化對於學校的表現與革新均具影響力,學校文化亦是決定教學革新能否成功的關鍵因素(Deal & Peterson, 1999)。迪爾和彼德森(Deal & Peterson, 1999)認為適宜的文化具有下列功能:助長學校效能與生產力、改善同僚與同心協力的活動、助長較佳的溝通與實際問題解決、助長成功的改變與革新努力、塑造師生與行政人員的承諾與認同感、擴展學校師生與社區的能量、提升日常行為的焦點(引自林明地,2001)。學校文化的功能可以歸納為以下幾項:

一、解決學校外部組織適應及內部統整的問題

任何組織要在環境中生存必須面對來自組織內外環境問題,就解決外部的適應而言,學校文化將學校的信念、使命及達成目標的方法傳給新進人員,使得他們可以了解在組織中知道該做什麼及如何做,組織因而能在環境中順利運作。另外,學校文化使成員了解學校傳統、精神、目標及成員工作的意義,使成員了解自己是學校的一部分,進而對學校發展出認同感、歸屬感及使命感(蔡榮貴,2005)。

二、學校文化可以增進學校效能

　　歐特（Ott）1998年的研究指出，組織文化是組織做事的一套假設、方法、價值或信念，這些文化的內涵，影響成員的行為，因此組織的績效或效能，深受組織文化的影響。國內學者如吳璧如（1990）、李新鄉（2002）、陳聖謨（1995）的研究，皆證實學校文化與學校效能有密切的關係。

三、學校文化可以降低成員個人焦慮並增進成員對學校的認同感

　　學校成員在學校中藉由社會化的歷程，習得組織的行為規範、價值觀念，了解何者可為，何者不可為，使個人與學校產生一體的感覺，久而久之便對學校產生認同感。因此，學校文化可增進學校成員的認同感，產生成員與學校休戚與共的使命感，這種使命感可驅使成員對工作投注心力、提高對組織的承諾，同時減少個人遭遇內部統整或外部適應時對組織的焦慮感。透過學校文化的塑造，可用來提升教師對學校的承諾感及工作上的滿意感（郭建志、章珮瑜、鄭伯壎，2002）。

四、學校文化可提升成員的工作效能及成為控制成員的機制

　　學校文化除影響整體發揮外，亦影響個別員工的行為表現，不僅可使學校成員對學校的認同感提高，並可改善生產力及提高員工的工作效能。例如郭建志、章珮瑜、鄭伯壎（2002）的研究發現學校若具有強勢之文化，其教師之組識承諾與工作滿意度則較高；而學校之文化較薄弱時，其教師之組識承諾與工作滿意度則較低，顯示學校文化與教師效能之間，確實存在著顯著的關聯性。另外，學校文化亦可作為導引與塑造成員行為的手段。由於學校文化提供成員言行和思想的規準，成員也接受學校賦予的角色期望，合於規範者則留存在組織，違反規範者則可能遭到排斥。

伍 學校文化重建的基本策略

學校文化的各種問題，無論是消除其消極影響還是重建積極的學校文化，都需要多管齊下，在各個方面做出努力，它需要更加密切地關注學校中運行的教育價值以及日常活動，並且需要學校全體成員的共同關注和參與，更需要照顧各個利益相關者的要求（謝翌、馬雲鵬，2005）。多位學者提出重建學校文化基本原則，例如林清江（1982）提出學校文化設計的六項原則為：1.強化教師的專業行為；2.了解、運用及改變學生文化的影響方向；3.約束學校行政人員的價值觀念及行為型態；4.選擇及運用社區文化；5.強調學校物質環境的教室布置；6.學校制度的配合。林義男和王文科（1999）針對學校文化的設計，提出幾項具體的作法：1.維護歷史傳統；2.樹立英雄典範；3.善用故事傳說；4.強化慶典儀式；5.重視物質環境。綜合各學者的意見，以下僅就幾項重要的基本策略作一說明：

一、檢視當前的學校文化

不同的學校所具有的學校文化都不相同，相關的研究將學校文化分成了幾種不同的類型。哈格里夫斯（Hargreaves, 1995）認為學校具有兩種基本任務，一是生存目標（組織導向），一是維持和諧關係（個人導向），但二者經常對立。依據組織導向和個人導向兩層面，建構出四種類型的學校文化，以下分別說明四種學校文化的類型：

㈠正式學校文化

正式學校文化（formal school culture）為高社會控制、低社會團結，又稱為傳統型學校文化，其特徵主要是極度重視學生考試成績，師生壓力大、注重傳統規範、常規嚴謹有序、人際關係疏離、校內競爭性強、領導專權，甚至獨裁。

㈡福利者文化

福利者學校文化（welfarist school culture）為高社會團結、低社會控制，其特徵主要是以育人為本、以學生為中心、對學生的成績要求不高，

人際關係和諧融洽、民主管理。師生感受到的成就壓力較低，學校重視和諧的氣氛。

(三)溫室學校文化

溫室學校文化（hothouse school culture）為高社會團結、高社會控制，其特徵主要是對學生成績的要求和群育成長的關注同樣重視，所以教師熱心投入教學、肯創新、學生學習態度積極、人際關係密切。這種文化是教師和學生自發性參與所形成的。

(四)求生者學校文化

求生者學校文化（survivalist school culture）為低社會團結、低社會控制，或稱為紊亂型學校文化，其特徵主要是學業和成長性較差，教師對學生沒太多期望、教師教課輕鬆、學生成就低落、教師和學生得過且過。這種學校文化人際關係疏離、士氣低落、效能低、危機大，教師在掙扎之中求生存。

二、學校領導者應塑造優質的學校文化

領導者在組織團體所創造出的特定文化及發展歷程中，扮演火車頭的角色，可見學校組織領導者與學校組織文化關係之密切，領導者必須對組織文化有所警覺。首先領導者應具有高度的學校文化自我察覺（a high self-awareness of school culture），所謂文化自我察覺，即是高度意識地選擇、強調和分類某些學校情境、事件、經驗的文化想像與判斷。透過高度的文化自我察覺歷程，不但可以在學校改革過程中打造集體認同，而且也可以創造、詮釋和轉化改革機會（王耀庭，2011）。其次是透過行政團隊發展學校共同願景，形成學校群體共享的規範、信念及價值。具體作法有：1.整理和講述有關學校的歷史、故事及傳說，以傳承學校文化的精神內涵；2.重建學校的典禮、儀式和各種活動，讓學校的理念與價值在行動中得到強化與昇華；3.重新建構學校成員相互作用的規範與制度，從而衍生出新的組織行為與人際關係；4.營造校園設施的特色，融入學校精神特質和價值取向的各項標誌或圖騰。最後是建立暢通的溝通系統，暢通的溝

通管道可以讓成員對學校產生生命共同體的感受，有助於共識的建立，當然溝通系統的建立必須創造信任、接納與開放的文化氛圍，領導者必須靠真誠的溝通，讓學校組織成員均為求學校組織的永續發展而共同努力（陳怡君，2005；陳木金、吳春助，2011）。

三、建構合作性的學校文化

學校文化除可發揮上述正向功能外，有時也會產生以下的反功能（吳俊憲，2004）：

1. 孤立、懼變的教師文化，即教師習於孤立、保守、懼變的習慣，抗拒學校的變革。

2. 反智、反學習的學生文化，學生次級文化產生追求安逸享樂的價值取向、瘋狂盲目的偶像崇拜、膚淺曲意的語言表達方式、藥物濫用與偏差的問題行為等，這些行為表現出對學習的抗拒。

3. 科層、保守的學校文化，學校校長與行政人員的獨大心態，或缺乏民主領導的風範，或未能與教師、家長、學生成為改革的夥伴關係，加上舊有的行政組織體系缺乏彈性，在此種情形之下，學校改革勢必無法成功。

4. 干預、抗拒的社區文化，社區對學校教育專業價值的貶損和運作的干擾，例如社區民眾社經地位低落、家長對學校干預嚴重。

孤立、懼變的教師文化容易形成「巴爾幹文化」，這種巴爾幹文化的校園造成組織成員生活彼此隔離和孤立的文化現象，消解了教育改革的可能性，也造成某些學科被邊緣化；限制並阻礙了教師社群之間的專業學習與互動，以至於學校組織內的對立、衝突和緊張持續著（鄭詩釧，2005）。學校要建立「協同合作文化」（collaborative culture）來取代巴爾幹文化，具有合作性文化的學校，教師能夠步調一致、持續不斷地合作，改進他們的教學方法和課程資源，例如教師間彼此展開專業對話、經驗交流、共同規劃統整課程等，讓所有的學生都能夠從中獲益。在合作文化中，每一個教師都能成為領導者，當教師能夠共享觀點和共同探討問題的

解決方案，分享領導權和積極參與，可提高他們的效能感（謝翌、馬雲鵬，2005；林義男、王文科，1999）。成立「專業學習社群」是發展協同合作文化的一項策略，除可提升專業成長之外，也可改變學校中的溝通網絡模式，讓原本的自主專業變成夥伴專業，夥伴專業需要打破教師原本的孤島文化，與其他教師合作，共同研發與分享教學實務以建立信任與互助的同僚關係（陳佩英，2009）。

自我評量 ....

一、選擇題

( ) 1. 把課程編列成容易教、容易測量的目標，以測驗學生的成就和教師的表現，使得教師逐步面臨喪失技能（de-skill）的情境，對於如何教學與教學內容不再具有控制權。這是哪一種組織管理思想對教師自主所帶來的衝擊？　(A)泰勒主義　(B)寡頭鐵律　(C)後彼得定律 (D)後現代主義。

( ) 2. 學校本位管理是當前學校經營運作的趨勢主流，而其主要關鍵係指決策權的下放與績效責任分享承擔。請問，在這種管理模式下，下列何者較不屬於其核心事項？　(A)課程教學　(B)公共關係 (C)人事　(D)預算。

( ) 3. 研究組織的人認為學校是一個鬆散連結的組織，下列說法何者不能闡釋這樣的概念？　(A)學校組織以教室為單位，造成地理區隔 (B)科層節制較不明顯，每個人有相當大的自主權　(C)一個單位的失敗不致造成整體組織運作的崩盤　(D)組織規模通常屬於中型。

( ) 4. 下列何者不是科層體制（bureaucracy）的主要特徵？　(A)明確的組織分工，階層體制分明　(B)以專業能力及資格作為用人的標準 (C)公事公辦，公私之間有嚴格的劃分　(D)強調同僚體制，尊重部屬的專業自主。

( ) 5. 秦老師在第一次段考時發現小明作弊，因為小明平時循規蹈矩，不曾犯錯，被發現作弊後，態度良好，很快認錯、道歉，秦老師決定從輕發落，只記警告二次，但學務處卻要求依校規記小過一次，雙方僵持不下，這屬於下列哪一種衝突？　(A)社會階層的衝突 (B)個人主義與集體主義的衝突　(C)角色內的衝突　(D)科層權威與專業權威的衝突。

( ) 6. 學校會利用標語或圖像表達其辦學願景或價值觀。由此最能觀察到哪一層面的學校文化？　(A)物質　(B)制度　(C)觀念　(D)成員。

( ) 7. 學校的升旗活動是屬於下列何種學校文化內涵？　(A)行政文化 (B)制度文化　(C)學生文化　(D)社區文化。

（　）8. 將教育行政權力下放給各地方學校，讓學校教師、行政人員、家長、社會人士和學生共同分享參與作決定的權力，強調專業責任與自治精神，這是何種管理？　(A)目標管理　(B)品質管理　(C)學習型管理　(D)學校本位管理。

（　）9. 韋伯（Weber, M.）的科層理論較傳統的管理方式效率高的原因為何？　(A)科層組織的命令系統較多元　(B)科層組織的權限劃分較清楚　(C)科層組織的人員聘用較強調非正式的關係網絡　(D)科層組織的聘任制度鼓勵人員流動。

（　）10. 請問下列哪一個文化特徵並非學校組織的性質？　(A)非價值導向的活動　(B)承擔社會的根本功能　(C)以服務為宗旨　(D)受到過度保護。

（　）11. 下列關於學校文化特性的描述，何者較適切？　(A)不同學校所具有的文化類型差異不大　(B)學校文化對於教職員工的行為具有規範性　(C)學校文化是靜止的，不會改變　(D)學校文化對於學校發展僅有正面功能。

（　）12. 埃茲奧尼（A. Etzioni）依據組織權力之分類將組織分為三種類型，其中學校屬於何種組織類型？　(A)強制性組織　(B)互惠性組織　(C)功利性組織　(D)規範性組織。

（　）13. 根據布勞（P. M. Blau）和史考特（W. R. Scott）以「受惠者」為分類標準，學校是屬於哪一類型的組織？　(A)互惠組織　(B)商業組織　(C)公益組織　(D)服務組織。

（　）14. 學校組織結構的特性，通常不包括下列哪個選項？　(A)科層體制　(B)連結鬆散　(C)雙重系統　(D)封閉系統。

（　）15. 有關學校組織所面對的「科層體制的紀律與專業知識」之兩難困境，下列哪一項敘述不正確？　(A)二者均強調服務　(B)二者均強調技術能力　(C)專業人員企圖以專業標準來控制成員，但科層體制要求員工應堅守法令　(D)專業人員企圖以層級權威來控制成員，但科層體制要求員工應順從無形規範。

（　）16. 劉校長想使學校的文化環境比較輕鬆、友善、溫馨而舒適，他經營學校的理念是以學生為中心的哲學，強調對學生的養護職責並

滿足學生的需求，以促進學生成長與社會適應。劉校長的理念符合下列何種學校文化類型？　(A)正式學校文化　(B)溫室學校文化　(C)福利者學校文化　(D)求生者學校文化。

(　　) 17. 學校每年會舉辦畢業典禮。這個作法屬於下列哪種文化？　(A)教師文化　(B)物質文化　(C)制度文化　(D)學生文化。

(　　) 18. 哈格雷夫斯（D. Hargreaves）區分四種學校文化類型，有些學校氣氛有點狂熱，所有成員都積極參與學校生活，這是何種類型的學校文化？　(A)正式學校文化　(B)福利者學校文化　(C)求生者學校文化　(D)溫室學校文化。

(　　) 19. 周老師擔任導師，新學年開學之後，她立即和全班學生利用時間討論，建立班級管理的常規，約定各種獎勵和違反常規的處理原則。就學校文化而言，她所實施的這些措施屬於哪一種文化？　(A)物質文化　(B)制度文化　(C)心理文化　(D)傳統文化。

(　　) 20. Hargreaves與Macmillan認為中學教師間存在著「巴爾幹文化」（Balkanized culture），此文化具有四種特性，是哪四種？　(A)高滲透性、知識即私產、低持久性、身分認同　(B)政治性錯綜、高持久性、個人認同、低滲透性　(C)角色統整、刻板印象、抗拒變革、中滲透性　(D)高忠誠性、低聚集性、高私密性、高滲透性。

(　　) 21. 下列哪一種敘述，不能反映現今學校組織科層體制的特性？　(A)所有的公文檔卷需存檔，並作為日後稽核究責的依據　(B)教師能照自己的經驗與個人意向，不受行政系統督考　(C)透過專職分工來增進學校組織的效率　(D)有明確的上下階層職位，並有明確的職責。

(　　) 22. 下列有關學校組織的敘述何者有誤？　(A)學校教育承擔社會的根本功能　(B)學校組織目標複雜而抽象，不易具體實現　(C)學校是一種「受養護性」的組織　(D)學校措施關係全民福祉，較不易遭受批評。

(　　) 23. 下列有關「學校文化」的敘述，請選出錯誤的選項？　(A)學校文化包括學校成員的共同心理特質、價值與行為，也包括學校的物質與制度文化　(B)學校文化也反映了學校所在社區及學生的特質，

會形成每所學校特有的價值、態度與行為規範　(C)學校所在的社區文化不屬於學校文化的一部分　(D)「青少年次級文化」反映學生的特質與價值觀，對於學校文化與校園倫理影響頗深。

(　) 24. 請問下列最能闡述學校組織變革的意義？　(A)對環境的選擇　(B)新理念的採取　(C)結構的重組　(D)計畫的擬定。

(　) 25. 下列哪一項敘述與學校文化無關？　(A)學生與家長都尊師重道　(B)舉辦學校慶典活動精緻典雅　(C)學生常有爭執甚至鬥毆　(D)弱勢學生人數比率偏高。

(　) 26. 畢業時甲校舉辦變裝秀、乙校舉行水球大戰，是眾所皆知獨具特色的學校文化，而此文化源自於學校教育中的何種內涵？　(A)行政文化　(B)學生文化　(C)制度文化　(D)物質文化。

(　) 27. 王老師要求學生不要使用火星文，但學生不但不理會，反而私下揶揄老師。這是屬於何種學校文化？　(A)學校傳統文化　(B)學生次級文化　(C)教師次級文化　(D)學校制度文化。

(　) 28. 組織文化的變遷雖然是對外在環境的回應，但也有可能是源自於組織內部的動力關係。對於學校組織文化創新與革新，最重要的因素為下列何者呢？　(A)校長的有效領導　(B)協作團隊的熱力　(C)教師的卓越教學　(D)教師的共備社群。

(　) 29. 一所學校的建築設備及校園景觀或布置好不好，這是屬於學校文化中的哪一種？　(A)教師文化　(B)學校行政文化　(C)學校物質文化　(D)學校制度文化。

(　) 30. 若在某個學校中，大部分教師教學步調緩慢，對學生期望不高，沒什麼教學熱忱，得過且過，而學生學習態度也多屬消極。這種學校的學校文化比較像是下列哪一種類型？　(A)福利者學校文化　(B)投入者學校文化　(C)正式學校文化　(D)求生者學校文化。

(　) 31. 下列哪一項學校組織的分析不屬於科層體制的特色？　(A)權威性階層　(B)功能性分工　(C)明訂成員角色　(D)依人情規則運作。

答案

1.(A)　2.(B)　3.(D)　4.(D)　5.(D)　6.(C)　7.(C)　8.(D)　9.(B)　10.(A)　11.(B)
12.(D)　13.(D)　14.(D)　15.(D)　16.(C)　17.(C)　18.(D)　19.(B)　20.(B)

21.(B)　22.(D)　23.(C)　24.(B)　25.(D)　26.(C)　27.(B)　28.(A)　29.(C)
30.(D)　31.(D)

二、問答題

1.請依據社會學家對社會組織的分類，說明學校組織具有哪些性質。

2.在組織理論方面，法國社會學者傅柯提出的「圓形監獄」的理論，請敘述其理論之大要。

3.請說明韋伯的科層組織理論，並解釋學校是否完全具備科層組織的特徵。

4.學校的行政缺乏效率與作風官僚化常為大眾所詬病。請從韋伯科層體制模式（bureaucratic model）的觀點，論述如何提升學校的行政效能。

5.學校組織受到科學管理及科層體制等理論的影響很大，以致產生諸多缺失，如果要對學校組織進行變革要如何進行？

6.請簡要寫出學校文化的定義及類別，並就各類別列舉一則實例。

7.何謂「學校文化」？學校文化內涵為何？學校文化的概念對學校經營效能有何啟示？請分別說明論述之。

8.教師文化普遍存在著一種「巴爾幹文化」，請問何謂「巴爾幹文化」？如何改善這種學校文化？請列出具體的策略。

9.試列舉兩項形成中小學學校文化的內涵，並針對此兩項說明如何因應，以形成優質學校文化、發揮教育功能。

第九章

班級社會學

　　班級教學為現代最具代表性的一種教育型態，一個班級通常是由一位教師或幾位學科教師和一群學生共同組成一個小型的社會體系（a social system），經由師生交互影響的過程實現某些功能，以達到教育目標（Parsons, 1959）。為了達成教育目標，在師生交互作用的情境裡，教室的領導者藉著本身所擁有的權威，遂行知識的傳授，並促使學生遵守既定的規則。教育活動乃是建立於師生之間面對面的關係（a face-to-face relation），教師的重要職責約有下列幾項：教學、訓育、評鑑與選擇、輔導與諮商等。由於教師是成人社會的代表者，他是班級中具有權威的人物，因此通常由他訂定教室活動的規則，然後要求學生遵守。教師的一舉一動，一言一行，均需學生的適當反應來配合，如此才構成教室社會體系要件（陳奎憙，2009）。班級社會學探討的主題與班級經營這門課程相似度很高，二者的差別是班級經營所用的理論屬於心理學，尤其是行為主義及人文主義的理論應用得最多，班級社會學則是以社會學的觀點進行分析及討論，其中也是有重疊的地方。班級社會學同時也與教學社會學（sociology of teaching）有密切的關係，有些主題亦可列入教學之中作討論，例如班級紀律的管理。本章第一節先就班級社會體系理論、班級組織的結構與功能作一探討；第二節探討班級組織中的師生互動，第三節探討親師互動。

第一節　班級社會體系的理論

　　班級是社會初級團體或是社會組織？社會學家為此一問題爭論不休。帕森斯從社會功能的角度對班級界定為一種社會體系，這說明班級具有社會組織的特性，因為班級達到一定的規模，而且訂有行為規範及各種制度。將班級視為社會初級團體者，則認為班級在結構上比較鬆散，領導者的形成也是一個自發的過程，學生的互動是以情感交流為主（謝維和，2002）。由以上的分析可以得知班級不像家庭、朋友以情感交流為主，可

以說是個比較特殊的初級團體，因為師生與同學的互動雖帶有情感的成分，但規範與制度的建立則帶有理性的成分，因此筆者將班級視為「社會組織」。

 ## 壹　班級社會體系的定義

　　對於社會體系的分析，帕森斯（Parsons, 1951）認為，凡是一種行為，牽涉到自我與別人之交互關係者，便屬於社會行動，社會體系是由這些單位行動所組成。帕森斯指出社會體系包括下述特性：1.兩個人或兩個以上人群的交互作用；2.一個行動者與其他的行動者處在一個「社會情境」中；3.行動者之間有某種互相依存的一致行為表現，此種表現是由於彼此具有共同的目標導向（或共同價值觀念），以及彼此在規範與認知期望上的和諧。社會體系涉及人際之間的關係，這種社會關係是為實現某種重要功能的方式，例如形成各種制度（institutions），一般社會學者多以「角色」及「角色期望」的觀念來分析一個制度的特性（陳奎憙，2009）。由以上的界定，可知班級這個社會體系是一個有一定人數規模的學生團體，是開展教學活動的基層組織，又是學生學校生活及活動的單位，是附屬在學校組織之中，學校行政會賦予班級一定的任務，讓班級組織有計畫地執行，並且對於交付的目標加以監督及考核。班級組織有著目標一致的行動導向或共同價值觀，班級的人際互動直接表現在「師生互動」及「學生互動」，因為二者處於同一「社會情境」之中，而間接表現在「親師互動」。

 ## 貳　蓋哲爾和謝倫的理論模式

　　社會體系是人類活動的一個觀念上的架構，它可用來分析各種社會團體中的結構與過程，以及人群之間相互關係的法則。有關社會體系與社會行為之間所牽涉及的各種因素的探討，比較受重視的是蓋哲爾（Getzels）的理論模式。他將系統理論應用在團體或組織，認為人類在社會體系中表

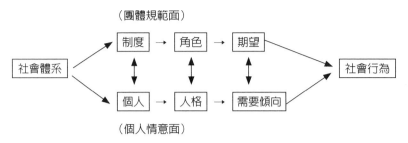

圖9-1　影響社會行為兩層面因素

資料來源：**教育社會學**（頁45），陳奎憙等，2000，新北市：空中大學。

現的社會行為，如圖9-1所示，通常受到兩方面因素的影響：一是制度方面，制度是由若干角色構成，而角色被賦予角色期望，制度、角色及期望構成「規範層面」（nomothetic dimension）。二是個人方面，個人具有人格，而人格則由需要傾向（need-dispositions）所產生，個人、人格及需要傾向三者構成「個人情意層面」（idiographic dimension），用來運作團體（陳奎憙等，2000；Aquino, 2000）。

　　蓋哲爾的影響社會行為兩層面因素理論被認為過於簡略，後來加入古柏（Getzels & Guba, 1957）及謝倫（Thelen）的修正與擴充，成為蓋哲爾—古柏—謝倫模式，用來分析單一教室、整體學校或社區等社會體系中的影響行為因素（Aquino, 2000）。1960年蓋哲爾和謝倫運用這一理論模式，分析班級社會體系中教師行為的兩個問題：教學情境中的角色衝突與教師領導方式，並於1972年將之擴充、調整，如圖9-2所示。以下說明該模式之內涵：

一、團體規範面與個人情意面

　　蓋哲爾和謝倫（Getzels & Thelen, 1972）認為在社會體系中所表現的社會行為，通常受到制度與個人兩個方面的影響。就制度方面而言，班級中存在著各種比較嚴格的規章制度，包括出勤、作業、考試、班規等一系列的制度，這些制度無法擺脫社會文化的影響，制度中的角色期望必須符合於社會的一般思潮、習俗或文化價值。例如我國文化特質是尊師重道，

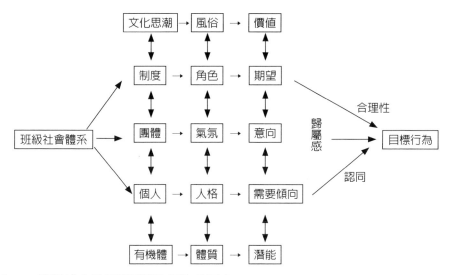

圖9-2　班級社會體系影響學生行為的因素

資料來源：**教育社會學導論**（頁174），陳奎憙，2003，臺北市：師大書苑。

在教育制度中，自然就期望學生尊敬教師。就個人方面而言，身與心的發展具有密切的聯繫，要了解一個人的人格特質與需求傾向，必須考慮個體的生理因素。因此，個人有機體結構、體質、潛能對個人的人格（包括感情、意志）具有重大影響。就班級社會體系而言，在制度與個人之間，蓋謝二氏認為應該加一個團體（group）的因素，團體生活可形成一種氣氛（climate），這種氣氛會影響團體中每一分子的意向（intentions）。團體的氣氛及其成員的意向，具有協調角色期望及個人需要的功能（陳奎憙，2003）。視班級為「團體」的學者，認為在班級的互動中存在著「非正式群體」，例如小圈圈、死黨，這是青少年學生為滿足各種需求而自然形成的，緩解學生在班級和學校的各種規章制度下的心理壓力，以增進班級的凝聚力。這種非正式群體對班級的教學活動，可以具有積極的意義，也可能產負面的影響（謝維和，2002）。

二、角色與人格

以班級社會體系而言，每一個體基於生理因素，發展出獨特的人格及

需要傾向，個人需要傾向所代表的是一股發自內心動機力量，這股力量配合著行動，目的在完成他人對其扮演角色的期待，基本上是屬於目標導向的，依照情境不同而有差異，亦即個人的需要傾向並非一成不變，而是處於動態的狀況。而個人在社會體系中的行為，是由其所扮演角色與其人格之交互影響來決定。當角色扮演與個人的需要傾向完全吻合的時候，就會產生對於組織的滿足感，高度的滿足感可以造成團體的高昂士氣，可以使個人因相信其可以做得更好，而歸屬感（belongingness）、合理性（ratio-nality）、認同感三個變數可以決定團體的士氣。歸屬感是指個人在團體中的角色期望可以符合個人的人格需要，個人在團體中如有歸屬感，則會樂於工作。合理性則是個人認為所接受之角色期待是合理的，是應該的，制度的要求具合理性則較易為個人接受。認同感則是團體的目標與個人的目標相符合，所產生的一種認同傾向的感覺（蔡文杰、陳木金，2004；Getzels & Guba, 1957）。

三、理論的應用

此一理論模式具有三項顯著特點：1.學生有獨特的人格需要；2.強調制度上的要求應具有合理性，才有實現的可能；3.學生的歸屬感有助於團體目標的實現。運用在班級教學，即將教學活動視為介於角色與人格之間的一種動態交互作用，師生要達成教學目標，必須了解班級團體的氣氛，教學過程中個人與制度等方面的資源與限制，也就是從社會體系中的各種因素探討，以掌握教學的成效。蓋哲爾和謝倫提出「人格社會化」（socialization of personality）和「角色人格化」（personalization of roles）的概念，作為行為改變的途徑，前者是指約束個人情意的傾向，適應團體規範的要求；後者指調整制度中的角色期望，以適應個人人格的需求。以教師角色為例，教師在班級社會體系中可能會面臨以下角色衝突：1.班級內部、外部價值觀念的衝突，即社會習俗要求與學校制度本身對教師期望不符；2.制度中角色期望與個人的人格需要之間的衝突，即職業要求與個人能力不符；3.不同的人對教師角色有不同的期望，如校長、家長、學生

對教師的期望並不完全一致；4.擔任兩個或兩個以上角色時產生的衝突；5.個人內在的人格衝突，即個人潛能與需要不符（陳奎憙，2003；Getzels & Thelen, 1972）。

 ## 參 班級組織的結構與功能

　　由班級社會體系理論的分析，可知為達成班級的目標，教師的領導方式可由制度層面或情意層面來進行教學活動，視班級為初級團體的教師會重視情感因素的重要性，而視班級為社會組織者，會重視理性因素及知識的傳遞，然而班級的活動及師生的互動是多面向的，因此班級的功能也是多方面的。

一、班級結構

　　有關班級組織結構的分析教育社會學探討得不多，因為班級人數少，目標比較單純。任何組織皆存在正式結構及非正式結構，班級也不例外。

㈠正式結構

　　正式結構也稱正式組織，通常指組織中的工具性角色的結構，這種角色是為完成班級工作而服務，所以班級的正式結構即是班級幹部，包含分組學習的小組長（吳康寧，2019）。班級組織存在「半自治」的特性，當學生的年級逐漸升高，教師要賦予「班級自治」的權力。所謂班級自治是在學生可以決定和勝任的範圍內，讓學生以民主程序選出班級幹部來自行管理班級事務的過程或方式。一個班級若有完善的幹部組織架構，配合班規的制定與班會的討論溝通，則整個班務的維持與進行必能順利地運作（黃宗顯，1998）。

㈡非正式結構

　　非正式結構源於班級組織的個人層面的人際關係，是學生在共同的學習與活動中基於成員間的需求、能力、特點的不同，並從個人的好感出發而自然形成的。這種非正式團體具有四項特性：1.人數少，一般3-5人；

2.吸引力強；3.集體性強；4.溝通效率高。當然，非正式團體對班級組織的作用可能是積極的，也可能是消極的（吳康寧，2019）。

二、班級組織的功能

班級之所以成為學校教育教學的基本單位和形式，自有其特殊功能。縱觀西方學者對此問題的研究，主要有以下幾項正向功能（方德隆，2005；林生傳，2005；陳奎憙，2009；錢民輝，2005）：

㈠社會化和選擇

帕森斯（Parsons, 1959）認為班級體系有兩種主要的功能：「社會化」與「選擇」，透過這兩種功能，學校可以為社會培養具有共同價值與信念，以及適當工作能力的人才，進而促成社會的統整與發展。所謂社會化即傳授知識及技能的認知社會化功能和形成社會所期待的價值觀，以及行為模式的道德社會化功能。個人由此而接受社會上各種知識、技能、行為模式與價值觀念，從而參與社會生活，克盡社會職責。

功能論學者德里本（Dreeben, 1968）對社會化的功能加以補充，認為兒童在班級體系中可學到成人社會角色所必備的四種特質：獨立（independence）、成就（achievement）、普遍性（universalism）、專門性（specificity）（或譯特殊性）。在班級中，學生必須學習自己負責自己的工作，對自己的行為負責，也要靠自己的努力爭取好的表現。在班級社會體系中，教師對學生一視同仁，對所有學生公平對待，師生互動比親子互動較少情緒性，較具普遍性；兒童在學校的地位是由個人的成就所決定的，有時候成就的標準可以是集體活動的表現，例如運動比賽；同時教師根據一組標準或特徵，將兒童安置到特定團體，這些都屬於普遍性。而專門性是指教師與學生在班級體系偏重在特定的方面，隨年級的提高，互動關係可能僅限於某一學科。在班級裡透過這些普遍性等規範，兒童學會何謂公平、何謂不公平（黃純敏譯，2006）。而教育選擇功能係就學生的成就表現特質與高低，依社會的職業結構分配人力資源。也就是將不同的學生按學校學術標準篩選出來，培訓成社會的菁英階層，而未被選擇的學生

分流到職業技術學校或直接進入工廠，成為勞工階級。

(二)監護與照顧

華勒認為，班級社會體系從本質和功能上來看，是一個服務機構，是為社會提供服務的，正如精神病院或監獄一樣。教師代表成人社會教育兒童，以維護社會秩序，教師按照社會需要教導學生，學生卻希望能隨心所欲，展示其個性。他認為，班級社會體系是一種制度化的主從形式，教師具有控制監管學生的權威，學校班級如同堡壘，為維護社會秩序而存在，其功能在於監護學生。在班級教學中，教師可能扮演警察到父母的代理人等一系列的不同角色，角色的變化可依學生的年齡、性別等因素而決定。所以除了監護的功能外，有關學生福利、身心發展的保護與照顧亦是不容忽視的。

(三)儀式

傑克遜（P. Jackson）提出班級生活是儀式（classroom life is ritual）的看法，他長期致力於觀察小學班級活動，發現班級社會體系如同社會群眾（crowd），只有在班級中，一個學生才有機會與幾十個人每天相聚數小時。如何控制這樣一個群眾，就要確立明確的權威階層，規定群體遵守的儀式規矩。每日班級活動都循著制度化的程序、儀式進行，班級教學活動是機械的、缺少變化的。這種班級活動是按固定的時間以預先規定好的內容進行的，學生學到的是如何耐心等待、逆來順受。

(四)取得法定資格

韋伯認為學校是一個正式的組織，它反映社會的政治、經濟、階層和結構關係，並為之服務。班級社會體系即是學校完成這種使命所進行的選擇人才，使其認同現存社會，並獲得現存社會法定資格的必經過程。新韋伯主義代表人物之一的柯林斯（R. Collins, 1979）提出了文憑主義（credentialism），說明學生接受教育的主要目的在獲得文憑，也就是韋伯所說的取得法定資格。柯林斯認為現代教育的擴張並非是因為社會發展的需求而致，而是因為身分團體間的競爭所導致，對於愈來愈高的文憑需求，是

因為優勢團體企圖維持其本身與後代在職業及社會結構的優勢地位，而非勞力市場對技能提升的真正需求。

除此之外，吳康寧等（2005）提出班級對於學生個體，則具有知識傳遞功能、社會適應功能、個性發展功能、人格特質養成功能等四項功能。

第二節　班級組織中的師生互動

教師和學生是班級內的兩大行動主體，在教學的過程中，教師與學生行為彼此間環環相扣、相互影響。師生互動亦稱為師生關係，師生關係包含教學關係、輔導關係與生活關係三個層面。在教學關係方面，師生關係是一種制度化的支配與從屬關係，教師須依照社會期望及法律規章行事，教師站在制度或成人的立場負責管教學生，引領他們達成組織的目標。這是屬於社會控制的層面，良好的師生關係尚包括了信任及親密的面向，學生信任教師，願意向教師尋求協助，輔導關係才得以建立。為指導學生養成良好生活常規，師生關係須建立親密的人際關係（張鐸嚴、周新富，2021）。但是，學生亦擁有自身的價值與需求，並不會一成不變地全然接受教師的所有安排，教師與學生兩大團體常處於衝突對立的情境，師生在班級之中存有各自立場與情境，雙方為了維持最大化的利益狀態，不可避免將會採取各式各樣的行動策略，試圖控制班級的運作過程（許殷宏、武佳瀅，2011）。本節著重在班級經營歷程中的師生互動，分別從教師領導、教師期望、教師的管理策略三方面，來探討師生的互動。

壹　教師領導

教師的領導類型與班級經營及教學成效有密切關係，教師領導也與師生的互動關係密切，領導需要權力的支持才能運作順暢。以下僅就教師權威與班級領導類型詳加探討。

一、教師領導定義

教師領導是班級經營的一部分，教師運用技巧或程序，藉以影響學生，使其能自願地、熱心地，致力於學習目標的達成。所謂教師領導是教師不論在班級經營、教師對話、親師溝通、參與校務等不同情境中，皆能適切地運用主動倡導、真誠關懷、溝通協調、激勵懲罰等各種不同的領導策略，以激發學生學習動機、塑造班級文化，進而達成班級目標（林志成、葉青青，2011）。其焦點則集中於班級及學生層面，也就是教師對班級的領導，教師領導方式直接影響班級氣氛、師生關係、同儕互動及學生學習成就。

二、班級領導類型

教師領導一個班級主要目的是在維護班級群體的秩序與規範，讓教學活動得以順利。以下藉由領導理論將班級領導類型作一個區分：

㈠單層面理論的分類

勒溫（Lewin）等人的研究，將教師的領導方式分為專制的、放任的、民主的三種方式，反映了三種類型的師生關係。民主型教師傾向於創造一個建立學生自我管理的班級結構，知道何時該介入學生的衝突，並且擁有高度的容忍力和耐心（林生傳，2005）。蓋哲爾和謝倫（Getzels & Thelen, 1972）在班級社會體系的理論中，歸納出三種領導方式：

1. 注重團體規範的方式：即強調行為的規範因素，注重學校制度中的角色任務及角色期望，更甚於滿足個人人格上的需要。

2. 注重個人情意的方式：即強調行為的個人因素，教師重視滿足人格上的需求，例如顧及個人意願、引起學生動機和興趣。

3. 強調動態權衡的方式：介於上述二者之間，教師應讓該充分了解教室的情境，能夠依據實際需要，權衡輕重，靈活運用不同的教學及管教方法，例如以個人的需求與班級的功能來執行班規。

第三種領導方式，表現在班級社會體系中是要求在角色期望與人格需要之間取得平衡，以圓滿實現教學目標與功能。在制度與個人之間尚需考

慮一個團體因素，作為二者的平衡者，因為在制度與個人之間，團體生活可以形成一種氣氛。

(二)雙層面理論的分類

此後領導理論由單層面進入雙層面領導理論，研究發現領導行為包含倡導（initiating）與關懷（consideration）這兩個層面。「關懷」行為對工作滿意、士氣等有顯著的關係，而「倡導」行為則與工作績效、生產力等有密切的關係。依照倡導與關懷程度的高低，可將領導型態分為四種：高倡導高關懷、高倡導低關懷、低倡導低關懷、低倡導高關懷。領導者運用「高倡導高關懷」與領導成效具有密切關係的研究結果，但這樣的結果卻仍然遭受到若干批評，亦即並沒有一種放諸四海皆準的固定領導方式，可以適用於各種領導情境。於是費德勒（Fiedler）提出權變理論，認為沒有任何一種特別的領導方式可以一體適用於各種情境，有效的領導方式必須與情境配合才能成功。而情境因素主要包括「領導者與成員關係」（leader-member relations）、「工作結構」（task structure）、「領導者職權大小」（power of the leader position）等三種因素，其中「領導者與成員關係」對領導效能影響最大。費德勒認為領導者與成員關係好、工作結構高、領導者職權大，即是領導最有利的情境，若都不具備則屬於最不利的情境。其研究結果大致獲得如下的結論：在兩極端情境下，即在情境有利和情境不利的情境下，採用「工作導向」的領導方式最具有領導效果，而在中等情境下，則以「關係導向」的領導方式較有效（黃宗顯等，2008；秦夢群，2011）。教師在面對不同的班級情境時，就必須採用權變模式來調整自己的領導方式。

(三)不同情境的領導策略

賀賽（Hersey）和布蘭查德（Blanchard）於1969年所提出「情境領導理論」（situational leadership theory），除「倡導」、「關懷」兩層面外，再加上「成熟度」，由三層面建構成此理論。構成「成熟度」的兩個主要的成分是能力（ability）與意願（willingness），分為高、中高、中低、低四個等級。依學生的成熟度之不同，教師所使用說明領導策略應隨之

調整，以下將不同領導情境的領導策略說明如下（黃宗顯等，2008；廖春文，1994）：

1. 告知式領導策略

當學生的發展層次屬低成熟度階段，工作能力和意願方面均甚低，且欠缺安全感時，告知式領導策略較適用。教師可用高倡導、低關懷之原則，給予學生明確的指示，並密切督導其行為表現。此一領導策略特徵為告知（telling）、引導（guiding）、指示（directing）及建立制度（establishing）。

2. 推銷式領導策略

若學生的發展層次屬中低成熟度階段，能力低但有意願，且深富信心時，則較適採推銷式領導策略。教師可運用高倡導、高關懷之原則，具體說明決策之形成及提供澄清之機會。此一領導策略特徵為推銷（selling）、解釋（explaining）、澄清（clarifying）及說服（persuading）等。

3. 參與式領導策略

若學生屬於中高成熟度發展階段，為有能力但無意願，且充滿不安全感時，教師可運用低倡導、高關懷之原則，採用參與式領導策略，加強與學生的溝通互動、分享觀念，並鼓勵成員參與做決策。此一領導策略特徵為參與（participating）、激勵（encouraging）、合作（collaborating）及承諾（committing）等。

4. 授權式領導策略

若學生屬於高成熟度的發展階段，其特質為有能力、有意願且有信心時，教師可採授權式領導策略，使學生於低倡導、低關懷的領導情境下，充分發揮個人的潛能。易言之，教師面對能力強、意願高、信心足的學生，並不須事必躬親，僅須將決定和執行的責任，充分授予學生即可。此一領導策略特徵為授權（delegating）、觀察（observing）、注視（monitoring）及履行（fulfilling）等。

㈣新近領導理論

轉型領導（transformational leadership）及互易領導（transactional leadership）是比較新的領導理論，比較符合當今民主時代的潮流。實證研究發現，轉型與互易領導風格和國小六年級學童之學習適應、班級氣氛、學習動機有正相關（陳其昌、謝文娟，2009）。

1. 轉型領導

所謂「轉型領導」是指領導者可使成員提高理想及道德價值觀，並激勵成員有更大的努力與表現，而成員本身也會自許為組織中的一員、被支持、提升自信心，並有意願及承諾達到領導者的願景。轉型領導的具體行為如下（蔡進雄，2004；Bass & Riggio, 2006；Burns, 1978）：

(1)願景：指教師具有前瞻性的眼光與遠見，能建立學校共同願景，與人分享且能預見學校未來的發展，並將願景傳遞給學生。

(2)魅力影響：指教師發揮個人特質或行為，在親和力、自信、做事態度與言談等表現，產生他（她）的影響力，令人願意追隨。

(3)鼓舞激勵：指教師運用激勵鼓舞的策略與行為，激發學生更高層次的工作熱忱，使其自發努力，並常勉勵學生見賢思齊，精益求精，鼓舞有才能的學生發揮潛能，貢獻所長。

(4)智能啟發：指教師不墨守成規，營造有創意的開放環境，鼓勵學生以創新的方式思考問題，並主動發掘人才，樂於傳授經驗，教師本身也不斷進修，吸取新知，影響並帶動學生的學習風氣。

(5)個別關懷：指教師能體恤學生的辛勞，主動聆聽學生的心聲，解決困難，積極關懷學生的權益、需求與福利，並提供學生個別的協助。

2. 互易領導

「互易領導」是指領導者與成員間的關係是建立在一連串的交換與協定上，往往是立基在條件之間的交換（陳其昌、謝文娟，2009）。互易領導可定義為：領導者運用磋商、互惠、獎懲及妥協的策略，滿足成員的需求和期望，並提供有條件的酬賞，以使成員努力完成工作的領導行為（Bass, 1999）。「互易領導」包含「被動的例外管理」、「主動的例外管理」、「條件式的酬賞」等三個行為層面，以下分別列出具體行為（林坤燕，2006；陳其昌、謝文娟，2009；Avolio & Bass, 2002）：

(1)被動的例外管理：教師只要求學校一切相安無事，不要出狀況，

除非萬不得已，教師就不打算改變現況，一旦有事情發生才會介入，不努力尋求革新與創造，不去發展自己各方面能力。「被動例外管理」對於轉型領導是具有破壞性的領導策略，這種領導只是守成為主，以現狀安定為滿足，缺乏主動積極的監督，久而久之容易造成學生渙散，減少良好行為發生。

(2)主動的例外管理：指教師平日會積極留意錯誤或不當行為，主動詢問追蹤考核，並於發現問題，採取立即的行動解決，對於表現未達期望或標準時，本身也會加以指正並要求改進。

(3)條件式的酬賞：指教師會事先告訴學生，工作完成以後，可以得到什麼獎勵，學生有好的表現時，教師也會表達感謝之意或公開表揚。完成教師交辦任務的學生，較會受到禮遇或特殊待遇，並逐漸視為自己親信，所說建議也都能接受。

貳　教師期望

符號互動論在教學上的應用有「比馬龍效應」（Pygmalion effect）。比馬龍效應即所謂「教師期望」，是指教師對學生未來成就的一種評價，而且在師生交互作用之下，學生表現出教師預期的行為，又稱為自我應驗預言（self-fulfilling prophecy）。自我應驗預言最初是墨頓於1948年提出，旨在解釋一個人的信念或期望，不管正確與否，都會影響到一個情境的結果或一個人（或團體）的行為表現，例如標籤某人為罪犯，而以罪犯待之，那個人可能就傾向於他人期望而產生犯罪行為（吳清山、林天祐，2005）。「標籤理論」（labeling theory）與自我應驗預言關係密切，該理論認為犯罪是社會互動的產物，一個人所以成為犯罪人，往往由於父母、老師、警察、司法機關，在處理個人之偏差行為時，對行為人加上了壞的標籤，如壞孩子、不良少年等「烙印」，致使行為人不知不覺修正自我形象，確認自己為壞人，而社會亦給予不良的評價，使之陷入更嚴重的偏差行為（Becker, 1963）。

美國教育學家羅桑莎（R. Rosenthal）與傑柯布遜（L. Jacobson）將

這套理論應用在教育上，於1968年出版《教室中的比馬龍》（*Pygmalion in the Classroom*）一書，提出教師期望對於學生學習的影響（Rosenthal & Jacobson, 1968）。在一般教室中，教師期望的自我應驗預言作用發生過程的步驟如下（Braun, 1987）：

　　1. 教師對特殊學生，期望特別行為與成就。

　　2. 由於期望不同，教師對待學生的行為亦不同。

　　3. 教師對學生的態度使學生知道所期望於自己的是什麼行為及成就，進而影響其自我概念、成就動機及抱負水準。

　　4. 這種教師態度持續增長時，而學生又未主動抗拒或以某種方式改變之，則此教師態度將影響學生行為及成就，高期望學生導致高成就，而低期望學生則導致低成就，於是學生的行為與成就也就愈符合教師當初對他的期望。

　　在教學歷程中，教師常會依學生的外表、性別、種族、語言型態、社會階級、班級地位或行為表現，加以分類（categorization），如「不聰明」（unintelligent）、「搗蛋鬼」（trouble-maker）、「好學生」等標籤，老師依此解釋學生的行為表現，而學生的價值與行為又在師生互動中受到標籤作用的強化，學生的行為及自我概念受到老師的影響，最後表現的學業成就正符合教師原先對學生的標籤。例如對於課業佳、人緣好的學生，教師表現出特別的關心與較多的良性互動；對課業成績不好、不擅表達的孩子（多來自於勞工階級）則表現出負面的評價，覺得他們不聰明、文化粗俗、亟須教化，且多使用直接的命令式語句（湯梅英，2002）。教室是教師和學生經常互動的地方，教師提問、提供回饋、行使獎勵、處罰、稱讚和批評、回答學生問題和提供協助等互動均會影響到學生的學習動機，教師要避免犯下教師期待的錯誤（Pintrich & Schunk, 1996）。

 ## 參　教師權威與管理策略

　　班級原本就是由教師所代表的成人文化以及學生所代表的未成年文化所組成。教師代表成人團體及學校的既定社會秩序，教師有其教學目標，

主要任務在傳遞學校課程，要求學生學習並維持秩序；相對之下，學生則喜好自發性的活動，對於學校課程學生常常覺得內容枯燥乏味且與他們有興趣的生活世界相違背。由於學生本身亦有其需求，因此造成兩者之間常會相互衝突（吳瓊洳，2005a）。教師和學生彼此會不斷地進行社會互動並於過程中發展出一套社會秩序，包括一系列的常規和規則，而其團體規範和組織價值也會變得普遍，這些都會滲透並塑造個人的人格與行為（高博銓，2007）。有關教學時的互動將於教學社會學中討論，以下僅探討教師權威與管理。

一、教師權威

構成領導的第一要素是權力，沒有權力，領導的作用是很難實現的。權力係指某A能夠影響某B引導或促使他做出原本不願意去做的事情之一種潛在能力（Robbins, 2001）。在教室情境裡，教師要發揮其領導者的領導效能，必須具有某些權力來影響其學生，這種權力稱之為「教師權威」。所謂教師權威是指在教學過程中，教師施加影響力的合法化、制度化的權力，透過權威教師可引導或影響學生思想、觀念、信仰及行為，進而達成所預定的目標（Waller, 1961）。而教師權威的來源或內涵，則是韋伯所提出的傳統的權威（traditional authority）、精神感召的權威（charismatic authority）、法理權威（legal authority）等三種。由韋伯對權威來源的分類推論到我國教師權威的來源有（陳奎憙，2003）：

1. 依據「天、地、君、親、師」與「一日為師，終身為父」等傳統觀念所建立的傳統權威。

2. 來自於教師個人的人格與智慧等特質所建立的卡理斯瑪權威，有些教師修養很好，品格端正，又有很高的智慧為學生解決生活與課業難題，這樣的老師就是富有魅力的老師。

3. 教師的法理權威可分為制度權威（institutional authority）和專業權威（professional authority），只要身為學校教師，依法就擁有制度權威，這是依據學校制度與教育法令等力量所建立的權威；專業權威（或稱專家

權威）則是依據教師個人的專業與教學能力等條件所建立的權威，教師擁有專業知識、專業技能與專業態度，而且用心備課與認真教學，所以教師擁有專業權威。

傳統的權威已不值得依賴，教師仍須講究教育專業的知識和技能，從實際的教學表現，獲得教師的權威。教師的權力運用，宜同時兼備法理、傳統、人格魅力、專家等四種權威基礎，無所偏廢，才能滿足學生的多元需要，消弭班級歷程中的歧見與爭執（張建成，2002）。

施穆克和施穆克（Schmuck & Schmuck, 2001）認為教師具有七種權力，其中合法權力、酬賞權力、強制權力是韋伯的法理權威，但只有這些權力是不夠的，成功的教師尚需擁有其他四種權力，以使學生改變他們的行為，這樣才能在班級裡發揮領導權；這些權力包括：

1. 專家權力，即擁有相關的知識和技能。
2. 目標權力，即他人對目標人物的認同程度，例如學生認為教師是個偉大人物，是他們想要成為的人物。
3. 合法權力，從法律上賦予教師的權力。
4. 酬賞權力，即有能力給予學生酬賞的權力。
5. 強制權力，即能夠懲罰學生的權力。
6. 資訊權力，是有關於學校歷史、文化等內幕資訊的數量。
7. 聯繫權力，即個人擁有與群體內其他重要成員親近關係的數量。

二、師生衝突與管理策略

華勒（Waller, 1961）認為學校本身是一種強制性的機構，教師高高在上，學生只能順從權威，接受指導。教師的權威必須凌駕學生，否則無法繼續擔任教師。但如果從學生次級文化來看，儘管表面上教師獲勝，學生屈服於教師的權威而表現出順從的行為，但教師的權威不一定會被學生所認同，有時教室的互動就會變成一種對立的情況，這種對立衝突會演變成班級中一種長期不合的爭吵氣氛，例如學生上課中故意挑釁教師，使班級互動陷入詭譎的氣氛之中。依據衝突的行為反應，師生衝突可分為兩

類：一是外顯的、動態的攻擊、爭鬥的行為，例如口語爭吵、動手打架、破壞上課秩序等；另一則是靜態的、沉默不語的內隱性行為，如不回答老問題、不做作業、憤怒、不滿等情緒反應（王桂芳、陳文進、王明忠，2007）。

㈠師生衝突的原因

師生衝突的原因相當複雜，可能是學生的不當行為在先，教師要糾正學生行為，但學生不服管教，於是衝突產生。以下就教師的因素剖析師生衝突的原因（王桂芳等，2007）：

1. 教師的權威及管理方式

造成師生衝突最重要的因素是師生「權力」、「地位」的不平等。教師擁有教化與評鑑學生的權力，不自覺地會控制學生，並以理所當然的想法來管理學生，教師權威被誤用，認為學生必須絕對服從，此舉可能引起學生的反抗。或教師過分重視成績，管教過於嚴厲，在其專業上、管教上令學生覺得不公正、偏心，且損害其個人利益時，常會引發不公平感，而興起反抗之意願。

2. 教師人格因素

教師若擁有權威主義、教條主義、控制性、攻擊性與外在控制等人格特質時，比較容易引發師生衝突，也是造成師生衝突的主因之一。

3. 教師對學生違規的處理態度

當學生違反校規、班規時，教師會使用權力管教學生，甚至運用其權力處罰學生，如果使用不當而造成過度管教，便會引發衝突。

㈡教師的管理策略

傑克遜（Jackson, 1968）經過多年觀察班級教室生活，於1968年出版《教室生活》（*Life in Classrooms*）一書，該書中特別論及教室生活猶如「群眾」（crowd）一樣，教師要控制一群學生必須訂定明確的規範，並運用其權威發揮影響力，使學生心無旁騖，能夠專心學習，學生在此環境下生活，自然而然學到了規範和應付權威，構築了學校教學的社會化功能。華勒（Waller, 1961）提到在衝突的師生關係中，教師制度化的領導，

勢必採取某些策略以支配學生的行為，最常見的策略是訂定規則讓學生服從規範。教師會對學生的失序行為、不服管束行為進行約束與糾正，這些手段稱之為「教育控制」，這是「社會控制」的一種方式，在積極面是要學生順從社會規範，消極面是要透過懲罰使學生心生畏懼（馬和民，2002）。從教育社會學的觀點，教師採用的班級管理技術，從訴諸制度化的強制到個人的影響，依次可採取命令、處罰、管束、生氣及懇求。茲分別說明如下（Waller, 1961）：

1. 命令

教師採用命令單向溝通的方式指向學生，令其服從，教師常用請求（plea）來支持命令，但必須達到約束行為的功能，下達命令代表真正的、正式的、個人的權威，沒有權威的命令充其量只是「勸說」。

2. 懲罰

為執行命令所實施的制裁即為懲罰，懲罰係由代表權威的一方施予屈服權威的另一方，使其造成痛苦及不便，在班級情境中教師將違規者施以懲罰，並將其排除於群體之外，以免其他學生群起效尤。

3. 管理或操弄學生個人或團體關係（management or the manipulation of personal and group relationships）

這是一種控制學生行為的方法，可稱為管教或約束，管理可避免師生間直接的衝突，而使教師對情境的界定清楚，貫徹教師之意志。有效的管理技術是使學生與其社會關係相「隔離」，教師忽視或消弱違規學生，或暗示學生本人不屬於班級團體的一員，切斷與其他同儕的關係，此方法是否有效端視教師掌握班級成員的能力，而且要考慮其負面影響。

4. 生氣（temper）

教師可藉發脾氣來控制學生，但是這樣舉動擴大了師生間的社會距離，藉著生氣來管制學生的行為，常與懲罰相混淆，而且生氣會抵消懲罰的效果。教師生氣的主要功能似乎也在傳達某些禁忌，確定某些事是不被允許的。

5. 懇求（appeal）

教師採用懇求是針對輕微的違規行為，或者是為了改變學生的態度而

使用，通常是以口語要求學生表現符合教師期望的行為。直接的懇求等於是勸說，間接的懇求則可用反面的言語來要求學生，懇求多半訴諸某些理念，像是公正、誠實、義氣或自尊。

第三節　班級組織中的親師互動

　　班級組織之中尚存在著學生互動及親師互動，有關學生互動的部分，將於「學生」一章中作論，本節僅就親師互動加以探討。家庭與學校有相當密切的關係，家庭背景影響子女的教育成就，家庭內部的互動影響著子女的管教與子之間的關係，有關親師互動的研究，社會學經常以柯爾曼（Coleman）的家庭社會資本理論，來論述親子關與教育成就的取得。另一論述為「家長參與」，以此概念探究教育階層化過程中家庭背景所發揮的作用，本節即以家長參與的理論實踐來探討親師互動的重要性與影響。

壹　家長參與的定義

　　「家長參與學校教育」簡稱為「家長參與」（parent participation），從字面上可以知道是指父母參與或協助子女的學習活動，英文participation及involvement雖然皆譯為參與，但意義上仍有程度上的差異，participation含有參與學校決定的權力，而involvement指支持學校計畫及學校所辦的各類型活動（LeBlans, 1993）。家長參與可以分為狹義與廣義兩種，狹義泛指家長到學校參與學校教育事務的行動，廣義則是指家長在子女的教育過程中所參與的教育相關活動。其中，特別是「家長參與學校教育」（parental involvement in schooling）此一父母的權力與親職，更是在2006年獲得政府的認可而通過《國民教育階段家長參與學校教育事務辦法》。家長參與不應僅侷限在家庭內，家長更應該進入校園而參與和子女學習相關的活動，它是一種家長與學校保持互動的現象（謝志龍，2014）。

家長參與的重要性

　　由謝志龍（2014）的研究發現，在國中學生教育成就取得的過程中，母親的教育地位愈高、帶動較多的家長彼此交流與互動，將讓其子女取得較佳的學業評價與導師的肯定，如「綜合能力」與「導師評量」的評分，最後也將導致這些學生有較高的機率進入學術分流。這個結果呈顯在臺灣社會裡，已經占有優勢地位的家庭可以經由特定的家長參與行動讓其子女取得較高的教育成就。這項研究可以說明家長參與除存在著階級差異外，也對子女的教育成就有很大的影響力。歸納相關研究，家長參與之所以備受重視主要有以下五項原因：

一、可奠定兒童早期學習的良好基礎

　　兒童早期的家長參與比任何時期的參與還要重要，因為幼兒期是所有行為或價值觀的基礎期，無論語言、智力、生活習慣、人際關係和社會行為或價值觀，都在這時期開始形成。而父母是兒童第一位也是最重要的啟蒙教師，其所提供的適當指導和豐富的學習環境，將使兒童潛能得以發揮，並獲得健全的人格發展（歐陽闓、柯華葳、梁雲霞，1990）。

二、家長參與能提升子女學習成效

　　家長參與對學生學校生活有下列正面性功能：1.提升學生學習成就；2.減低學生缺席率；3.家長與學生對班級、學校氣氛的正向感受；4.學生有正向的態度與行為；5.有助於家庭課業；6.增加親子互動與相處時間；7.父母對學校教師的正向感受（Greenwood & Hickman, 1991）。

三、家長要為子女的教育成敗負起責任

　　家長參與子女教育既是一種權利，同時也是一種責任，當家長有意規避此責任時，很可能使其子女未來的教育陷入險境，因為兒童最基本的教育是發生在家庭而非學校，兒童基本的生活價值、對自我及他人的看法，主要是在家庭中形成（歐陽闓，1989），當家長疏於對兒童的教育，這些

價值觀及良好的習慣可能很難內化到行為之中，可能對以後的教育成就會造成妨礙。

四、家庭和學校的合作可建立良好的社區關係

家庭、學校都是社區的成員，與宗教團體皆可視為教育的相關機構，柯瑞明（Cremin）於1976年提出「教育建構」（configurations of education）的概念，提倡學校和家庭要緊密連結，當學校、家庭和教堂為共同的價值和信念而分工合作，這樣的教育將是最成功的（Goldring & Shapira,1993）。柯爾曼（Coleman, 1987）亦提出「功能性社區」（functional community）的理念，認為積極結合家庭、學校與社區是學校教育成功的基礎，取得家庭與社區的支持，對兒童教育的成效、對學校的革新有很大的幫助。家長參與主要是結合教師和家長的力量，提供兒童重要的社會資本，以創造一個良好的教育環境，讓孩子能順利成長。

五、可增進家長對學校的滿意度

政治學上一個名詞「聲音」（voice），可以用來解釋家長對學校的滿意程度，所謂「聲音」即是一個人批評的意見，家長是消費者，對學校所提供的服務品質，可以透過管道表達出意見與期望。家長有機會參與決策，成為學校制定決策過程的夥伴，則其對學校的滿意度會相當高（Goldring & Shapira,1993）。

 社會階級與家長參與

前文提到有關家庭背景與學業成就關係之研究，大都支持勞工階級子女學校成就比較低，例如伯恩斯坦（Bernstein, 1971）對勞工階級和中產階級小孩語言使用的差異，是影響學生學習成功或失敗的原因之一。學者提出「家庭缺失論」，說明問題父母或問題家庭將會讓家長參與的程度較低；「文化貧窮論」（culture of poverty theory）則更進一步看低學校教育的重要性，論者主張低階級文化不同於其他社會階級的價值與型式，因此

低階與工人階級家庭對於教育的評價不若中產階級家庭那般高,自然家長參與的程度就低(謝志龍,2014)。

拉瑞兒(Lareau, 1987)的研究發現,中產階級的家長參與高於勞工階級,一般而言,父母的教育地位、物質資源是隨階級而增加,這些資源的獲得會影響學校教育內的家長參與。雖然勞工階級也希望子女的教育能夠成功,但因為文化資本的差異,所用的方法也就不同,勞工階級家長的教育技巧較差、時間有限,可用在小孩教育上的花費也有限,中產階級則相反。勞工階級家長的教育是依靠學校教師的教導,中產階級的家長則會參與、監督其子孩的教育經驗,儘量以不同的方法配合學校的要求,這樣一來,中產階級子女的教育利益就會高過勞工階級子女。拉瑞兒(Lareau, 1989)以教師的觀點研究家長參與,發現教師會認為參與學校有關的活動是父母的責任,對低參與的家長解釋為對兒童學習缺少興趣。教師比較歡迎中產階級家長,在與勞工階級家長互動時,教師會覺得比較不自在、較不友善、較少交談。這樣的研究結果與「教育機構歧視論」(institutional discrimination theory)論點相符合,該理論指出教育機構對來自低下階層父母和學生存有偏見,抱持歧視的態度,把條件不利的父母排拒於外,使他們不能參與子女的教育(何瑞珠,1999)。

 肆 家長參與的作法

家長參與的場域可能包括家庭、學校與社區。艾波斯坦(Epstein, 1992)認為家長參與的內涵包含政策的決定、親職教育、籌募基金、擔任義工(volunteering)、親師交換訊息、家長在家中的學習活動等六項。何瑞珠(1999)將家長參與子女教育的指標分成「家庭為本」與「學校為本」兩個層次,前者包括支持子女學習、增進親職教育、功課督導、對子女訂下規則等,後者則涵蓋與其他家長溝通、與學校或教師溝通、參與學校活動、擔任義務工作、參加學校行政、捐贈等。以下依據相關文獻,提出家長參與子女教育的作法(周新富,2006;林義男,1995;賴爾柔,1990;謝志龍,2014;Berger, 1995;Kellaghan et al., 1993)。

一、家長參與校務決策

家長參與校務決策是指參與學校家長會、參加學校各項會議。家長的參與可以提供寶貴的內外訊息，使學校決策者有更多的資訊，做更完善的決策，而所做的決定和計畫更能配合家長和學生的需要，並適應內在與外在環境的挑戰。

二、家長擔任義工

學校可以將家長加以組織，敦請家長到校提供服務，如此可結合家長力量，使其貢獻人力、物力，以形成學校的另一支援系統，具體作法有：整理圖書室、交通導護、班級說故事、補救教學、協助教室環境布置、協助戶外教學、上課教材蒐集、支援學校活動、庶務性協助與非專業性活動等。學校為募集學校教育相關活動的資金，亦可向家長進行募款。

三、到校學習與教育

學校可以針對家長辦理親職教育、家長成長活動，例如座談會、專題演講、藝文及生活實用課程，發揮社區學校化的功能。學校亦可辦理有關家長如何協助子女家庭作業及課程學習的相關活動，讓家長在家中能協助子女增進學習成效。

四、親師溝通

指學校與家庭有關學校課程與學生的學習發展所建立的雙向溝通途徑與管道，學校要讓家長知道可以透過哪些管道向校方及導師表達意見，除了常見的班級親師會、家庭聯絡簿外，電話、手機、網際網路等溝通網絡亦應暢通無阻。

五、參與家中的學習活動

到父母對子女教育的期望、子女成就抱負等社會心理是影響子女教育成就的中介變項，教育期望愈高的家長，對子女在家中的學習活動會有比

較積極的參與，而且中產階級的家長表現比勞工階級更為積極。在家中參與學習的具體作法如下：

㈠家長與子女共同閱讀書籍

孩子許多知識是由父母的口中和互相討論中得來的，父母教導子女閱讀書籍是啟發智慧的方法之一，隨著子女的年齡成長，父母要採用不同的指導閱讀方式，例如幼兒園階段可以看圖說故事方式進行，國小階段可以自行閱讀書籍時，父母可採用問題發問方式，了解兒童的理解程度。

㈡提供讀書的空間

在家裡準備一個特別的地方供子女讀書，基本條件如下：明亮、安靜但不孤立、舒適（有書桌、有椅子）、學習用具（紙筆、時鐘、電腦）。

㈢父母與子女維持密切的互動

親子間的密切互動其目的在維繫感情、營造互信，父母可與孩子共同討論在學校中的學習狀況、生活情形，鼓勵孩子用功學習，並且適時給予獎勵。

㈣陪同子女參加藝文及休閒活動

參加藝文及休閒活動也是一種學習，除可收到潛移默化的學習效果外，也可與書本知識相印證，無形中累積自己的文化資本。例如參觀博物館、美術館，欣賞音樂、戲劇、舞蹈等表演。

㈤建立家中日常活動的規範

父母可以訂定子女的作息時間表，包括讀書時間、晚餐、娛樂、就寢時間，讓子女養成規律的生活；對子女看電視、打電腦的時間要適度監督控制；子女的交友情況及下課後的去處要清楚掌控。

㈥指導子女完成家庭作業

學校所派的家庭作業是發揮學生潛能的重要項目，對提升學業成就有很大的幫助。父母的職責在指導子女完成家庭作業，不是幫忙做，而是以發問方式引導，當遇到困難要鼓勵子女不斷努力，遇到難以解決的問題可與老師聯繫，尋求協助。

自我評量 ....

一、選擇題

(　) 1. 班級社會體系的理論可以用來了解哪一項學校教育的問題？
(A)課程內容設計的問題　(B)學校秩序的問題　(C)教學中行為改變
的問題　(D)教學輔導的問題。

(　) 2. 從教育社會學的觀點，班級社會體系中師生間相互試探忍受的
底限，對師生關係而言是：　(A)造成衝突對立的導火線　(B)導
致教師採取專制領導的原凶　(C)促進教師放棄對學生的管教
(D)逐漸減低師生對立的緊張氣氛。

(　) 3. 依據蓋哲爾與謝倫（J. W. Getzels & H. A. Thelen）的班級社會體
系分析架構，以下何者不是該體系分析的層面？　(A)物理環境
(B)文化　(C)制度　(D)有機體。

(　) 4. Getzels和Thelen將班級社會體系的構成要素，除了外在的社會文
化思潮、個人內在的有機體兩要素外，還包含下列何者？a.制度，
b.團體，c.個人　(A)ab　(B)ac　(C)bc　(D)abc。

(　) 5. 從「結構功能論」的觀點來看，下列何者不是班級社會體系的功
能？　(A)階級再製的功能　(B)保護或照顧的功能　(C)社會化的功
能　(D)選擇的功能。

(　) 6. 經由約束個人的感情和意志，以適應團體規範的行為改變過程。
此作法較符合下列何種概念？　(A)角色人格化　(B)價值個人化
(C)人格社會化　(D)需求制度化。

(　) 7. 有關教師權威類型的敘述，何者正確？　(A)教師對學生擁有管教
權，是一種法定權威　(B)當代教師重視專業涵養，道德權威無須
重視　(C)傳統天地君親師賦予教師權威，教師可據以體罰學生
(D)青少年崇拜偶像，教師宜善用個人魅力權威，成為青少年學生
崇拜的偶像，以利教學進行。

(　) 8. 陳老師告訴學生說：「我所教的都是對的！」規定學生要完全接受
他所教的內容並用心記住，不准質疑發問。陳老師所展現的作為較
傾向誤用或惡用了下列哪一種教師權威？　(A)學術認知的權威

(B)道德涵養的權威　(C)神化崇拜的權威　(D)傳統習俗的權威。

(　) 9. 「教師權威的行使可謂是一種磋商的技巧和策略，對於教室秩序的維持有其必要性。」請問這是哪一種理論的主張？　(A)互動論　(B)功能論　(C)衝突論　(D)批判論。

(　) 10. 李老師在物理學方面的知識豐富，教學方法又非常獨特，他開設的自由選修課，學生都覺得收穫良多，也很佩服李老師。李老師發揮了下列哪一種教師權威？　(A)法理權威　(B)傳統權威　(C)專業權威　(D)精神感召權威。

(　) 11. 當前世界先進國家都強調學校在教學之外，尚應兼負有關學生福利與身心健康的責任。由此觀之，臺灣許多學校除了供應營養午餐外，也定期幫學生進行健康檢查。這樣的學校作為，主要顯示下列何種教育功能？　(A)傳承　(B)選擇　(C)保護　(D)社會化。

(　) 12. 賀賽（Hersey, P.）與布蘭恰德（Blanchard, K. H.）所提出的領導情境理論，主張領導者的行為必須考量成員的「成熟度」（maturity），下列有關成熟度的敘述何者正確？　(A)成熟度只牽涉到個體的意願而已　(B)成熟度只牽涉到個體的需求而已　(C)成熟度同時包括個體的需求及個體的能力與技能　(D)成熟度同時包括個體的意願及個體的能力與技能。

(　) 13. 學生表現常會應驗教師所賦予的期望，這種現象稱為：　(A)月暈效應　(B)霍桑效應　(C)強亨利效應　(D)自我應驗預言。

(　) 14. 領導行為的兩個主要層面是指：　(A)工作取向和系統取向　(B)個人取向和工作取向　(C)關係取向和個人取向　(D)關懷與個人取向。

(　) 15. 下列有關教師領導風格影響班級氣氛的陳述，何者最正確？　(A)教師的領導風格是放任式的，學生比較被動　(B)教師的領導風格是權威式的，班級文化氣氛比較疏離　(C)教師的領導風格是權威式的，班級師生關係比較緊張　(D)教師的領導風格是放任式的，學生比較容易產生焦慮。

(　) 16. 李老師在班級教學過程中，一直扮演著發號施令的角色，因為他堅信老師必須是領導者，學生是被領導者，而師生之間的關係是對立

衝突的。下列何者對班級教學的分析觀點，最能說明這樣的師生
關係？　(A)韋伯（M. Weber）　(B)華勒（W. Waller）　(C)帕森斯
（T. Parsons）　(D)涂爾幹（E. Durkheim）。

( ) 17. 在學校班級中，每位學生都學習到如何負責自己的工作，對自己
所做的行為負責。這是符合德里本（R. Dreeben）理論的哪一項特
質？　(A)獨立　(B)成就　(C)普遍性　(D)專門性。

( ) 18. 教師有時對班上學生給予「遲鈍」、「搗蛋鬼」等標籤。此種標籤
的形成與作用，下列何者不正確？　(A)學生表現是影響教師對學
生貼標籤的主因　(B)教師對學生的負面標籤可使學生行為主動改
善　(C)教師最初的主觀評價可能會逐漸形成客觀事實　(D)學校制
度中的班級篩選、教學分級等措施會影響到標籤的形成。

( ) 19. 老師與學生關係的好壞對於教學成效影響很大，下列何者對於建立
良好師生關係較無幫助？　(A)教師重視學生期望　(B)學生重視教
師期望　(C)教師與學生相互關懷　(D)教師以權威嚴厲管教。

( ) 20. 陳老師教學認真，但班上月考成績未有進步。經了解發現，由於班
上少部分成績較差者，恐嚇成績較好者不可考太好。由此問題可
知，老師教學成果除了反省「教師本身」因素外，尚有哪一個重要
因素要顧及？　(A)學生本身之家庭背景　(B)班上學生之校外補習
(C)教師所安排之課外活動　(D)學生同儕之非正式規範。

( ) 21. 教師應該從何處著手，才能在教室中維持專業的領導關係？
(A)以維持和諧關係為目的　(B)運用法定權威管理學生　(C)重視社
會對於學生的要求　(D)重視自身的行為與期望。

( ) 22. 下列何者是針對教師權威的正確陳述？　(A)教師的法理權威來自
於世襲身分的繼承　(B)教師的人格感召權威是受到教師證照制度
的保障　(C)教師的傳統權威係指依規定來獎懲學生與評定分數
(D)教師的專業權威是指應具有教授特定科目的專門知能。

( ) 23. 黃老師費心設計多元化的教學方法，使學生能主動融入並且參與
教學歷程，目的是引起更多的學習興趣與動機。她的教學領導屬
於下列哪一種班級經營的方式？　(A)注重團體規範的方式　(B)注
重個人情意的方式　(C)強調教師主導的方式　(D)強調理性價值的
方式。

（　）24. 張教授認為，實施十二年國民基本教育政策，能夠提供充分機會試探學生的個性才能，助其適性發展。此種說法比較強調的是教育的何種功能？　(A)選擇　(B)照顧　(C)社會化　(D)社會流動。

（　）25. 帕森思（T. Parsons）分析美國中小學班級中的社會體系，發現有哪兩項主要功能？　(A)養育及保護　(B)經濟及政治　(C)監督及控制　(D)選擇及社會化。

（　）26. 教師以其人格特質與身教來影響學生，應屬於下列何種權威之類型？　(A)人格感召權威　(B)傳統權威　(C)專業權威　(D)法理權威。

（　）27. 小華班上有好幾位同學共同捉弄一位剛轉學來的同學，但是小華班上沒有同學敢向老師通報，因為向老師通報消息的人都會被同學嘲笑是告密者，經常也會被有意地排擠。這是受到哪種現象所影響？　(A)班級的選擇功能　(B)班級同儕團體的規範　(C)班級不良的師生關係　(D)班級體系制度的規範。

（　）28. 根據研究結果顯示，在家長參與學校教育的七種角色，我國家長最少參與的為哪一種層面？　(A)訊息接受者　(B)政策決定者　(C)家庭教育者　(D)主動溝通者。

（　）29. 家長參與與投入（parent participation / involvement）學校教育的重要性，下列何者為非？　(A)可以奠定學童早期學習的良好基礎　(B)家長參與學校活動能提升子女學習成效　(C)家長能夠一起為子女教育盡義務與負責　(D)家長的參與可能干擾教學專業自主。

（　）30. 依據《國民教育階段家長參與學校教育事務辦法》，下列有關家長參與學校教育事務之敘述何者錯誤？　(A)學校應於每學期開學前1週至開學後3週內，舉辦家長日　(B)每學年開學後3週內，班級教師應協助成立班級家長會，並提供其相關資訊　(C)每學年開學1個月內，學校應協助成立全校家長代表大會，並提供相關資訊，以協助成立家長委員會　(D)家長得依人民團體法組成不同層級之家長團體。

（　）31. 某國小有5位教師自發成立讀書會，透過人際互動增進彼此間的情誼。此一團體性質屬於下列何種組織？　(A)幕僚組織　(B)正式組

織　(C)科層組織　(D)非正式組織。
(　　) 32. 常態編班的國中，實施能力分組教學，各組在國文、英文、數學、自然學科等四個領域，給予不同程度的教學內容，這樣的分組教學比較屬於下列哪一種教育的功能？　(A)安置　(B)選擇　(C)照顧　(D)社會化。

答案

1.(C)　2.(D)　3.(A)　4.(D)　5.(A)　6.(C)　7.(A)　8.(A)　9.(A)　10.(C)　11.(C)
12.(D)　13.(D)　14.(B)　15.(C)　16.(B)　17.(A)　18.(B)　19.(D)　20.(D)
21.(D)　22.(D)　23.(B)　24.(A)　25.(D)　26.(A)　27.(B)　28.(B)　29.(D)
30.(B)　31.(D)　32.(B)

二、問答題

1. 試解釋教育功能之社會化與社會控制的意義，並指出分別屬於哪一教育社會學學派。
2. 有學者認為班級是一種「社會體系」，具有「選擇」、「社會化」以及「照顧」等的功能。除此之外，你認為班級社會體系還具有哪些功能？請你選擇其中一項班級社會體系的功能申論之。
3. 班級是學校教育教學的基本單位和形式，請問社會學家認為班級具有哪些功能？
4. Fielder的權變理論在班級領導方式主張為何？以你服務的班級狀況，如何設計令人耳目一新的班級領導方式？
5. 教師有哪幾種權威？應如何運用其權威以有效發揮班級領導之功能？
6. 「權威」是社會中控制他人行為的正式權利或權力，師生關係中一定會涉及教師權威。試舉三種教師權威並解釋之。
7. 教師可應用哪些領導理論來協助其進行班級領導？
8. 何謂家長參與？請分別就家庭、學校兩方面，說明如何實踐。

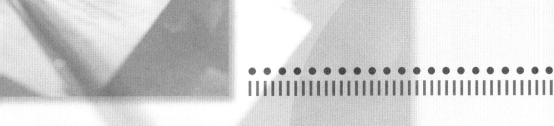

第十章

教師社會學

　　教師是教育的執行者，師資的良窳關係著整體教育的成敗，因此先進國家均積極推動師資改革，培育優秀師資，以期提升教育品質與國家競爭力。教育部（2012）提出《中華民國師資培育白皮書》，以「師道、責任、精緻、永續」為核心價值，從「師資職前培育」、「師資導入輔導」、「教師專業發展」及「師資培育支持體系」四大面向，擬定發展策略與行動方案。教師社會學此一主題主要從教育社會學的視角對教師職業、教師地位、教師角色、教師專業社會化、教師權威、教師文化等問題進行分析、研究，試圖為促進教師有效地扮演社會角色提供有益的理論依據。教育工作是一項專業，因此每位教師要在專業上不斷追求成長，專業成長的內涵包含教師基本素養、教育專業知能、學科專門知能、學科教學能力、教育專業精神等層面，期能扮演一位有效能的教師角色。隨著社會的變遷，社會學者對專業主義的界定有了新的詮釋，對教師的角色也不斷賦予新的任務，因此有必要對這兩項主題的發展歷程作一概述。本章另一主題在探討教師的社會地位，也就是職業聲望，職業聲望的高低可以代表教師受到社會的尊敬程度，對教育工作的成效有著重要的影響程度。教師專業社會化的發展歷程亦是本章的重點，藉由探討此一主題，可以讓師資培育生了解教師的生涯發展歷程，以做好進入此一專業領域的準備。

第一節　教師專業的性質與發展

　　現代社會的經濟制度一項最明顯的特徵是高度複雜的勞動分工，把人們分成專門從事的許多不同職業。在勞動分工的理論方面，最常見到是泰勒的科學管理及福特建立的福特主義（Fordism），在汽車生產線的工廠裡，工人的工作受到監督，且要服從機器，這樣的工作環境導致工人的承諾、士氣受影響，以致離職率增高。後福特主義（Post-Fordism）對福特主義提出改良建議，強調靈活性生產、團隊工作、多重技能、在職訓練，然福特主義強調大量生產的技術在許多產業仍在運作（Giddens, 2006）。

工作型態的轉變歷程也適用在教師這項職業，教師工作也受到這思潮的影響，導致工作內涵產生變化。教師是否為專業人員？不同時期的學者對「專業」的定義都有不同的詮釋，本節僅就教師專業主義的發展過程作一敘述。

 ## 壹　專業的性質

　　「專業」（profession）或稱「專門職業」，係指具備高度的專門知能及其他特性，而有別於普通的「職業」或「行業」而言。典型的專業人員通常是指醫師、律師、工程師、建築師等（陳奎憙，2009）。韋伯（Weber）是第一位描述專業人員「理念類型」特質的學者，他把醫學、法律、教士的職業當作典型，他們是自僱的服務提供者，他們的入行是由專業同儕控制，專業人員設定入行、訓練與認證的要件，同儕所組成的委員會也發展出評審的過程，以維繫標準與能力（林郡雯譯，2007）。基本上專業有著下列特質：1.社會分工之需要；2.穩定社會之和諧；3.專業特質抗衡商業私利；4.享有特權與權益（黃嘉莉，2008）。社會中的專業人員具有較高的薪資、尊榮、權勢，他們的地位如同宗教般的神聖，他們保有社會傳統遺產的形象，具有穩定社會的功能。專業人員有著崇高的社會地位，讓人們產生朝向取得特定工作，以獲得專業地位為努力的目標。然而為了讓專業的存在取得正當性，就要構思如何運用策略讓其專業地位獲得社會大眾的認同（黃嘉莉，2016）。

　　新韋伯論者（Neo-Weberian）就將專業視為是一種意識型態，是擁有專業地位的團體所形成社會藩籬（social closure）現象，社會的職務分化在「專業」稱號之下，掩飾了職業階層化的事實。帕金（Parkin, 1979）提出了社會藩籬、社會納入（social inclosure）、社會排除（social exclosure）等概念，他認為專業化是一種限制和控制進入職業者的策略，以保障和增進自身的市場價值。社會中的各個社會團體都試圖將獲得資源的機會、可能性歸屬到具某種資格的小圈子裡，社會藩籬為此設定資格和程序，使符合資格者能獲得最大的利益。於是，必須選擇某種社會或自然屬

性，作為排除他人的正當理由，任何一種集體屬性，如族群、語言、社會出身、宗教等都可以作為排除的準則。「文憑主義」（credentialism）亦是一種社會排除的策略，就是極力提高教育證書的地位，用以控制勞動分工中的關鍵位置。新韋伯論者認為所謂的「專業化」就是運用社會藩籬和社會排除，為某些職業設定門檻、限制進入者的資格，以保障該職業的市場價值（林大森，2017）。

 ## 貳 教師專業主義的發展

專業社會學將專業主義區分為三種取向，結構功能論針對功能與特質分析專業，以及象徵互動論討論的專業化過程，可歸為第一種取向，稱為專業的特質取向，將專業視為是社會秩序的引導者；第二種取向為新韋伯論者，將專業視為是一種意識型態，探究專業地位群體所形成社會藩籬現象，是為專業區分的策略取向；第三種取向則討論專業隨著時代的變遷，其意義亦隨之改變，討論專業是「去專業化」（deprofessionalization）或再專業化（reprofessionalization），為專業發展的關係取向（黃嘉莉，2008）。

一、專業的特質取向

功能論基於社會分工的需要，致力於尋求專業有別於其他行業的特質，因為專業在滿足社會需求以及促進社會和諧發展上有其重要的功能。功能論認為一項職業是否為專業，需要包括以下的屬性：1.獨特的、確定的與重要的社會服務；2.執行服務時能夠應用其智識能力；3.受過長期的專門訓練；4.在執行個人業務或專業團體業務時具有相當大的自主權；5.在專業自主範圍內執業者必須為自己所做的判斷與行為負責；6.強調行業的服務性質，而非經濟收益；7.組成專業團體，遵守專業信條；8.不斷地在職進修（沈姍姍，1998）。上述觀點稱為「特質論」的觀點，即以傳統專業特質作為判斷其他職業是否達到專業的標準。

象徵互動論的學者討論以哪些步驟取得社會價值模式上的認同，以及

什麼樣的條件促使人們可以使專業成為專業並讓自己成為專業人員，因此成為專業的條件以及維持專業地位的方法是象徵互動論的探究核心。以互動論的觀點來看，專業並不具同質性或一組清晰的「共同特質」，專業並不是全有或全無的狀態，它們的特徵應被論為一種連續不斷的過程。但無論是結構功能論或象徵互動論者，都是在確認專業或專業化過程中具有的特質或條件，結構功能論者界定專業特質係以社會已認同的專業職業（如醫師、律師），歸納出專業的特質，猶如以社會結構和現狀的結果，解釋為功能的象徵，有倒果為因的結構性缺失。無論是結構功能論或象徵互動論者，都是在確認專業或專業化過程中具有的特質或條件，在個人或職業集體的專業化歷程中，至少必須包括專業知識、專業教育、證書制度、職業團體等要素（郭丁熒，2003；姜添輝，1999；黃嘉莉，2008）。

如果以專業的特質檢視教師這項工作是否屬於專業，不少學者卻持質疑的態度，因為與律師、醫師等專業相較，教師的專業倫理不具強制性、無法有效篩選專業教師、專業教師證照權威不一、教師自主權不高、教師的知識屬性屬於溝通知識、修業年限較短、多為女性擔任、較難採取「專業理性」及「情感中立」，加上教師對學校教育及教學工作領導支配權往往被行政人員所奪等理由，質疑教師的專業性，只能稱之為「半專業」（semi-profession）（郭丁熒，2001）。

二、專業區隔的策略取向

韋伯學派衝突論的觀點認為專業是社會體系的核心，是歷史奮鬥的結果，當教師被視為專業的同時，其行為則易受制於合法化的專業頭銜之下，並如同工人一般溫馴地執行國家政策。衝突論學者認為專業包含著意識型態與社會控制兩個層面的意涵。意識型態指的是與利益相結合的現象，相對於專業便有所謂的非專業，這兩者間存有可觀的社會距離（social distance），在尊重運用專業知識與發揮專業效能的意識型態下，非專業人士不應干涉專業人士的工作過程，並且應充分尊重與信賴專業人員的自主性。此種專業意識型態所包容的自主權將開啟並拉大專業從業人員與

顧客間的社會距離，因而使得專業人士得以擁有可觀的決定權與控制權，這些皆足以將其工作過程與內涵推向黑暗的角落，舉凡工作程序、過程、服務項目與費用皆淪為黑箱作業（姜添輝，2000）。綜合專業區隔取向的論點，專業之所以成為專業，除了專業知識與專業教育之外，必須透過政府的中介而使專業證照取得合法性價值，同時必須結合專業主義的意識型態，方能讓專業地位群體鞏固其社會地位與服務市場（黃嘉莉，2008）。

教師如以社會服務功能與需求來看，教師理論上應是專業的，教師的確負有滿足社會需要的功能，因此聯合國教科文組織（UNESCO, 1966）於《關於教師地位建議書》（Recommendation concerning the Status of Teachers）之中，認為「教職應該被視為是專業」，該報告認為教育是一種服務公眾的型態，需要教師的專門知識和特殊才能，這些都要經過長期持續努力與研究方能獲得並維持；此外，教職需要從事者對於學生的教育及其福祉，負起個人的以及團體的責任感。依據此建議案，教師成為一門專業應該是沒有疑問的，因為教師這個職業對當前社會有極大的貢獻，人才培育與文化傳遞等重要功能需要靠教師來達成。其他學者如李伯曼（Lieberman）、史密斯（Smith）、史丁尼特（Stinnett）等，均認為教育是一門專業（education as a profession），並對於專業的標準有深入的探討（引自黃嘉莉，2008；陳奎憙，2009）。教師是否為專業人員並非問題的關鍵，當專業主義的概念已經成為一種意識型態，教師們願意認同教師專業，也朝向獲得充分專業自主權而努力，而形成了提升教師專業的教育改革理想，因而對教師資格與工作改善造成實質影響。為使教師成為「完全專業」，在制度設計上必須充實教育專業知能，例如具有教學法的專長、證明教師訓練的時期夠長（大學或研究所學歷）、在教室內擁有顯著的自主權、給予教師參與校務的權力、制度化的在職訓練，以及有組織的教師專業團體等條件（沈姍姍，1998）。

三、專業發展的關係取向

專業發展的關係取向係以專業內部以及專業與社會的關係，作為研究

的對象。此取向以馬克思主義強調階級以及剩餘價值的經濟概念，探究專業與社會發展的關係（黃嘉莉，2008）。1974年霍利爾（E. Hoyle）提出「擴展專業性」（extended professionality）理念，對傳統教師專業概念產生了影響，他主張教師應結合教學與社會脈絡，並非如傳統專業侷限於教室中的表現。擴展專業性特徵包括：1.教學技巧係結合理論與經驗；2.教師的專業觀點來自於教育與社會脈絡；3.教室事件均與學校的政策和目標有關；4.與同儕進行教學方法的比較；5.教學的價值產生於專業合作；6.時常閱讀專業文獻；7.高度投入於非教學的專業活動；8.教學是理性的活動（引自黃嘉莉，2003）。

　　自1980年代以後，國家與新自由主義思想結合，產生所謂的「新教師專業主義」（new teacher professionalism），政府重新定義教師專業的內涵，使教育成為服膺國家政府培養人才、提高競爭力的手段，卻忽略教育的內在目的與本質。新專業教師的特色包括：1.增加更多的機會與責任，做更明確的判斷；2.促使教師參與教學價值與社會價值的論辯；3.建立同儕合作的文化；4.與社區合作；5.主動積極照顧學生；6.不斷自我導向的學習；7.給予相對應的地位與酬賞（Hargreaves & Goodson, 1996）。

　　教師必須透過參與、合作、溝通、不斷學習等策略，以符合顧客的要求，展現教師的新專業精神。以英國政府1980年代以來的教育改革措施為例，在新教師專業的倡導中，值得注意的是教師是否具有足夠的專業知識與專業自主，得以因而負起管理主義的教學績效責任。在績效制度下，教師所謂的教學責任，在於是否符合學校發展計畫以及學生的學業表現，教師事實上能做的決定是少之又少，而是不斷地在做已被決定好的工作。教師評鑑的目的不在於教師是否能夠持續專業發展，而是在於薪資與升遷，績效的工具性目的凌駕教師的專業責任。在績效的鼓勵原則下，傳統教師犧牲奉獻服務社會的說詞消失殆盡，教師的傳統道德價值與專業責任，已經轉移到學生的學業成就，教師的薪資與工作條件，成為教師工作的重要動力，而且可以期待自己的表現成果取得薪資高低。教師必須理解和詮釋政府的政策及顧客的期望，以符合市場需求、顧客的期望及政府的標準。因此，專業知識成為技術，教師工作自主為消費者所控制，教師的責任窄

化為績效。在新專業主義的定義下，教師成為科層體制下的一員，附屬於
科層組織，因未具備生產資產，只能販賣專業知識，藉由意識型態的包
裝使教師走向「去技能化」（de-skill）、「無產階級化」（proletarianiza-
tion），教師因而逐漸成為純粹的技術人員（黃嘉莉，2003，2009）。艾
波描述教師失去有關課程與教學事項決定權的程度，已經大到專屬於教師
的轄區只有教室裡的行為控制。教師能直接影響只有以下五項教室決定的
領域：1.教室空間的安排；2.師生對話的比例；3.教學是要個人進行、小
組進行或整班進行；4.學生在平常上課是否要固定使用學習中心；5.學生
可以不經教師同意而行動的程度。教師喪失了課程內容的控制權，教學過
程僅剩下例行化、科層化，這種現象就是馬克思所謂的異化（alienation）
（引自林郡雯譯，2007）。

第二節　教師角色與教師文化

　　角色（role）概念是美國著名社會學家米德首先從戲劇中借用來的，
經過符號互動論的多位學者，例如布魯默（H. Blumer）、林頓（R. Lin-
ton）、高夫曼（E. Goffman）等人的補充，將理論體系建立得更加完整。
角色按其原意，本指演員在戲劇舞臺上按照劇本規定所扮演的某一特定人
物的專門術語，一個演員擔任某一特定角色時，他就要扮演這個角色的
行為舉止，扮演特定角色的演員會消失，但這個角色則會長期存在（奚從
清、沈賡方，2001）。角色概念經長時期的發展，在社會學、社會心理學
等領域得到廣泛的使用，角色不僅成為分析人際交往和人際關係的重要概
念，更被普遍地用來分析社會結構。

壹　社會角色的運作

　　一個人在社會中從事的職業、活動相當廣泛，因而形成複雜的社會
關係，一個人往往具有多種的身分、地位，要扮演多種的社會角色，構成

墨頓所謂的角色組合（role set）。以學生為例，他的身分是學生，但他也是校隊的一分子，也是父母親的兒子，同時是一個奉公守法的好國民。角色扮演（role playing）是角色理論的中心概念之一，米德認為角色扮演是使社會互動得以進行的基本條件。社會中每個成員都是社會舞臺上的一個演員，各自扮演自己不同的角色（Turner, 1998）。在扮演角色時，根據不同的目的要求，可以對角色進行不同的分類，因而產生許多角色類型，例如相對角色（reciprocal role）、獲致的角色（achieved role）、賦予的角色（ascribed role）等。所謂相對角色是指某些角色是配套的，單獨不能存在，像教師不能沒有學生、丈夫不能沒有妻子、醫生不能沒有病人。獲致的角色是指經由個人努力所獲得的角色，例如藝術家、教師；賦予的角色是指個人與生俱來的角色，例如性別、年齡（成年人、選民）、種族等。這些角色類型即構成角色結構，無論哪一種角色類型都存在著角色期望的問題（彭懷真，1994；藍采風，2000）。

　　角色期望（role expectation）是角色理論中另一項重要概念，當一個人占有社會系統中的一個位置，其表現出來的角色行為要符合社會、他人的期待與要求，這種期待與要求即稱為角色期望。例如社會對女子的期望是溫柔、美麗、大方、文靜、善良、富有同情心等；相反地，對女子不應期望粗暴、殘忍、惡毒、攻擊的行為（奚從清、沈賡方，2001）。當一個人扮演一個角色或同時扮演許多不同角色，角色內部或角色之間往往會發生矛盾、對立或衝突，稱之為角色衝突（role conflict），這是任何人在角色扮演過程中不可避免的社會現象。角色衝突的表現形式可分為角色間衝突（interrole conflict）和角色內衝突（intrarole conflict），角色間衝突指一人身兼兩個以上的角色，而形成顧此失彼無法兩全的情形，例如已婚的女教師要兼顧家庭與工作，因而產生角色間的衝突。角色內衝突是指擔任同一角色但無法同時滿足多方面需要時所引起的心理困境（張春興，1989），例如校長、家長、學生對教師角色期望不一致，使教師感到無所適從。

貳 教師角色

師者所以傳道、授業、解惑也。從遠古以來，教師一直被當成先有知識，才能傳承、批判、創新知識的知識分子。在傳統社會中，因為老師既為人師又為經師，擁有人格感召權與專業知識權。在現代專業化社會中，教師專業逐漸分化，可分為以學科教學為主的「經師」，以及兼具學科教學、導師或輔導老師為主的「人師」（王秋絨，2010）。教師除傳道、授業、解惑等傳統角色外，林生傳（2005）還提出選擇者、輔導者及協商統合者三種角色，選擇者角色為如何了解個別差異、如何設計教學、如何評鑑，選擇學生接受適當性質的教育，引導學生進入職業途徑。輔導者角色為教師了解學生學習或行為方面的問題，藉諮商晤談與學生適當的溝通，幫助學生發現真正的自我。現代社會是一種異質社會，價值觀念存在多元紛歧，教師要扮演協商統合者的角色，在面對複雜情境時，能發展出一種普遍的價值標準來判斷特殊事項。以下僅就功能論、批判教學論及女性主義者所提出的教師角色作一探討。

一、功能論看法

國人對小學教師之角色期望，以愛心、耐心等教師個人特質為首要，在小學任教的教師又以女性居多，所以教師角色被期望為「教師似母親」。但到了中學以後，學校生活會著重在科目內容的學習上，這時教師的角色是技術的專家，也就是帕森斯（Parsons, 1951）所謂的「專業角色」，指的是角色期望中的「普遍性」、「感情中立性」、「專門性」、「成就」及「集體導向」等類型（郭丁熒，2003）。帕森斯在分析社會體系中的角色行為時，特別重視價值導向的作用，他認為一個人的行為通常是透過五種配對形成的價值導向的抉擇而表現，他稱之為「價值導向之模式抉擇」或簡稱之為「模式變項」，這五種配對說明如下（王麗雲，2006b；Parsons, 1951）：

(一)感情性對感情中性（affectivity vs. affective neutrality）

此一變項係指行動者與他人接觸時，必須考慮究應付出多少感情成分，多少理智成分，加以適當的抉擇。例如教師付出多少情感（關懷）與理智，甚至於冷漠。

(二)廣布性對專門性（diffuseness vs. specificity）

此一變項係指行動者與他人接觸，係廣泛涉及於生活領域的各方面，或僅限於專門性質的一面。例如教師與學生接觸的面向僅限教學或單一科目或教師全面性地關心學生。

(三)普遍性對獨特性（universalism vs. particularism）

此變項係指行動者在評估他人時是根據普遍客觀的標準或是以自我的價值體系與對方之個別狀況酌情決定。例如教師評量學生是公正無私或注意到個別差異。

(四)成就對歸因（achievement vs. ascription）

重「成就」者比較強調「普遍性」原則，重「歸因」者則比較偏於「獨特性」原則。例如教師對學生的態度，應著眼於其實際表現，或考慮其本質（如年齡、智力等）。

(五)自我導向對集體導向（self-orientation vs. collectivity orientation）

指行動者究竟應考慮個人本身的需要為一己設想，抑或應為自己所屬的團體而行動。例如教師究竟應優先考量其經濟報酬、工作條件、升遷，或應以整體教育發展為重，強調服務的觀念，而不斤斤計較自己的得失。

九年一貫課程的實施，教師角色由原來的官方課程執行者轉變為「課程的設計者」，強調教師要有自覺，能自行設計課程，不帶偏見地將知識教給學生（陳伯璋，1999）。為促進教師的專業成長，也有學者提出「教師即研究者」，教師是課程的設計者、教師是研究者這兩項呼籲，尚未能得到大多數教師的認同，我國具備這樣專業能力的中小學教師還屬少數。隨著歐美的教育改革，教師角色也不斷重新定義，以英國為例，1944年以

來的教育崇尚機會均等、學生中心、教師自主，教師也逐漸內化這樣的價值，相信教育工作的重點在於學生的情意面向，但是1988年以來的《教育改革法案》強調市場競爭、學科中心、績效責任，重新定義教師角色，主張教師的任務是有效進行教學、提升學習成就（楊巧玲，2008）。

二、批判教學論看法

法蘭克福學派的批判理論應用到教育領域發展成批判教學論，自1980年代以來，已成為西方世界左派知識分子用以批判新右派、新保守主義、新自由主義、教育市場化的主要論述利器，同時也為批判性的教育實踐開啟另一扇希望之窗。批判教學論一方面持續新教育社會學的努力，將教育視為一種政治活動，分析、批判學校教育背後隱藏的意識型態和霸權，另一方面也賦予學校教育積極的能動意義，將之視為達成社會轉化、解放的場所（林昱貞，2002）。

㈠教師作為文化工作者

弗雷勒是巴西當代的教育學者，其著作相當豐富，最著名的當屬1970年的《受壓迫者教育學》（*Pedagogy of the Oppressed*）。書中弗雷勒致力於「人的解放」及「社會轉化」，旨在喚醒受壓迫者在爭取自由解放中的「意識醒悟」，弗雷勒批判傳統「囤積」（banking）教育的壓迫，認為這種教育運用重複、記憶方式傳授機械的知識來「填塞」學習者的心靈，導致學習者沒有主動追求的慾望，也無法對接收的知識感到任何質疑，只是被動等待教師來填塞與存放知識。為改革傳統教育的缺失，弗雷勒提出「以問題化為中心」的「對話教學」及「提問式教學」，認為教師是提問者，能將與學習者的生活世界及其與世界之關係有關的課題以問題的形式呈現，鼓勵學習者主動探索，對挑戰做出回應，並幫助學習者就其經驗與處境，提出對既有知識、價值、社會體系的質疑與批判（方永泉譯，2003；黃聿芝，2008）。

在《教師作為文化工作者：給勇於教育者的信》一書中，弗雷勒（Freire, 1998）主張教師的角色是批判的文化工作者（critical cultural worker），認為「身為教育者，我們既是藝術家，也是政治家，我們從來就不是技術人員。」他主張教師必須發展出對於教學歷程的愛，這樣才能在低微薪資、缺少尊重的惡劣工作環境下堅持教學。因為教師是文化工作者，所以教師必須具備自我批判能力，檢視與反省自己所處的立場與價值觀，雖然無法置身於主流意識型態之外，仍應批判性理解知識的建構性、教育體系與社會整體權力結構的關係，避免自己成為盲目傳遞特定意識型態的工具，應勇於揭露文化中的不合理現象，並進行改革的行動。其次，教師作為文化工作者必須界定自己是批判的公民，發揮賦權增能和自主的作為與學生進行對話，由對話中揭發真實的殘酷行為與受壓迫的情形。第三則是要以批判的樂觀主義來取代不能移動的宿命論，教師須安排機會讓學生能夠發現他們是歷史的主體，並覺察不正義的狀況雖是人類在歷史中產生的，但也可以由人類來轉化。身為文化工作者的教師，其角色是反威權主義的、激進的、解放的、民主的、對話的、互動的（李奉儒，2008；黃聿芝，2008；Freire, 1998）。

(二)教師為轉化型知識分子

吉諾斯是當代美國激進的教育理論學者，提出「教師作為轉化型知識分子」觀念，所謂「知識分子」就是在任何社會中，懂得以文字等象徵符號來解釋宇宙人生的一群特殊人物。吉諾斯（Giroux, 1993）認為，知識分子的類型有四種型式：「批判型的知識分子」（critical intellectuals）、「適應型的知識分子」（accommodating intellectuals）、「霸權型的知識分子」（hegemonic intellectuals）及「轉化型的知識分子」（transformative intellectuals）。批判型知識分子批判現存制度和思想，抗議或批判是他們作為知識分子之專業地位與義務的一部分，是永遠的反對者。適應型知識分子通常選擇站在統治階級那邊，扮演投機者的角色。霸權型的知識分子則臣服於各種形式的學術與政治團體之下，只關注自己的利益。而教師應扮演轉化型知識分子（teachers as transformative intellectuals）的角色，轉化型知識分子不只對於社會的現況有所反省批判，而投入實際社會結構的改造行動；不僅是站在知識分子良心的立場上，針對社會不公與不平發表自己

的意見及批判，在此同時，他也能洞察各種權力競爭時隱藏於下的意識型態與利益，他不會刻意假裝中立（方永泉，1999；許誌庭，2002；Giroux, 1988）。

「轉化型知識分子」的概念是來自葛蘭西（Gramsci）的「有機知識分子」（organic intellectuals），「轉化」的概念如同「有機化」（organi-calization）的概念，就是需要先掌握到脈絡，要以自身所處的社群、環境、生態作為認識的起點，透過整體的認識之後，建立其判準與轉化的目標，為行動注入新的意識，所以反省（reflection）是作為知識分子最重要的關鍵。教師要對課程、教學方法、師生互動、教學態度、教育價值觀等不斷的反省、思考與修正，反省雖然看起來不過是一種對經驗的整理或詮釋，不過可以拿出自己的價值信念作為反省的依據，藉著既有的理論協助行動者觀看自己。一方面體驗到既有理論的現實意義，另一方面對自己的價值信念做進一步的考驗，同時也可以加深對所處結構的了解，並且在環境中展開更進一步的行動（張盈堃，2000）。吉諾斯對教師的角色有以下的期許：秉持著知識分子的責任感，強調基層教師增權賦能的重要性，鼓勵教師宏揚社會責任，不再侷限於學校之內，還要走入社區和社會，以批判的關懷和具體的行動改變整體民主公共領域中的壓迫與不正義（周珮儀，2006）。

三、女性主義看法

女性主義者提出「女性主義教學論」，所關切的教育課題是知識建構、聲音、權威與差異，針對男權文化統治下的知識、知識傳授及相關理念進行批判性（楊幸真，2009）。女性主義係以終止性別歧視與壓迫，並致力公平正義的社會為其核心關懷，其所倡導的教師角色為「教師是女性主義者」。所謂女性主義教師是指認同女性主義精神與女性主義教學論理念者，並將它們實踐在自己的教學實務過程中（楊幸真，2009）。其具體行動包括對教科書中性別歧視內容的審視和清除、對知識傳授中男女刻板角色開展批判。在課堂教學方面，女性主義教師力求改變教師作為唯一知

識持有者的權威地位，更強調平等、尊重他人和傾聽，師生之間有了更多的互相激勵、合作與分享。教育目的因此也有轉變，認為教育不僅是傳授某種知識，更重要的是要使學習者成為具有自主性的知識擁有者和研究者，學生主體的地位更加明確（王宏維，2004）。

　　學校裡經常看到的景像是「女性教學，男性監督管理」，女性主義認為這樣的性別化本質與父權結構無法提升教學專業地位。透過女性主義的批判，教師可以去質疑由男性宰制學校階層的正當性，才能在決策過程中發聲。女性主義教師包括男、女教師，對他們的學生在種族、文化與階級上的身分認同比較敏感，也比較尊重，因為他們能夠敏銳地察覺到性別歧視的模式，因而勇於針對課程內容、教學方法、學校組織中性別不平等議題，質疑其中的壓迫，並提出更民主的替代方案（林郡雯譯，2007）。

 ## 教師文化

　　解釋理論對教師文化此主題著墨較深，其中以美國學者羅帝（Lortie）及英國學者哈格里夫斯（Hargreaves）較為著名。教師文化是學校文化的一部分，所謂教師文化即教師集體共用的態度、價值、信念、習慣、假設及行為方式等，具體呈現於教師之間的人際關係互動模式（Hargreaves, 1972）。哈格里夫斯（Hargreaves, 1980）認為教師文化包括教師地位、能力與社會關係。他提出英國中小學教師的次文化規範有三：1.教室自主，即教師的教學、訓育、輔導方法自行選擇、決定，不受學校或其他老師干涉；2.忠於同事，即同仁之間相互信賴、照顧，一切言行以維護群體的利益為第一考量；3.平凡的規範，即同仁間步調一致，不刻意求表現或突出，是趨中處事的工作哲學（Hargreaves, 1972）。

　　羅帝（Lortie, 1975）的研究發現，學校教師具有保守主義（conservatism）、個人主義（individualism）與即時主義（presentism）的文化生態。保守主義是指教師出於實用的目的而排斥課程與教學的變革，教師的保守展現在兩方面：1.教師太過依賴個人信念；2.教師個人價值受到過去經驗的影響很大。個人主義是指教師個別獨立的工作，以及對其他教師採

取的不干涉、不合作的態度。現時主義或稱即時主義，是指教師對眼前工作的關注超過對長遠教育效果的關注；因為教師薪資結構的關係，使整個教職生涯的薪水變化不大，教師比較不會透過創新以得到晉升的機會，所以金錢報酬往往就不是老師滿足感的來源，教師的滿足多來自於與學生互動時的立即反應。

　　上述研究皆認為教師文化存在著保守性與個人化，姜添輝（2000）分析形成的原因如下：班級教學架構已將教師作物理空間的切割，教師因而被孤立。教師也抗拒他人對教學的參觀，如果發生，在時間上總是處於短暫的，若是長期的性質，則這些觀察者將被教師視為是入侵者，此種文化與情境將阻礙教師間相互觀摩的機會。而尊重教學自主權的學校文化將教學與行政撕裂開來，因此教師與行政人員並無積極的交流活動。教師彼此之間亦無積極與專業的互動，僅有的交流活動存於閱報間、休息室，其特性並非教學經驗與心得的分享，或是教育理念的發展；相反地，是以笑話或詼諧的聊天途徑消除彼此的工作壓力。同時教師會建構強而有力的學校文化，以抗拒外來特別是學生家長的干預，並進而捍衛自身的自主權。在缺乏彼此交流的機會以及行政人員支援的情境下，個別教師必須單獨面對並解決各種教學難題與困惑。此種欠缺外界的諮詢與建議對象，將進而導致相當程度的內在心理孤單（psychological loneliness），教師成為專業頭銜下的心理孤獨者。種種的因素使教師文化很容易形成前文所說的「巴爾幹文化」（balkanization），因此要引導教師文化朝向協同合作文化的方向來努力。

第三節　教師職業地位調查與提升地位策略

　　在我國的傳統社會中，教育一向被視為神聖的行業，「師」與「天地君親」並列，尊師重道是傳統文化的重要部分，因此，教師擁有崇高的社會地位，受到人們的尊重（陳奎憙，2003），縱使有委屈也很少抱怨，往

往逆來順受,在社會上具有很高的道德形象。因此,教師在社會上的職業聲望(prestige),長久以來都是屬於較高的地位(黃毅志,2003)。但是隨著社會的變遷,教師的職業地位亦產生了改變,社會學家想探討教師職業地位(occupational status)在全體的職業排行是否受到影響,於是進行了教師職業聲望的社會調查。在探討職業地位時,一般常將聲望、財富、權威作為評價與分析教師社會地位的三項主要標準,不能僅憑經濟收入一個層面因素,這只是教師在整體社會地位的某一層面。教師的社會地位實際上是教師職業在社會的評價地位,是與其他職業相互比較的結果,也代表教師在社會上所獲得的尊敬程度,同時也是社會成員在選擇擔任教師職業的可能傾向(吳康寧,1998)。以下分別就教師的職業地位及如何提升之策略作一探討。

 ## 壹 我國教師職業地位

地位、聲望與評價常交互使用,其意義也相近,教師地位是來自於後天的成就地位,最主要是由於自己後天的努力來獲得的,以下就幾項調查研究來分析我國教師的職業地位及影響因素。

一、教師職業地位的調查研究

職業聲望通常由社會組成分子的價值觀念所決定,通常具有其歷史文化背景,極難改變。而職業聲望的高低則是決定社會地位的重要標準。各項工作的職業聲望會影響從事此工作者的工作態度和效率。就教師之職業聲望而言,林清江(1971,1981,1992)分別於年對我國教師所作的「教師職業聲望與專業形象之調查研究」顯示:教師職業聲望很高,在四十項職業分成六個層次的職業聲望中,大學校長及大學教授名列第一層次,與中央政府部長、大法官並列;中、小學校長及中學教師名列第二層次,與省政府廳處長、醫師、律師並列;小學教師名列第三層次,與省議員、牙醫師、建築師並列。郭丁熒(1995)的研究中也發現,我國國小教師之社會地位確實居於中上。然國外教師的社會地位則有極大的差異,並被視為

不高，從陳奎憙1975年對中英兩國教師角色所做的比較研究也可驗證我國教師之職業聲望較英國教師高（陳奎憙，1990a）。黃毅志（2003）為建構臺灣地區新職業聲望，從42項職業中，發現大專教師與研究人員的聲望與社經地位都是最高，中小學教師的聲望及社經地位也都很高，其原因為所需教育年數偏高外，其道德形象亦高。黃彥超與翁福元（2009）所做的研究，該研究以中部六縣市之公立國民小學教師為研究對象，研究發現國民小學教師知覺其屬於「中上」的社會地位，存有形象低落的疑慮，教師自認為其工作表現未受各界肯定。從上述的調查研究結果可以得知，教師的職業聲望居於「中上」，而不同層次的教師其職業聲望不同，大學教師職業聲望最高，中小學教師職業聲望雖高於從事體力勞動的職業和一些半專業性的職業，但低於醫生、律師等專業化程度比較高的職業。

二、影響教師職業地位的因素

林清江（1981）認為教師的社會地位受到教師的職業聲望、教師的公共形象、教師的專業條件、教師的實際貢獻等四個因素的影響；而林清江（1992）及郭丁熒（1995）之研究發現，評定我國教師職業聲望高低的因素有教育程度的高低、對國家社會的貢獻、我國文化傳統及價值觀念、受尊敬程度、收入等，茲將這些因素歸納如下：

㈠客觀因素

從結構功能的角度來看，職業聲望次序的排列是由於社會結構本身的組織必要性和功能必要性所決定的。其中重要的因素有以下幾項（陳育芳、陳沙麥，2010）：

1. 職業的社會功能

職業的責任和社會功用愈大，其職業聲望就愈高。教師職業並不直接創造物質財富，但承擔著傳承人類文化和培養社會人才的職責，學校教育已經成為一種重要的社會流動資源，有助於促進社會流動，因而教師職業可以享有較高的職業聲望。

2. 職業的進入制度

職業對於任職者的教育程度、業務素養、道德素養等各方面的條件要求愈高，職業聲望也就愈高。教師職業因其愈來愈高的進入門檻，決定了其職業具有較高的聲望。

3. 職業的收益

職業能給予任職者的各項利益（包括經濟收入、福利待遇、晉升機會等）愈多，其職業聲望愈高。社會公眾認為教師的經濟收入相對穩定、福利待遇相對優越，因此對此職業的評價較高。

4. 職業的環境

與職業活動相關的各種工作條件（如勞動強度、衛生條件、技術裝備、心理環境等）愈好，其職業聲望愈高。社會公眾認為教師的勞動以腦力勞動為主，不需付出較高的勞動力，工作環境的衛生條件較好，也有相對寬鬆的心理環境，因此給予了較高職業聲望。

5. 職業的歷史聲譽

歷史的和文化的力量也影響人們對職業聲望的看法，如果一種職業在其文化傳統中，一直保持較高的聲望，那麼它在現在仍然有可能保持較高的聲望。我國是一個有著悠久尊師重道的社會，教師職業聲望與特定的社會文化背景中的社會價值取向有關，因此，教師一直保持著較高的職業聲望。

6. 職業的穩定程度

人們在評價職業聲望時，看重市場體制下職業的穩定性。由於教師職業的法定社會地位，教師不用直接面對來自非本行業成員的競爭威脅，社會大眾認為此職業穩定性高，因此有較高的嚮往傾向。

□主觀因素

實證研究上以「教師社會地位知覺」為主題，探討身為教師如何評定自身的社會地位，如何看待自身的社會地位，也是教師本身對於其教師形象、工作特質、經濟收入等面向的看法。「教師形象」方面指的是教師本人對其專業性、道德表現的知覺與看法，包含工作專業性質、道德標

準、工作受尊敬程度；「工作特質」方面指的是教師在掌握充分訊息下，對自己工作的評定，包含教育工作的自主性、自身對此職業的評價，以及工作的吸引力等；「經濟收入」方面指的是教師的薪資與其他行業的工作人員薪資之間的比較，以及教師對薪資的滿意程度（黃彥超、翁福元，2009）。然而這些因素也是影響社會大眾對教師聲望看法的重要因素，加上教師性別、任教年資、教育程度、職位高低、任教學科等因素，都是影響教師聲望的主觀因素。例如任教學科是「主科」，就比任教「副科」的教師享有高聲望；任教年資長、有兼任行政職務，則其收入及權力就愈高，而年輕教師、代理教師、無兼行政職務教師，則在財富和權力標準的衡量下處於弱勢，因此就會存在認知上的差距。

在教師形象方面因教師之間存在一些個別差異，故對教師聲望造成影響。學者華勒（Waller, 1961）認為以下幾項特質，會使社會對老師產生正面且有價值的印象：1.取代了父母的角色；2.有文化與社會理想；3.如官員和紳士般的風度；4.像家長；5.是和善的成人；6.有愛的表徵。同時華勒（Waller, 1961）也指出以下幾項因素會影響教師惡名：1.讓學生不費吹灰之力即獲得分數者，以分數去吸引學生，而非在教學上努力；2.不能捕抓住時代的脈動，也沒有什麼當代的社會意識；3.沒有妥善備課，學生無法從中學習；4.沒有競爭力，有時為了維護自己的聲望，會暴露一些招致嘲笑的行為；5.如同暴君，想要完全掌握別人，以暴力方式達成目的；6.適應不良，個性難以與他人溝通；7.言多必失，說得多，卻做得少；8.缺少決斷力，凡事畏縮；9.擅於對學生調情者，使學生受到性騷擾；10.無法與上司或上屬和樂相處，人際關係不佳；11.異想天開而不務實，凡事以自我為中心。

貳　提升教師職業地位策略

專業特質取向所列出的專業特質之中，教師比較欠缺的特質有三：1.高度專業自主權；2.成立專業組織，維護專業服務品質；3.制訂專業倫理信條，規範成員行為及維護專業形象。加強這三項的特質對教師專業的

提升有正面的助益，當教師被為「完全」專業，教師的職業地位同時也會受到肯定與提升。

一、強化教師專業自主權

　　近年來的教育改革，不斷呼籲要提升教師的專業權力，提升教師的專業權力有兩種涵義：一是教師「有能力」理解教學情境，做成明智而理性的專業決定，並實踐於專業活動；二是教師「有機會」將專業知能展現在課程、教學、學生與自身專業有關的決定上。此種被「賦予權力」與「肯定能力」的表現，也就是教師得到充分「專業授權」的明證，故能促進教師專業能力的成長。所謂「有能力」則不應限於教學技術的精熟，最重要是具備再學習與反省的能力。所謂「有機會」指參與各種專業性的決定，亦即專業權力的充分賦予，這是專業自主的基本要素。教師需要面對各種層次的專業決定與挑戰，包括教學目標、評鑑方式、評鑑標準的設定、課程的規劃與探究、教學方法的運用、教學活動的設計、教材的選定、教學情境的控制等。賦予教師專業權力，讓教師進行課程與教學的決定與選擇，如此專業自主權才能得到確立（陳美玉，1997）。《教師法》第十六條有關教師權利，即規定「教師之教學及對學生之輔導依法令及學校章則享有專業的自主」。《國民中小學九年一貫課程綱要》的實施，也賦予了教師自編教材的自主權。當教師的專業權力得到高度的授權，教師的專業能力則有不斷成長的機會，如此教師的專業地位也會更加確立。

二、發揮教師專業組織功能

　　教師專業組織是一種因職業相近而形成的協會，訂有入會的標準及組織規範，其目的是聯合學校系統及有關教育人員的關係，並協助成員爭取福利及提高專業水準（鄭彩鳳、林漢庭，2004）。臺灣教師會與美、英、日等國不同的是有學校層級的教師會存在於校園之中，學校教師會係以壓力團體身分參與和監督學校行政，可透過此組織之特性爭取和維護教師權益（陳琦媛，2013）。教師組織的主要功能是增進教師福利與影響教育政

策及實施，各層級的教師會應妥善發揮功能，如此對教師專業地位將有助益。其功能共計有以下六項（吳清山，2001）：

1. 維護的功能：保障教師專業自主權，讓教師能夠安心教學。

2. 監督的功能：讓學校行政運作公開化、透明化，增進學校凝聚力。

3. 服務的功能：是教師服務的組織，當教師遭遇困難或遭受冤屈時，主動協助教師渡過難關。

4. 研究的功能：從事各種教育問題研究，推動教師進修與研習，協助教師專業成長。

5. 團結的功能：透過教師會交換教育訊息，結合集體的力量，爭取教師權益。

6. 協商的功能：透過教師會進行談判協商，締造學校行政與教師雙贏的局面。

西方教師籌組強大組織的主因，乃是長期以來教師處於低落的社經地位。例如1930年代的美國教師職業反映在華勒眼中的是學校猶如難民收容所，教學被視為是缺乏競爭力工作者的避難所，華勒認為教學工作呈現出例行性與簡單性，這些特性大幅限制自我表現的自由空間，缺乏物質誘因與工作挑戰的教學工作，並不適合有企圖心的人。到了1970年代仍有學者持著類似的觀點，羅帝（Lortie, 1975）的研究指出，由於教學工作缺乏類似行政職務的科層架構，致使教師喪失長期的生涯規劃，並普遍抱持著現今主義（presentism），隨時可因個人因素特別是家庭因素而離職，教學工作並不被視為畢生的志業。顯然，低落的社經地位得以凝聚教師的向心力，並籌組教師組織以爭取自身的權益，此種物質動機所驅動的教師組織往往背離特質論學者所界定的專業意義。例如英國全國教師聯合會（National Union of Teachers, NUT）的長期努力，使教師的社會地位得以大幅提升，該組織以抗爭、罷教為手段，來爭取自身的權益，特別是薪資待遇上。

臺灣教師未發展出類似於西方的強大教師組織，部分原因在於以往高壓政治情境壓制教師組織的發展空間，除政治因素外，尚有更重要的因

素是長期以來臺灣教師享有較高的社經地位（姜添輝，2000）。目前英、美、日等國教師組織的發展，面臨朝向專業主義（professionalism）和工會主義（unionism）路線的兩難（陳幸仁，2008），目前的趨勢為發展兼具專業與工會主義兩種取向的教師組織，同時兼顧「會員權益」與「專業成長」，這類組織通常會以較溫和的方式來爭取成員的福利，而著重提升成員的專業水準。例如全美教育協會（National Education Association，簡稱NEA）原先被歸為專業主義組織，但在1968年之後，為了爭取會員改採罷工等激烈的手段，但NEA亦設置教學專業研究單位，不僅辦理會員進修及研習，更時常對各項教育議題提出批評與建議（周新富，2020）。

三、遵守教師專業倫理信條

　　遵守專業倫理信條是任何專業工作者必備的條件之一，像醫師、律師等專業自治團體都設有嚴謹的專業倫理信條（張德銳，2016）。教師專業倫理信條是決定教師是否為專業的一項指標，例如美國教育組織（NEA）於1929年即制定「教育專業倫理守則」（Code of Education Profession）。教育團體雖有倫理信條，但對於違背的教師，教師組織本身往往沒有懲戒或予以開除的權力，這是各國的現象（陳奎憙，2009）。所謂教師專業倫理是指教師專業領域中的一套行為規範，藉以規範教師執行專業時對其個人、他人及社會的行為（吳清山，1998）。專業倫理信條著重在道德操守和專業精神，要讓教師時時省思、深切認知教師的有所為與有所不為（張德銳，2016）。例如全國教師會民國89年通過「全國教師自律公約」，公約內容包括兩部分：教師專業守則和教師自律守則。「教師專業守則」部分包括以下重點：1.傳授學生知識；2.以公正、平等的態度對待學生；3.課程內容及教材應充分準備妥當；4.主動關心學生，並與學生及家長溝通連繫；5.時常研討新的教學方法及知能，充實教學內涵；6.以身作則，遵守法令與學校章則，維護社會公平正義，倡導良善社會風氣，關心校務發展及社會公共事務；7.教師應為學習者，時時探索新知，圓滿自己的人格，並以愛關懷他人及社會。「教師自律守則」部分包括：1.不

向其學校學生補習；2.不在言語及行為上對學生有暴力之情形發生；3.不
利用職權教導或要求學生支持特定政黨（候選人）或信奉特定宗教；4.與
其學校學生不發展違反倫理之情感愛戀關係；5.不利用職務媒介、推銷、
收取不當利益；6.不收受學生或家長異常的餽贈（全國教師會，2000）。

第四節　　教師專業社會化

　　按照功能論的看法，個人在社會化的過程是居於被動的，會遵循既
有的社會規範與期望而表現角色行為。所以教師專業社會化（professional
socialization of teachers）是指個人學習擔任教師職務以有效融入教師專業
團體的過程。在這個過程中，內在化教師專業團體的價值觀念、態度、技
巧與期望，形成教師人格，因而獲得教師團體的接納（林生傳，2005）。
教師專業社會化強調的是成為教師的學習歷程，這需要經過一系列的結構
性經驗，所以在學習的過程中，通常需要提供「重要他人」與「專業參照
群體」作為其模仿認同的對象（王雅玄、陳幸仁，2007）。學者將教師專
業社會化的歷程從生澀到嫻熟分為幾個階段來探討，常見的是職前、實
習、在職等三階段的劃分法。師資培育的職前教育所能培養的僅是擔任教
師的基本知能與態度，經過實習階段，成為正式教師後，尚須在教學之際
不斷反省、修正與改善教學，才能在教師角色上逐漸成熟（陳舜芬等，
1996）。《師資培育法》及《師資培育法施行細則》對於師資職前教育、
教育實習及教師在職進修有所規範，以下僅就教師專業知識及教師證照兩
項主題，說明教師專業社會化的歷程。

教師的專業知識

　　教育改革的目標之一是要「帶好每位學生」，教師要能落實這理念，
其專業角色才能得到社會大眾的肯定，而提升教師專業地位的途徑唯有
從充實教師專業能力著手。教師需要具備哪些專業能力？教師效能的研

究即針對這項問題提供教師應該具備哪些專業能力的參考指標。美國在1986年由兩個研究團隊霍姆斯小組（Holmes Group）和卡內基教學專業小組（Carnegie Task Force on Teaching as a Profession）分別提出報告，討論教師專業和教師教育的問題，兩篇報告都認為：如果要確保教育質量，必須提高教師的專業水準。教師如果要進行有效的教學，最重要的是教師一方面需要擁有學科知識（content knowledge），另一方面需要教學法的知識（pedagogical knowledge）。後來又有學者提出另一類型的教師專業發展取向即實踐—反思取向，其核心問題不著重在「什麼樣的知識對於教學是必要的」（What knowledge is essential for teaching），而關心的問題卻是「教師實際知道些什麼」（What do teachers know），並在這個「實然」的基礎上提出專業發展的構想（Fenstermacher, 1994）。庫波（Cooper, 1999）認為，擁有高學歷的教師不一定是有效能的教師（effective teacher），有效能的教師要具備實現其意圖的教學能力。這些教學能力即是教師的專業知能，從幾位學者的討論中，將教師專業知能作以下的歸納（Cooper, 1999; Frazee & Rudnitski, 1995）：

一、教師專業態度

　　態度是一種行為傾向，通常人格特質、信念都是組成態度的成分之一。所謂教師專業態度是指教師在擔任教學工作時的投入程度與服務態度，也就是俗稱的「專業精神」。教師的人格特質在教育過程中扮演重要的角色，良好的教師是一個樂觀主義者，相信兒童具有相當大的學習潛能，能不斷地向上成長；同時，教師也應該是一個人道主義者，會熱愛學生，會尊重學生，不會傷害學生的自尊，不會對學生冷嘲熱諷。教師另一性格特點是穩健性，其中包括情緒的穩定及行事的沉著，情緒穩定的人不會意氣用事，不會遷怒，能控制自己的脾氣，能調適自己的壓力；行事沉著的人會謀定而後動，在紛擾的情境下能鎮靜自如，表現在教學上則是做事有計畫、對學生有耐心。另一重要的性格是要求的嚴格性，這種性格來自教師的專業倫理及專業責任，教師對自己、對學生提出適度的、合理的

嚴格要求，使自己能遵循道德規範、履行職業義務，同時也促使學生敦品勵學。除此之外，友善的、令人愉快的、具同理心、熱心的、幽默的、公平的、民主的、有自信的等人格特質，都是教師所要具備的。這些個性的養成部分是與生俱來的，部分是在師資培訓的過程中，受到教師及專業知識的薰陶，潛移默化而成，有學者將這部分稱之為專業承諾或專業態度。

二、教育專業知識

這部分是身為教師不可或缺的知能，例如對任教對象的了解、足夠的學科知識、引導教師角色的教育哲學、知道人類如何學習、如何營造環境促進學習等，可以將教師專業知能分成以下三部分：

㈠教育學的知識

教育學是教學的基礎知識，教師如果缺乏教育學理論和實踐的修養，是很難勝任這項教學任務的。這方面的知識包括學習者身心發展狀態、學習者社會背景對學習的影響、學習者如何學習、行為適應問題的輔導、教學法背後的理論基礎、教育研究方法等知識皆屬之，學習了教育學知識，教師更能夠有效地將課程中的學科知識傳遞給學習者。

㈡教學法的知識

教師是課程的代理者，將教材的知識傳遞給學生，教師同時也傳播社會的規範與價值給學生，教師要具備以下的知識與能力：教學目標的決定與選擇、教學活動的設計與規劃、課程教材的編選與組織、教學進度與時間的控制、教學情境的監控與管理、教學方法的轉化與運用、教學氣氛的醞釀與培養、教學評量的發展與善用。這些知識在師資養成階段，除了理論講授之外，還要與教學實習相結合，讓學生能將理論應用到實際教學情境。

㈢任教學科知識

任教學科知識又稱為內容知識，是指教師要講授某一學科課程所需具備的知識，例如國文、自然、數學等，師資培育階段稱為「專門科目」，

詳細規定擔任某一學科的教師須修滿多少學分數，才能成為該科的合格教師。然而國小師資因採用包班制，所以幾乎所有的學科都要涉獵。

三、個人實用知識

史密斯（Smith, 1985）認為，訓練良好的教師除了應具備學習及人類行為方面的理論知識、任教學科的知識、增進學習的教學技巧、教學專業態度之外，還要具備個人實用知識（personal practical knowledge），其內容包括教師信念、洞察力、習慣等，使其有能力在學校工作，用來解決困境、消除緊張和簡化複雜的工作。實用知識屬於教育領域以外的知識，但卻可以增進教師教學能力，教師掌握愈多這方面的知識、技能，愈能有效地進行教育活動，也愈能得到學生的信任與好感。這些知識包括以下幾項：樂器演奏、歌唱、舞蹈、演戲的才藝表現能力，能在學生及家長面前生動流暢地講述理念的演說能力，營造良好親師關係、師生關係、同事關係的人際關係能力，製作教材、教具所需的美術編輯能力及電腦軟體操作能力，上課及批改作業所需的板書及硬筆字書寫能力。

四、教師的知識管理

知識管理（knowledge management）是一種蒐集、保存和分享所有組織及成員知識的活動。它特別強調無形資產的管理，重視將隱性知識外顯化。其具體目標包括擴大個人知識成長、建構知識共享機制、協助做好有效決策及擴增組織知識資產（吳清山，2002）。通常教師知識可分為可藉由文字、易於表達的「外顯知識」（explicit knowledge）及不易言傳的「內隱知識」（tacit knowledge）。外顯知識是一種可以用語言、文字、數字、圖形等加以闡釋，賦予新意義，並加以傳遞的知識，例如會議紀錄、相關法令、教學計畫、課程設計等；內隱知識是一種個體經驗或學習心得累積之洞察力，能因環境變化而自動調適，是一種活的知識，例如一位教師如何營造溫馨的班級文化。內隱知識被視為教師知識最菁華的部分，也是主宰與決定教師專業行動的主要力量來源。基於「知識管理」的

理念，我們有必要將珍貴的知識或經驗予以蒐集、保留並傳承，以使其他教師亦可藉由這些知識提升教學品質（陳美玉，2006）。

五、教師反思能力

除上述專業態度、專業知能的學習外，教師反思能力亦是一項重要專業知能，教學反思不是一般意義上的「回顧」，而是反省、思考、探索和解決教學過程中各個方面的問題。透過反思，教師不斷更新教學觀念，改善教學行為，提升教學水準，同時形成自己對教學現象、教學問題的獨立思考和創造性見解。教師如何進行反思？個人單獨的反思可以透過寫日誌（journal keeping）、傳記（biography）、構想（picturing）、文獻分析（document analysis）等方式；與人合作進行反思可以透過講故事（story telling）、信件交流（letter writing）、教師晤談（teacher interviews）、參與觀察（participant observation）等方式。透過這些方式，教師們可以加強對自身實踐的認識，並在此基礎上提升教育實踐（鍾啟泉，2001）。

 ## 教師證照制度

教師專業地位在社會變遷中面對各種挑戰，包括科技是否取代教師、只要有意願教是否可取代正規師資培育歷程等問題，都讓教師證照的意義與價值及教師專業地位面臨崩解或轉型的挑戰。目前《師資培育法》規定通過教師資格檢定及半年教育實習後，才能取得合格教師證，接著要參加地方政府或學校所辦理的教師甄選考試，錄取之後才能如願謀得教職。因此出現取得教師證書者找不到教職的問題，而無教師證者仍然可以到學校擔任代理代課教師，有教師證書無法直接代表成為教師專業地位群體的一員，象徵意義與實際存有落差（周新富，2020）。教師證是取得進入教職的門檻，但我國至今依然未強制要求每位教師皆需具有教師證方能擔任教職。

美、日等先進國家除要求教師要具備教師證外，更進一步推動「教師換證制度」（teacher license renewal system）。目前美國大部分的州皆設

有教師換證制度，維吉尼亞州規定州內教師需在五年內取得所定的專業發展點數180點；印第安納州則是規定教師初證為10年效期，爾後每五年需換證一次，加州和麻薩諸塞州則是以每五年為證照更新效期。日本的教師換證制度是在2007年經修法通過，於2009年正式實施的制度，在該制度之規定教師證書的更新以10年為單位，教師持證每滿10年，需於效期終止之前兩年內，赴「大學」接受30個小時以上的講習，才能申請更換新證。對於教師之工作性質，不論其是被定位為半專業、準專業或處於邁向專業的歷程，為了提高教師的專業地位，除在師資培育、就職與專業成長等整體生涯發展上，檢討職前課程與在職進修之規劃外，經由實施教師證書之換證制度，亦可保障教師的專業水準能與日俱進，且有助於提高其職業地位（林雍智、吳清山，2012）。

自我評量 ·····································

一、選擇題

( ) 1. 治國是國中導師，家長希望他能多給學生考試，以提升學業成績，而他的學生卻希望不要時常考試，請問治國這種感受期待與要求不一致的現象，較符合下列哪一個概念？ (A)角色模糊 (B)角色距離 (C)角色衝突 (D)角色擴散。

( ) 2. 華老師因家人生病，半年來常請人代課以致對學生疏於照顧，她深感難以兼顧家庭與工作，這是因為她面臨哪一種角色衝突？ (A)角色內相同對象的衝突 (B)角色內不同對象的衝突 (C)角色外相同對象的衝突 (D)角色外不同對象的衝突。

( ) 3. 李校長常對學生說：「天、地、君、親、師」。這樣的說法是看重教師的何種權威？ (A)傳統的權威 (B)魅力的權威 (C)專業的權威 (D)法理的權威。

( ) 4. 根據「專業特質論」的觀點，中小學教師工作的專業性，比不上律師、醫師、工程師等。這是因為教師工作較缺乏下列哪一種專業特質？ (A)專門的知識與技能 (B)長期的專門訓練 (C)集體協商權 (D)服務重於報酬的精神。

( ) 5. 學者研究發現（Hargreaves, 1972），中小學教師不作創新改變，不刻意求表現的現象，認為這是下列何種教師文化的結果？ (A)教學自主 (B)忠於同事 (C)甘於平庸 (D)專業倫理。

( ) 7. 小明在擔任實習老師時，發現實習學校的教師文化和哈格里夫斯（D. Hagreaves）對英國中小學教師文化的研究結果雷同，他最可能觀察到教師受到同儕非正式團體規範的影響為以下何者？ (A)教室自主 (B)忠於上司 (C)關懷學生 (D)追求卓越。

( ) 8. 方老師為了讓教學更吸引學生，將流行文化元素（如偶像劇、流行音樂等）納入課程中。這較符合下列何種教師專業特徵？ (A)獨立專業自主 (B)服務重於報酬 (C)自律專業團體 (D)長期專門訓練。

( ) 9. 依據專業特質理論，下列哪一項屬於教師專業的特質？ (A)健康

的人生觀　(B)規範的倫理信條　(C)強烈的成就動機　(D)良好的人際關係。

(　　) 10. 何者可促進教師專業？　(A)兼任行政　(B)減少師培修業年限　(C)教師換證　(D)提升教檢通過率。

(　　) 11. 社會學研究中有一個重要變項，這個變項通常由社會組成分子的價值觀念所決定，有其歷史文化背景，極難改變，是判斷社會地位的重要標準。相關的研究發現，它不僅關係教育工作的吸引力，而且直接影響教師的工作態度與效率。請問這個變項是什麼？　(A)教師文化　(B)師生互動　(C)專業組織　(D)職業聲望。

(　　) 12. 關於教師專業的論述中，將教師視為是文化工作者，或者是轉化型知識分子，請問這是屬於何種論點的主張？　(A)批判教育學　(B)結構功能論　(C)符號互動論　(D)交換理論。

(　　) 13. 哈格里夫斯（D. Hargreaves）曾分析英國中小學的人際關係，歸納出教師間非正式團體的三種規範，其中之一是指同事之間互相信賴，一切言行以維護群體利益為重，這是哪一種規範？　(A)教室自主的規範　(B)忠於同事的規範　(C)平凡的規範　(D)互信的規範。

(　　) 14. 我國教育學術團體聯合年會公布「教育人員信條」作為教育人員工作的倫理守則，其中「不斷的進修與研究，促進專業成長，以提高教學效果」，係屬於哪方面的教師倫理守則？　(A)對專業　(B)對學生　(C)對學校　(D)對學生家庭與社會。

(　　) 15. 依據《教師法》，下列有關教師組織之敘述，何者錯誤？　(A)各級教師組織基本任務之一為維護教師專業尊嚴與專業自主權　(B)教師組織分為三級：在學校為學校教師會；在直轄市及縣（市）為地方教師會；在中央為全國教師會　(C)學校班級數少於15班時，得跨區（鄉、鎮）合併成立學校教師會　(D)全國教師會應有半數以上之地方教師會加入，始得成立。

(　　) 16. 學習成就本來就不佳的小成，這次月考進步3分，所以老師如果要獎勵他，這是考慮到何種價值的選擇？　(A)感情性對感情中性　(B)廣布性對專門性　(C)普遍性對獨特性　(D)成就對歸因。

（　）17. 詩芸與容嘉是學校同事，他們正在討論教師是否屬於專業。下列何者不屬於專業的認定標準？　(A)具有高度科層化的色彩　(B)需經長期的專門訓練　(C)享有相當的獨立自主權　(D)有自律的專業團體與明確的倫理信條。

（　）18. 「專業主義意識型態」對於教師角色的定位為何？　(A)教師蒐集並提供學生探究學習的證據和材料，並扮演程序中立者　(B)教師為學生的學習夥伴，重在激發學生參與社會行動的熱忱　(C)教師如園丁，協助學生與學習環境互動過程中，發展興趣與心智　(D)教師依照教科書內容教導學生。

（　）19. M. Apple觀點中的再技術（re-skill）意指使教師：　(A)強化其批判能力　(B)轉向心理學導向的技術效能　(C)強化理性思考的能力　(D)提升在課程設計的主導權。

（　）20. 面對社會變遷的挑戰與衝擊，教師開始思索「自己是什麼？我該如何定義自己？我怎樣去看待自己與他人的關係？」請問此種思考屬於教師社會學的何種內涵？　(A)教師權威　(B)教師的社會地位　(C)教師的身分認同　(D)教師專業。

（　）21. 教師專業化是各國努力的目標之一，關於「專業工作」的特徵，下列敘述何者錯誤？　(A)專業工作必須運用專門的知識和技能　(B)專業人員必須經過長期的專門培訓　(C)專業工作強調報酬重於服務的觀念　(D)專業人員必須不斷地在職進修。

（　）22. 當師資生開始修習中等教育學程之後，就進入何種教師社會化階段？　(A)非正式的教師社會化階段　(B)預期的教師社會化階段　(C)實習的教師社會化階段　(D)繼續的教師社會化階段。

（　）23. 張老師一直感到在班級經營和多元評量技巧方面有所不足，他很希望透過各種進修活動以提升自己在這些方面的能力。他所需要的這些專業知能屬於「教師知識」中的哪一種？　(A)課程知識　(B)自我知識　(C)教學知識　(D)背景知識。

（　）24. 結構功能論者較傾向以下列何種方式來討論教師專業？　(A)批判專業是否是一種意識型態　(B)探討教師在工作中的心理報酬　(C)依據一套規準來討論教師行業是不是專業　(D)由教師敘說中建

構其在工作中所知覺與感受。

( ) 25. 下列有關教師自我角色期望的選項，何者較為適切？　(A)兼重教師及學生言行的改變　(B)迎合學生喜好做學生喜歡的人　(C)根據家長職位高低來對待學生　(D)樂觀看待學生所有違規行為都是創意。

( ) 26. 蘇老師本學期的課程教學安排較繁瑣，因而對被分配到福利社的管理遲遲未能進入狀況。同時，新的福利社雇員也是剛上任，造成業務上經常發生問題，使得蘇老師對兼顧教學與管理者的角色感到心力交瘁。蘇老師這種感受較符合下列哪一個概念？　(A)角色轉換　(B)角色期望　(C)角色間的衝突　(D)角色內的衝突。

( ) 27. 劉老師發現學校內的教師，平常各行其事，缺少積極互動與溝通。以上描述較符合哪一種教師文化的型態？　(A)保守文化　(B)合作文化　(C)孤立文化　(D)現實文化。

( ) 28. 依據帕森思（T. Parsons）的看法，傳統教師主張完整人格的教育；現代教師重視選擇功能，要學生能學以致用。這屬於下列何種對比模式？　(A)成就對歸因　(B)廣布性對專門性　(C)普遍性對獨特性　(D)自我導向對集體導向。

( ) 29. 在強調教師專業自主的今日，關於教師與課程的關係，以下敘述何者正確？　(A)教師沒有權力參與課程內容的決定　(B)教師毋須於下班後尋覓時間和資源來規劃課程　(C)教師判斷課程品質時，毋須遷就社會大眾的喜好　(D)教師分析課程價值時，毋須考慮政治、社會等大環境的複雜性。

( ) 30. 以下哪一項不屬於教師專業倫理？　(A)取得教師證照　(B)不得有傷害學生自尊之言行　(C)尊重學生隱私　(D)與學生家長保持友善關係。

答案

1.(C)　2.(D)　3.(A)　4.(C)　5.(C)　6.(B)　7.(A)　8.(A)　9.(B)　10.(C)　11.(D)
12.(A)　13.(B)　14.(A)　15.(C)　16.(C)　17.(A)　18.(A)　19.(B)　20.(C)
21.(C)　22.(B)　23.(C)　24.(C)　25.(A)　26.(C)　27.(C)　28.(B)　29.(C)
30.(A)

二、問答題

1. 請解釋何謂專業？教師專業的特質取向認為專業需具備哪些條件？

2. 教師是屬於專業工作者嗎？教師是否已建立其專業形象？又你認為當前要鞏固教師專業地位，應興應革之道為何？請由「專業」的規準分別論述之。

3. 何謂教師角色？請分別說明功能論、批判教學論對教師角色有何看法。

4. 何謂教師職業地位？哪些因素會影響教師的職業地位？

5. 英國學者哈格里夫斯（Hargreaves）的研究，將中小學教師的次文化規範區分為哪三類？該次文化分類是否可適用於我國？

6. 試比較「作為教書匠的教師」與「作為轉化型知識分子的教師」，在課程實踐上有何不同？

7. 何謂教師專業倫理？試述在學校教育中，您如何實踐教師專業倫理？

8. 何謂教師專業自主權？試舉三種實例說明教師擁有哪些專業自主權。

9. 教學專業知識可分為「外顯知識」（explicit knowledge）與「內隱知識」（tacit knowledge），研究指出：學校知識管理情形愈佳，則教師專業成長愈好。請舉例說明，何謂「外顯知識」與「內隱知識」？身為教師要如何提升這兩方面的知識？

10.何謂教師換證制度？我國是否應該實施此項制度？請說明您的看法。

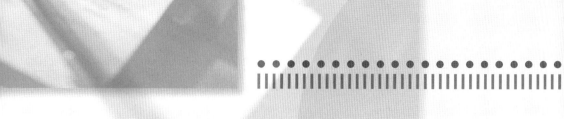

第十一章

課程社會學

對多數的教育工作者而言，學校課表中所臚列的的科目或所決定的課程似乎是理所當然且無庸置疑的。然而，從課程社會學（sociology of curriculum）的角度觀之，課程係反映國家的理想與族群的文化與利益，課程內容的選擇均無法避免地可能受到意識型態的影響，例如階級、政治、經濟、文化等權力均試圖將觸角深入課程之內（吳瓊洳，2005b）。課程社會學有學者稱為課程知識社會學，此一分支學門主要在探討課程知識與權力的關係，因此關注課程知識的建構歷程、內涵屬性及影響（姜添輝，2005）。課程社會學的發展可以上溯至「知識社會學」的研究，美國社會學者柏格和盧克曼（Berger & Luckmann, 1967）提供課程研究一個新的理論架構，並且關注學校課程的探討。英國學者楊格（Young）主編《知識與控制》一書，更成為課程社會學研究的經典之作，發展成為以批判為主的「新教育社會學」。課程知識建構與傳輸受到許多因素的影響，包括政府政策、歷史與文化信念、霸權意識型態、各種壓力團體、教科書市場利益、教師態度等，課程與教學實際上是這些群體和概念之交互作用的結果（譚光鼎，2011）。本章期望藉由課程社會學的探討，讓教師了解學校的課程內容中，可能存在的意識型態及知識階層化現象，在實施課程時能針對發現並批判此種不合理的現象。本章共包含四節，第一節探討課程的基本概念，第二節探討課程社會學的發展與內涵，第三節探討課程社會學的重要議題，第四節探討政治對課程的影響。

第一節　課程基本概念

課程作為專門研究領域是從1918年開始，巴比特（J. F. Bobbitt, 1876-1956）受到科學化運動興起的影響，開始以科學方法編製學校課程，並且出版課程的專書，自此以後研究者從哲學、社會學、文化學、心理學等角度進行課程的研究，建立豐富而精彩的課程理論，這些課程理論對於課程的實施產生了指引作用。因為學者從不同的視野來探討課程，因而對課程

有不同的理解，反映在課程的定義可以說是複雜而多元，由課程界定的差異，後續發展出的課程理論、課程內容的選擇與組織也因而不同（周新富，2017）。

 壹　課程定義

課程（curriculum）一詞源自拉丁文 "*currere*"，*currere* 名詞意思是「跑道」（race course），故又被引申為「學習的進程」（course of study）。至於 *currere* 當動詞用，是跑、競走、驅馳、快跑的意思。課程的定義眾說紛紜，學者認為課程是學科、是經驗、是目標、是計畫、是目標，課程的主要涵義不外「學科知識」與「學習經驗」兩大主軸（周新富，2017）。但隨著「課程再概念化」運動的興盛，對課程的定義也有新的詮釋。例如舒伯特（Schubert, 1997）列出課程的八種定義：1.課程如內容或學科質料（subject matter）；2.課程如計畫性活動構成的系列方案；3.課程如有意圖的學習成果（intended learning outcomes）；4.課程如文化再生產（cultural reproduction）；5.課程如經驗（experience）；6.課程如個別的工作及概念（discrete tasks and concepts）；7.課程如社會重建的議程（an agenda for social reconstruction）；8.課程如跑馬道上的活動（*currere*）。

 貳　課程的類型

學校的課程結構可以區分為正式課程、非正式課程、潛在課程、空無課程及空白課程五類（楊龍立、潘麗珠，2005），但最主要的課程一般分為「正式課程」（formal curriculum）及「潛在課程」（hidden curriculum）兩大類，前者是在學校安排或教師指導下完成預期目標的學習，後者是指不明顯的學習經驗，指學生在學校環境中所學習到的非預期或非計畫的知識、價值、規範或態度（陳奎憙，2009）。課程學者從決策的角度加以區分，將課程從決策層次、醞釀以至運作的過程，區分為中央、地方（州、省、市、縣）、學區、學校、教室等層級的課程，其中

教室層級課程即課程的實施，也就是教學，由教師擬定各單元的教學計畫，依據課程目標來發展高品質的學習經驗，並定期進行課程評鑑。與社會結構關係比較密切的分類為美國教育學者古德拉（Goodlad, 1979）以社會過程（contextualized social process）為脈絡所進行的分類，說明在不同層級、不同階段的課程活動，這五種課程分別是理想課程（ideal/ideological curriculum）、正式課程（formal curriculum）、知覺課程（perceived curriculum）、運作課程（operational curriculum）及經驗課程（experiential curriculum），以下分別說明這些課程的意義（歐用生，2003；蔡清田，2008；Goodlad, 1979）：

一、理想課程

又稱理念課程或意識型態課程，美國聯邦政府、各種基金會和特定利益團體成立委員會，也可以是個人，針對課程問題進行探討，提出的課程革新方向都是屬於「理念的課程」。例如：多元文化課程、資優教育課程、生涯教育課程等都是，它的作用，只有被採用或接受，才能發揮出來。

二、正式課程

指由州政府和地方教育董事會所核准的課程方案，也可能是各種理念的課程之綜合或修正，藉由選擇或命令的方式，由學校或教師採用者，通常以書面形式出現。例如課程政策、課程標準、課程指引（curriculum guides）、科目大綱、教科書、學習單元等皆屬之。

三、知覺課程

屬於心靈中的課程（curriculum of mind），家長或教師對於課程內容的知覺，不一定與官方課程一樣，通常是學校教師對於正式課程加以解釋後所認定的課程，會進一步對教學安排和設計產生影響。

四、運作課程

是教師在班級教學時實際執行的課程，因為教學時涉及與學生互動及環境之配合，所以教師的教學表現往往與他們所知覺的課程有所差距。

五、經驗課程

指個別學生透過學習而獲得經驗的課程，即教師運作的課程為學生所感受與經驗到的課程。學生是主動的個體，由各種學習活動中尋找自己的意義，構築自己的經驗，自我抉擇與創造，絕不是接受的容器而已。

 ## 參　課程發展

目前最廣受歡迎的課程發展模式為泰勒模式（Tyler model），亦稱為目標模式，此模式構成課程理論的「泰勒法則」（Tyler rationale），對課程的發展與設計產生極大的影響。泰勒1949年出版《課程與教學的基本原理》（*Basic Principles of Curriculum and Instruction*），在書中提出課程發展與教學計畫的四個基本問題：1.學校應達成那些教育目標？2.提供怎樣的教育經驗才能實現這些目標？3.如何有效地組織這些教育經驗？4.我們要如何確定這些目標是否達成？儘管泰勒所強調的目標導向和科技理性架構常受到課程學者的批評與修正，但所建構的四個課程分析範疇：課程目標（課程決定）、學習經驗或內容（課程選擇）、課程組織、課程評鑑，為課程的發展與研究提供了基礎架構，至今在課程領域仍享有相當程度的主導地位（甄曉蘭，2004；Tyler, 1949）。

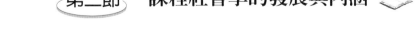

第二節　課程社會學的發展與內涵

課程社會學是源自知識社會學的研究，因此有必要先對知識社會學的發展有所認識。知識社會學是社會學者對知識的相關議題所提出的觀點

發展而成，社會學者對知識的討論著重在社會結構、社會階層、社會控制、權力與對話等主題與知識的關係，而不是專注在個體自身的內外在條件上，這是社會學與哲學在分析知識時關注重點的差異所在（王政彥，2001）。再加上社會學者對知識的內涵有不同的見解，以致形成不同學派的理論也有極大的差異。

 ## 知識社會學

知識社會學關於知識的種類、等級以及知識和意識型態關係的分析，為學校課程知識研究提供了重要的方法論和分析架構（吳永軍，2006），因此有必要認識知識社會學的發展。

一、知識社會學的定義

知識社會學是研究知識或思想產生、發展與社會文化之間關聯的一門學科，是社會學的分支，又稱思想社會學（黃瑞祺，2000）。知識社會學是關注社會中成為「知識」的事物，包括思想、意識型態、法學觀念、倫理觀念、哲學、藝術、科學和技術等觀念，而不論這種「知識」是否有其終極的妥當性，因為人類所有的「知識」都是在社會情境中發展、傳遞和維持的，知識社會學就是要致力理解這些為人們視為當然的「現實」過程。換句話說，知識社會學是對「現實」的社會建構過程的分析（鄒理民譯，1997），也就是研究這些社會文化因素如何影響思想和意識型態的產生和發展。而知識社會學所關心的知識定義，是常識上所說的知識，不是思想、知識或真理，不是一套客觀的或固定的事實，而是人們建構出來的（林郡雯譯，2007）。

二、知識社會學的發展

1924年德國社會學家謝勒（Max Scheler）首先使用「知識社會學」的名稱。然而其源頭可追溯至十九世紀德國思想上的三大發展，即馬克思、尼采哲學與歷史主義。馬克思所提出的「社會存在決定社會意識」，

可以看作是最早和最基本的知識社會學命題，在這一基礎上，他還提出了一系列知識社會學的概念，如意識型態、上層建築和經濟基礎。謝勒的知識社會學比較偏向哲學，將知識社會學轉化到比較狹義的社會學脈絡，並傳遞到英語世界的重要的人物是曼海姆，其主要的著作為《意識型態與烏托邦》。美國社會學家之中，墨頓對知識社會學主要是繼承馬克思、曼海姆的主流傳統，但以功能論的架構應用到知識社會學的分析上還是有所限制。1960年代以後，美國社會學者柏格和盧克曼以舒茲的現象學及符號互動論者的觀點，分析日常生活中的知識所引發的客觀和主觀實體（reality）之間的辯證過程。歐洲則以社會批判理論著稱的法蘭克福學派（Frankfurt School），如阿多諾（T. W. Adorno）、馬庫色（H. Marcuse）、哈伯瑪斯等，把社會意識與社會存在的關係作為重要理論焦點，其中最為著名的觀點是對科學技術的意識型態如工具理性的批判。1980年代以後比較著名的當代知識社會學的研究如下：傅柯以解構學說來說明知識與權力的關係、女性主義科學社會研究等（張鐸嚴、周新富，2021）。

 ## 知識社會學的重要內容

　　本小節主要探討法蘭克福學派及傅柯所提出的知識社會學理論。1923年在德國法蘭克福大學成立一個研究馬克思主義的社會研究所，先後於此任職的學者稱之為「法蘭克福學派」（Frankfurt School），這個學派的思想稱之為批判理論（Critical Theory）（Sensoy & DiAngelo, 2012）。在第三章中提到過後現代主義的思潮，傅柯是該思潮的重要學者，本小節以其知識與權力的關係為探討重點。

一、批判理論

　　法蘭克福學派從未把馬克思主義對社會結構的分析視為當然，他們認為早期的資本主義業已消失，因此出現不同的宰制形式，批判理論亦認為資產階級和無產階級的區分或衝突已消聲匿跡了，也就是衝突的形式轉移了。「批判」這個概念源自黑格爾到馬克思，是對社會以及對各種知識體

系的批判，其標準在於是否違背合理的社會利益。批判理論是一種辯證理論，強調理論本身便具有實踐性，終極目標在於社會的改造和人的解放。馬庫色認為，在現代資本主義下，迅速膨脹的全國性、國際性壟斷和大規模國家干預，已經使人們的生活受到愈來愈精巧和有力的控制，這形成了批判理論的共同主題：宰制（domination）關係。這種宰制的根源就是批判學者強調的「工具理性」（instrumental rationality），它提供了人宰制人和體系宰制人的依據，我們可以從實證論和經驗主義看到工具理性對人性所造成的扭曲與貶抑（吳根明譯，1988；廖仁義譯，1998）。

阿多諾則提出著名的「文化工業」的概念，用以批判資本主義社會下大眾文化的商品化及標準化。他認為文化工業以迎合大眾享樂、賺錢為目的，使得社會大量充斥著膚淺的娛樂作品，文化工業鼓勵消費享樂與崇拜明星、偶像，文化工業同時也散播虛假的幸福意識，對於人們的社會意識具有催眠效果，使人沉醉在一種虛幻的滿足感之中，喪失批判社會的意識，無形中培養了維持現狀的順從意識，成為鞏固現行秩序的利器（楊忠斌，2008）。

哈伯瑪斯藉由對生活要素的分析而提出了「勞動」（labor）、「語言」（language）和「權力」（power）等三種：人類藉由勞動來獲取資源以維繫其生物性之存在，藉由語言來溝通互動以維繫其社會性之存在，藉由對權力的解放以主宰自己的命運。三種認知興趣進而決定了三種學科的研究取向及知識的性質，技術興趣衍生了「經驗的─分析的學科」，稱為「工具的知識」（work knowledge），目的在建立律則性的知識，此類的學科包括自然科學及部分社會科學，即早期批判理論家所稱的實證主義，哈伯瑪斯等人稱之為「工具理性」。實踐興趣衍生了「歷史性─詮釋性的學科」，稱為「實踐的知識」（practical knowledge），目標為對社會文化現象獲致一種解釋的了解，這類的學科包括歷史學、人文學及社會學中的詮釋學、符號互動論等。解放興趣衍生了「批判取向的學科」，稱為「解放的知識」（emancipatory.knowledge）目標在於反省及批判，企求超越生活的限制，此類學科包括心理分析、意理批判及具有反省性批判性的哲學（黃瑞祺，2007）。哈伯瑪斯試著將社會批判理論建立在人類的認知興趣

上，並且認為以實證主義（Positivism）為內涵的客觀主義，不免落入了僵化、保守的化約主義中，輕視了主體經驗在形成認知構成中的積極涵義，因此提出「知識構成的興趣」（knowledge-constitutive interest）。在其論述中，「興趣」此一概念，並非指個人特殊性向嗜好或某種群體利益的動機，而是指人類先在的普遍認知旨趣或知識構成的背景因素（Habermas, 1971）。總之，批判理論學者認為要喚起人們從主體理性的批判為反省起點，進而促成社會大眾批判意識的覺醒。這種批判與反省的自覺透過教育的作用，可導致社會的變革（陳奎憙，2009）。

二、傅柯論知識與權力

傅柯的學術興趣正在於探討關於社會認識論（social epistemology）是如何轉變與發生的，他稱之為知識形構（或稱知識類型）（episteme），是一個社會在特定時期，用以觀看與理解社會構成的一套規則與框架。傳統觀點認為，權力與知識是處於相對的、不兩立局面，只有在權力關係暫停或終結之處，亦即在避免了權力的干涉之後，真正的知識才能發生。然而傅柯一反如上看法，認為權力與知識原本即是相互涵蘊彼此共生的關係（許誌庭，2009）。在《規訓與懲罰》（劉北城、楊遠嬰譯，1992；Foucault, 1977）一書中，傅柯指出：我們應該承認權力產生知識，不僅僅只是因為知識為權力服務而鼓勵它，也不僅只是因為知識是有用的而使用它，權力和知識二者意味著包含彼此；沒有知識領域的相關建構就沒有權力關係，同樣的也沒有任何知識不同時預設與建立權力的。然而權力是如何生產知識呢？傅柯以歷史的眼光研究早期法國皇室的統治權力，對於罪犯欲透過訓練肉體控制心靈，進而將罪犯改造洗腦，使其鍛鍊出「柔順身體」的公民，由這個歷程逐漸建立有關規訓的知識。以人口的看管為例，這種監管是權力的運作，卻又形成某種知識類型。這些知識包括：1.一種治理的知識，國家機制的治理累積發展了一組知識；2.一組由調查而來的知識，這些有關於人口的遷移工藝技術、農業技術、人口的健康狀態等資料；3.一種審訊（inquisition）的知識，逮捕一個人時，都必須有一份關

於其行為的報告。為了規訓（discipline）的目的，而形成對人身運作機制的研究，以取得最佳的運作範式，為了有效控制及矯正個人，使其持續符合規範，在規訓機制中形成一系列觀察監督機制，大量觀察紀錄累積的結果，促進「人的科學」之產生（劉北成、楊遠櫻譯，1992；蘇峰山，1996；Foucault, 1977）。

在知識與權力的天平上，權力其實是較受傅柯偏愛的，傅柯說：「知識是由權力所生產的，而且權力必須透過知識來行使（is exercised）」（Foucault, 1980）。這句話是傅柯流傳最廣的名言，但傅柯是如何推出這樣的命題？「知識」和「權力」兩個概念究竟如何產生關聯（陳瑞麟，2002）？在傅柯的理論中卻未能深入探討他所指稱的知識內涵為何？是「規訓權力」所使用的種種「技術」和「策略」？或是「論述」（discourse）？或是真理？陳瑞麟（2002）認為言論中的「聲明」（statement）可被理解為公開的談話，也就是所謂的「說話行事」（speech act），在每個說話情境中發言，都必定是一個「說話行事」，必定含有做出某些行為的力量（force），其實也就是「權力」。在說話或發表性的書寫之中就有權力的運作，即使說出來的話並不意味知識，也不意味真理。相反地，我們可能說出大量的謊言、空話，也將會產生權力的效應。一旦這樣的論述產生壓制性的權力，並行使在我們的身體心靈上時，我們又該怎麼辦？最後是不是會「以力抗力」（陳瑞麟，2002）？

傅柯認為權力與知識是合一的，權力支配知識，如漢武帝的獨尊儒術罷黜百家，然而知識對抗權力、知識領導權力也是時有所聞，如哥白尼的太陽中心論與教會的關係。兩者同樣都是權力運作使然，差別在於對象的不同，使得權力行使有其多元的面向，可惜傅柯的「權力意志」之說並未在此發揮。如同傅柯所言：「哪裡有權力，哪裡就有反抗」，權力與反抗也是同時並存的（楊宇勛，1999）。

參　課程社會學的研究內涵

　　課程社會學的研究取向，1950、1960年代以前是以結構功能取向為主流，1960年代末期以詮釋取向為主，而至1970年代末期則以馬克思主義取向為主（徐超聖，2004）。至於將知識社會學應用到教育上，是由1971年由英國學者楊格（Young）主編的《知識與控制》書的出版，標誌著教育社會學發展史上的一個新的方向，史稱「新教育社會學」，開始對課程專門以社會學觀點進行研究，其背景主要是戰後教育平等政策的失敗，而導致教育理論界的關注中心從學校教育制度轉向實際內容與實際過程，其發展極為迅速，英國學者伯恩斯坦、法國學者布迪厄，以及美國學者艾波等皆認同這一領域的研究，於是課程社會學很快成為教育社會學的一個重要分支（吳康寧，1998）。功能論、衝突論、詮釋論及批判教學論對課程的研究有不同的論述，甚至存在分歧的見解，黃嘉雄（1998）認為可以「課程即產品」（curriculum as product）譬喻來形容功能論的課程理論，以「課程即實行」（curriculum as practice）譬喻來形容詮釋論的課程理論，而馬克思主義取向的課程社會學研究，就其強調社會批判的特性而言，最佳的課程譬喻為「課程即實踐」（curriculum as praxis）。對這些批判的課程理論家而言，重要的問題不是如何管理知識，而是課程中包含什麼知識、為誰的利益服務（林郡雯譯，2007）。本節將分別敘述各學派在課程社會學研究中的成果。

一、功能論與課程

　　結構功能論偏重學校正向功能的描述，認為教育的內容和過程對社會結構是價值中立、科學客觀、理所當然的，就沒有將研究焦點放在課程，因此以功能論為主流的教育社會學，就難以發展出社會學取向的課程理論（黃嘉雄，2000）。結構功能論主張學校課程必須配合當時社會的需要，給予學生適應社會生活環境的能力。因社會上有不同的職位，社會就透過學校課程來篩選學生，讓不同能力的學生接受不同的課程內容，使他們具備不同職位所需的知識和技能（陳奎憙，2009）。功能論的傳統往往引導

人們去注意社會階層、種族、性別等因素與學生成績的影響，去探討社會
文化、環境、家長職業等因素與學生學業成績的關係，結論是不言而喻
的，學生本人很少有可能改變自己學業成敗的結局。因此功能論者把忍受
考試和接受考試的結果，視為學生社會化過程的一個不可缺少的方面，透
過考試，學生及其家長都知道學生的潛力、發展前景以及他們將來在社會
上的相應位置（施良方，2002）。以現代社會來說，課程設計者對於核心
能力與關鍵能力的關心，其實都反映出結構功能論的觀點，配合現代化需
求的概念以便引導之後的教育改革，當然也包括課程改革、教科書改革、
教學改革（王麗雲、甄曉蘭，2009）。

二、衝突論與課程

衝突論認為統治階級利用學校來再製與其特殊利益相符合的統治地
位，因此學校不再是進步和個人流動的一種工具，而是社會控制和再製的
機構（錢民輝，2005）。對於學校課程與統治階級的關係，美國學者柯林
斯認為教育文憑是一種地位象徵，並不一定代表具有某種實際的成就或能
力，因此統治階級可以運用教育文憑作為門檻或區別的工具，接納或排
拒某些人（譚光鼎，2011）。包爾斯和金帝斯（Bowles & Gintis, 1976）的
「社會再製理論」對潛在課程有較大的影響，他們提出「符應原則」來說
明教育系統如何幫助年輕人整合到經濟系統。學校除了教導各種專業知能
以外，也藉著合法化與社會化傳遞合乎資本主義生產形式的意識型態，這
種意識型態認為社會上最重要的職位必須由最有才能的人來擔任，所以才
會有收入、財富與地位的不平等。而學校教育的社會化是在塑造學生勞工
意識，例如學校的獎懲機制獎賞溫順與服從的行為，懲罰並抑制自發性與
創造性行為，以此方式教育學生成為適當的部屬，久而久之，生產過程的
社會關係即融入學生的日常生活應對之中。

新馬克思主義者葛蘭西（Gransci, 1971）提出「霸權國家再製模式」
（hegemonic-state reproductive model），認為霸權是統治階級所建立的文
化，是對從屬階級實施的知識和道德的領導。霸權文化可能無所不在地隱

藏在學校的各種合法課程形式裡，學校一方面設定價值標準、選擇廣大社會的某些文化作為課程，另一方面則運用教學、評量、生活規範與各種合宜的人際關係來教導霸權文化。知識分子是霸權階級的核心，而知識分子的產生主要來自學校，所以文化霸權的建立和維持大部分依賴學校教育。此外，為了再製統治的霸權，國家必須經由知識分子支配學校，設計課程與教學，教導統治階級的文化，使學生順從霸權意識型態的控制（引自譚光鼎，1998a）。法國學者阿圖塞認為國家擁有兩種不同的機器：鎮壓性的國家機器（repressive state apparatuses）及意識型態國家機器（ideological state apparatuses），前者如刑罰系統、警察與軍隊，其運作是強制性的；後者包括宗教、司法系統、政治系統、教育、家庭、工會、文化（文學、藝術、體育比賽）與大眾傳播（出版、廣播、電視）等，其功能則在於透過意識型態來統合社會，並透過共識來再製政權。這裡的「意識型態」是指系統性地扭曲真實的思想體系，因為它代表特定社會團體的利益，尤其是統治階級，它們隱藏了真實世界中無法令人接受的部分。阿圖塞認為，在現代社會裡運用意識型態的國家機器來傳輸資本主義態度的場所是「學校」，在資本主義的社會形構裡，並無其他機器像學校一樣，全體孩童成為義務聽眾，一日八小時，一週中有五至六日。經由學校課程及日常生活的各層面，兒童從小就被灌輸及強化某種意識型態，使得我們認為資本主義是良好的社會系統，完全壓抑了反抗力量（林秀麗、林庭瑤、洪惠芬，2008；Althusser, 1971）。

　　阿圖塞的理論對艾波影響很大，艾波認為教育是意識型態國家機器的一環，國家透過課程有三項目的：第一，為學生未來工作所需的技巧做準備；其次則教導學生適合未來經濟角色的良好行為規則與態度，如對於未來的勞動者，培養其「樸素、認命與順從」的態度；第三，學校教導學生資本主義社會統治階級的意識型態（Apple, 1979）。艾波的教育理論集中於「意識型態與課程」關係的探討，致力於課程意識型態的批判，他的許多著作都處理教科書政策或內容的問題，他首先指出學校所傳遞的知識並非客觀或中立的，反而經常反映社會中的經濟、文化與政治力量，他主張課程的探究應由「什麼知識為有價值」，改成「誰的知識最有價值」（王

麗雲、甄曉蘭，2009）。教育成為國家合法化統治權，以及達成資本累積的重要手段，但是艾波認為教育系統及其中的個人其實具有「相對自主性」（relative autonomy），而不是被動地受國家決定，也有可能回過頭來改變國家的措施。以新加坡為例，新加坡政府雖透過課程與教學大綱以達成去中國化，建立國家認同的目標，並利用評鑑規則使得教導中文的南洋大學之文憑無法取得正式地位，但是南洋大學卻繼續扮演著自主教學再脈絡化領域的角色，使得政府的國家認同政策無法完全實現（引自王麗雲，2005）。

三、解釋論與課程

英國學者楊格（Young, 1971）認為教育知識社會學在探討呈現在學校課程上的知識如何選擇、要傳授給什麼對象及如何傳授都和社會結構有關，並且反映出該社會權力分配的現實狀況。詮釋論學者研究學校知識的選擇、分類、分配、傳遞、評鑑，以批判的角度呈現出學校教育中較偏負面的現象，激發教育工作者反省思考，以解放教育所受的禁錮，其重要的核心概念有：1.知識階層化；2.文化再製（周淑卿，1995）。

㈠知識階層化

楊格（Young, 1971）認為知識是由社會建構（socially constructed）而成的，亦即社會裡不同的群體衍生不同的知識，因此知識是主觀且相對的。一般學者會將知識區分為高階知識和低階知識，他們對於有價值知識的判定標準有以下幾點：1.重讀寫而輕口語溝通；2.重個人學習而輕群體合作；3.重抽象思考而輕具體知識；4.重學術知識而輕日常生活知識（吳瓊洳，2005b）。知識被區分為「日常知識」與「教育知識」兩個層級，日常知識是一般教育程度較低者所擁有的「普通常識」，而教育知識則是經過系統組織的「學術性知識」。學校總是認為學術性的知識優於人們生存於世界上所經常利用的日常知識，所以當學校在選擇教材內容時總是將日常知識排除在外，而使教科書充塞了許多高深的學術知識。學校之所以不喜歡日常知識，乃是認為日常知識屬於下層階級，教育知識屬於中產階

級，學校教師本身屬中產階級知識分子，偏好教育知識，同時認為學校本來就應該教導比較高級的知識，在這些因素影響下，日常知識被視為粗俗、簡陋，而遭到排除（周淑卿，1995）。值得思考的是，為何某些知識是高階的？而某些知識卻是低階的？這種知識階層化（the stratification of knowledge）的現象明顯說明了社會的控制與不公平（吳瓊洳，2005b）。

(二)文化資本

布迪厄與伯恩斯坦等人以文化、語言因素來解釋階級再製，布迪厄提出文化再製理論，認為學校教育透過文化資本的分配，而進行社會的再製。解釋論學者伯恩斯坦（Bernstein, 1971）亦提出分類（classification）與架構（framing）的觀念來說明知識與權力關係之間運作的情形，其理論亦稱為文化再製，但觀點與布迪厄不同，他認為社會階級再製並非生物性基因符碼使然，而是由社會階級本身的溝通符碼所促成（王瑞賢，2006）。不同階級內部透過分類和架構原則，再製階級文化的意見和訊息，使成員於溝通脈絡中獲得類別的意見和訊息。他也認為分類和架構強度之減弱，是阻斷階級文化再製之有效方法（黃嘉雄，2000）。

在臺灣針對課程內容進行解釋學分析的研究較常見到，許多課程的內容分析就是初步的解釋分析，例如教科書中性別、族群的歧視與偏見的分析。也可結合批判理論，進行所謂的批判解釋學分析，將能更充分地理解當前課程改革政策、教科書政策是如何形塑產生的，其背後潛藏了怎樣的權力運作與利益角逐，以及學界、政客、媒體等是如何利用其優勢地位來進行知識的宣稱、意識型態的推銷，進而使其主張與訴求化為實際的政策（王麗雲、甄曉蘭，2009）。

四、批判教學論與課程

批判教學論者從階級衝突的角度出發，認為教育的目的旨在啟迪批判意識，以促成公義社會的實現，此一批判傳統受到吉諾斯、麥克拉倫等人的大力倡導，而逐漸形成批判課程論。這派學者可以分為重建論者（reconstructionists）及再概念化論者（reconceptualists），再概念化學派質疑

傳統課程研究所本的經驗研究模式，此學派的思想在1970年代擴展成課程的第三勢力，其觀點主要是從宏觀的社會、政治層面去檢視學校課程的本質，如何在教學的歷程中去發展學習者的批判意識，以改造不公平的教育制度（李子建、黃顯華，1996）。吉諾斯（Giroux, 1981）的課程理論將葛蘭西「霸權國家再製模式」的概念融入課程意識型態的討論，認為學校課程是統治階級施行文化霸權的精心設計。如何解放課程所帶來的束縛？當然就要培養學生的批判意識及批判思考能力。吉諾斯主張在社會變遷的架構下追求一種實現社會正義、關懷弱勢族群的課程，他從政治立場批判現代社會的不正義，讓不同階級、種族、性別者，發展後現代的抗拒。吉諾斯提出三項反霸權課程的實踐途徑（莊明貞，2001；周珮儀，1999，2005；Giroux, 1992）：

㈠邊界教育學

邊界是指課程學科之間的界線，邊界教育學（border pedagogy）旨在跨越學科邊界。跨越邊界的過程，是人類經由改變自身的認同，進而改變世界的過程，在跨越邊界的過程中，往往必須借助其他我們未曾習得的新學科領域，從中獲超越現狀的洞見。吉諾斯呼籲教師不要侷限於自身狹隘的專業，要勇於跨入文學研究、媒體素養、後殖民主義、批判人類學、女性主義和政治理論等學科的邊界，創造新的學術連結。為打破和重新劃定知識和權力配置的領域，主張一種變動的邊界，以激進的觀點提出將教育的概念連結到為民主社會，以進行更實質的鬥爭，他將現代主義解放的觀念連結到後現代主義的抗拒，而所抗拒的是論述、文本、歷史、記憶等象徵和符號的層面。

㈡對抗記憶

對抗記憶（counter-memory）是以日常生活中的特殊事件為出發點，對歷史進行批判閱讀，了解過去如何影響現在，現在如何解讀過去。探討歷史如何以專斷和整體化的敘事呈現正義和真理，如何讓某些人的聲音沉默；從而對抗現在的真理與正義的模式，現在與過去建立新關係，進而重新了解和改變現在。對抗記憶在教育實踐方面，主要是透過一種差異的參

照架構，幫助學生建構其歷史認同，是從差異中尋求團結，非以差異作為
汙衊、競爭、歧視、階層化他人歷史記憶的基礎。

㈢對抗文本

何謂對抗文本（counter-text）？首先，文本有其歷史性，應該是暫時
的，不能當作永恆不變的真理，教學時教師應該取代文本。而吉諾斯則認
為研究文本有三種實踐的方式：閱讀、解釋及批評。閱讀本文除了了解作
者的文化規範外，要讓學生有自己的看法；解釋是要從各種不同的看法來
再詮釋文本；這兩個步驟是教學實踐中非常重要的關鍵，這決定學生要接
受或反對這個文本。最後學生要用自己閱讀文本的力量來突破原來文本的
文化規範，找出其缺失之處，並從發現基本假設的對立中獲得自由。

第三節　課程社會學重要議題

課程社會學又稱教育知識社會學（sociology of educational knowl-
edge），是從社會學的角度，去探究學校課程的形成過程及影響因素的學
問。其中影響較大的因素有社會變遷、意識型態、教師課程意識等，社會
上因政治、經濟、文化的變遷導致課程要有所因應，因此有課程改革的議
題產生；社會上也因為意識型態的差異產生極大的爭議，例如統獨的意識
型態影響課程的編製，連帶影響教科書的審定與選用；教師的課程意識與
專業自主權有密切關係，教師受到解放精神及批判意識的影響，願意在課
程的創新上付出心力，進而改變傳統的教學模式，為促進教育的公平而努
力。本節分別從社會變遷、意識型態、教師課程意識及轉化教學四項議題
作一探討。

課程與社會變遷

　　全球社會在1980年代開始起了很大的變化，新型式的社會衝突不斷挑戰舊有的知識眼界和政治基礎，例如少數族群的抗議運動、同志運動、新女性主義運動、反制度開發設施的生態保護鬥爭、反核運動，以及反經濟全球化的社會鬥爭等，都意味著社會衝突的性質擴大到比階級更為廣泛的範圍（卯靜儒，2004）。在社會不斷變遷、知識增加、科技發展、生活方式與價值不斷在改變情況下，教育並不能只是被動配合變遷，還要能激發改革及導引社會變遷。由於課程是人為的產物，為了因應社會的變遷以迎合設計者或接受課程者的需求，而需要加以修正或變革，這稱之為「課程改革」（周新富，2017）。

一、課程因應變遷的觀點

　　對於課程與社會變遷的關係主要有四種不同的觀點，分別為社會適應（social adaptation）、社會重建（social reconstruction）、未來主義者（futurists）、激進者（radicals）。以下分別說明之（王文科、王智弘，2012；黃政傑，1991；陳奎憙，2009；Glatthorn et al., 2016）：

㈠社會適應觀點

　　社會適應觀點認為課程必須因應社會的變遷，培養學生具備所需要的技能、知識和價值觀念，故又稱為順從者（conformists）觀點。主張課程採用社會適應取向的人，基本上認為社會上存有的規則、秩序、價值大致上是合理的，學校課程只要配合社會的變遷和需求，提供社會所要的知識、技能，則教育系統的任務就已達成。這種觀點可以早期的巴比特為代表，他主張課程應為兒童準備未來五十年成人期所需要的知識和技能。1957年美國社會對蘇俄發射史普尼克人造衛星後，強烈要求改革數學與科學課程。當社會出現如藥物濫用、生態破壞等問題時，人們也希望透過學校課程來改善這些問題。這種觀點不尋求社會結構的根本改革，只是要提升學生適應社會生活需要。

㈡社會重建的觀點

社會重建的觀點認為課程應培養學生批判的能力，以建立未來社會的新目標，故又稱為改革者（reformers）觀點。採取社會重建取向者認為課程主要在發展兒童和青少年的批判意識以便能察覺社會上的弊病，進一步增進其改革社會弊端的意願。這種課程計畫通常著重在爭議性議題的探討，例如宗教價值、政治腐敗或種族歧視等問題，其主要目標不在幫助學生適應現存社會，而在幫助學生發覺社會問題並尋找解決之道。臺灣自解嚴以後，在學校課程方面對於政治迷思的破除、宗教教育的重新評價、多元文化教育的提倡，以及批判思考精神與能力的培養，都具有「解構」與「重建」的社會意義。

㈢未來主義者觀點

未來主義者不願向社會問題妥協，他們關心的是即將來臨的時代。他們分析現在發展，從可獲得的資料加以推斷，並假定替代的方案，就某種意義而言，他們可能因為企圖解決2020年以後的問題，而被規為社會改革者。在未來者的觀點中，學校課程須具有此種未來者的導向，將焦點置於可能的發展，並讓學生思考自己所作的選擇。未來主義者認為教育在2020年以後將會有很大幅度的轉變，例如商業經營模式將應用在教育制度、家長和學生將促進教育的改變、私人企業在教育系統中扮演更重要的角色、科技將影響教育的面貌。在近十餘年，科技的確對學習有很大的影響，教育科技已被視為可提高學生學業成績和提高公立學校靈活性的利器，例如線上教學就是最明顯的實例。

㈣激進者的觀點

認定社會具有重大瑕疵的人士，主張課程必須能反映那些缺點，而且賦予年輕人權力進行激進的改革。最典型是新馬克思主義的擁護者，他們相信時代的問題是出自於資本主義體系所造成的結構不平等，因此激進者藉著反學校教育（deschooling）主張來爭取社會大眾的支持。此學派的主要代表人物為巴西的教育學者弗雷勒，他認為教育的目的為「意識覺醒」（conscientizatioa），即啟迪大眾認識在於社會文化現實中的不公平，賦

予他們採取激進的方式，改變限制自由的社會秩序。

二、課程改革

教育界經常會出現教育改革、學校革新、翻轉教學及課程改革（curriculum reform）的呼聲，反映出大家對於原有的教育、學校、課程與教學的不滿意，在課程方面我國推行九年一貫課程及十二年國民基本教育課程改革，這些改革都是以新課程來取代原有的課程（黃光雄、楊龍立，2004）。課程改革是為了因應時代與社會的變遷，使學生在面對外在變動環境之挑戰時，具有彈性的應變能力。但是在推動課程改革過程中，不可避免地，會碰到若干抗拒變革的阻力。課程改革或稱為課程創新（curriculum innovation），課程改革可以視為人們學習課程與教學領域中的新觀念與新事物的過程（尹弘飈、李子建，2008）。一般來說，實施新的課程，要求實施者的個人習慣、行為思維方式、教學方式、內容安排，以及教學組織形式都會發生一系列的變化。這些變化來自實施者新的認識，唯有實施者了解變革的必要性，又認識到變革的有效性，才會對變革有真正的需求，並見諸於自己的行動（施良方，2002）。課程計畫與課程實施兩者未必完全符合，實施的結果是難以事先預測的，為使課程實施順利進行，課程領導者在一開始宜詳加規劃實施藍圖，並且澈底執行課程發展中的每一個步驟，以改變參與成員的行為（方德隆，2004b）。

貳 課程與意識型態

曼海姆卻對意識型態持廣義的界定，思想、觀念或日常生活中的常識皆屬之，因此意識型態同時有著正面和負面的社會功能；但馬克思主義者大多將意識型態視為「錯誤的意識」，即合理化既存的文化和社會的安排或運作，因此意識型態是片面的、不完全的、具有潛藏的負面特質（莊明貞，2001）。課程意識型態（curriculum ideology）一般而言包含兩種涵意，一是指潛藏在各學科知識中的各種偏見，二是指對於課程所採的不同信念。課程中最常見的意識型態有性別的、種族的、政治的、宗教等意識

型態，女性、少數民族、殘障人士、異議分子、異教徒較常成為課程中意識型態的犧牲者。而持不同信念的實例如教師中心對兒童中心、威權主義對民主主義、傳統對進步等（鄭世仁，2000）。教師不再是複製文化霸權的傳聲筒，而是創造多元文化的對話者。教師的角色必須轉化為「轉化型的知識分子」，期待能在課程權力上有所覺醒與增能，進而在自己的教學與教室中實踐（吳瓊洳，2012）。因此要對課程意識型態加以檢視與批判。其具體的作法是對教科書、教師手冊等相關文本的檢視與批判。

吉諾斯認為，學校表面上像是一個價值中立的機構，然而其霸權意識型態卻隱藏在許多合法化的形式之中。因此，學校並不是一個很客觀的機構，這個機構與政治、經濟、文化因素緊密相聯，其中充滿了不同權威形式的相互對抗，它終究無法脫離與權力、控制這些主題的關係（引自吳瓊洳，2005b）。艾波（Apple, 1982）認為任何知識必須能被公開地討論甚至加以批判與澄清，因此建議教師在選擇課程或教科書時，須先思考以下九個根本問題：

1. 課程所呈現的是誰的知識？
2. 課程內容是誰來選擇的？
3. 課程為什麼以這種方式來組織和施教？又為什麼只針對這些特殊的群體？
4. 是誰的文化資本被安置在學校課程之中？
5. 在學校教學中是以什麼觀點來解說經濟實體？以及是以誰的原則來界定社會正義？
6. 為何以及如何將特殊的群體文化觀，以客觀和事實的知識在學校中呈現？
7. 官方的知識如何具體地表現出社會中優勢階級利益的意識型態？
8. 學校如何將這些僅是代表部分標準的認知轉化為不可懷疑的真理？
9. 在學校中施教的知識是代表誰的利益？

教科書是課程知識的物質載體，在知識傳承中具有核心作用，教科書確定了什麼才是值得傳承下去的精華和合法的文化（Apple, 1986）。因為

學校教育的內容和活動，大部分由教科書決定，教科書支配學校教育。臺灣中小學因為實施國定課程，課程綱要由國家所掌控，因此教科書容易成為國家意識型態灌輸的工具。教科書中負面性的、政治宣傳、不合時宜、置入行銷等內容必須加以檢視，引導學生建立正確的觀念。然而研究顯示教師在選擇教科書時，很容易受到出版社業務人員的影響，而忽略教科書內容所存在的意識型態，艾波因此建議由公平無私的專家協助評鑑與採用教科書（王雅玄，2012a）。

 ## 參 課程意識與專業自主

　　王雅玄（2012b）分析1970-1999年近三十年的英國課程研究發展與六位課程社會學者論述知識觀與教師角色，我們可以發現教師在課程發展中的地位由於知識決定者的變化，從專家主導、學校本位到教師專業自主，教師地位也從附屬地位走向專業地位，此種轉變背後的脈絡則隨著課程改革的觀點、看待知識的觀點，以及教師的知識觀而轉變，其課程觀從無脈絡走向再脈絡化，知識觀從既定接受走向重構取向，課程知識也從事實面向走到為何如此的深究。在中央控制課程的脈絡下，教師是附屬地位，亦無影響課程的權力。在學校本位課程的脈絡下，教師是夥伴地位，教師以自身觀點詮釋課程知識。在教師發展課程的脈絡下，教師是專業地位，有主導課程知識的權力。

　　我國的情況與英國相類似，在九年一貫課程之前，是採取國家層次的決定方式，由教育部主導編訂課程內容，參與的成員以行政學者及專家為主體，在訂定課程標準後，由國立編譯館進行教科用書的編輯工作，之後印成書籍供全國中小學統一參考。在這種課程模式下，各個學校及教師卻只能忠實地反映國家層級的決策內容，無法自由發揮或修改其中的內容，幾乎喪失了課程的選擇權。九年一貫的課程改革以「課程綱要」取代「課程標準」，學校可以自行依據學校特色、地區屬性與學生需求發展學校本位課程（school-based curriculum）。表面上這樣的課程選擇與設計似乎已經逐漸脫離了中央政府的集權掌控，而交由學校自主來討論、決定。然而

實際推動學校本位課程發展時，多數的學校都是以行政主導模式為主，由校長、教務主任或教學組長負責主要的課程規劃事宜（吳瓊洳，2005b；甄曉蘭、簡良平，2002）。

　　然而任何教育改革不能忽略教師在改革中所能貢獻的智慧、判斷與經驗，唯有教師的主動參與，才是學校教育改革的成功關鍵。除非教師願意積極投入課程與教學實務的更新，否則學校的課程與教學不太容易產生實質的改變。由批判教學論的主張中，指出教師的意識覺醒（consciousness-awaken）是建立教師主體性、發展自主性的重要關鍵，因此教師必須透過教師課程意識的提升，來變化教師的教學實踐內涵與方式，使教師積極投入到教師專業發展、課程改革的工作中，以積極健康的心態來面對專業生活與教學工作。透過其自身所擁有的實務知識與專業自主權，努力拓展自己的潛能，為學生創造最佳的學習機會與經驗，使課程與教學成為生動活潑、富創意、有意識義的教育實踐活動（甄曉蘭，2003）。

 肆　替代課程與轉化教學

　　美國學者豪斯（E. House）提出三種課程實施觀點：科技觀（technical perspective）、政治觀（political perspective）、文化的（cultural perspective），在實施策略上，技術觀強調以「研究—發展—推廣」模式，把課程方案轉化為可應用的技術和知識，由教師貫徹執行；政治觀涉及權力、權威的運用，以及不同團體之間利益的競爭與妥協；文化觀將變革的實施視為一種文化再生的過程，其目的在促使學校成員重新思考課程、教學及學校教育的本質和目的等問題（尹弘颷、李子建，2008）。這三個觀點與課程實施三取向是對應的，重視科技的改革觀，強調目標的明確及測量，有利於忠實取向的課程實施；重視政治的改革觀，強調協商、調整及政治架構之影響，顯示「相互調適觀」的課程實施之必要；重視文化的改革觀，因為強調文化、意義及主體認定的價值和語言，因此「締造觀」的課程實施皆看重師生主體性及真實的經驗（李子建、黃顯華，1996）。

　　但是教師都不可能完全「忠實地」傳遞法定知識的課程內容，任何的

課程若要進入教室門內，勢必先經由教師的篩選與過濾，教師將原有的課程增加、刪減之後，課程的形貌也可能已經與原有課程不一樣了。這種增刪與加工稱為教師的「課程重構」，法定課程內容能否進入且在多大程度上進入課堂，取決於教師的課程重構（吳康寧，2019）。也由於教師扮演著課程選擇的最後裁決者之角色，從另一方面而言，教師也將成為消解或再製不平等的重要關鍵者。九年一貫課程改革之後，教師已從「課程的執行者」轉換成「課程的選擇者與設計者」的角色，教師可以依據教室內的情況，與學生共同建構一套師生共同滿意的課程方案，或自行選擇適合的課程內容來實施教學（吳瓊洳，2005b）。

美國學者安陽（J. Anyon）提出「轉化教學模式」（transformative pedagogy），希望依學生主客觀條件之不同，激發學生的社會階層意識作為引導學生轉化行動的基礎。這些教學法有：民主教育、批判教學法、多元文化教育的課程教學模式、女性主義教學論等重複使用或混用，而使用的教學策略包含全語言、統整課程、以主題為中心的學習、合作學習、學生敘事（student narratives）的使用、小老師制度、真實評量等，都是要學生建構他們自己的知識（林郡雯譯，2007）。

第四節　政治與課程的關係

在一般人信念中，政治與教育應是分離的兩件事，在早期歐美等先進國家有很長一段時間，教育領域裡面「反政治化」或「非政治化」的氣氛籠罩著教育界，但事實上教育與政治不可能完全切割，不管是現代化的民主國家或是極權專制的國家，教育與政治從來就不曾有過分離的關係（蔡璧煌，2008）。臺灣因為長久處在黨政不分的戒嚴時期，於是教育出現所謂的「黨化教育」，在一片「政黨退出校園」的吶喊聲中，我們經常可以聽見「學術中立」、「政治不干預教育」、「軍人退出校園」這樣的口號（羊憶蓉，1998），經過多年的努力政黨對教育的影響力已日益減弱，目

前所看到的是政黨的意識型態透過民主機制而形成教育政策，最後落實在教育實踐中。本節分別從教育的政治功能、政治對課程的影響兩主題來探討。

 壹　教育的政治功能

以結構功能論來說，學校對於維繫社會結構與社會秩序方面，扮演重要角色，教育對政治制度的影響可表現在以下幾方面：教育可促成政治整合與穩定、教育可促成政治民主化、教育可培養未來的政治菁英（陳奎憙，2003）。所以教育是政治制度的保存者，也是政治發展的貢獻者，學校的任何教育活動，皆在默默中發揮政治社會化及培養領導人才這兩項功能。

一、教育促成政治社會化

教育最重要的政治功能是促成社會成員的政治社會化，個人由此可以獲得政治態度，知覺到社會所期望的政治行為。學校透過正式課程及潛在課程的交互運用，促成學生的政治社會化。

㈠政治社會化的定義

所謂社會化是指兒童或其社會新成員，學習他們那個社會的生活方式的過程（Giddens, 2006）。社會化的內容包含基本知識技能、社會規範、社會角色的學習（周新富，2006）。而「政治社會化」（political socialization）是指塑造與傳遞政治價值及觀念的過程。個人經政治社會化，逐漸形成對政治事務的認知、感情與判斷標準，以及對政治事務與情勢的應付及處理之道，並對自己在政治社會中的地位與角色，有了一種固定的認識與看法，且依據此種認識與看法，形成了其政治態度與行為（呂亞力，1997）。蔡璧煌（2008）認為政治社會化乃是個人經由各種社會化媒介，獲得與政治有關的知識、態度、價值和行為模式，以適當扮演其在政治系統內角色的過程。透過這個過程，國家或社會的政治系統得以維持，政治

文化得以形成並傳遞。從二人的定義可以了解政治社會化即是一種學習政治事務、政治文化的過程，進而形成個人的政治理念。政治社會化的主要目的為：1.學習特定社會的政治價值觀、政治權利和義務、政治行為方式；2.培養人民容忍反對意見，信仰民主價值與理念；3.培養人民理性、尊崇法治的精神，有助政局穩定（陳奎憙、高強華、張鐸嚴，2000）。

(二)學校與政治社會化

政治社會化的進行可以透過許多不同的機構，直接或間接影響民眾的政治社會化，有些機構與社會化機構是一樣的，例如家庭、學校、同儕團體、工作場所和大眾傳播媒體，而「政黨與社會團體」也會以特定的方式進行政治社會化，這些機構以學校最為重要。在民主社會中，學校教育被賦予的主要功能之一，就是在培養具有民主素養的公民，使其能履行作為民主社會一分子的職責。學校教育對於青少年的政治認知、態度與行為，因此就具有有形與無形的影響力（蔡璧煌，1994）。學校既然是個人政治社會化最直接、最正式、最有效的組織管道，學校中的一些因素，也就影響了學生個人政治社會化的發展，例如蘇澄鈺（2004）研究發現高中職學生政治態度與教師教學方式、班會活動、社團活動、班級氣氛、學校組織氣氛等五方面呈顯著正相關，表示教師以民主方式教學、班級班會活動進行愈民主、高中職學生在社團活動參與經驗愈民主、導師所經營的班級氣氛愈民主、學校組織運作愈民主，則學生政治態度表現也愈積極、正向。學校通常透過以下的方式來進行政治社會化（蔡璧煌，2008；林天佑，2004；羊憶蓉，1998；楊仲鏞，1999；張鍠焜，2006）：

1. 教師

教師是學生在學校與政治社會化過程中的重要他人，也是政治理念與價值的傳播者，教師的人格特質、價值觀念、權威模式、教學方法、對政治態度等，都會對學生進行政治社會化，教師的思想和行動，與學校內外的意識型態相連結，經由教學活動或師生互動而對學生產生影響。以往在選舉期間，部分教師利用其權威和信任感，在教室為某政黨或候選人宣傳，但由於教育中立的呼聲和要求，教師不得為政黨宣傳，也不宜在教學

中闡述個人的政黨傾向。

2. 課程和教科書

學校會利用課程教材的撰寫，將特定政治意識加以褒貶，成為學生直接學習的內容，塑造學生政治社會化的態度傾向。有些社會並不避諱實施「政治教育」，例如中國大陸的馬列主義課程、臺灣的三民主義、國父思想、憲法與立國精神及軍訓等科目。有些社會主張教導國家的典章制度、公民的權利義務等，就是所謂的「公民教育」。專制國家及臺灣戒嚴時期的「政治教育」，是以強制性的方式為特定的政黨、政治人物服務，民主化以後的臺灣，改用「社會科」（social study）、「公民與道德」進行公民教育，或在國文、歷史科目課程綱要中，傳遞民族歷史、國家情感、政府效忠、統獨意識等態度。例如王雅玄與余佳儒（2007）的研究發現教科書包含了「充斥政策置入性行銷之立論」，「強化政府角色、弱化人民抗拒之可能」，「排斥過去政府、褒揚今日政府」等三種政治論述，符合國家統治團體的意識型態，再製國家霸權並合法化統治群體的知識論述。此外，有些國家亦透過學校教科書的審查機制行使政治控制權，最常見的作法是從歷史教科書中刪除政治敏感事件或篡改歷史事件，如臺灣的統獨爭議、中國的六四天安門事件或日本的侵略鄰國。通常民主政體較能堅持「學校的中立性」，所以政治教育的立場可說是衡量一個社會民主發展程度的指標。

3. 慶典儀式活動

學校每天舉行的朝會、升旗、降旗，每週舉行的週會、班會，相關慶典節日舉行的慶祝或紀念活動，都要向代表國家的國旗、國歌、國父遺像，行禮致敬，政治意味非常濃厚。學校希望透過這些儀式培養學生愛國的情操，表達愛國的意志與承諾，以及對國家的認同。至於學校的一些政治性的環境布置等潛在課程（hidden curriculum），例如政治人物肖像、政治標語等，在在顯示學校希望學生能融入國家的政治文化。

4. 社團活動或課外活動

臺灣在戒嚴時期的校園，相當重視學生對於社團活動的參與，例如三民主義研究社、大陸問題研究社等探討思想問題為主的社團，或是鼓勵學

生參加救國團所舉辦的活動，這些活動都在培養學生的愛國情操，對學生的政治社會化會產生影響。現在中小學則是舉辦自治市長選舉活動，希望經由模擬選舉的歷程，讓學生體驗民主社會的選舉文化。

5. 考試

考試制度固然為公平取才的方式，然其內容及科目卻也可能淪為鞏固某種政治意識型態的工具，例如大學聯考要考三民主義、國家考試要考國父思想或本國史地，本國史地考試範圍涵蓋整個大中國。民進黨執政後，本國史地中的臺灣地區所占比例大幅增加，更將國家考試中「本國」史地及「中華民國」憲法大量刪除。以政治意識型態主導考試，意圖以考試領導學習，進而達到政治社會化的目的。

除了大型考試之外，學校一直是個善用考試來執行規訓的機構，所謂規訓是將人的行動加以紀律化、規則化的歷程，藉著規訓使人們有可能對人體的運作進行精巧的控制，意圖把人塑造成柔順可用的機器，以保證對權力的持續服從。考試自始至終伴隨著教學活動。教師透過這種不斷重複的權力儀式，來確定知識是否已有效地傳授給學生，並檢查學生的知識狀態，進而對受檢者加以評定、分級，因而具有極大的規訓功能。教師會使用監督、獎懲、考試等方法來督促學生，為消除學校的權力作用，教育人員應摒棄視管理為一種教育方法的觀念，使學校規訓不再嚴格貫徹，讓學生有較多自由發展的機會。

二、教育培養領導人才

中國古代的科舉制度將「受教育」與「選拔政治菁英」，建立制度化的關聯，科舉制度早已廢除，但「學而優則仕」的觀念仍影響現今臺灣社會，當前政壇高層人士大都高學歷就是一項例證（羊憶蓉，1998），李登輝總統任內甚至還出現「博士內閣」的情況。所謂「菁英」（elite）是指社會各部門裡有高成就者，他們可能分布在政治、藝術、商業、教育、宗教等各方面（蔡文輝，2011），也就是各行各業的領導人才。學校教育通常是培養領導人才的機構，通常教育程度愈高者，愈有機會獲得較高政治

地位，尤其是高等教育，其主要任務就是培養高級專門人才及領導人才，特別是美國的哈佛、耶魯大學，英國的牛津、劍橋大學，俄羅斯的莫斯科大學，日本的東京大學等一流大學，是培養各項專業領域人才的搖籃。教育對於培養領導人才可能有幾項可行的途徑（林生傳，2005）：

(一)教育利用選擇的功能，可以利用對一個學生能力、性向、興趣的認識與了解，選擇各種各樣具有不同領導性向的學生。

(二)教育可以引發學生對於擔任領導者的動機，一個人再有才華，環境再需要他，如其個人本身無意於領導，是不能成為一個領導者。教育啟發其領導的動機，才有可能培養領導人才。

(三)教育藉由班長制、學生自治制度，使學生輪流或被選舉為幹部，再施以適時適性的輔導，將有益於領袖的培養。

(四)學校安排各種各類的社團活動，各種社團自由並自然地產生各種領導人物，有益於培養適合各種團體、各種情境的領導人才。

 貳　政治對課程的影響

韋伯認為「政治」意味著在各個國家之間，抑或是在一個國家的不同利益集團之間，追求分享權力（power）和影響權力分配的鬥爭。他把權力定義為「在社會交往中，一個行為者把自己的意志強加在其他行為者之上的可能性」（Weber, 1946）。最廣泛的權力定義是指一種能使他人順從的力量，政治學上權力通常是指在決策制定過程中具有直接影響的一種能力。由於政府制定的公共政策有強制力作為後盾，以及政府合法壟斷了國家暴力，因此對權力概念的闡釋往往與「強制力」聯繫在一起，所以說政治運作的中心概念就是權力。歐斯坦和杭欽思（Ornstein & Hunkins, 2004）認為：「在教育制度內部經常可以看到權力運作與影響，舉凡教育政策的決策歷程、校長的領導、利益團體的壓力或教師自身利益的維護等，均可見到權力的行使。就認為很少人相信教育是價值中立及非政治的，教育是政治的戲劇，每一項教育方案皆存在於政治場域中。同時學校內部也存在許多的政治對話和行動，人們參與『權力對話』以改變政府的

運作方式、學校在社會中的運作方式等等,多元文化教育的推動即是政治
與文化的運動。」由此可知教育與政治的關係相當密切。以下僅就國家政
治意識型態及統治權對課程的影響作一探討。

一、國家與課程

國家這個概念至少包含兩項基本意義:一是指政府機構或權力機構,
從管理的角度講,國家是指行政管理機器,是專門從事行政管理工作的
官員所組成的體系;另一意義是指由政府或權力所支配的社會體系(李康
譯,2009)。所以國家就是透過合法性的政治權力來統治和管理一定領土
內的居民,規範著這個社會的各種利益與權力關係,為了行使統治權,國
家擁有合法使用暴力的壟斷權(林榮遠譯,1997),因此國家的機構包含
了軍隊、公務人員、法院和警察等政府機構。從西方教育的發展過程可知
教育制度是由封建帝國、教會控制之中,再轉移到民族國家,形成現代國
家教育制度,國家透過法令的形式來控制教育主權,進行各項教育活動的
辦理,並貫徹國家的教育意志。現代資本主義社會主要是透過同意(con-
sent)來取得統治權,也就是透過選舉制度獲得合法的統治性,執政的政
黨再經由政策的制訂將其黨綱付諸實踐。教育始終是一個政治戰場,由於
不同的政治哲學或意識型態會導致課程實施上的差異。

㈠新保守主義的思想與課程

美國新保守主義(neo-conservatism)崛起的原因主要在回應兩件事
件:一是詹森(Lyndon Johnson)總統「大社會」(Great Society)計畫的
失敗;第二則是美國在越南戰場上陷入泥沼無法脫身。尤其是「九一一」
恐怖事件之後,使新保守主義的政策主張和思想大行其道,影響著美國
政治、經濟和文化的各個方面。新保守主義有以下四條「模糊的共識」
(呂磊,2004):1.堅持西方的價值觀念,擁護資本主義,敵視共產主
義;2.對社會福利政策持小心謹慎的態度;3.強烈主張維護傳統的宗教和
道德觀念,力主維護傳統的家庭觀念,反對性解放運動的反文化思潮;
4.反對社會上齊頭式的平等,而主張機會平等的重要性,反對優待少數民

族或其他社會階層的僱傭配額政策，認為這樣違背任賢用能原則。新保守主義的觀點反映在美國道德教育上就是強調傳統文化的價值，促使道德教育回歸傳統，主要表現是美國品格教育的復興和宗教教育的回歸，例如對公民進行核心價值觀教育（誠實、尊重、負責、同情等）、推進公民意識的培養。新保守主義講求傳統與權威、秩序與配置（order and place）、卓越與標準，因而提倡能力分班（streaming）、體罰（corporal punishment）和正式考試等。同時也主張由國家來控制知識與價值，強調回到「傳統」經典，宣導實施統一的國家課程和國家測驗（巫有鎰，2003；陳仲翰，2009）。

㇀新自由主義的思想與課程

1980年代初以來，世界各國掀起了聲勢浩大的教育改革風潮，人們希望透過這場以新自由主義思想主導的改革，以解決公立學校發展過程中出現的諸多問題。新自由主義強調弱政府（weak state），不希望政府干涉太多，重視經濟效率，假設所有人都會採取理性的行動擴大自己的經濟效益。美國雷根總統及英國首相柴契爾夫人開始採用新自由主義的理念，在教育政策上新自由主義的概念包括：選擇的自由、市場力量、競爭提升品質（巫有鎰，2003；王麗雲，2006a）。英國政府提出的政策中，最重要的是1988年通過的《教育改革法案》（Education Reform Act），其重點有制訂國定課程、以市場化自由競爭與鬆綁來提升教育品質與績效、授權給學校自由發展多元化的課程。國家以品管者介入教育，遭受到社會大眾質疑「教育為國家機器」，但以學校本位課程來化解政治合法化的危機，政府在授權的同時，又以學校評鑑作為品質管制，這樣無疑是將權力左手出右手進。英國以市場化論述介入教育，鬆綁了國家的管制，但以國定課程加強中央政府對課程管制的權力（周淑卿，2001）。

在美國則是新保守主義與新自由主義透過創造性的聯盟，影響學校的政策與課程，再與「威權民粹主義」（authoritarian populism）及「專業與管理的新中產階級」（the professional and managerial new middle class）組成所謂的「新右派」（the New Rightist），挾其經濟政治優勢及對媒體

的控制，使得市場化在美國成為銳不可當的教育改革趨勢。「威權民粹主義」有很深的宗教根源，除強烈支持新自由主義與新保守主義的教育政策，同時強調家庭權威、倫理觀念和基督道德的重要性，宣導家庭學校運動；「專業管理的新中產階級」是一種新的管理主義，強調測量、評估、效率與標準的重要性。這四種力量的聯盟推動了自由選擇學校、教育券、公立學校私有化、國家課程、全國統一考試等教育改革，具體表現在《別讓孩子落後法案》（No Child Left Behind Act, NCLB）（Apple, 2007）。NCLB所規劃的教育政策之主軸包含四方面：1.加強學生學業成就的績效；2.有效改善學校教育品質與提升教師專業素質；3.減少科層體制，增加州與學區的彈性；4.授予家長教育選擇權（湯維玲，2012）。這項影響巨大的教育政策不僅強化了主流意識型態的霸權地位，導致受壓迫族群更趨邊緣化，而且造成社會原本就存在的等級、族群、文化認同等衝突進一步惡化，導致教育的極端不平等（Apple, 2007）。

二、中央集權課程與學校本位課程

　　中央集權機制、地方分權機制與學校自主機制是課程發展機制的三種基本型態。中央集權的課程發展機制既有優勢，也有侷限。其優勢在於，集中知識菁英和優勢資源對課程體系進行上層設計，體現國家意志和系統整合，反映時代要求，減少不必要的重複投入和意見紛爭，最大限度地保證統一的國家基礎和國民教育基本質量。但同時，這種課程發展機制也存在一些侷限，例如容易忽視地區、學校和學生個體差異，而且一旦上層設計出現失誤將產生全局性的後果，補救起來也比較困難。所以，僅僅依靠單一的中央集權課程發展機制來保證課程發展的質量是遠遠不夠的。大陸地區的基礎教育課程體系是經由中央集權課程發展策略而完成統一的國家課程體系，各省級教育行政部門來說，主要職責是制定各自區域實施國家課程的計畫或方案。在義務教育階段，國家課程所占課程時數比例為88%-90%；在高中教育階段，畢業學分數為144學分，國家課程所占學分為138學分，比例達到95.8%，由此可見，國家課程居於主導地位也可以

反映出中央集權機制在整個課程發展機制系統中的主導和支配作用（吳剛平、韓輝，2011）。

　　雖然國家和其中央集權的教育體制在促進人力資源和經濟發展的重要角色已被認定，但是為了因應全球資本市場快速改變的需求，許多新興工業國家相繼致力於教育去中央化。臺灣並不自外於此一去中央化的國際潮流（林孟潔，2003）。1987年解嚴之前，臺灣中央集權的教育系統主要功能在於傳遞和加強政治意識型態，並提供必須的人力資源和活絡經濟。由於中央集權的課程，本土教育長期受到扭曲，課程內容充滿中原文化的大中國意識，對於自己朝夕相處的風土文物只是輕描淡寫。隨著本土化政治再造或族群復興運動的興起，臺灣意識開始對抗中國意識，基於教育主體的反省性思維，課程的本土化是課程改革的必然方向。然而因為本土化的政治考量太過強烈，以致對來臺五十年的外省族群及新住民族群，未能做出妥善的因應。本土化的課程在反制舊霸權的同時，卻為自己創造了新霸權的地位（張建成，2002）。為解決這個問題，在新公布的《十二年國教課綱語文領域》中，除原有的本土語文課程（閩南語、客語、原住民語）外，亦增加新住民語文課程，列為小學必選課程（教育部，2014）。

　　隨著卓越的經濟成長，政治民主化和社會發展，中央政府的課程權逐漸下放權力。1998年教育部頒布《國民教育階段九年一貫課程總綱綱要》，確實針對以往課程與教學的問題，做一大幅度的改革，諸如學校本位的課程發展、國小五年級實施英語教學、減少上課節數及科目數、以基本能力取代學科知識、主注重統整連貫的課程設計等。2014年公布《十二年國民基本教育課程綱要總綱》，揭櫫以「核心素養」連貫各教育階段與統整各領域／科目課程的發展，期盼國民中小學能透過學校課程計畫，適切地整合部定課程（領域學習）與校訂課程（彈性學習），以整體發展學校本位課程（潘志煌、何育真，2019）。國家層級鼓勵學校自主發展課程計畫，但是在課綱中還是對學校本位課程規範實施方式，並且以實施「會考」來要求學校對教學績效的重視，由此可見學校的課程權力仍然牢牢掌控在中央手中。國家權力的鬆綁，賦予學校更多的課程決定權責，但學校必須建構學校課程發展運作的機制，例如成立學課程發展委員會、教學研

究會、課程規畫小組等，擴大教師參與課程決定，如此才能將新課綱的精神落實在教室層級的課程實施與評鑑（甄曉蘭、簡良平，2002）。強調素養導向的新課綱能否成功，教師是關鍵，如果教師未具備課程設計、教學轉化、編寫素養導向測驗等能力，恐怕教師還是依據教科書照本宣科，再好的課綱也無法達成預期的目標。

自我評量 ....

一、選擇題

（　　）1. 下列哪一個問題是課程社會學最關注的問題？　(A)學校課程是否達到預期的目標　(B)學校課程是否滿足學生的需求　(C)學校課程傳遞的是誰的知識　(D)學校課程如何激發學生的興趣。

（　　）2. 下列何者不是課程社會學的論點？　(A)學校中隱藏許多非正式的規範與價值　(B)建構主義的課程發展模式強調以知識為主體　(C)課程知識受到政策、文化信念、霸權意識型態等影響　(D)官方知識與教科書內容必然涉及政治、經濟、文化與歷史的關係。

（　　）3. 依據課程社會學與知識社會學的觀點，下列哪一論述不正確？　(A)族群意識會干擾課程與教學的預期效果　(B)統合型課程較不利於消弭社會階層的界限　(C)教材的選擇和評鑑過程存在著社會價值判斷　(D)不只正式課程會受到社會控制，潛在課程也一樣。

（　　）4. 課程與社會變遷之關係，下列敘述何者有誤？　(A)社會變遷代表一種進步，所以課程的演進也會隨之不斷進步　(B)社會適應取向課程係指課程必須因應社會變遷，培養學生具備社會所需的技能與價值　(C)社會重建取向課程主張課程應培養學生批判能力　(D)臺灣自解嚴後，課程的發展具有解構與重建的社會意義。

（　　）5. 一般而言，對於課程與社會變遷的關係，有兩種不同的觀點：一為「社會適應取向」，一為「社會重建取向」請問下列有關上述觀點敘述的選項何者錯誤？　(A)社會適應取向：社會上所有的規則、秩序、價值，大致上是合理的，學校課程只要配合社會的變遷和需求，提供社會所需的知識、技能，則教育系統的任務就已達成　(B)社會重建取向：課程主要在發展兒童和青少年的批判意識，以便能察覺社會上的弊病，進一步增進其改革社會弊端的意願　(C)社會適應取向：Bobbitt（1918）主張課程應為兒童準備未來五十年成人期所需的知識和技能　(D)社會重建取向：課程的主要目標，在幫助學生適應現存社會。

（　　）6. 近來媒體報導細懸浮微粒（PM 2.5）造成空氣汙染，危害身體健

康，健康國中教師因而在環境保護課程中增加空汙議題的探討，教導學生如何測量空氣汙染並判斷該升何種空汙旗、何時該戴口罩。此屬於何種課程設計取向？　(A)學科取向　(B)學生取向　(C)科技取向　(D)社會取向。

(　　) 7. 下列何者屬於「社會重建取向」（social reconstruction orientation）的課程觀點？　(A)課程必須符合學生的興趣和認知發展　(B)課程應配合社會的變遷和需求　(C)課程應提供正確的生活知能　(D)課程應發展學生的批判意識並付諸行動。

(　　) 8. 下列何者屬於「社會適應取向」（social adaptation orientation）的課程觀點？　(A)課程應強調配合社會的變遷和需求　(B)課程應著重爭論性議題的探討　(C)課程應幫助學生發覺社會問題　(D)課程應發展學生的批判意識。

(　　) 9. 下列何項陳述不屬於批判教學論（critical pedagogy）的課程觀？(A)將學校課程內容視為社會各階層文化總合的客觀反映　(B)學校課程內容是中上階級透過權力的掌控　(C)學校課程充滿了政治、階級、文化的意識型態　(D)學校課程內容偏屬中上階級文化並成為全部學生共同學習的教材。

(　　) 10. 下列何者是最符合批判理論的教育主張？　(A)師生的溝通須符合可理解性、真實性、正當性、真誠性的規準　(B)教師宜鼓勵學生時常抱持懷疑的態度，以掌握永恆不變的真理　(C)教育應依循資本主義的市場邏輯，以滿足學生需求並追求卓越　(D)教育就是藉由課程內容傳遞傳統文化的重要價值，並加以落實。

(　　) 11. 下列有關課程實踐的敘述，何者較適切？　(A)課程實踐必須遵循課程理論的規範　(B)課程實踐主要在追求社會階級的解放　(C)課程實踐有賴於教育人員的實踐智慧　(D)課程專家應該為課程實踐人員提供服務。

(　　) 12. 艾波（M. Apple）認為學校中的知識形式與選擇，都與下列何者有關？　(A)社會資本　(B)系統功能　(C)意識型態　(D)社會規範。

(　　) 13. 依照泰勒（R. Tyler）針對課程發展所提出的目標模式，課程發展過程的首要步驟為何？　(A)分析學生所處的社會文化背景

(B)訂定課程預計達成的學習結果　(C)選擇課程中所需要使用的材料　(D)組織學生學習內容的先後順序。

(　) 14. 在馬克思主義學派的阿圖塞（L. Althusser）看來，學校屬於什麼機構？　(A)壓迫性的國家機器　(B)意識型態的國家機器　(C)批判性的國家機器　(D)反社會化的國家機器。

(　) 15. 課程或學校教育的過程常成為學者解釋學校教育與社會結構間關係的焦點，其中H. A. Giroux認為A. Gramsci的何種觀念，可作為解釋學校教育再製不平等社會結構的核心概念？　(A)多元文化　(B)社會控制　(C)意識型態　(D)文化霸權。

(　) 16. 美秀老師在教學中，關心課程目標的重要性，主張課程的實踐有其策略與方法，課程設計、實施與學生學習評量需根據目標進行檢視與改進，並關注課程實施成果與課程目標間達到的效用。此一作法較接近何種課程理論的主張？　(A)實證分析的課程理論　(B)詮釋現象學的課程理論　(C)社會批判的課程理論　(D)後現代的課程理論。

(　) 17. 由學者專家預先調查社會生活與需求，分析出個人生活必備的能力後，制定課程目標及單元目標，教師再依據單元目標，設計適當的教學活動和教材，並依單元目標評鑑。此種課程發展觀點，較符合哪一種教育的譬喻？　(A)教育即生產　(B)教育即旅行　(C)教育即經驗　(D)教育即生活。

(　) 18. 強調透過課程的歷史、文化、政治與意識型態批判，以便能夠更深入地掌握教育經驗的本質，是屬於下列何種課程理論之主張？　(A)學科結構課程論　(B)學生中心課程論　(C)科學中心課程論　(D)概念重建課程論。

(　) 19. 王老師眼見社會日趨M型化，富者愈富、貧者愈貧，因此帶領學生探討全球化、資本主義、社會福利政策等對個人與社會造成的影響，並討論解決之道。根據吉魯（H. Giroux）的理論，王老師在此教育過程中扮演下列何種角色？　(A)具有專業知識的技術官僚　(B)追求社會轉型的公共知識分子　(C)運用合法化權威教化學生的人師　(D)對政治與意識形態保持中立的學者。

（　）20. 何老師在上課時喜歡引用科學家的故事，讓學生能了解科學發現的歷程。他提到的幾乎都是偉大男性科學家的故事，有可能間接造成學生對科學學習的性別偏見。導致學生出現偏見的現象，屬於哪一課程的作用？　(A)懸缺課程　(B)空白課程　(C)潛在課程　(D)理念課程。

（　）21. 某高職教師根據學校的行銷課程，結合該地特產設計了一套產銷課程，學生透過此課程了解地方特產的現況、問題及新的產銷趨勢與方法。此屬於下列何種課程實施觀點？　(A)忠實觀　(B)調適觀　(C)落實觀　(D)批判觀。

（　）22. 某國民間版本的歷史教科書，對過去專制時期某位領導者加以嚴厲批評，於是該國教育部決定收回該教科書的民間編印權利，改為「國編版」。歷史學者認為：執政者企圖掩蓋獨裁統治的事實。從歷史學者的觀點而言，此被排除於教科書之外的內容，屬於下列何者？　(A)潛在課程　(B)空無課程　(C)空白課程　(D)非正式課程。

（　）23. 李老師和夥伴教師共同備課時，發現自己隨性地配合學校活動指定作文題目，似乎沒有依據課程綱要來發展學生的寫作能力。李老師的情況反映哪兩種課程的落差？　(A)理想課程和知覺課程　(B)運作課程和經驗課程　(C)正式課程和知覺課程　(D)正式課程和運作課程。

（　）24. 下列關於學校本位課程的敘述，何者正確？　(A)學校本位課程發展的第一個步驟是擬定目標　(B)鼓勵教師從「課程執行者」轉變為「課程決策者」　(C)不強調學校的績效責任　(D)強調官方知識與統一的評鑑規準。

（　）25. 依據傅柯（M. Foucault）的理論，下列何種敘述正確？　(A)學校傳遞周延的知識　(B)教育可以促進社會進步　(C)課程知識是權力運作的產物　(D)歷史發展存在連續性的脈絡關係。

（　）26. 對於學校本位課程的意涵或呈現，以下的敘述何者正確？　(A)學校本位課程等同於學校的特色課程　(B)學校本位課程的發展，以學校內的教師為主，不宜引進社區人士　(C)學校本位課程意指課

程綱要之彈性學習節數或彈性學習課程所規劃實施的課程　(D)學校本位課程之興起，是教育權重新分配過程中，由中央轉到地方，再由地方分權移轉到學校自主。

(　) 27. 德國社會學者哈伯瑪斯（J. Habermas）認為人類社會的溝通常被刻意扭曲，他提出何種概念試圖克服錯誤的意識型態和僵化的權力支配？　(A)技術的興趣（technical interest）　(B)解放的興趣（emancipatory interest）　(C)認知的興趣（cognitive interest）(D)實踐的興趣（practical interest）。

(　) 28. 關於知識／權力的論述，下列哪一項描述不是傅柯的觀點？(A)知識是內在理性的展現　(B)知識是一種權力論述　(C)教育決策是在社會關係中運作　(D)教育決策不能決定何謂真理知識。

(　) 29. 建州與瑋琪是學校同事，正在討論總統大選後政府的教育政策走向，也探討到許多教育與政治的相關問題。下列有關教育與政治的關係敘述中，哪些是正確的？甲、政治社會化的現象只發生在社會教育，而不會發生在學校教育中；乙、教育可以培養政治領導人才；丙、在君主政治體制下，教育的功能兼重社會化與選擇；丁、教育可以促進民主政治的發展與實現。　(A)甲、乙　(B)乙、丁(C)乙、丙　(D)甲、丁。

(　) 30. 教科書選用是九年一貫課程實施後的一項重要工作，在進行時宜考量及注意許多向度，請問要注意教科書的「多元公正性」，此部分係屬何種向度？　(A)教學向度　(B)內容向度　(C)物理向度(D)服務向度。

答案

1.(C)　2.(B)　3.(B)　4.(A)　5.(D)　6.(D)　7.(D)　8.(A)　9.(A)　10.(A)　11.(C)
12.(C)　13.(B)　14.(B)　15.(D)　16.(A)　17.(A)　18.(D)　19.(B)　20.(C)
21.(B)　22.(D)　23.(D)　24.(B)　25.(C)　26.(D)　27.(B)　28.(A)　29.(B)
30.(B)

二、問答題

1. 教師教學時大多會採用現有的教科書，但有時仍需發展自編教材。試述教師需自編教材的理由（至少三項）。

2. 請分別說明教育社會的功能論、衝突論及解釋論對課程理論產生的影響。

3. 課程意識型態會對課程產生哪些影響？身為教師應如何對課程意識型態進行批判？

4. 哪些觀點可用來解釋課程與社會變遷的關係？

5. 當前探討課程內容的取向已經有些改變，我們要問的已經不是「什麼知識最有價值」，而是「誰的知識最有價值」。這句話的含義是什麼？

6. 近年來，受到資本主義的影響，不少青少年因誘導而過度消費，例如：購買遊戲點數、限量版運動鞋、新款手機等。教師面對前述情境可採「社會取向」來設計課程。(1)請論述社會取向中「社會適應」與「社會重建」兩個派別的課程設計理念。(2)請使用前述兩個派別，針對「青少年過度消費」議題，寫出課程設計的重點。

7. 請從課程設計、教學活動、教材內容、師生互動等層面，討論如何培養學生的民主態度。

第十二章

教學社會學

　　眾人最熟悉的教學定義如下：教學是教師經由詳細的計畫和設計，運用適當的技術和方法，以指導、鼓勵及激發學生自動學習，以獲得生活上所必需的知識、技能、習慣和理想的一種工作或活動（周新富，2019）。有關教學的研究大都從認知心理學的觀點出發，為達成某些目標而提出相當多的「教學模式」，例如合作學習法、問題導向學習法等，這部分在「教學原理」這門課程中有詳細地探討教育學者借用心理學的概念與方法，從事有關教學的研究，社會學者甚少參與，由於教師效能的研究只重視教師行為與學生學業成就的關係，對於教學歷程少有探討，故遭到批評（方德隆，1998a）。「教學社會學」（sociology of teaching）是運用社會學理論與方法，對於教學活動進行客觀而有系統研究，並詮釋其意義的一門學科。它亦可視為教學結合社會學原理原則，來分析教學過程或班級經營中師生或學生之間生活互動關係的研究（湯梅英，2002）。華勒是研究教學社會學的先驅，探討教育的核心問題，如師生互動，雖然華勒從理論分析而非以實證的資料來研究教學的社會因素，但是對於往後的研究卻有重大啟示，1970年以前，很少學者從社會學的觀點來研究班級中的師生互動。本書的第四章提到伯恩斯坦的符碼理論，本章則針對其教學實踐的內涵加以闡述，理論包含三種規則：師生之間的階層化權力關係、教學傳遞順序的控制和評量規準的次序，以此則區分出顯性、隱性兩種教學形式（Bernstein, 1977）。在教學過程中，影響教學品質的社會因素是多樣的，其中主要有師生關係、學生間相互作用、班級氣氛等因素，本章為與班級社會體系作一區隔，聚焦在教學歷程中的師生及同學互動，以及在教學歷程中所產生的問題，如教師倦怠。

第一節　教學社會學的相關理論

　　有關教學的社會學研究起步較晚，華勒的《教學社會學》之後一度沉寂，直到二十世紀50年代才開始迅速發展，例如貝爾斯（R. F. Bales）及

佛朗德斯（N. A. Flanders）的教學行為分析，提供了結構化的量化分析模式。到了二十世紀70年代的「新教育社會學」，採用質性研究探討課堂教學的社會過程（吳康寧，2019）。教學社會學著重在課堂教學之中的社會活動探討，例如前文提到女性主義提出的「女性主義教學論」、多元文化教育提出的「文化回應教學」，這些模式與教育心理學的教學模式有極大的差異。衝突派的社會再製理論及文化再製理論均對課堂教學的歷程有所探討，本節僅就解釋學派及批判教學論所提出的理論加以敘述。

 ## 壹　伯恩斯坦的教育知識符碼理論

伯恩斯坦與楊格（Young, 1971）皆從知識社會學的觀點，來探討知識的社會組織和社會結構及其中權力之間的關係，伯恩斯坦所提出的「分類」和「架構」兩個概念最常應用在課程與教學領域。在其名著《階級、符碼與控制》（*Class, Codes and Control*）之第三卷《邁向教育傳遞理論》分為兩部分進行論述，第一部分從教育共識、儀式、與社會幾個層面來探討學校道德基礎的變遷，第二部分則分別從課程、知識分類與架構、教學等層面舉例說明其對教育傳遞符碼變遷的看法（王雅玄，2007）。伯恩斯坦將符碼的概念從語言延伸到學校知識範疇，發展出教育知識符碼理論，認為探討學校知識傳授的深層原則，有助於更深入地剖析學校內部教學活動與社會權力及秩序的關係（黃庭康，2018）。茲將其理論大要略述於下：

一、理論的核心概念

伯恩斯坦符碼理論有三個核心概念：符碼（code）、分類（classification）和架構（framing），了解三者的意義才能對整個理論有透澈的認識。

㈠符碼
所謂符碼即指語意體系，它是一種默默作用的規範性原則，它可以選

擇並整合：1.合適的意義（relevant meanings）；2.意義實現的形式（form of their realization）；3.意義的情境脈絡（evoking contexts）（Bernstein, 1982）。換言之，符碼是指潛存於某一社會深層結構的語言原則，對於該社會的運作，具有潛移默化的規範作用（Bernstein, 1967）。有關語言符碼的部分已在第四章中有所討論。

(二)分類

分類是指類別間分化的性質，分類強，則各類別有著極強的疆界，使得各類別彼此孤立、分離。伯恩斯坦最主要是以「分類」的觀念，說明權力分配與權力關係運作的情形，他認為社會分工不但產生階級關係，也產生分類關係，類別之內有特殊的社會關係和溝通形式，類別內的合法意義是本類成員的權力象徵，能規範成員的行為。易言之，階級關係透過其所建立的分類原則來設定主體的地位（黃嘉雄，1995）。將此概念應用到教育領域，分類是指課程內容的疆界維持程度，與課程內容無關，如果教育知識是採強分類，課程內容間有顯著的疆界或界限，則稱為集合型（collection code）課程；反之，若其組織採弱分類，疆界強度減低或模糊，則稱之為統整型（integrated）課程（歐用生，2005）。集合型課程傾向維持社會現狀，透過課程的分化以培養不同階層的人才，所以集合型課程是極為專門化的課程；統整型課程則是對社會現狀的挑戰，企圖透過課程的統合以消弭社會階層的界限。以大學為例，各系的課程彼此孤立，且疆界分明，形成學術社區的部落化（tribalization）和巴爾幹化（balkanization），巴爾幹化的學科文化具有高度認同、不易滲透等特性，彼此相互競爭。所以伯恩斯坦才會認為課程的分化即代表權力結構的持續，也就是指文化再製的延續。反之，不同院系教授和學生之間，不因學科階層而被隔離，學科疆界將被弱化，課程內容由封閉轉向開放，分類由強而弱。由集合型課程轉變到統整型課程是知識的分類和架構的根本改變，是權力的結構分配以及社會控制原則的改變，這將引起相當大的抗拒。然而在民主化、多元化的社會，為求社會公平正義、階層流動，學校的課程會逐漸趨向統整型的課程（歐用生，2005；陳奎憙，2003）。

(三)架構

　　架構代表溝通原則，架構在資源再製過程中涉及社會關係溝通實務的原則和規範。溝通原則亦受到強、弱架構的支配，強的架構是傳送者（transmitter）控制選擇、組織、位置、姿勢、穿著和空間的面貌等溝通情境；反之，接收者（acquirer）有更多的控制權稱之為弱的架構（Bernstein, 1982）。這個概念在界定教學傳授活動的權力關係，指在教學關係中，教師和學生擁有對於知識傳遞與接受的選擇、組織、進度與時程的控制程度。既定的限制愈多，施教與受教者的掌控權愈少，課程就愈屬於強架構，反之便屬弱架構。具體而言，當教師強調權威時，教學將著重於課程內容知識的灌輸，因而延續前述「強分類」知識型態的「系統化層級關係」。此種現象塑造出獨特的訊息傳輸模式，其特性是快速，而且著重抽象概念與邏輯關係，此種傳輸形式使師生關係轉向單向式，亦即學生必須遵循教師的教學程序，此種教學型態大都只利於中上階級學生的學習。當權威降低時，教學型態將會從課程知識轉移到學生身上，亦即關注學生的不同能力與需求，因而產生適切性的密集師生互動。此種變化足以改變學科知識的明顯疆界，亦即將「強分類」轉變為「弱分類」，同時也改變師生之間的社會關係（姜添輝，2005）。此外，學校課程對學校以外知識的開放程度亦是架構的一部分，把學校以外的知識排除於教學活動，學校課程便是屬於強架構，把兒童的生活納入教學內容的一部分便是弱架構。課程符碼另一要素是如何判斷學習者已習得傳授的知識內容，也就是「評量」，英國沒有國家主辦的統一考試，但有十幾個被認可的考試委員會舉辦的考試，通過後授予普通或高級程度考試的文憑（黃庭康，2018）。

二、顯性及隱性教學法

　　「顯性」（visible）及「隱性」（invisible）教學法是符碼理論對學校課程的其中一個最重要的區分，顯性教學法的特點是強分類及強架構，各學科的界線十分清楚，師生關係具有明顯的等級性，教學活動的順序、速度及評量標準受清楚明確的規則所約束；隱性教學法的特點是弱分類及弱

架構，重視學科之間的整合，師生的權力關係看似平等，受教者對教學活動看似擁有較大自主權，教學進度較有彈性，考試標準較多元，學校願意把校外生活知識吸納為課程一部分。從顯性教學到隱性教學的轉變是一種教育傳遞方式的改變，也就是從明晰具體、標準客觀的教師控制模式，轉變為隱含分化的學生自主模式，有關顯性教學與隱性教學二者之比較請見表12-1。伯恩斯坦認為這兩種教學法都隱含著對無產階級子弟不利的規則，其中「顯性教學法」最合乎經濟原則，「隱性教學法」因需要有更充裕的時間及空間條件做配合，成本甚為高昂。因為執行成本過於昂貴，「進步主義」及「兒童為中心」的教育模式可能在經濟景氣、國家能夠編列較高教育預算時才有拓展的機會。1970年代的經濟衰退不但逼使「隱性教學法」節節敗退，且不容易以純粹形式出現，它較可能以「依附於顯性教學法的特定教學實踐」模式存在出現；而「顯性教學法」也分化成「自主型」（autonomous）及「市場導向」（market-oriented）兩種不同的模式（王雅玄，2007；王瑞賢，2018；黃庭康，2018；Bernstein, 1990）。

　　伯恩斯坦更進一步思考如何停止文化再製的現象，他認為要從教學

表12-1　顯性教學與隱性教學之比較

顯性教學法	隱性教學法
強分類強架構	弱分類弱架構
傳遞方式愈明晰、標準愈具體	傳遞方式愈隱含、標準愈分化
工作	遊戲
個人化行動	個性化行動
學習是外顯的、可見的	學習是無聲的、不可見的
提供給中產階級	提供給勞動階級
明顯客觀的評鑑	檔案評量
強調知識的狀態和問題的吸收	強調求知方法和建構問題的重要性
由集合型符碼體現	由統整型符碼體現
文化再製的承繼者	文化再製的中斷者

資料來源：伯恩斯坦《邁向教育傳遞理論》評述，王雅玄，2007，中等教育，**58**(5)，頁161。

法來著手。伯恩斯坦認為如果我們只是改變組織結構，而沒有改變控制傳遞的符碼（也就是改變分類，不改變架構），再製過程就根本不受影響，因為顯性教學的傳遞方式還是體現在集合型符碼，明顯有利於中產階級孩童。除非我們可以接受隱性教學的教育價值，使這種教學全面在學校教育中制度化，但是其條件是大學教育符碼的根本性變革（王雅玄，2007）。

 ## 解放模式

　　巴西批判教學論者弗雷勒在《受壓迫者教育學》（*Pedagogy of the Oppressed*）一書中提倡其教學方法，學者稱其模式為「解放模式」。弗雷勒認為教育的目的是導向自由與解放（emancipation），因此學校教學的主要目標乃在於激發以及維持人民的批判意識（引自方永泉，2003）。弗雷勒批評傳統教育模式如同「銀行提存教育」（banking education），教師只是將獨白式的知識傳遞給學生，並且儲存起來。他認為教育應是「對話」（dialogue），從對話教學中去激發學生的批判思考能力（Freire, 1970）。教師運用批判式教學法，以協助學生從學校教育和文化制度的桎梏解放出來，並加以批判和改革。弗雷勒所謂的解放，即是個人對生活的知覺、能力及態度能自行掌控，不再受他人控制，對於社會規範的遵循與否，則需經由思考或反省（王文科，2006）。美國教育學者艾波及吉諾斯受到弗雷勒的影響，亦提倡課程與教學在喚醒學生的「批判意識」。艾波認為課程與教學應考量種族、性別與貧窮的議題，來防止社會不平等的再製。吉諾斯將其理論稱為「邊界教育學」（border pedagogy），他認為教師要具備反文本、反記憶、反對現代科技、反理性知識、反唯一合法的知識的意識，在教學上要批判及反省社會既有的權力意識型態，並且關注、重視因種族、文化、經濟等因素而處於被宰制地位的邊緣化聲音。他建議教師要成為轉化型知識分子，持續為不公不義的社會現象進行批判及改革，引導學生朝向解放、平等和正義的社會而努力（Giroux, 1992）。

第二節　教學歷程的師生互動

　　教學歷程中的師生互動是不平等的，其中教師係具備教學熱誠與有效促進學生學習專業知能的專業人員，而學生則是該學習領域的生手，不論在課程目標的釐定、教材的選擇、教學的安排、學習結果的評量等，均強調教師的專業權威和自主權利。因此，教師於教室中的教學關係，應以教師專業的倫理為依據，善盡教師教導、催化、啟發學生學習的角色功能。學者在研究班級教學中的人際互動問題時，主要也是研究師生之間的互動，並且提出一些師生互動理論模式（吳康寧等，2005）。本節分別探討互動理論的觀點、教師教學策略與學生的應付策略。

壹　互動理論的觀點

　　師生之間交互作用（Interaction）的理論模式，主要是依照團體動力學的研究結果而建立。所謂交互作用也就是指師生互動，這是指師生雙方運用語言、符號、姿態、表情等溝通方式，彼此影響改變的歷程（孫敏芝，1985）。師生互動的理論模式繁多，其中以1951年貝爾斯的交互作用過程分析及1960年佛朗德斯的師生交互作用模式較為著名，以下就針對這兩項理論說明之。

㈠貝爾斯的交互作用過程分析

　　師生教學活動主要是借助語言媒介的交互作用，為此，不少學者提出了直接觀察小團體中交互作用的一些方法，其中以貝爾斯（Bales, 1951）的「交互作用過程分析」最為著名。他認為觀察團體成員之間面對面的交互作用，可將任何行為（以言語行為為主）劃為表12-2列出的某一類型之中（陳奎憙、王淑俐、單文經、黃德祥，1999）。

　　根據表12-2來分析班級中的師生交互作用，可以發現由4到9屬於任務領域，包括達成班級教學目標的一切工具性活動。由1到3及由10到12的各項內容，均與班級團體的形成和維持有關，屬於社會的情緒領域，顯

表12-2　貝爾斯的團體內互動行為分類

A	表示支持	1	支持、讚賞、幫助、顯示親密
	表示滿意	2	表示緊張消除、開玩笑、滿足
	表示同意	3	同意、理解、接受
B	給予建議	4	給予指示、建議、允許自律
	給予意見	5	提出觀點、評價、分析、表達情感、願望
	給予資料（orientation）	6	提供、確認資料
C	詢索資料	7	請求提供與確認資訊
	徵詢意見	8	請求提供觀點，幫助評估、分析、表達
	請求建議	9	尋求建議、指示、行為方向
D	表示異議	10	不同意，消極地拒絕，拒絕幫助，拘謹
	表示緊張	11	表示緊張、求援、迴避
	表示反對	12	攻擊、說人壞話、過度自我防衛

資料來源：**課堂教學社會學**（頁175），吳康寧等，2005，臺北市：五南。

示班級內部的合作或競爭。任務領域又分B部（4-6）的給予作用，即應答部分；C部分（7-9）的要求作用，即詢問部分。社會的情緒領域又分為積極的（A部分）和消極的（D部分）的反應。貝爾斯還將十二種類別按照次序用6種功能加以說明：1.溝通；2.評估；3.控制；4.決定；5緊張處理；6.再統整。據此觀點，在班級師生互動當中，為了達到教學目標，當學生在學習上有困難時，老師會給予指導（指示方向、提供意見或給予建議），則便能達到溝通、評估與控制的功能。而在師生的社會情緒互動方面，即便任一方有消極的行為表現，另一方也應該以積極的態度回應。若雙方能夠採取積極的反應，便能夠塑造良好的團體氣氛（吳康寧等，2005）。

㈡佛朗德斯的師生互動模式

有效的教學行為不但需運用適當的教學理論，教師本身的教學風格及教學行為對教學成效也有相當深遠地影響。教育社會學者所倡導的教學情境「社會互動分析」（social-interaction analysis），不但可以用來記錄和

分析教師在教學情境的教學行為，提供教師改進教學的回饋訊息，以減少
生手教師耗費不必要的時間和心力外，更可以作為教師教學評鑑的一項參
考指標（陳奎憙等，1999）。「社會互動分析」的研究方法中，最為著名
的是佛朗德斯（Flanders, 1960）所設計的「社會互動分析系統」（Social
Interaction Analysis Category，簡稱FIAC），將師生互動分析方法，實際應
用於教學情境中，分析教室中師生口語互動的行為模式，以了解發生在教
室互動情境中的事件，進而幫助教師了解並改善其教學行為。

　　佛朗德斯以「教師影響」（teacher influence）的概念來探討師生互動
關係。他根據實際觀察教師教學行為的結果，將教師與學生在教學情境中
的口語互動行為區分為如表12-3的十種類型。其中1至7類均為記錄教師對
學生說話的狀況，將教師影響學生的方式分為間接的影響、直接的影響兩
類；第8至第9類則是記錄學生對老師說話的情形；在上課中，除了教師與

表12-3　社會互動分析系統的分類表

教師語言	間接影響 （學生驅動）	1. 接納學生的情感：以一種不具威脅性的方式，接納及澄清學生正向或負向的態度或情感語氣。 2. 稱讚或鼓勵：稱讚或鼓勵學生的動作或行為。也包括紓解緊張但不傷人的笑話。 3. 接受或利用學生的想法：澄清、擴大或發展學生所提出的意見或想法。
		4. 問問題：以教師的意見或想法為基礎，詢問學生有關內容或步驟的問題，並期待學生回答。
	直接影響 （教師主動）	5. 演講：就內容或步驟提供事實或見解；表達教師自己的觀念，提出教師自己的解釋。 6. 指示：指示、指令或命令，此類行為具有期望學生服從的功能。 7. 批評學生或維護權威：企圖改變學生的行為；責罵學生；說明教師為何採取這種作為。
學生 語言		8. 學生反應性說話：為了回應教師所講的話。
		9. 學生主動開啟對話：表達自己的想法、引起新的話題。
靜止		10. 安靜或混亂：暫時停頓、短時間的安靜或混亂。

資料來源：*Analyzing teaching behavior* (p. 34), by N. A. Flanders, 1970, MA: Addison-
Wesley Publishing Company.

學生的對話外，還有第10類，則是記錄教室可能出現的靜止狀態（安靜或混亂）。佛朗德斯的理論模式說明了教師在教學情境中的教學行為，對學生的學習態度與學習效果有重大的影響，他的研究喚起許多教育學者對這方面的重視（吳康寧等，2005；Flanders, 1970）。但這個模式只注重教師的語言行為，卻忽略了非語言行為。

貳　教師的教學策略

師生在班級之中，為了保護或增進自己的利益，往往會運用各種策略，以控制班級的歷程，使之維持在最有利於自己的狀態（張建成，2002）。一般而言，教師在教室內對學生行使各種不同的權力策略，例如命令學生安靜、守秩序、不能隨便發言、寫功課等，均可以協助教師達成預定的教學目標。雖然學生的資源與地位不如老師豐富，然而在班級情境中，學生人數畢竟是多數，他們可以聯合力量一起來抵制老師的教學，例如在上課中喧嘩、吵鬧，以試探教師控制課堂秩序的能力，或指出教師教學上的錯誤或咬字不清楚的地方而使教師感到難堪等（吳瓊洳，2005a）。以下分別說明教學過程之中師生的互動策略（周新富，2020；方德隆，2005）：

一、常用的策略

教師在課堂中的最常用的策略就是不斷地「說話」，當教師初次接觸學生時，教師會花時間與學生交談，這不是在浪費時間，而是藉著與學生的對話加以評估學生。在教室裡的時間，有三分之二是用在說話，而其中又有三分之二的話是老師講的。當教師在課堂上不斷地說話時，學生為了迎合教師，選擇當一個安靜的聽眾，所以學生在課堂上說話的時間十分有限。

二、共識的策略（consensual strategies）

教師在教學過程中，為了達成教學目標，必須設法維持學生的專注

力及秩序。因此，每一種活動教師都會訂定活動規則，學生必須了解這些
規則並遵守之。例如上課時發問請學生回答、討論時不能打斷他人的發言
等。因此，師生雙方必須達成工作共識，當教師發問時，學生就必須回答
問題，師生間因工作達成共識而呈現穩定、和諧的狀態。

三、例行性的協商策略

教師的操控策略即屬於例行性的妥協策略（routine negotiated strate-
gies），其目的在促使學生達到教師的要求。例如教師為了解學生是否達
成學習目標，會規定回家功課；為激勵學生達成學習目標，則訂定獎懲的
標準，因此如果學生欲適應學校生活，就必須接受教師的評價。當學生不
願意照章行事，踰越了工作共識時，會採取迴避退縮的策略，以擺脫教師
的掌控。例如學生沒寫回家功課時，告訴教師回家功課放在家裡沒帶。

四、片面的策略（unilateral strategies）

師生雙方直接對立，超乎工作共識的常軌，這是師生針鋒相對，最後
不得已才使用的策略。教師通常會使用威脅或命令的口氣要求學生，例如
教師會對學生說回家功課沒寫的下課留在教室寫。

 學生的應付策略

學生的應付（coping）策略或譯作反應性策略，這是非正式體系的重
要層面，為了因應學校的權力結構，學生自低年級即開始學習應付學校與
班級的各種策略，所謂上有政策，下有對策，學生應付教師的策略，亦隨
教師所採取策略而有不同（方德隆，1998b）。學生的反抗策略都屬於應
付策略，都是因應教師的策略來的，他們並不會無緣無故採取權力來對抗
教師。學生在面對教師的權力行使時，也並非完全「逆來順受」。學生也
會在班級裡運用一些或顯或隱的策略，影響學生的改變，甚至於會因為權
力行使過當，引起師生之間的對立與衝突。學生會因教師所使用的權力
策略不同而採行不同的反制策略如下：1.打混策略，像凝視窗外、不注意

聽課、傳紙條等；2.迴避策略，例如謊報筆遺失而無法寫作業、要求上廁所而故意拖延、善意幫教師跑腿等；3.反叛策略，例如做一些表面功夫、公然表現出違規的行為、學生聯合與教師相抗衡等（吳瓊洳，2005a；Pollard & Tann, 1993）。伍德斯（P. Woods）於1980年以英國公立寄宿學校男生為對象，依據學校目標與方法為分類架構，歸納學生應付的五種策略（引自許殷宏，1999）：

一、殖民化

殖民化（colonization）結合了對目標的冷漠疏離與對手段的矛盾心理。學校系統的各部門是他們所接受的，但他們有時會以非法手段去應付學校，如抄襲作業或考試作弊。

二、完全投入

完全投入（indulgence）是對學校目標與手段強力的正向回應，研究指出中學生希望教師覺得他是「循規蹈矩」的，最常表現出「乖巧盡責」、「認真向上」。

三、順從

順從（conformity）策略是指學生會接受教師的情境定義，並藉由形象整飾做好表面工夫，或者透過各種策略進行協商，以形成工作共識，使師生能夠順利演出。順從策略可細分為服從（compliance）、逢迎（ingratiation）及機會主義（opportunism）三項。服從是使學生感到目標及手段間的可結合性及關聯性；逢迎是使學生想要藉由獲得有權力者的支持，最大化自己的利益；機會主義是學生表現出不專心於工作，以及對其他方式一時興起的學習，他們在決定一個目標之前，會逐一嘗試，這會造成行為上的波動。

四、冥頑抗拒

當學生一切均依照教師的規定去做，卻無法從教師身上獲得他想要的利益時，則冥頑抗拒（intransigence）行為很可能成為主要的策略，例如學生經常運用「搗蛋」策略來探測教師的容忍度與底線，以及教師是否能有效控制秩序，他們所運用的搗蛋策略可分成以下幾種方式：1.形成小團體，這個小團體會給予學生力量；2.戲謔與巧妙的反駁；3.挑戰性的言詞，問無聊的問題與頂嘴；4.非言詞的挑戰，玩弄筆或尺。學生選擇此種策略是對學校目標的漠視，也拒絕學校藉由規定、慣例、規範的手段達成其目標。他們可能會干擾上課、對教職員暴力相向，或者破壞公物，由頭髮、衣著、鞋子等外觀可能可以區別這個類型的學生，他們是讓學校感到頭痛的人物。

五、起義

起義（rebellion）是指學生拒絕接受學校的目標與手段，但他們會代之以其他目的。起義行為在學校生涯的後期是常見的現象，此種目標的替換使這類型的學生較無「冥頑抗拒者」那樣高的威脅性。

第三節　教師倦怠與生存策略

學者（Fessle & Christensen, 1992）提出教師生涯循環模式，說明教師生涯發展的情形：1.職前培育期（pre-service stage），通常是指尚在師資培育體系中的學生；2.導入輔導期（induction stage），通常指教師初任教職的前幾年；3.能力建立期（competency building stage），致力於尋求教學技巧和能力的；4.熱切成長期（enthusiastic & growing stage），不斷尋求創新的教學方法以豐富教學活動；5.生涯挫折期（career frustration stage），教師對教學工作懷有挫折感；6.穩定停滯期（stable & stagnant stage），抱持著「當一天和尚，敲一天鐘」的心態；7.生涯低落期（career wind-down stage），教師準備要離開教師專業生涯的時期，例如退休或離職；8.生涯結束（career exit stage），指教師離開其工作生涯。但教學工作面臨的戰相當多，最大的挑戰來自學生的紀律，有關紀律問題的研究發現，因為教師忽略組織教學流程，促使學生感到無聊。研究發現當教師與學生陷入權力鬥爭時，6%的教師會過度反應，因此問題就容易產生。教師除了不要接受學生挑釁之外，同時要注意某些行為會導致學生的不當行為發生，因此要儘量避免，例如諷刺（sarcasm）、貼標籤、吼叫、讓學生沒有面子、攻擊學生的特徵等（周新富，2016）。有些教師會因為管教等問題，提早面臨「生涯挫折期」，甚至提早開教職。為使教師能夠勝任教學工作，學者針對教師倦怠進行研究，進而提出相關的生存策略。

 ## 壹　教師倦怠

　　教師工作雖擁有穩定的工作報酬，教師也能從中獲得滿足感與成就感。然而，與其他白領工作或服務業相較之下，教師卻也承受高於平均值的壓力與倦怠感（burnout）。倦怠感實為工作壓力的延伸，是一種漸進累積的過程，也是一種在專業工作上缺乏效能及價值減損的現象，這種感受是由「無意義」和「無力感」所組成。由於教師長期處於高壓力低支持的工作情境中，經常需要處理錯綜複雜的親師生問題，因此教師情緒常處於緊繃的狀態。久之，教師倦怠不僅影響教師個人的教學動機、健康與成就感外，也會左右學生的學習狀況，因此教師倦怠的現象是教育研究者必須正視的議題（楊雅妃，2012；譚光鼎，2011）。

一、產生的原因

　　根據調查研究顯示，教師普遍存在對工作的倦怠感，大量的工作壓力、校園暴力事件、學生違規犯過行為、學業成績下降等等問題，都造成教師的疏離與疲憊（譚光鼎，2011）。影響教師產生倦怠感的因素相當複雜，綜合國內外學者的觀點，教師倦怠產生的原因大致包括社會、工作情境以及個人等三項因素（陳密桃，2000；楊雅妃，2012）：

㈠社會因素

主要來自政府及社會大眾的支持不夠、傳播媒體對教師或學校的多方責難與偏頗的報導，以及家長未能充分配合與關心。

㈡工作情境因素

主要來自於行政組織及教學專業上的限制，在行政組織方面，包括角色衝突及角色不明確、缺乏行政支持與決策參與、不當的視導與管理、工作表現良好未獲得回饋或讚賞、非自願的工作調動、缺少晉升的機會、行政干預太多、缺乏溝通聯繫、教學設備與教學資源不足、工作環境汙染、待遇偏低等；在教學專業方面，學生學習動機與學習興趣低落、學生的暴力與破壞行為、學生的態度冷漠及缺乏對教室常規與教師權威的敬重、師生關係不佳、工作負荷太重、工作時間過長等。

㈢個人因素

主要來自於教師本身的條件限制，如教師本身能力不足、專業訓練不夠、無法有效處理學生問題行為。此外，教師本身的人格特質，如理想完美主義傾向、高成就動機、對工作高度成就取向、低自我概念、情緒耗竭（exhaustion）等，都是產生倦怠感的因素。

二、社會支持與倦怠感

從社會學角度分析，教師倦怠感的原因來自於外在環境的社會結構，也源自學校組織結構中的社會人際關係，這些外在因素加上個人因素組合成工作壓力，促使成倦怠感的產生。為協助教師降低倦怠感，建構社會支持網絡是一項相當重要的策略。研究證實社會支持有助於減緩教師的工作壓力，「校長支持」及「教師同儕支持」皆有助於減低教師倦怠感，當校長表現支持態度，給予教師積極正面的回饋，視教師為有價值的工作同仁，並且將教師納入決策體系，有助於降低教師的工作壓力與倦怠感。「教師同儕支持」也可以有效緩衝教師的壓力感受，但同時也需要校長的支持，否則只有同儕支持反而會升高工作壓力和倦怠感（譚光鼎，2011）。

教師的生存策略

　　與倦怠感有關的是教師的生存策略，在師生互動的過程中，教師面對教學環境中各種挑戰及來自各方的壓力時，通常會發展一套「生存策略」（survival strategies），讓自己能夠適應教學環境。伍德斯認為當體系與自我這兩個因素的交錯愈強烈時，教師面臨的生存問題也愈迫切，當外在教育措施對於教師生存策略的基礎造成重大威脅時，他們將被迫持續維護本身的利益，將學校的不平等加以合法化，至於教育的理想僅能退而求其次。而這也是為何伍德斯認為生存策略不應被視為是向現實妥協的必要之惡；相對地，對於教師生存策略應予以關照，才能試圖扭轉可能失去教育主軸的危機（陳淑敏、許殷宏，2008）。根據伍德斯於1990年的研究，教師的生存及適應策略可歸納為以下八項（張建成，2002；陳淑敏、許殷宏，2008；Woods, 1990）：

一、社會化

　　社會化（socialization）策略即教導學生正確的事物，其目的在於透過壓制學生、控制活動與服從教師的要求，使學生接受並適應他們本身的角色。因此教師會訂定班級常規，要求學生遵守，並指導學生正確的行為，例如舉手發言、做人處事、尊師重道等，並獎勵優良的行為。

二、宰制

　　宰制（domination）係指教師以命令、懲罰、對人際關係的操控及言詞的責罵加以支配學生。教師通常較學生為強壯或聰明，並有法定權威來管教學生，因此支配策略不僅可以使學生服從，而且肢體上的處罰或操練亦可達到發洩學生體力的目的。

三、協商

　　協商（negotiation）是教師運用利益交換的技巧，來回報學生對其他事物的遵從，例如道歉、哄騙、誇獎、承諾、賄賂、威脅及交換等。教師

通常會以讓學生看影片或參觀等較輕鬆的上課方式，來換取學生守秩序以及認真工作。此外，協商策略也是教師執法的折衷之道，因此教師會選擇忽略並合法化學生的某些問題行為，藉此策略之運用將學生納入學校主流文化，允許學生次級適應，如抄襲或仿作。

四、稱兄道弟

稱兄道弟又稱為合流（fraternization），也就是「友好」的意思。這種師生友好的形式可以非常彈性運用文化認同、娛樂、放任等方式。文化認同即嘗試加入學生團體，認同學生的流行語言及穿著風格，並藉由電視節目、廣告與運動搭起師生間友誼的橋梁。年輕的教師因為他們的外表、穿著、言行舉止、興趣與學生較相似，因此比較容易得到學生的認同。娛樂形式則是教師在上課時運用某種聊天的、閒適的說話風格，或是展現出無偏見的、年輕的、隨性的風格。放任的形式便是允許學生擁有更大尺度的自由，例如在上課中，讓男生玩著射豌豆的遊戲，女生也吵雜地交談著。

五、缺席或調動

當教師在面對教學過程中所遭遇到的衝突與壓力時，態度平和者會選擇遲到、早退、請假（absence）或轉介棘手個案；態度激烈者則選擇調動（removal）或提早退休的方式。同樣地，教師也會像學生一樣，透過「精神上的缺席」（be absent in spirit），如打瞌睡、發呆、忽略問題，甚至是浪費時間等方法，加以迴避現實中面臨的衝突。

六、照章辦事

照章辦事（ritual and routine）或譯為照表操課，是指教師選擇強調形式、程序、社會秩序、維持傳統與現狀的策略，以避免窮於應付獨特、未預期及未標準化的事件。例如男學生總是破壞秩序，教師擔心他們會把活動場所的混亂帶進教室，便採取一種嚴苛的教學風格，採用機械性的技術將其限制於例行公事與儀式。

七、職能治療

職能治療（occupational therapy）策略的原則就是儘量使學生非常忙碌或教師使自己感覺遲鈍些，其目的在於鈍化厭倦與怒氣，以防止事件發生。當學生開始對課程之進行感到無聊、疲憊時，教師會請學生做一些工作，如擦黑板、實物操作。但是教師也可能會讓自己非常忙碌，拼命講課，也不管學生的反應，或者會採「消磨時間」的方式，如遲到、早退、與學生聊天、在課堂中才準備教材等。

八、激勵士氣

激勵士氣（morale boosting）或譯自我安慰，教師在教學現場和行政科層的互動上，挫折難免，為了超越這些困境所給的困境，教師便透過言語修辭的運用與情緒性地嘲笑兩種方式，以在心理上將問題淡化。至於情緒性地嘲笑之使用上，直接表現在教師對於學校行政主管的評價上，教師通常會嘲弄與辱罵這些學校領導者，藉此戲謔的語言，看穿學校行政人士背後的謊言，進而轉化教師在現實中所遭遇的種種壓力，以讓教師緊繃的情緒放鬆。

 教師的印象管理

符號互動論主要在探討人際間的互動，經驗意義係在互動過程中加以解釋與創造，延續這樣的觀點，高夫曼對於人際的互動有著絕佳的詮釋，且他是符號互動論者中，大量使用「策略」來談人際互動的學者。高夫曼在《日常生活的自我表演》一書中，描述人們的交往，個體會透過各種方式來維持自我印象，其以戲劇論作為詮釋的框架，說明個人與他人生活上的互動，不同場合將扮演不同的角色。印象管理（impression management）又稱為「印象整飭」，此一論點包含「第一印象」（first impression）與「理想化」（idealization）的概念，來說明教師要怎樣營造他認為應該給予學生的第一印象，他認為教師與新班級初次接觸時，教師便會

讓學生知道誰是老闆。因此在開始時一定要嚴格，以後則可逐漸放鬆。若在開始便跟學生隨隨便便，那麼以後想要嚴格的時候，則學生就會跟教師嬉皮笑臉。而理想化的概念說明個體為了達成目的，可能會採用偽裝、欺騙的手段（Goffman, 1959；徐江敏、李姚軍譯，1992）。教學活動也是一門表演的藝術，教師在課堂教學中也同樣存在著高夫曼所要剖析的問題，例如教師如何控制學生對他的印象？教師如何維持和控制課堂秩序？在提到如何防止互動中因偶發事件導致的「表演崩潰」時，他提出表演者必備的品性及採取的措施，這些原則同樣可以用來處理教學的問題（馬維和，2002；蕭金蘭，2009）：

一、維持教師集體的高度團結

教師集體的內部團結相當於「後臺」，教師之間的內部矛盾與意見不應呈現在學生面前，這樣教師就能維持一種「劇場印象」。

二、教師應學會自我控制

課堂是一種特殊的人際環境，教師在課堂中的一舉一動都會對學生產生影響，學生對老師的印象在很大程度上也是在課堂上形成的。教師應該牢記自己在課堂中的角色，應學會「自我控制」和「自我管理」，特別是控制面部表情和說話態度。

三、密切觀察學生的暗示，調整自己的行為

在課堂情境中，當教師表現出令學生非期望、不可接受和不滿意的言行時，學生會利用某些行為向教師發出暗示。如果教師對這些行為或者加以忽略，或者視為破壞，不是著眼於修正自己的行為，而且將焦點放在責備、懲罰這些學生上面，那麼最終往往會導致課堂秩序的混亂。

四、反思自己的教學表現

可以提出一些涉及到自己的個性和教學行為的敏感問題。例如：面對學生時，你是否面帶微笑？當你站在講臺上時，都能做到將班上的情況盡

收眼底？你能否做到與學生進行充分的眼神交流，以使他們集中注意力認真聽講？你能否避免使用過多的手勢和肢體動作？你是否很呆板、毫無幽默感？

五、儘量做到後臺與前臺行為的一致

當學生發現教師在後臺的行為與前臺不一致時，學生會傾向於相信後臺的真實性，而這會導致教師在前臺的所有努力都為學生所否定。因此教師千萬不可回到後臺就粗話連篇，更不要在後臺與其他教師大肆談論學生的種種不足或對工作諸多抱怨。

六、做好消極印象的修復

在教學中，教師的過錯行為是在所難免的，如果處理不當就會貶損自己已有的良好印象。當教師主觀上認為給學生留下了非期望的印象時，就需要及時採取積極措施來修復學生對自己的印象，包括道歉、說明和補償性自我呈現等。

自我評量 ··

一、選擇題

(　　) 1. 關於柏恩斯坦（B. Bernstein）知識社會學觀點的敘述，下列何者
正確？　(A)統整型符碼具有弱分類和弱架構　(B)架構是指教育
內容邊界之間的強度　(C)聚集型符碼比較能夠促進教育的進步
(D)聚集型符碼的師生權力關係具有可磋商性。

(　　) 2. 弗雷勒（P. Freire）認為儲存式教育（banking education）中，教師
傾向採取威權的態度。下列哪些教師持有這種教育信念？甲師：由
教師來教學，學生只能被教。乙師：由教師發表談話，學生回應討
論。丙師：教師知曉一切，而學生一無所知。丁師：教師是教學過
程中的客體，學生是主體。　(A)甲、丙　(B)甲、丁　(C)乙、丙
(D)乙、丁。

(　　) 3. 柏恩斯坦（B. Bernstein）指出學校的教育過程主要由三個因素組
成：有效的知識是指「課程內涵」、有效的傳遞是指「教學方
法」，而有效的理解是指下列何者？　(A)輔導　(B)評鑑　(C)診斷
(D)溝通。

(　　) 4. 辛老師主張打破科目之間的界線來教學，並且與學生建立較為平等
的關係。根據伯恩斯坦（B. Bernstein）對類別（classification）與
架構（framing）的觀點，辛老師的理念較屬於以下哪一選項？
(A)強類別與強架構　(B)強類別與弱架構　(C)弱類別與強架構
(D)弱類別與弱架構。

(　　) 5. 伯恩斯坦（B. Bernstein）將課程分為聚集型課程（collection code）
與統合型課程（integrated code）兩種，以下何者屬於統合型課程的
特徵？　(A)企圖消弭社會階層的界線　(B)課程界線分明　(C)試圖
透過課程分化，以培養不同階層的人才　(D)傾向維持社會現狀。

(　　) 6. 英國學者Bernstein指出教育系統中哪三大信息體系，是受社會文
化的影響，反應權力的分配與社會控制的法則？　(A)課程、教學
法、評鑑　(B)課程、教科書、教學法　(C)行政、教學法、課程
(D)行政、教學法、評鑑。

( ) 7. 英國教育社會學家伯恩斯坦（B. Bernstein）致力於了解社會階級、教育傳遞與社會控制之間的關係。請問以下關於課程與教學的說法哪一項是錯誤的？ (A)統整型（integrated code）課程的領域界線不明顯，著重學生對教材的理解 (B)聚集型（collection code）課程傾向維持社會現狀，培養不同階層的人才 (C)顯性（visible）教學主張學生可以重新安排與探索學習的情境 (D)隱性（invisible）教學對於特定知識與技能的傳遞較不重視。

( ) 8. 根據法蘭德斯（Flanders）的「社會互動分析法」，認為教師的說話採「間接影響」，有助於擴展學生的反應範圍。下列何者說話內容是屬於教師的「間接影響」？ (A)遠足被取消了，明天跟平常一樣來學校上課！ (B)你忘了寫作業，看電視看太多了！ (C)王小明！你不懂說話的禮貌！ (D)陳小芬，光合作用是什麼？。

( ) 9. 根據英國學者伯恩斯坦（Basil Bernstein）的分析，以下關於隱性教學（invisible pedagogy）主要特徵的描述何者正確？ (A)教師對學生的控制相當明顯 (B)對於特定知識與技能傳遞較不重視 (C)評量學習的方式較為單一 (D)學生無法選擇自身的學習活動。

( ) 10. 根據伯恩斯坦（Bernstein）有關分類（classification）和架構（framing）的概念，下列敘述何者正確？ (A)分類是指知識類別間疆界的強弱，架構是指由權力程度所構築出特定師生關係 (B)分類探討的是教師屬性與學生屬性，架構探討的是教育體制與學校文化 (C)學生中心的教學取向屬於強分類強架構，而教師中心的教學取向屬於弱分類弱架構 (D)學科（分科）課程屬於弱分類強架構，統整課程屬於強分類弱架構。

( ) 11. 下列教師工作情境因素何者較會導致教師職業倦怠？ (A)教師彼此相互尊重 (B)校長會聽教師意見 (C)與社區互動關係良好 (D)教學設備與資源不足。

( ) 12. 有關批判教育學（Critical Pedagogy）的主張，何者為非？ (A)以「儲存式」的教學方法取代「提問式」的教學方法 (B)鼓勵教師成為轉化的知識分子 (C)重視教育中意識型態的批判及對霸權的抗拒 (D)主張教育是一種「解放教育」，使所有參與教育的人都

能「增權益能」。

( ) 13. 請問以下四個老師的作法，哪一個符合伍茲（P. Woods）教師「生存策略」（survival strategies）的「自我安慰」（morale boosting）？　(A)李老師：前人怎麼做我就怎麼做，總之，別出事就好　(B)林老師：我會跟學生做朋友，不知道的人還以為我是哥哥呢　(C)蔡老師：現在的學生一屆不如一屆，做老師的只能救一個算一個　(D)陳老師：只要學生得到最佳秩序獎，我就讓他們在班會時間看電影。

( ) 14. 根據伍茲（P. Woods）的研究，教師的生存策略可歸納為八項，其中一項提到「採用非正式的方式，加入學生陣容，彼此如同兄弟一般」。請問這是什麼策略？　(A)協商（negotiation）　(B)合流（fraternization）　(C)職能治療（occupational therapy）　(D)自我安慰（morale-boosting）。

( ) 15. 上國文課時，章老師問了一個問題，然後請美惠來回答，美惠正確地回答了這個問題。按照法蘭德斯（N. Flanders）的教室語言互動分析系統，這是屬於下列哪一種互動？　(A)學生的自發性語言(B)教師引起的學生言語反應　(C)教師講述事實或表達意見(D)教師接納或使用學生的想法。

( ) 16. 我們通常會運用印象管理（impression management）來取得何種權力？　(A)關係權　(B)參照權　(C)專家權　(D)情感權。

( ) 17. 為了讓他人接納與讚許，人會儘量以自己認為他人所能接受的方式來表現自己，稱為什麼？　(A)性別刻板印象　(B)社會角色理論(C)印象整飾　(D)性別角色。

( ) 18. 根據伍茲（P. Woods）的看法，教師與學生的互動過程中，因面對來自各方的約限，會運用其創造力，發展一套「生存策略」。當教師採取「保持忙碌，眼不見心不煩；或儘自講課、磨蹭時間；或與學生聊天、講故事，但不上課」。這是屬於下列哪一種策略？(A)迴避　(B)協商　(C)社會化　(D)職能治療。

( ) 19. 法蘭德斯（Flanders）的師生互動模式，係用下列代號來代替師生在教室的語言行為，分別是：1.接納學生的感覺 2.稱讚或鼓勵 3.接

受或使用學生的觀念 4.問問題 5.演講 6.指示 7.批評或辯護權威行為
8.學生講－反應 9.學生講－自發 10.靜止或疑惑。下列何種時間標
記較屬於「間接教學法」？　(A) 5-4-8-9-1-2-3-1-2-3　(B) 5-5-5-5-
4-8-4-8-4-8　(C) 4-8-4-8-4-6-7-6-7-8　(D) 10-3-4-8-6-7-5-8-4-8。

(　) 20. 一般課堂中常見的師生互動模式「IRE循環」，是指？　(A)老師起
頭發問→學生回答問題→老師評價學生的答覆　(B)學生起頭發問
→其他學生回答問題→老師評價學生的答覆　(C)老師起頭發問→
老師自己回答問題→學生評價老師的答覆　(D)學生起頭發問→老
師回答問題→學生評價老師的回覆。

(　) 21. 在班級師生互動中，若是教師說：「小華，你這樣的行為對老師很
不禮貌」，這樣的指示不屬於下列的哪一種互動？　(A)教師語言
(B)直接影響　(C)間接影響　(D)教師批評。

(　) 22. 「當老師要有當老師的樣子」，主要闡述社會體系中的何種說法？
(A)教師角色的學習　(B)教師權威的運用　(C)教師地位的取得
(D)教師階級的形成。

(　) 23. 在班級教學情境的師生語言互動中，下列的教師語言何者是法蘭
德斯（Flanders）所主張的間接影響？　(A)問問題　(B)講解
(C)批評　(D)指令要求。

(　) 24. 教師倦怠感（burnout of teachers）是近年來影響教師教學的因素之
一，其肇因的項目很多元，且深淺度不一而足，從社會學的觀點來
看，透過社會支持可以改善倦怠感，根據近年來的研究，哪一項
比較能削弱教師倦怠感呢？　(A)同僚教師的支持　(B)校長的支持
(C)減輕教學工作量　(D)辦理教師社群。

(　) 25. 陳老師近來對於教學工作產生「無意義」和「無力感」，覺得自己
工作沒有成就和價值，但他也不想改變。在教育理論中陳老師的狀
況稱為：　(A)教學失能　(B)教學倦怠　(C)教學懈怠　(D)教學症
候群。

答案

1.(A)　2.(A)　3.(B)　4.(D)　5.(A)　6.(A)　7.(C)　8.(D)　9.(B)　10.(A)　11.(D)
12.(A)　13.(C)　14.(B)　15.(B)　16.(D)　17.(C)　18.(D)　19.(A)　20.(A)

21.(C)　22.(A)　23.(A)　24.(B)　25.(B)

二、問答題

1.在新學期開學時，李老師班上三位家長跟她表達學校教育應有的功能：

甲家長說：學校必須要幫助學生找到自己未來的方向，並對社會有所貢獻。

乙家長說：學校必須要教導學生人際互動能力，能理解語言背後的意涵或價值觀。

丙家長說：學校必須要培養學生批判能力，才能質疑與改變社會不公情事。

(1)試問這三位家長的想法，分別屬於教育社會學哪種理論？理由為何？

(2)當這三位家長對李老師的教育期待不同，她可能面臨何種角色衝突？理由為何？

2.在師生互動的過程中，教師面對來自各方面的壓力，通常會發展一套「生存策略」（survival strategies），請問教師的生存策略有哪些？

3.依據伍德斯（P. Woods）於1980年以英國公立寄宿學校男生的分析，學生會使用哪些策略來應付學校生活？

4.何謂印象管理？教師如何運用哪些印象管理技巧來處理上課所遭遇到的問題？

5.何謂「教師倦怠」（teacher burn-out）？試列舉六項影響教師倦怠的主要原因。

6.伯恩斯坦提出分類、架構的概念來論述其教育知識理論，請解釋分類、架構的意義，並說明在教育上的應用。

7.伯恩斯坦將教學法分為顯性和隱性兩種，請解釋其意義，並比較二者有何差異。

第十三章

學生

學生是一種獨特的存在，不必承擔任何社會義務，也不必從事職業勞動而與社會進行交換，這一社會屬性導致學生相當程度上帶有「邊緣人」的特徵（吳康寧，2019）。但是學生是構成教育活動的基本要素，是教育活動的最基本對象。依照社會角色交互作用的概念，如果沒有學生這一個角色，教師角色的存在也就毫無意義（謝維和，2001）。學生主要的生活是由家庭、學校及同儕團體所構成的「小社會」之中，在非放假日，學生的生活是：離家去上學，下課做遊戲及放學回到家中（吳康寧，2019）。臺灣社會的家長及教師等成人對學生角色的期望只有一個：做好學生，而好學生的行為特徵就是：聽話、不要詢問成人太多的問題、上課時認真聽課、平時服從校規、按規定剪頭髮、穿制服、不抽菸喝酒、不要談戀愛等。學生最好的行為方式就是順從，接受並盡力去實踐這個角色所涵蓋的行為，唯有這樣，他才有希望繼續留在教育體系中發展，做個有希望的青少年。相反地，偏離好學生的角色是不知上進的青年。社會對這些人，沒有提供其他更好的生涯發展模式及管道，遊蕩、抽菸、打電動及吸毒成為該類同儕團體的行為（牛玉珍，1996）。這種情況之下，家庭及學校就構成學生的壓力來源，相反地，同儕團體沒有成人權威的干涉，成員可以得到較多的自由，於是到了青少年，學生待在家裡的時間愈來愈少，甚至還與家人充滿了獨立情緒的衝突及文化價值的對立。此時同儕團體可提供慰藉、支持與了解，助其認識問題、發現自我、確定目標，點燃未來的希望（張建成，1988）。本章分別針對三個重點加以闡述：家庭背景對學生的影響、同儕團體影響及學生次文化。

第一節　學生的家庭背景

家庭是人一出生下來第一個接受教育的場所，父母是兒童第一個教師，所以家庭教育是人類的第一個教育，一個人在家庭生活的時間最長，長時間接受家庭的社會化，所以家庭對成員有極大的影響力。許多研究都

證實家庭對兒童的學業成就、人格發展、生活適應等方面有很大的影響，家庭背景所包含的範圍相當廣，除了社經地位、家庭結構、族群、宗教外，還包括家庭文化、父母教養、家庭功能、家庭心理變項等，很少有研究可以完整地討論到這些變項。以下探討家庭的功能及影響學生的家庭因素，這些因素排除了社經地位。

 ## 家庭的功能

　　傳統上將家庭界定為二個人或以上，因為出生、婚姻或收養的關係而住在一起的團體。所以家庭是直接由親屬關係連結起來的一群人，這種聯繫大多數透過婚姻或血緣關係而建立（Giddens, 2006）。家庭是為了滿足人類和社會的需求而設立，因此這項制度存在著多方面功能，而且這些功能是其他的社會組織難以取代的。一般而言，家庭具有以下幾方面的功能（鄧偉志、徐榕，2001；Eshleman, 2003）：1.生育功能；2.性生活功能；3.經濟功能；4.撫養和贍養的功能；5.教育和社會化的功能；6.情感交流功能；7.娛樂的功能；8.宗教功能；9.傳遞特權的功能等。所以家庭乃是人類生活中基於繁殖、撫育與社會化的需要而產生的重要制度，故家庭對兒童有二項主要功能：保護及社會化。但隨著社會的變遷，家庭的功能逐漸在萎縮中，西方學者甚至提出「家庭危機」、「家庭崩潰」等論點來說明現代社會中家庭功能的變化。但無論如何，家庭是一個十分重要的教育和社會化機構，因為人一出生就在家庭中生活，度過嬰兒期、兒童期、青少年期，家庭在傳承社會規範、價值觀念及文化習俗等方面，最能發揮潛移默化的影響作用，所以家庭在教育及社會化的功能受到普遍地重視。

 ## 影響學生的重要家庭因素

　　前文提到家庭社會資本與學業成就成正向的關係，在這裡針對家庭內部及外部的互動對學生的影響。巫有鎰（1999）將社會資本分成「關懷型互動」與「監控型互動」兩類，「關懷型互動」（如父母陪子女讀書、和

子女討論學校的事情）愈多愈會提高成績。在家庭背景方面，社經地位愈高，社會資本就愈高，單親家庭、隔代教養家庭的社會資本較低。柯爾曼和賀法（Coleman & Hoffer, 1987）在《社區對公私立高中影響》一書中，提出代與代之間價值的一致性愈高，愈能建立「功能性社區」（functional community），功能性社區可增進人們的社會資本，進而促進學習活動的成效。柯爾曼（Coleman, 1988）以個人在家庭內和社區間的社會關係來解釋家庭社會資本，其組成因素包含七項，這七項可視為家庭背景因素對學生學習、品德、生活適應的重要影響因素，以下分別說明之：

一、代間的封閉

封閉（closure）的社會網絡更容易產生社會資本，封閉也可視為家庭成員的親密程度。代間的封閉（intergenerational closure）即是父母、子女、子女朋友及朋友的父母所組成的社會網絡，其內部成員的互動情形。父母可將子女朋友的父母視為重要的資源，在評估子女的同儕是否與其子女有一致的目標和期待時，父母經由相互接觸之後，即能輕易地決定是否中止或繼續互動（Carbonaro, 1998）。兒童在學校的偏差行為如打破玻璃、破壞上課秩序，學生會避免讓家長知道這些事，假如家長沒有與子女同學的家長聯繫，學校教師又未與家長聯繫，那麼家長將不知其子女在校的偏差行為，由這個實例可以知道代間封閉的重要性。

二、家庭結構的穩定性

社會結構是呈現社會資本的一種形式，因為結構的品質可提升想要的社會關係形式和資訊的交換（Lee & Croninger, 1999）。肯德爾（Kandel, 1996）認為家庭內部的社會資本受到兩個因素的影響：結構因素及功能因素，前者如單親或雙親家庭，後者如家長參與子女或家庭活動的多寡。這裡所謂家庭結構穩定性，主要是指家庭靜態層面而言，包含家庭型態（單親或雙親）、子女人數、家庭遷移情形等因素。郭靜晃和吳幸玲（2003）的研究發現單親家庭對於子女在發展與適應上很容易產生不利的影響，包

括親子互動差、生活適應不良、人際關係不良、行為困擾、情緒不穩定、低自我概念等。

三、家庭中的人際互動

　　此層面即屬家庭功能因素，屬於家庭動態層面。父母與子女組成家庭內部社會網絡，親子之間互動品質的好壞影響到社會資本的多寡，假如父母忙於工作，或花費較多的時間在參與同事間的休閒活動，以致與子女相處的時間十分短暫，子女在缺乏親子互動和刺激的情況下，對將來的發展會有負面的影響（Yabiku, Axinn, & Thornton, 1999）。柯爾曼（Coleman, 1988）認為母親就業這種情形影響到子女的照顧及親子的互動問題，母親的就業雖然增加了家庭所能支配的經濟資本，但因與子女及鄰居的互動時間減少。帕社和杜佛（Parel & Dufur, 2001）的研究發現美國將近有30%的兒童自小就由保姆照顧，導致親子互動的時間愈來愈少，他們的研究也認為母親就業會導致社會資本的減少，會對子女的數學成就有所妨礙，但對閱讀成就沒有影響。雙薪家庭要能兼顧職業與家庭，就需要設置完善的兒童托育和教育機構，解決子女的安置問題。父母同時就業衍生出的另一問題是鑰匙兒（latchkey children），5-13歲的兒童放學回到空無一人的家，在乏人照料的情況之下，許多的問題逐漸地滋生（Levine & Havighurst, 1992）。

四、父母的教育期望

　　家長對子女的教育期望是子女重要的社會資本，並認為家長對子女的期望會對子女的學習產生影響（Hao & Bonstead-Bruns, 1998）。如果父母與子女的教育期望是一致的，可以減少彼此的敵對態度，則對子女學習成績的提升有所幫助；親子間對教育的期望若不一致，則對學習會有不利的影響。如果父母有較高的教育期望，則能表現出與期望相一致的行為，因此可能會達成父母想要的教育結果（Carbonaro, 1998）。

五、父母對子女教育的參與

父母對子女教育的參與是一項重要的家庭社會資本（Parel & Dufur, 2001），學生的家庭支持愈有力，代表其所擁有的家庭社會資本愈豐富；而且父母參與學習也是社會控制的一項重要來源，這種控制可以有效預防子女偏差行為的發生，減少社區因素對學業的負面影響（Portes, 1998）。

六、父母與次級團體的互動

父母與次級團體的互動具體表現在以下二方面：1.父母與學校的溝通；2.父母與鄰居關係。學校與家長接觸討論子女的學業表現、學習計畫、高中後的計畫、大學預備課程的選擇、出席率、行為、幫助子女家庭作業和學校技能的資訊（Carbonaro, 1998）。與鄰居的互動是每天生活的例行活動，從互動中可以學到容忍、合作，進而建立秩序感和歸屬感，所以個人與鄰居的關係是建立社會凝聚力的基礎，但因為快速的都市化使傳統共享空間親密關係由匿名、個人主義和競爭所取代，所以鄰居關係的重要性不易受到都市居民的重視（Forrest & Kearns, 2001）。鄰居的特性對兒童有其重要性，鄰居可以提供非正式的社會控制及相互支持兩項功能，例如居住的穩定和安全的知覺（Lee & Croninger, 1999）。

七、有效的規範

柯爾曼（Coleman, 1993）思想的中心點是社會控制及社會秩序，兒童在早期是依賴社區網絡結構來監督個人行為，使其順從規範，這種原生的社會資本形式因家庭和社區連結的減弱而逐漸腐蝕。柯爾曼社會資本理論最重要的成就是發展出規範的理論（theory of norms），社會網絡的維持要依靠有效的規範來處罰違規者，天主教學校之所以學生有較佳的學業成就，是因為這些學校對學生的行為設立嚴格的規範來加以約束（Morgan & Sorensen, 1999）。父母如何監督子女的校外行為？如何了解子女交往的朋友有哪些？如何支配金錢？當父母知道子女的校內、校外的行為表現，會採用怎樣的獎懲方式？這些方法是否有效？相關研究證實父母監督對兒

童的社會責任感及教育成就有正向的影響（Freese & Powell, 1999）。

第二節　學生的同儕團體

　　個體成長的過程當中，一方面受到成人世界的影響，一方面也受到本身生活世界的影響；前者始於家庭，接著是學校，後者則以同儕團體為主。隨著年齡的增長，同儕團體的影響力會愈來愈明顯（張建成，1988）。其中父母及教師是學生的「重要他人」，對學生社會化有相當大的影響，同儕團體當中，知心好友亦屬於學生的重要他人，活動夥伴則是非重要他人，可稱為「參考團體」。重要他人可分成兩類：互動性重要他人、偶像性重要他人，前者如父母；教師、同儕好友，後者是受到學生喜愛、崇拜的楷模，例如明星、偉人等（吳康寧，2019）。本節僅就同儕團體的功能與影響作一探討。

壹　同儕團體的功能

　　同儕團體通常是指同齡或年齡相接近的初級團體（primary group），成員人數由2人至多人，彼此有頻繁且固定的互動方式，其發展模式通常由5至6人的「朋黨」（clique）至「聚眾」（crowd），聚眾是由幾個不同的「朋黨」會聚而成，並且隨年齡的增加而由同性別團體漸漸發展至異性組成的同儕團體；同儕團體形成的因素則以「物以類聚」或「志同道合」為基礎（Brown, 1990）。同儕團體除了是年齡相近外，權力、地位也大致相同，這些同儕團體具有以下的特徵：1.年齡相近，價值與需求相當一致；2.處境相似，情誼密切，有助於團結一致；3.成員平等，沒有居於絕對地位者；4.互動自由，沒有長輩權威的控制（吳康寧等，2005）。

一、兒童期的功能

兒童時期的同儕團體即提供了學習如何與人相處，如何控制社會行為、如何發展個人志趣、如何分享共同情感等機會。吳康寧（1998）將同儕團體的主要功能分為保護、發展兩項功能，保護功能即同儕團體提供一個自由平等而無宰制的環境，使學生得以言所欲言、為所欲為，對其正常人格的成長具有保護的作用。發展的功能則是在同儕團體中，學生的社會能力可以得到充分的發展，社會能力包括表達自我的能力、展現自我的能力、相互溝通的能力、競爭與合作的能力等。

二、青少年期的功能

到了青少年期，同儕團體更有其獨特的重要性，此一階段的同性交往與異性關係，更是日後成人社會生活的基礎。若能妥善發揮同儕團體的功能，讓同儕之間有良好的互動，則所得到的人際關係將有助於資源的取得，對社會資本的累積有極大的幫助。綜合學者的觀點，同儕團體在個人及社會發展方面具有以下的功能（王伸如，2009；吳瓊洳，2008a；黃鴻文，2000；陳奎憙，2003；張建成，1988；譚光鼎，2011）：

㈠協助青少年社會化

同儕團體最重要的功能是幫助青少年進行社會化，使他們得以從家庭生活進入成人世界，從雙親庇護到獨立自主。同儕團體是學生學習社會生活中一個重要過程，個人必須在同儕團體中扮演朋友、領導者、附從者等不同角色，經歷各種新的社會角色，可以增加個人的社會成熟性。學生很多能力的培養需要透過同儕團體協助進行，包括表達自我、相互溝通、合作競爭等能力，都有賴在同儕團體中學得經驗。

㈡紓解青少年對社會現實的不滿

青少年的生活空間擴展，受到較大的環境壓力和成人的壓制，為了逃離這種限制和壓力，同儕團體則可提供無拘無束的自由空間；加上青少年正值叛逆年齡，在團體中青少年可對社會的不滿與抱怨宣洩出來，十分符

合青少年內心反抗權威的特質。

㈢協助青少年適應學校生活

由於成長中的青少年，他們很多人生經驗是不足的，又不能完全效法成人，所以同儕團體就成了非常重要的參照團體。如果認同的同儕團體是知識導向，重視學業成就，則會影響他們也跟著追求學業上的成就。其中來自較低階層的學生，透過同儕團體的共同活動，吸收新的價值觀念與行為模式，獲得向上流動的機會。

㈣協助青少年尋求自我認同感

青少年時期致力於發展自我統整與尋求自我肯定，是個體自我認同形成的重要關鍵時期。在學校生活中，除了正式課程之外，學生所學到無形的價值觀念、行為習慣等，會對學生產生潛移默化的作用，而同儕團體可提供行為參照的標準，以協助青少年尋求自我認同感，例如在服裝造型方面，青少年為了找尋讓自己感到安適的自我形象，除了會考慮同儕團體對造型打扮的接受度外，也會重視自己在服裝造型上的獨立自主風格。

㈤滿足青少年社會歸屬感

同儕團體的存在提供學生一個安全而沒有壓力的環境，學生的言行如果得到同儕間的共鳴，那學生就可以在同儕團體中，真實表達自我，得到自我認同的一種歸屬感。青少年之間的口語表達、髮型、穿著、音樂品味與基本社交價值觀，正好顯示了他們需要有隸屬於某個社會群體的歸屬感，讓自己被視為是屬於同一團體的成員，以獲得同儕團體的定位和認同。其表現若能符合團體的規範，更可獲得適當的自尊與地位，否則便受排斥與冷落。

 ## 貳　同儕團體的影響

兒童所處的班級教室社會體系可能包括兩種結構：制度性結構（institutional structure）與次級制度結構（sub-institutional structure）（林清江，

1997）。教室中的教師及學生必須根據特別的社會期望，扮演特別的角色行為，這就構成了教室內的制度性結構。此外，由於個人與個人的互動，也能產生某種直接性的滿足及報酬，如友誼、信賴等，這可稱為次級制度結構。次級制度結構的分析可以從個人與個人的相互吸引關係及相互排斥關係著眼（張漢宜，2009）。所以學生與學生之間的關係屬於一種初級關係，師生關係屬於次級關係，在社會交往中，同輩之間的相互學習對他們的影響比次級關係來得大，在遇到困難和問題時，所尋求的諮詢對象正是自己的同伴，同時學生之間的關係將會直接或間接地影響到學生和教師的關係（謝維和，2001）。

一、同儕團體的權力結構

在教學歷程中，學生也是具有影響力的重要人物，有些學生擁有合法的權威，例如擔任幹部，他們在班級裡確實擁有很大的權力，學生可以讓同伴為他們自己做事，報酬是給他們微笑、禮物或其他獎賞，還可以透過脅迫、給予身體懲罰或把他排除在外等方式來掌握權力。有些學生擁有魅力吸引同學的認同，有些學生被看成專家，這些學生都會發揮其在同儕之間的影響。當教師與有影響力的學生發生衝突時，教師權力會被嚴重削弱，因為權力大的學生在同儕中比教師合法權力有更大的影響力（Schmuck & Schmuck, 2001）。

二、同儕團體內部的分化

同儕團體內部互動會分化成幾個志趣相投的互動群體，學生可以自由選擇是否加入某一互動群體。例如波拉（Pollard）1985年針對一所中間學校（8-12歲）分析他們的友伴關係，他將學生分為三大類型：1.正派學生（goodies）；2.邪派學生（gangs）；3.丑角學生（jokers）。正派學生認為自己很聰明、文靜、誠實、公正、友善，認為「丑角」同學還好，但太喜歡炫耀；另外覺得「邪派」同學很愚蠢、粗俗、不公平、不厚道，且專門製造事端。邪派學生成黨結派，成員自視甚高、覺得自己很偉大、壯碩勇猛，認為其他「邪派」的群體太驕傲、愚蠢、軟弱、可惡等；認為「正

派」同學是爛好人、很可憐、懦弱、講空話，且只會做別人吩咐他們做的事；邪派成員認為「丑角」同學太自大、愛現、穿著時髦等。丑角學生自認幽默風趣、友善且聰明，是最佳玩伴，認為「正派」同學文靜、無聊、只會閒晃，而「邪派」同學太粗俗、愚笨、耍老大、令人噁心、像傻小孩，只會搗蛋。正派學生順從學校規範，認同教師；而邪派學生對抗教師的權威，認同自己的同儕關係；丑角學生則較彈性，同時可以教師及同儕作為參照團體（引自方德隆，1998c）。

李麗卿（2007）以高中某班級做個案研究，發現高中生同儕分為受歡迎、被忽視、受爭議、普通、被拒絕等五類，其中受歡迎組的特徵包有良好的個性、具有吸引力的外表、表現出正向的行為。被同儕排斥、人緣最差的被拒絕組，其特徵包括：對人態度不佳、講話太衝等言語不當。高同儕地位者之同儕關係對學生的正向影響，包括比較快樂、促進正向行為、學會獨立；低同儕地位者之同儕關係對學生之負向影響包括孤獨感、對事物冷漠、自信受挫、延誤課業。

三、正向人際關係

正向的同儕關係可以影響兒童生活中的很多領域，不只會影響上學與休閒活動的樂趣，也會影響身體的、認知的、情緒的與社會的發展；如果兒童擁有正向的同儕關係，他們除了可以在學校內和其他人互動得更好，也為將來的社會生活做好準備。正向的人際關係即形成友誼，友誼可以發揮以下的功能：1.朋友是情感的資源（friends as emotional resources），是玩樂和調適壓力的良好資源；2.朋友是認知的資源（friends as cognitive resources），是解決問題和獲取知識的良好資源；3.很多的社會技巧（social skills），如溝通、合作、參與團體等，都可以在友誼的脈絡裡學到；4.友誼是日後各種人際關係的基礎（friendship and subsequent relationships）；5.友誼是平等的，是以對稱的（symmetrically）或者是水平的（horizontally）方式來構成的；6.友誼的發展是進行社會化（socializing）的歷程（張漢宜，2009）。尤其是進入了青春期之後，青少年對父母的依賴逐漸減少了，而朋友的友誼關係逐漸發展為青少年的一種主要社會關係。

四、社會測量法

　　班級社會體系中的人際關係是影響個體行為的主要因素之一，研究班級社會體系內部的人際關係網路，可以使教師有效地掌握班級成員人際互動的相關情況，在協調學生關係方面做出正確決定，進而提高班級的凝聚力，促進良好學習風氣的形成。要分析班級內部的人際關係可以使用社會測量法（sociometric method）（或稱社會計量法），這個方法是1934年美國心理學家莫雷諾（Moreno）所創立，由此可以得知以下五種情況：1.誰是受歡迎型領導者（the popular leader）；2.誰是次明星者（co-stars）；3.誰是一般者（average members）；4.誰是被忽視者（neglectees）；5.誰是邊緣者（tringers）或孤立者（social isolator）（林璟玲、林儒君，2009）。

　　社會測量法最常用的方法是利用「提名三人法」選出被拒絕的成員，透過社會關係圖的繪製，可以讓教師洞察存在於團體內的結構，也就是友誼的型態和次團體組織的網絡。因此，使用班級的社會關係圖可以協助教師進行班級經營的工作，例如教師可以根據社會關係圖來進行教室內座位的安排，或是決定班級作業的分派、促進有價值的互動、改善整體學習的氛圍；社會關係圖也可以用來作為各種分組活動的參考依據，例如自然課的實驗分組。但是由於在繪製社會關係圖時需要耗費冗長的時間，所以這個工具並沒有被充分地利用。使用電腦軟體可以精確而快速地來處理社會測量法所需的計算工作，並輕易地繪製出社會關係圖（林璟玲、林儒君，2009）。後來社會測量法發展成社會網路分析（SNA），適用於研究小群體的人際關係與群體的社會結構。

第三節　學生次文化

　　學生次文化也就是「學生文化」，因學生身分地位特殊，大部分學生因尚未具有經濟能力，且因身心尚未成熟，而受到法律上的保護，他們的

文化與成人文化有很大的差異，因此有必要對學生的價值觀及行為模式進行研究。學生次文化的形成，深受學校及同儕的影響，學生次文化都必須放置於特定的時空背景與社會文化脈絡中加以分析，才能理解其真正的意涵，尤其是學生為了適應學校生活，所運用的不同策略，並因而形成不同類型的學生次文化（劉國兆，2009）。不同的年齡會形成不同的學生次文化，例如幼兒次文化、兒童次文化及青少年次文化，身為教育人員必須對服務的對象要有所認識。因為青少年次文化比較具有複雜性，且對青少年的成長有比較大的影響，因此本節著重在探討青少年的次文化。

青少年次文化的定義

「青少年」這個名詞其實定義的不是很明確，而是一種模糊的概念，不過大體來說，我們可以把它定義成介於兒童期與成人期之間的一個發展的階段。根據美國白宮青少年問題諮詢委員會於1973年發表的報告書《青年：向成年過渡》（Youth: Transition to Adulthood），界定青少年時期為14至24歲。所以青少年階段大致涵蓋國中、高中（高職）與大學生，此時期的青少年，除了生理產生明顯的變化以外，人格特質也在成長變化之中（譚光鼎，2011）。教育的兩大要項：社會化與基本知識技能的傳承，都在此最關鍵的階段完成，在此階段過後，個人必須參與社會、投身勞動市場（吳齊殷，2005）。青少年次文化（adolescence subculture）即是青少年為了滿足生理與心理的需要，發展出一套適合自己生活的獨特文化，包含生活型態、價值觀念、行為模式及心理特徵等。這些不同於成人文化的次文化，表現於青少年的服飾、髮型、裝扮、語言字彙（俚語或暗語）、娛樂方式和行為態度上（馬藹屏，1997）。青少年次文化與教師所代表的舊文化或成人文化之間有很大的差距，教師必須每天面對青少年文化的衝擊，即便其不認同青少年的次文化，但是他也必須正視青少年次文化的存在現實及價值（方永泉，2005）。

青少年次文化的理論

　　二十世紀50年代以來，隨著青少年次文化和青少年犯罪的受到重視，大西洋兩岸的學者進行了各種各樣的相互對立和補充的解釋，其中的模式主要分為兩種：世代解釋模式和結構解釋模式，90年代以後加入後次文化理論，以下分別探討之。

一、世代解釋論

　　世代解釋（generation explanation）模式主要強調年齡差異所造成的代溝（generation gap）在文化類型差異性中的決定性，所強調的是青少年的共同行為模式。所謂的世代，就是指在某一段時期內出生的一批人群，此理論強調某一世代人由於年齡的因素和上一世代人形成代溝，同一世代的青少年被視為一個無差別的消費群體，不少社會學的功能論者以及新功能學派的學者均持此種主張，強調年齡差距、消費和休閒是青少年意識的關鍵。但只注重年齡這一層面，抹殺了階級之間的區別和差異，是此種理論的缺陷（胡疆鋒，2008）。例如二次大戰結束後出生的稱為嬰兒潮世代、1966-1980年出生的人稱為X世代、1981-2000年出生的人稱為千禧世代（Millennials）（或稱為Y世代），每一個世代因為成長背景的差異，以致人格特質、價值觀念、消費模式也產生差異。

二、結構解釋論

　　1945年以來，隨著福利制度的建立，英國傳統的階級衝突已經緩解，階級問題看起來已消失無蹤，英國似乎正進入一個極度富裕、人人機會均等的新時代，這種樂觀論調被伯明罕學派看成是建立霸權的一種手段和意識型態宣傳。「伯明罕學派」一般指曾經在英國伯明罕大學「當代文化研究中心」（Center for Contemporary Cultural Studies, CCCS）從事文化研究工作的學者，之所以對青少年次文化情有獨鍾，主要是因為伯明罕學派不同於傳統馬克思主義者，他們不再試圖從政治和經濟角度改造資本主義，而是更多地關注文化問題，從文化和美學領域對資本主義進行尖銳

的批判。在1970年代末的幾本重要著作，如威立斯（Willis, 1977）的《學習成為勞工》（*Learning to Labour*），一方面延續了新馬克思主義者的社會批判與文化詮釋，將當時英國的青年次文化現象，如mods、skinheads、hippies、punk等，與英國社會的階級處境相連結。這些次文化正展現了戰後的英國工人階級青年或中產階級青年，如何從穿著、音樂及日常生活實踐，構連其對於階級、主流社會體制，甚至種族等結構壓迫的風格回應（簡妙如，2007；胡疆鋒，2008）。

「結構解釋」（structural explanation）是另一種次文化解釋模式，它的特點是反對只注重「世代」和年齡，轉而研究青少年與其社會階級、地位的關聯，並探討是否受階級因素、結構因素的影響。伯明罕學派認為「代溝說」實際上是對階級意識的抹殺，本質上是透過強調年齡差距而繼續掩蓋階級的不平等性，代溝、特別的青年文化、福利國家青年、青年文化的無階級性，這些說法並不能自圓其說。伯明罕學派認為「應該在階級、結構和文化中定位青少年次文化」。他們認為青少年次文化是社會危機的症候和社會變遷的隱喻，是階級矛盾的症候（貧窮、經濟因素和文化空間的被剝奪等），大部分青少年次文化的特徵是尋求刺激、自治和認同、一種自由，為他們的存在創造意義，符號化地表達這些自由。在伯明罕學派看來，只要支配文化對次級文化、弱勢階級的壓迫還存在，只要權力結構還有不合理的、殘酷的、不公正的和醜惡的現象，次文化就會風雲再現（黃俊傑、吳素倩，1988；胡疆鋒，2008）。

三、後次文化理論

1990年代晚期以來，「後次文化」相關討論的出現，在「新的」後現代社會中，產生了一種「新的」次文化研究的取徑，有別於過去CCCS所作的次文化研究，學者稱為「後次文化研究」，或「後伯明罕學派」（方永泉，2005）。後次文化學者既重新批判CCCS的次文化理論，也對次文化、流行文化或後現代文化等研究領域，帶入新的理論視野與研究活力。其中法國社會學家馬佛索利（Maffesoli, 1996）提出「部落時代」（the time of tribe）理論，分析當前次文化所具有的「新部落」（neo-tribe）形

式，他指出當前次文化群體多為小規模的社群認同，是來自風格、文化品味的消費與認同的集結，而非為傳統的階級界線及固著的組織形式所形構，並指出其暫時性及流動性特質（引自簡妙如，2007）。在後次文化研究者的眼中，由於次文化不再是與階級密不可分的，其亦可能涉及性別、族群、地域等因素，所以次文化往往是浮動多變的，也往往摻雜各種不同的成分在內。例如學者對於「夜店文化」（club cultures）、銳舞文化（rave cultures）、年輕人音樂與風格偏好等主題所進行的研究與探討（方永泉，2005）。

 ## 參 青少年次文化的特徵與內涵

青少年次文化是一種社會變遷的新產物，青少年處於社會過渡的階段，一方面想從孩童時期成長，另一方面卻又無法迅速融入成人的社會，在這個階段性的過程中，產生了屬於自我的次文化。

一、青少年次文化的特徵

青少年次級文化的存在是一個事實，其本身亦具有特殊的性質。李亦園（1984）從文化人類學的觀點，分析當前臺灣青少年次級文化有以下的特徵：

1. 反抗成人世界的形式主義：青少年在服飾上處處露出不拘形式、不墨守成規的習性，偏好簡潔、省略的語言型式，以及崇尚自然、本性、不客套、不虛偽的生活中看出。

2. 對機械化生活的不滿：青少年不滿現實生活中的單調、刻板、冷漠，故表現出活潑、追求創新，甚至標新立異的行動。

3. 對抗唯利是圖的功利主義、商業主義：青少年常表現出慈善的社會關懷。

4. 趨向自我表現：青少年不斷追求創新、發揮自我以追求獨立。

二、青少年次文化的內涵

　　一般而言，青少年次文化的涵蓋範圍相當廣泛，賽博得（Sebald）於1984年對青少年次文化提出八項重要內涵：1.獨特之價值觀與規範，認同於成人又不同於成人及兒童；2.特殊之暗語；3.易受大眾傳播之影響；4.注重流行風尚；5.重視同儕歸屬；6.特定身分標準，不同於社會之標準；7.同儕支持；8.滿足特殊需求（引自陳奎憙等，2000）。據相關文獻，歸納臺灣青少年次文化之內涵如下（吳瓊洳，2008a；江福貞，2005）：

㈠服裝造型文化

　　15-24歲年輕人的生活型態，在某種程度上追求流行事物，怕自己「退流行」，青少年穿著牛仔褲、短褲、寬鬆的長褲、破褲、輕鬆的T恤，以及運動鞋幾乎成為主流，甚至刺青、穿耳洞、穿鼻環、染髮、接髮、彩繪指甲等，我們無法想像看似隨便的衣著，卻是青少年費盡心思的結果。青少年注重外表並非是膚淺的表現，除了表達他們追求自我的個性外，正好顯示了他們需要有隸屬於某個社會群體的歸屬感。

㈡網路文化

　　根據調查發現，國內上網人數以12-30歲的上網人口占了90%，目前網路仍屬於青少年的世界。青少年經常在網路世界中玩線上遊戲，由於線上遊戲的熱潮，帶動了網咖文化；隨著手機上網的普及，社群網站如臉書、抖音的盛行，青少年不僅可以上網玩遊戲，看影片，甚至上課滑手機，亦透過網路結交朋友、玩直播。青少年生活在虛幻的網路世界中，甚至以欺瞞的身分與人交往，無法以真面目、真性情示人，生活在與現實世界脫離的虛擬世界中。

㈢偶像崇拜文化

　　哈「日」、哈「韓」風流行，青少年花費大量的金錢與時間蒐集偶像明星的照片及周邊產品，國內有超過七成的青少年，心目中有特別崇拜的偶像，青少年因為在情感上對偶像具有強烈、過分的著迷和愛慕，在認知

上認同、內化偶像的價值信念，並在行為上，表現出積極、主動涉入的崇拜行為，如模仿、學習偶像的言行、舉止、穿著。

㈣動漫文化

從80年代以來，閱讀漫畫及觀看動漫逐漸成為一股不容忽視的文化趨勢，它已經成為青少年生活世界中獨特的次文化。漫畫可以提供青少年想像的空間，讓自己進入漫畫世界中，融入漫畫的故事情節，在虛擬角色的投射和扮演中，獲得自我滿足。

㈤嘻哈文化

音樂是嘻哈文化中的重要成分，在臺灣大多數青少年花許多時間聽音樂。聽音樂除了可以放鬆心情外，亦可以藉此表達對於各種議題的看法，也可以提供可供認同的對象，透過音樂可以感覺到與他人的連結，得到某種慰藉。

㈥流行語文化

在臺灣的青少年，經常於臉書、line、IG等社群媒體使用俗稱「火星文」的網路用語及符號，不過青少年所使用的語言與符號常常會不斷的淘汰換新，之前極為流行的，不久之後就過時了，例如嚇到吃手手、GG、腦殘、LKK等流行語。

㈦朋黨文化

青少年發展團體認同或感，相當注重對團體的忠誠，然而對他人的忠誠發展不當則易形成幫派。部分青少年聚眾喧譁、打架鬧事、時有所聞，因為人多勢眾有所依賴，易造成犯罪行為，偷竊、傷害、妨害性自主、吸毒，漸漸地走上了不歸路。

 ## 青少年次文化對學習的影響

青少年次文化中有其正面的功能，不可否認也可能有不利的影響因素，身為一位教育工作者，亦應該正視青少年的生活、希望、恐懼，了解

青少年們在面對現在和未來時所感受的不安全感。教育工作者也必須正視傳播媒體與資訊科技發達在形成學生次文化過程中所扮演的重要角色，重視媒體與青少年次文化之間的互動關係。教師面對著層出不窮、一再推陳出新的青少年次文化，教師仍應保有適當批判的能力，洞察某些青少年次文化所流露的「虛無主義」茫然心態，適時與青少年進行對話與討論，喚醒青少年本身具有的批判反省意識（方永泉，2005）。青少年次文化中的反智主義和偏差型次文化對青少年的學習產生的影響比較大，以下分別探討之。

一、反智主義

反智主義又稱作反智論，是一種存在於文化或思想中的態度，而不是一套思想理論。反智主義可分為兩大類：一種是對於智性（intellect）、知識的反對或懷疑，認為智性或知識對於人生有害而無益；另一種則是對於知識分子的懷疑和鄙視。柯爾曼（Coleman, 1961）在《青少年社會》（*The Adolescent Society*）一書中，對美國中西部十所高中學生進行青少年次文化（adolescent subculture）的研究，他發現美國高中生的次級文化，是受同儕團體力量的影響，影響範圍包括衣著、舉止、語言型態、喜好等生活方式。從實證資料分析可知學生次文化與成人社會的價值與目標明顯不同，在高中生的價值取向中，男生偏重運動明星，女生較喜歡人緣好與活動的領導者。不論男女學生，皆不把功課優良當成重要的事，功課好的學生並不真正受到同學的歡迎，受歡迎的反而是面貌好看、運動健將、幫派分子等學生（鄭世仁，2007）。這種背離知識成就的價值取向，即所謂的「反智主義」（anti-intellectualism）傾向。對課外活動成功的重要性也出現在高登（Gordon）1957年的研究，這項研究亦發現高中生的反智現象。高登研究發現學業成績、課外活動與友伴情誼三種因素交織成為同儕地位的決定因素，其中非正式的友伴情誼，像是參與著名俱樂部或其他重要社會團體，都超過正式的學術性活動對於學生的影響（引自陳奎憙，1990b）。

臺灣的青少年是否如同美國青少年具有反智主義的傾向呢？黃鴻文（2000）對臺北市一所國中三年的研究，他發現無論學生是在自願就學班或普通班，他們日常的行為表現中，抄作業、考試作弊、上課不專心、不想留下來課業輔導、找時間玩樂，這些都是非常普遍的現象。在外在的行為表現中，學生顯然具有反智主義。但在他的問卷調查中，竟發現自願就學班有76%、普通班有68%的學生認為讀書與升學對他們來說很重要，學生們相當肯定課業與讀書的重要，由學生內在的理念而言，學生並沒有反智主義。臺灣其他學者研究的結果（張德銳，1986；吳瓊洳，1997），也相當一致地顯示中學生相當肯定教育的價值，在內在理念上沒有呈現反智主義的傾向。然而這些研究都著重觀念、價值與理想文化，而不是行為層面，其實價值的理想與實際行為是會有所不同（謝高橋，2004）。我國的中學生因要面對激烈的升學競爭，除了低成就學生很早就放棄學習之外，大部分的學生為了拼好學校就讀，還是對學業成就相當重視，因此在價值觀上會反映出正向的學習態度，因而對於成績優良的學生會予以肯定及尊崇。針對這些逃避學習和追求玩樂的學生，有必要引導他們找到生涯目標，並習得進入職場所必具備的知識及技能。

至於針對大學生次文化的研究，何英奇（1986）的研究發現大學生消極次文化有以下的特徵：重視現實而缺乏理想，關心個人而忽視社會，師生關係冷漠、讀書風氣不盛，以個人或逸樂取向為主，少數男學生有吸菸、喝酒、打麻將等不良消遣。賀蘭與愛森哈特（Holland & Eisenhart, 1990）研究美國南部兩所大學女生的次文化，這些學生的次文化以男女之間的浪漫情愛（romance）為主軸，課業的重要性非常低，但是課業仍有某種程度的壓力。如果想待在學校，她們就必須花時間應付課業上的要求，她們必須在「書蟲」（bookworm）與「玩樂」（have fun）的衝突中求取折衷。女學生對學校課業有三種不同的詮釋：1.畢業就好；2.追求優異；3.向專家學習。第一類女生對課業採取應付與敷衍的態度，第二類女生則是避重就輕，她們都設法讓花在課業上的時間少一些，花在談戀愛的時間多一些，只有第三類女生，以知識的追求為依歸（引自黃鴻文、湯仁燕，2005）。由上述兩篇研究可以得知部分大學生存有「逸樂取向」的學

習心態，這種心態也可視為反智主義的一種表現形式，是大學生適應學校生活的一種形式，也是中學生反智主義的延伸。「廣設高中大學」之後，進入大學變得相當容易，部分學生只求順利畢業，因而在學業表現上只是敷衍應付，希望獲得文憑後能找到一個社會地位較佳的工作。如何在辦學品質上做好管控，這是高等教育階段必須深思的重點。

二、偏差型次文化

青少年在發展過程中，正處於兒童期與成年期的過渡期，一方面要擺脫對父母的依賴、順從和約束，一方面卻又無法真正獨立謀生，我們常稱此階段為「幫團之年齡」、「問題年齡」、「狂飆年齡」、「反抗權威時期」等，其所面臨適應的問題除身心變化之外，面對升學競爭的壓力、面對父母過高的期望、面對外界不良環境的誘惑、面對不良同儕團體的勸誘、面對異性交往的問題等，如果缺乏良好的適應及處理問題的能力，極易產生偏差行為（蔡德輝，1993）。

威立斯（Willis, 1977）是英國伯明罕大學當代文化研究中心（簡稱伯明罕學派）的重要成員，他的著作《學習成為勞工》，是針對一所英國中學的12位男生所做的個案研究。這些反抗者他稱為小夥子（lads），都是來自勞工家庭，而且高中畢業後不準備升學，他們子輕視知識和文憑，認為從事知性的工作太娘娘腔，不像勞力的工作具有男子氣概。在他們眼中，學校的教師代表著權威專斷，因此他們各對教師的要求，反抗學校的規定，不認同學校所代表的意義。他們瞧不起服膺主流價值的乖乖牌（the ear'ole），認為他們無趣、沒個性、沒面孔、會考試、會讀書、不鬧事，是老師的應聲蟲。

他們在學校畢業後，在日常的社會生活中並未獲得較高的社會地位，相反地卻依然成為下層階級勞工，社會地位的複製即在勞工階級無意識的狀態下持續不斷地進行。這些反抗學校中產階級文化的青少年，他們也知道自己的低教育成就將來很難找到一份高收入的工作，無可避免地會像他們的父親一樣成為低技術性的勞工階級，但是青少年們還是選擇主動反抗文化霸權，而不是消極被動地順從學校權威。由威立斯的研究發展出「抗

拒理論」（resistance theory），說明學校的日常教學活動中，存在著青少年反抗學校的統治團體，如校長、教師，以及反抗學校的中產階級文化（黃鴻文，2000；Willis, 1977）。

威立斯（Willis, 1977）稱這種學生次文化為「反學校文化」（counter-school culture），他認為這種文化的起源是學生的勞工階級根源，勞工階級的價值和感情「忍不住要去反對學校」。然而，反學校文化的成員在高中畢業後卻毫不反抗地進入了勞工階級，這真是一種反諷的發展，勞工階級反對權威，結果他們卻又同意現行的權力關係，複製了現存的社會結構。反學校文化反稱為「反文化」，指學生文化中充斥著與學校教育規範相違背的價值觀及行為，學生受其影響，表現出蹺課、逃學、說髒話、抽菸、打架、奇裝異服等各種不良行為。這種不良行為很容易與偷竊、藥物濫用、網路成癮、性行為、參加黑幫與殺人等違法行為相結合，形成青少年的犯罪問題，故此類次文化又被稱為「犯罪的次級文化」（delinquent subculture）。加上近幾年青少年次文化呈現染髮、刺青等怪異行為，讓成人世界無法認同青少年次文化，雙方的對立和衝突更為明顯。其實這些青少年偏差或犯罪行為的類型（幫派、毒品、酗酒），都是成人行為的雛形，也就是一種學習或適應成人社會的行為反應（譚光鼎，2011）。對於這類型的偏差次文化有時候是涉及《少年事件處理法》，是屬於犯罪行為，學校輔導教師必要列為個案妥善輔導。對於部分次文化雖然對道德、政治、社會秩序造成挑戰，但還不到觸法程度者，教師應抱持容忍的態度，與青少年分享他們的經驗，並適度予以引導至正軌。

三、反抗方式的性別差異

威立斯的理論欠缺女性反抗方式的研究，學者戴維斯（Davies, 1995）加以補充。他認為男女生的反抗方式存在重要的性別差異，男性強調如何推動以男性化地、公然地反抗團體準則的方式，來拒絕學校；女性反對學校的表現方式不像男生那樣公然地反對，也比較缺乏虛張的勇氣，其反對的方式是逐漸經由兩種女性傳統主義的形式表達對學校的反抗：1.女孩強調她們的女性特質，誇張地表現在身體的成熟、對愛情過度的關

心和重視家庭角色，如婚姻、養育小孩和家庭主婦的職責等特質，其種程度遠超過學校教育所教導的內容。這些女孩不認同學校所教導的中產階級女性理念，如勤勞和被動性，而以女性傳統主義的形式來反抗學校教育。

2.這種反對方式亦被認為是女孩早婚和較早過著母親生活的陷阱，經過這種反抗歷程，社會再製使她們成為勞工階級的妻子和母親。

四、威立斯反文化的評論

由以上的討論可以得知勞工階級學生得到勞工階級的工作，是藉由發展反抗的次文化和認為自己注定教育失敗的想法，經由競爭的學校教育，這些年輕人再製他們的未來為手工勞動者和家庭主婦（homemakers）。了解重要的階級內部差異和性別的差異，我們可以了解到勞工階級經由反抗導致低成就，學校的偏差行為被視為勞工階級反抗文化的必然現象（Davies, 1995）。故威立斯的反抗理論可以歸納出一個原則：階級背景決定學校的反抗，學生拒絕接受學校教育的規範和教條，但是抗拒卻導致低學業成就，因而被編入後段班，最後「再製」成為勞工階級或家庭主婦。雖然勞工階級的學生因反抗而成為勞工階級的社會地位，但衝突論的學者仍鼓勵學生應適度表達反抗行為，例如吉諾斯（Giroux, 1991）認為現代教育的目標並非只是要培養默默遵守規則的好公民，要讓學生反省教育場所中的權力運作，並鼓勵學生發揮公民的勇氣，去挑戰霸權的主流文化。威立斯的反抗理論引起許多社會學家及教育家的重視，他的反學校文化觀點引起了「次文化理論」的關注，但學術界對他的研究評價不一，對他研究中的某些論證提出了質疑和批評，例如理論的實證基礎有點狹隘，研究樣本只來自小規模的田野研究，沒有大規模的統計研究考驗威立斯所提出的假設；故有人認為反抗理論應該進一步以其他實證方法驗證理論，例如以調查研究考驗操作性的概念是否與理論符合，當然這種調查方法也是會引起其他反抗理論者的爭論（Davies, 1995）。

自我評量 ....

一、選擇題

( ) 1. 教師為明瞭學生的人際關係，因此採用社會計量法來了解學生的社交網絡。請問，教師所用的社會計量法是屬於下列哪一種評量方式？　(A)同儕評鑑　(B)檔案評量　(C)標準化測驗　(D)自陳報告量表。

( ) 2. 關於「學生同儕次文化」的功能，下列敘述何者錯誤？　(A)提供行為參照標準　(B)具有正式課程的作用　(C)影響學業成就　(D)滿足社會歸屬感。

( ) 3. 有人說：教師和學生分屬不同的世代，不論在思想或行為，彼此都有很大的代溝。因此，身為國中小教師，理解和掌握青少年次文化，並加以運用與疏導是非常重要的。一般而言，青少年次文化中並不包括下列哪一項特徵？　(A)偶像崇拜　(B)依附傳統　(C)自我表現　(D)逸樂價值。

( ) 4. 下列對學生次級文化的敘述何者正確？　(A)學生次文化必然和成人的價值規範對立　(B)教師很難將學生次文化導向正確的教育目標　(C)各地區的學生次文化彼此間甚少有相同之處　(D)學生次文化是學生所代表的同儕團體的文化。

( ) 5. 以下有關學生次文化的敘述，何者有誤？　(A)學生次文化是個人與團體交互作用的結果，可視為學生對學校的適應方式　(B)學生次文化是學校文化的一部分　(C)學生次文化是構成潛在課程的重要內容　(D)學生次文化是背離成人價值的反智文化。

( ) 6. 歐美青少年次文化的發展非常快速，型態與風格也愈趨多元化，下列哪一個選項不屬於「後次文化理論」（post-subcultural theory）的相關內涵？　(A)夜店文化成為研究關注的焦點　(B)成員倚賴情境氣氛加以組合　(C)強調階級宰制的影響力　(D)世俗型態的文化不斷推陳出新。

( ) 7. 請問下列何者不屬於後次文化理論（post-subcultural theory）對青少年表現的描述？　(A)社會關係愈來愈不穩定　(B)內涵更趨於結

構化與同質性　(C)風格變得流動且富彈性　(D)摻雜各樣復古與混種的型態。

(　　) 8. 有一天，老師生氣地對著曠課率極高的小偉說：「你都不努力念書，長大以後能做什麼？」小偉回答：「有什麼關係，我爸學歷不高，光靠修理機車還不是賺很多錢。」上述對話最能呼應下列何者的觀點？　(A)威立斯（P. Willis）的抗拒文化論　(B)葛蘭西（A. Gramsci）的文化霸權論　(C)布迪厄（P. Bourdieu）的文化資本論　(D)涂爾幹（E. Durkheim）的有機連帶論。

(　　) 9. 在現代社會中，有關學生次文化（sub-culture）的研究方面，下列那個說法較有爭議？　(A)學生次文化的性質頗為複雜與歧異　(B)透過教師適當的教學方式，應可有效消除學生次文化的歧異，引導學生建立單一性並和主流文化同質的次文化　(C)在探討學校教學活動時，不能忽略學生同儕次文化的作用　(D)教師可藉由適當的社會學方法與技術，導引學生次文化趨向積極正面發展，以提高班級教學效果。

(　　) 10. 小華最近放學回家經常悶悶不樂，媽媽問了好多次，他才告訴媽媽：「老師問問題我都第一個舉手，班上同學經常譏笑我愛出風頭，後來我都不敢太快舉手。」這是受到哪種現象所影響？　(A)同儕文化　(B)師生互動　(C)畢馬龍效應　(D)天花板效應。

(　　) 11. 以下有關國中「學生次文化」（student subculture）的敘述，何者最為正確？　(A)是一種反抗成人的文化　(B)會影響學生的學業成就　(C)文化內涵著重逸樂的生活型態　(D)教育應矯正此種文化。

(　　) 12. 高登（C. Gordon）和柯爾曼（J. Coleman）曾經對1950年代的美國學生做了一個研究，發現「學生在學校的學業表現並不是其獲得社會地位的指標，而男生的運動表現與女生的人緣，才是社會地位獲得的重要原因。」這種現象被稱為什麼？　(A)反文化運動　(B)反社會主義運動　(C)反智主義運動　(D)反性別歧視運動。

(　　) 13. 李老師剛接一個新班級，她利用社會測量法來加強對學生的了解，下列何者為社會測量法的正確描述？　(A)可了解班級學生之學業表現　(B)調查後經整理可以得到社會關係圖　(C)可了解班級學

生家長的社會經濟地位　(D)由美國社會學家墨頓（R. Merton）所創用。

( ) 14. 班級體系中學生同儕團體所形成不同於成人社會的價值觀念與行為模式，稱為：　(A)班風　(B)班級氣氛　(C)學生次級文化　(D)學生角色行為。

( ) 15. 美國60年代的嬉皮（hippy）打著「拒絕社會習俗與制式規範」的旗幟，對當時主流文化與價值體系造成相當程度的衝擊。請問這種次文化現象可稱為：　(A)文化創生　(B)反抗文化　(C)文化落差　(D)多元文化。

( ) 16. 父母雖然教育程度和經濟能力都很高，卻因為工作忙碌無法監督與協助子弟學習，導致學生學業成就表現低落，這點說明了家庭中哪一種資本的缺乏？　(A)文化資本　(B)人力資本　(C)經濟資本　(D)社會資本。

( ) 17. 依據J. Coleman的社會資本論，訊息可以在圈內成員之間有效流通，下列何者是確保此機能的成因？　(A)規範　(B)利益　(C)正義　(D)私心。

( ) 18. 劉老師剛接一個新班級，她利用社會測量法來加強對班級的了解與輔導。下列有關社會測量法的描述，何者最為正確？　(A)由美國社會學家墨頓（R. Merton）所創用　(B)測量班級的次級制度結構或非制度性結構　(C)測量班級學生家長社會經濟地位的整體狀況　(D)預測班上學生未來的社會經濟地位。

( ) 19. 學生在教室裡的各種行為，可能是遵守規定、努力讀書，也可能是搞怪吵鬧、不想讀書。依據教育社會學的觀點，下列敘述何者比較不適當？　(A)學生行為與學校文化氛圍有關　(B)學生行為是自己的人格特質造成的　(C)學生行為與整體社會的各種事件有關　(D)學生行為與學生同儕團體的文化氛圍有關。

( ) 20. 個人在學校的群體經驗，透過和同學互相比較，會更深入自我認識與了解，有時會改變自己的想法和行為，因此同儕團體在青少年自我認同發展中占重要的影響角色，此同儕團體又稱：　(A)聚眾團體　(B)常模團體　(C)參照團體　(D)友誼團體。

（ ） 21. 下列何者不是青少年同儕團體的特色？ (A)性格相近的人容易聚在一起 (B)容易受到彼此的影響 (C)容易形成類似的價值觀念 (D)個人出生後最早接觸的環境。

（ ） 22. 在青少年的同儕團體中，有些人是因為友誼的基礎而常在一起，久而久之，這些人對其團體的認同感愈來愈強、彼此間之言行舉止也愈來愈相似。這種同儕團體稱為： (A)聚群（crowd） (B)幫派（gang） (C)朋黨（clique） (D)結盟（affiliation）。

（ ） 23. 下列何者是青少年同儕團體的特色？（甲）容易受到彼此的影響（乙）個人出生後最早接觸的環境（丙）容易形成類似的價值觀念（丁）在青少年進入青春期後扮演重要的社會化管道 (A)甲乙丙 (B)乙丙丁 (C)甲丙丁 (D)甲乙丁。

（ ） 24. 教育工作者看待有關青少年次文化，以下何者較為適宜？ (A)次文化常與主流文化對立，應進行犯罪預防的掌握 (B)次文化重視休閒逸樂，應該予以導正 (C)次文化通常是反智主義，影響學生課業學習，應該予以禁制 (D)次文化有其正反面的影響，應以互為主體性的立場去理解與對話。

（ ） 25. 大龍的爸爸期望他未來能讀到大學以上，因此平常對大龍的學習狀況非常注意，並指導他寫作業。依據以上描述，下列選項何者較正確？ (A)大龍擁有布迪爾（P. Bourdieu）所提出的文化資本 (B)大龍擁有柯爾曼（J. Coleman）所提出的社會資本 (C)大龍擁有布迪爾（P. Bourdieu）所提出的經濟資本 (D)大龍擁有柯爾曼（J. Coleman）所提出的財物資本。

（ ） 26. 以下有關學生次文化特質的敘述，何者不正確？ (A)學生次文化皆是背離知識成就的反智主義 (B)學生次文化是學校文化的附屬文化 (C)學生次文化構成潛在課程的重要內容 (D)學生次文化是同齡同質的次文化。

（ ） 27. 英國教育社會學者P. Willis在其名著《學習做勞工》（*Learning to Labour*）一書，提出關於反學校文化的重要主張，請問下列關於小夥子（the lads）的說法哪一項不正確？ (A)認為學校與教師的權威是專斷的 (B)具有性別與種族的偏見 (C)重理論而輕實用

(D)對於知識與文憑表現出輕蔑的態度。

( ) 28. 保羅威利斯（P. Willis）在《學做勞工》（*Learning to Labor*）一書中，分析一群勞工階級小伙子發展出反學校文化的成因，其關鍵為何？　(A)小伙子的人格特質偏差　(B)小伙子的課業壓力過大　(C)小伙子受到同儕影響而產生從眾行為　(D)小伙子的勞工階級文化與學校主流文化存在衝突。

( ) 29. 威立斯（P. Willis）《學習成為勞動者》（*Learning to Labour*）的研究，是關於下列哪一個主題的研究？　(A)跨文化教育　(B)人力資本論　(C)青少年次文化　(D)文化創意產業。

( ) 30. 依照CCCS的理論，學生上課時怠惰，這屬於下列何種概念？　(A)學習動機　(B)個人心裡　(C)抗拒文化　(D)主流文化。

答案

1.(A)　2.(B)　3.(B)　4.(D)　5.(D)　6.(C)　7.(B)　8.(A)　9.(B)　10.(A)　11.(B)　12.(C)　13.(B)　14.(C)　15.(B)　16.(D)　17.(A)　18.(B)　19.(B)　20.(C)　21.(D)　22.(C)　23.(C)　24.(D)　25.(B)　26.(A)　27.(C)　28.(D)　29.(C)　30.(C)

二、問答題

1. 請敘述哪些家庭背景因素對兒童的學習與生活適應有比較大的影響。

2. 柯爾曼（J. Coleman）提出寥庭社庭社會資本理論，請說明這項理論是由哪個構面所組成。

3. 何謂同儕團體？學生的同儕團體具有哪些功能？

4. 試從教育社會學觀點解釋「次級文化」，並列舉出三項「學生次級文化」之特徵。

5. 何謂反抗文化？請就英國學者威立斯（Willis, 1977）所著的《學習成為勞工》（*Learning to Labour*）一書的內容，說明青少年反抗文化具有哪些特質。

6. 臺灣青少年的次文化具有哪些特質？這些次文化是由哪些內涵所組成？

7. 青少年次文化哪些內涵會對其學習造成反功能？

8.閱讀下文後，回答問題。

八年級的萱萱、伶伶、珮珮、依依和倩倩是班上眾所皆知的小團體，自稱「五朵花」。平時吃午餐、做報告總是形影不離，交情甚篤。但萱萱和伶伶最近鬧得很不愉快，起因是在下個月畢業旅行的分組裡，誰也不想被邊緣化。平時的小團體裡，總是五個人一起行動，可是畢業旅行的住宿安排為四個人一間房，勢必有一個人得排到其他組別。於是萱萱和伶伶兩人在小團體裡各自拉攏其他三位同伴，不但公開排擠對方，互相嘲笑辱罵，甚至在社群媒體上攻擊彼此。

(1) 畢業旅行分組事件前，根據薛爾曼（R. Selman）的友誼發展階段論，「五朵花」的友誼狀態最符合下列哪一個階段？　(A)單方協助　(B)雙向合作　(C)親密互享　(D)自主相互依賴

(2) 導師發現「五朵花」的關係因畢業旅行分組產生變化，便利用社會計量技術分析全班12位女生的人際網絡如下圖。依據下圖，幫導師將12位女生分成3組，並說明理由。

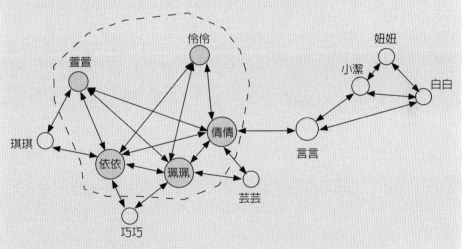

註：圖內的雙箭號表示兩人互選對方為同一組，虛線內為「五朵花」小團體。

參考文獻

一、中文部分

尹弘颷、李子建（2008）。**課程變革理論與實務**。高等教育。

方永泉（1999）。教師作為一種轉化的知識分子——教育史角度的考察。**暨大學報，3**(1)，99-126。

方永泉（2005）。從次文化研究到後次文化研究——談西方次文化研究的演變及其在教育上的啟示。**中等教育，56**(5)，24-47。

方永泉譯（2003）。**受壓迫者教育學**。巨流。（Paulo Freire, 1970）

方德隆（1994）。學校影響因素與學校效能之研究：學校效能的社會學分析。**高師大學報，5**，41-58。

方德隆（1998a）。班級教學的社會學分析。載於沈慶揚等（主編），**師資培育與教育研究**（頁215-252）。復文。

方德隆（1998b）。國民中小學多元文化教育之課程設計模式。**高雄師大學報，9**，187-205。

方德隆（1998c）。班級社會體系。載於陳奎憙主編（1998），**現代教育社會學**（頁139-177）。師大書苑。

方德隆（2002）。國民小學教科書性別意識型態的檢視。載於謝臥龍（主編），**性別平等教育探究與實踐**（頁115-150）。五南。

方德隆（2005）。教學。載於臺灣教育社會學會（主編），**教育社會學**（頁257-304）。巨流。

方德隆譯（2004a）。**課程基礎理論**。高等教育。（A. C. Ornstein & F. P. Hunkins, 2004）

方德隆譯（2004b）。**課程發展與設計**。高等教育。（A. C. Ornstein & F. P. Hunkins, 2004）

牛玉珍（1996）。同儕團體的影響過程及同儕壓力之處理。**臺灣教育，**

546，43-45。

王天佑（日期不詳）。將相本無種，人人當自強——社會階層化與社會流動。取自http://www.ncu.edu.tw/~ncu34814/edu/program2/p204/1.pdf

王文科、王智弘（2012）。**課程改革與教學設計論**。五南。

王伸如（2009）。**國小高年級學生文化之研究——以臺北縣林口鄉公立國小為例**。銘傳大學教育研究所碩士論文，未出版。

王宏維（2004）。論西方女性主義教學論對傳統知識論的挑戰。**哲學研究，1**，53-59。

王秀玲、林新發（2004）。臺灣小學教育改革政策：現況、內涵與評析。載於張明輝（主編），**教育政策與教育革新**（頁84-117）。心理。

王采薇（2009）。性別平等教育在臺灣：兩個國小班級教室互動性別差異初探。發表於香港小學教育國際研討會。取自http://www.ied.edu.hk/prima-ryed/eproceedings/fullpaper/RN199.pdf

王政彥（2001）。成人教育政策與知識社會。載於中華民國成人教育學會（主編），**知識社會與成人教育**（頁21-54）。師大書苑。

王秋絨（2010）。謙虛的鬥士：Paulo Freire的教育勇氣與智慧評述。**教育與社會研究，20**，145-159。

王振寰、瞿海源（主編）（2003）。**社會學與臺灣社會**。巨流。

王桂芳、陳文進、王明忠（2007）。師生衝突的原因及其因應策略之探討。**中華技術學院學報，36**，315-334。

王雅玄（2007）。伯恩斯坦《邁向教育傳遞理論》評述。**中等教育，58**(5)，152-166。

王雅玄（2012a）。透視官方知識之生成——高中「生活科技」教科書政治脈絡分析。**教育研究集刊，58**(2)，109-145。

王雅玄（2012b）教師專業地位的知識社會學分析：以英國課程發展為例。**課程研究，7**(1)，87-110。

王雅玄、余佳儒（2007）。社會教科書的批判論述分析——以南一版國小五年級下學期教材內容之政治意識型態為例。**國立編譯館館刊，35**(4)，39-50。

王雅玄、陳幸仁（2007）。離島教師的偏遠論述──教師社會學分析。**高雄師大學報，23**，67-90。

王雲五編（1983）。**雲五社會科學大辭典：第一冊社會學**。商務。

王瑞賢譯（2006）。**教育論述之結構化**。巨流。（Basil Bernstein, 1990）

王瑞賢（2018）。Basil Bernstein的教育論述及其實踐：教育機制的分析。**臺灣教育社會學研究，18**(1)，1-39。

王麗雲（2005）。艾波的課程思想。載於黃政傑（主編），**課程思想**（頁173-204）。冠學。

王麗雲（2006a）。M. W. Apple批判教育社會學先驅。載於譚光鼎、王麗雲（主編），**教育社會學：人物與思想**（頁425-448）。高等教育。

王麗雲（2006b）。T. Parsons：和諧理論的代表人物。載於王麗雲、譚光鼎（主編），**教育社會學：人物與思想**（頁111-135）。高等教育。

王麗雲、甄曉蘭（2009）。社會學取向的教科書政策分析。**教科書研究，2**(1)，1-28。

王耀庭（2011）。現代性與學校文化變革研究新路徑：學校後設文化取向。**臺灣教育社會學研究，11**(1)，77-117。

王儷靜（2010）。性別主流化在教育機構的實踐：我們可以做些什麼？**城市發展專刊**，26-44。

卯靜儒（2004）。從新馬克思主義到後結構主義──課程社會學研究的再概念化。**教育研究集刊，50**(1)，119-142。

白秀雄、吳森源、李建興、黃維憲（1979）。**現代社會學**。巨流。

石計生（2006）。**社會學理論**。三民。

全國教師會（2000）。**全國教師自律公約**。全國教師會。

江岷欽（1991）。**組織的分析**。五南。

江福貞（2005）。由青少年身心發展特質談青少年次文化。2017年11月24日，取自http://mail.nhu.edu.tw/~society/e-j/40/40-26.htm

羊憶蓉（1998）。教育與政治。載於陳奎憙（主編），**現代教育社會學**（頁423-438）。師大書苑。

行政院（2016）。制定《偏遠地區學校教育發展條例》落實教育機會實質平

等。2021年7月6日取自https://www.ey.gov.tw/Page/5A8A0CB5B41DA11E/ 42e700cc-3741-4c04-9d44-50df30dd5fe3

行政院原住民族委員會（2017）。原民的分布。取自http://www.apc.gov.tw/ portal/docList.html?CID=6726E5B80C8822F9

行政院原住民族委員會（2019）。**108年第一季原住民就業狀況調查報告**。原住民族委員會。

行政院教育改革審議委員會（1996）。**教育改革總諮議報告書**。行政院。

何文純（2009）。先進國家教育改革之探究——以美國Obama教育計畫與日本教育振興基本計畫為例。2019年12月9日，檢索自http://www.nhu.edu. tw/~society/e-j/89/A20.htm

何英奇（1986）。我國大學生次文化及其相關因素之研究。**教育心理學報，19**，105-147。

何瑞珠（1999）。家長參與子女的教育：文化資本與社會資本的闡釋。**香港教育學報，26**(2)，233-261。

吳永軍（2006）。當代西方課程社會學的新發展。**國外社會科學，1**，2-6。

吳宗曄（2005）。性別角色標準的改變。**網路社會學通訊期刊，48**。取自http://mail.nhu.edu.tw/~society/e-j/48/48-33.htm

吳俊憲（2003）。解析九年一貫課程中教學文化的變與不變。載於教育社會學會（主編），**第九屆教育社會學論壇國際學術研討會論文集**（頁241-249）。臺中師範學院。

吳俊憲（2004）。課程改革與學校文化之探討。**課程與教學季刊，7**(4)，77-90。

吳政達（2004）。**教育政策分析：概念、方法與應用**。高等教育。

吳政達（2007）。**教育政策分析新論**。高等教育。

吳剛平、韓輝（2011）。大陸地區課程發展機制的結構層次與關係。**課程研究，6**(2)，1-15。

吳根明譯（1988）。**批判理論與教育**。師大書苑。（R. Gibson, 1986）

吳康寧（1998）。**教育社會學**。復文。

吳康寧（2019）。**教育社會學**。北京市：人民。

吳康寧等（2005）。**課堂教學社會學**。五南。

吳康寧譯（1994）。**非學校化社會**。桂冠。

吳啟誠、張俊紳（2015）。批判種族理論：以臺灣原住民族特殊學童出現率為例。**特教論壇，18**，57-65。

吳清山、王令宜（2016）。美國基礎教育改革：從「別讓孩子落後」到「每個學生都成功」。**教育行政研究，6(1)**，1-26。

吳清山、林天祐（2005）。**教育新辭書**。高等教育。

吳清山（1998）。建立教師專業權威之探索——談專業知能、專業自主與專業倫理。**初等教育學刊，6**，41-58。

吳清山（2001）。**教育發展研究**。元照。

吳清山（2002）。知識管理與學校效能。載於國立中正大學教育學研究所主編，**知識管理與教育革新發展研討會論文集上冊**（頁99-118）。教育部。

吳清山（2016）。每個學生都成功法。**教育研究月刊，268**，118-119。

吳清基（1995）。教育的目的、目標與功能。載於黃光雄（主編），**教育概論**（頁31-62）。師大書苑。

吳雅玲（2009）。以社會階級為主題之幼兒多元文化課程方案發展。**課程與教學季刊，12(2)**，47-76。

吳嘉苓（2008）。社會學的想像。取自http://bb4.lygsh.ilc.edu.tw:8080/人文社會專案/社會學概論971110/

吳齊殷（2005）。學生。載於臺灣教育社會學學會（主編），**教育社會學**（頁340-380）。巨流。

吳璧如（1990）。**國民小學組織文化與組織效能關係之研究**。國立高雄師範大學教育研究所碩士論文，未出版。

吳瓊洳（1997）。**國中學生次級文化之研究**。國立高雄師範大學教育研究所碩士論文，未出版。

吳瓊洳（2005a）。國民中學教室情境中的學生權力分析——社會學的觀點。**臺北市立師範學院學報，36(1)**，249-272。

吳瓊洳（2005b）。從課程社會學觀點論教師在九年一貫課程知識的選擇。

國民教育研究學報，**14**，113-133。

吳瓊洳（2008a）。臺灣當前青少年次文化之實踐形貌與解讀。**臺灣教育，653**，52-56。

吳瓊洳（2008b）。新臺灣之子學校課程之實踐與批判。載於臺灣教育社會學會（主編），**重新省思教育不均等——弱勢者的教育國際學術研討會論文集**（頁171-186）。中正大學。

吳瓊洳（2012）。國中社會學習領域公民課程內容之意識型態分析。**教師專業研究期刊，4**，81-108。

呂亞力（1997）。**政治學**。三民。

呂磊（2004）。**美國的新保守主義**。南京市：江蘇人民。

巫有鎰（1999）。影響國小學生學業成就的因果機制——以臺北市和臺東縣做比較。**國立臺灣師範大學教育研究集刊，43**，213-242。

巫有鎰（2003）。新右教改潮流對教育機會均等的衝擊。**屏東師院學報，18**，437-458。

巫有鎰（2007）。學校與非學校因素對臺東縣原、漢國小學生學業成就的影響。**臺灣教育社會學研究，7**(1)，29-67。

巫有鎰、黃毅志（2009）。山地原住民的成績比平地原住民差嗎？可能影響臺東縣原住民各族與漢人國小學生學業成績差異的因素機制。**臺灣教育社會學研究，9**(1)，41-69。

李子建、黃顯華（1996）。**課程：範式、取向和設計**。香港：中文大學。

李亦園（1984）。當前青年次文化的觀察。**中國論壇，205**，9-15。

李光榮（2008）。解析Antonio Gramsci的學校教育觀點——一種建立勞動階級霸權的學校教育。**國立臺南大學教育研究學報，42**(1)，1-6。

李奉儒（2008）。弗雷勒哲學中的教師圖像——教師作為文化工作者。載於林逢祺、洪仁進（主編），**教師哲學：哲學中的教師圖像**（頁377-392）。五南。

李建興（1999）。社會變遷中的親職教育。**社會教育年刊，47**，12-15。

李康譯（2009）。**社會學**（第五版）。北京市：北京大學。（A. Giddens, 2006）

李淑菁（2007）。性別化學校的形塑過程：一個案例研究。**教育與社會研究，13**，121-152。

李雪菱（2011）。教師性別意識與教學困境：反思中小學教師的性別教育課程設計與教學實踐。**女學學誌：婦女與性別研究，28**，133-174。

李敦仁、余民寧（2005）。社經地位、手足數目、家庭教育資源與教育成就結構關係模式之驗證：以TEPS資料庫資料為例。**臺灣教育社會學研究，5**(2)，1-47。

李新鄉（2002）。探索學校組織的運轉手——學校文化的內涵與研究。**教育研究，95**，31-42。

李錦旭（1991）。1980年代英美教育社會學的發展趨勢：兩份教育社會學期刊的比較分析。**現代教育，6**(22)，3-14。

李錦旭譯（1987）。**教育社會學理論**。桂冠。（D. Blackledge & B. Hunt, 1985）

李錦旭譯（1989）。**資本主義美國的學校教育**。桂冠。（S. Bowles & H. Gintis, 1976）

李鴻章（2006）。臺東縣不同族群學童數學學業成就影響模式之探討。**臺灣教育社會學研究，6**(2)，1-41。

李麗卿（2007）。**高中生同儕社會地位之研究**。國立嘉義大學國民教育研究所碩士論文，未出版。國立嘉義大學。

沈姍姍（1998）。教育專業。載於陳奎憙（主編），**現代教育社會學**（頁251-268）。師大書苑。

沈姍姍（2005）。教育社會學導論。載於臺灣教育社會學學會（主編），**教育社會學**（頁1-26）。巨流。

周仁尹、曾春榮（2006）。從弱勢族群的類型談教育選擇權及教育財政革新。**教育研究與發展期刊，2**(3)，93-123。

周宗偉（2006）。**高貴與卑賤的距離：學校文化的社會學研究**。南京市：南京師大。

周珮儀（1999）。**從社會批判理論到後現代：季胡課程理論之研究**。師大書苑。

周珮儀（2005）。吉魯斯的課程思想。載於黃政傑（主編），**課程思想**（頁205-239）。冠學。

周珮儀（2006）。H. A. Giroux宏揚希望政治的批判後現代教育學者。載於譚光鼎、王麗雲（主編），**教育社會學：人物與思想**（頁451-470）。高等教育。

周祝瑛（2002）。全球化潮流中的臺灣高等教育。載於馮增俊（主編），**WTO與中國教育**。廣東：中山大學。

周淑卿（1995）。教育知識社會學的幾個重要概念。**空大學訊，157，**49-52。

周淑卿（2001）。課程決定的賦權迷思：集中化與離中化的探討。**教育研究集刊，47，**91-106。

周新富（1999）。**國中家庭背景、家庭文化資源、學校經驗與學習結果關係之研究**。國立高雄師範大學教育學系博士論文，未出版。

周新富（2005）。**布爾迪厄論學校教育與文化再製**。心理。

周新富（2006）。**家庭教育學：社會學取向**。五南。

周新富（2012）。**教育研究法**。五南。

周新富（2016）。**班級經營**。五南。

周新富（2017）。**課程發展與設計**。五南。

周新富（2019）。**教學原理與設計**。五南。

周新富（2020）。**教育理念與實務**。五南。

林大森（2017）。當今大學教師的政治、經濟、社會地位解析：Weber學派的觀點。**臺灣教育社會學研究，17**(1)，1-42。

林天佑（2004）。**教育政治學**。心理。

林火旺（1998）。**羅爾斯正義論**。臺灣書店。

林生傳（1995）。教育優先區的理念與規畫研討會報告綱要。載於教育部（主編），**教育優先區的理念與規畫研討會會議手冊**（頁60-64）。教育部。

林生傳（1999）。性別教育機會均等的分析、檢討與實踐。**教育學刊，15，**1-34。

林生傳（2005）。**教育社會學**。巨流。

林佑聖、葉欣怡譯（2001）。**社會的麥當勞化**。弘智。

林志成（2009）。弱勢學生教育的落實之道。**竹縣文教，38**，1-6。

林志成、葉青青（2011）。以教師領導塑造優質學風。**教育研究月刊，202**，23-35。

林秀麗、林庭瑤、洪惠芬譯（2008）。**特新社會學理論的觀點**。韋伯。（E. C. Cuff, W. W. Sharroct, & D. W. Francis, 2001）

林坤燕（2006）。國小級任教師如何運用領導理論提升班級經營效能。取自 http://www.nhu.edu.tw/~society/e-j/58/58-19.htm

林孟潔（2003）。去中央化過程中的臺灣公立高等教育。**洛杉磯學訊電子報，42**，2021年7月27日檢索自：http://www.tw.org/newsletter/42.html

林明地（2001）。精鍊學校行政，實際塑造學校文化。**學校行政雙月刊，16**，17-25。

林明地（2002）。**學校與社區關係**。五南。

林南（2004）。教育制度與社會資本。**教育研究集刊，50**(4)，1-16。

林昱貞（2002）。批判教育學在臺灣：發展與困境。**教育研究集刊，48**(4)，1-25。

林郡雯譯（2007）。**教育的社會學分析：學校運作之道**。學富文化。（K. B. DeMarrais & M. D. LeCompte, 1999）

林清江（1971）。教師角色理論與師範教育改革動向之比較研究。**國立臺灣師範大學教育研究所集刊，13**，45-176。

林清江（1981）。教師職業聲望與專業形象之調查研究。**教育研究所集刊，23**，99-177。

林清江（1982）。**教育社會學新論**。五南。

林清江（1992）。我國教師職業聲望與專業形象之調查研究（第三次）。載於中華民國比較教育學會（主編），**兩岸教育發展之比較**（頁1-73）。師大書苑。

林清江（1994）。社會變遷與教育改革的關係。**教改通訊，3**，5-7。

林清江（1997）。**教育社會學**（修訂六版）。臺灣書店。

林清江（1999）。**教育社會學新論：我國社會與教育關係之研究**。五南。

林義男（1993）。國中學生家庭社經背景、父母參與及其學業成就之關係。**國立彰化師範大學輔導學報，16**，157-212。

林義男（1995）。**學校公共關係的理論與實務──以美國為例**。五南。

林義男、王文科（1999）。**教育社會學**。五南。

林雍智、吳清山（2012）。日本中小學教師換證制度實施之評析與啟示。**當代教育研究季刊，20**(1)，1-39。

林榮遠譯（1997）。**經濟與社會**。北京市：商務。（Max Weber, 1976）

林綺雲（2002）。制度學派的理論反思：臺灣教育組織的變革經驗。載於行政院國家科學委員會87-89年度「社會學門專題輔助研究成果發表會論文集」（頁465-482）。

林璟玲、林儒君（2009）。混齡班級幼兒同儕互動之研究──以社會計量法為例。**幼兒保育論壇，4**，125-143。

俞智敏、陳光達、王淑燕譯（1998）。**文化**。巨流。（C. Jenks原著）

姜添輝（1999）。結構功能主義專業特質論之評析。載於中華民國師範教育學會（主編），**師資培育與教學科技**（頁251-272）。臺灣書店。

姜添輝（2000）。論教師專業意識、社會控制與保守文化。**教育與社會研究創刊號**，1-24。

姜添輝（2005）。B. Bernstein的理論以及在教學上的運用。載於中華民國課程與教學學會（主編），**社會價值重建的課程與教學**（頁215-251）。復文。

姜添輝（2006）。K. Marx：衝突理論的先驅大師。載於譚光鼎、王麗雲（主編），**教育社會學：人物與思想**（頁3-34）。高等教育。

姜添輝（2010）。影響結構與施為之間互動關係的媒介物：小學教師的專業認同與文化知覺的分析。**臺灣教育社會學研究，10**(1)，1-43。

姜添輝（2012）。全球化對國家角色的影響：1997～2007年英國新工黨政府教改路線的剖析。**臺灣教育社會學研究，12**(1)，1-41。

施良方（2002）。**課程理論**。復文。

洪久賢（2001）。九年一貫課程兩性教育議題之課程設計與教學策略。**課程**

與教學季刊，**4**(4)，21-38。

洪泉湖（1997）。族群關係。載於洪泉湖等（主編），**族群教育與族群關係**（頁17-20）。時英。

洪淑敏（2003）。**國小低年級學童性別角色觀及性別刻板印象之研究**。國立中山大學教育研究所碩士論文，未出版。

洪鎌德（2004）。**當代主義**。揚智。

胡疆鋒（2008）。從「世代模式」到「結構模式」——論伯明罕學派青年亞文化研究。**中國青年研究，2**，68-73。

范家豪（2007）。「規訓與懲罰」權力分析文本的二階觀察：描繪傅柯「權力系譜學」的視域圖譜。**國立臺南大學教育經營與管理研究集刊，3**，143-167。

范雅惠（2008）。教育優先區計畫之分析。**網路社會學通訊，第69期**。取自 http://mail.nhu.edu.tw/~society/e-j/69/69-26.htm

范麗雪（2010）。歐洲高等教育經費機制之現況、發展趨勢與啟示。**教育研究與發展期刊，6**(1)，173-197。

奚從清、沈賡方（2001）。**社會學原理**。杭州市：浙江大學。

孫志麟（2005）。跨越科層：學校組織對教師自我效能的影響。**國立臺北師範學院學報，18**(1)，29-62。

孫智綺譯（2002）。**防火牆：抵擋新自由主義的入侵**。麥田。（P. Bourdieu, 1998）

孫敏芝（1985）。**教師期望與師生交互作用：一個國小教室的觀察**。國立臺灣師範大學教育研究所碩士論文，未出版。

徐江敏、李姚軍譯（1992）。**日常生活中的自我表演**。桂冠。

徐雨村譯（2005）。**文化人類學**。桂冠。（C. P. Kottak, 2005）

徐超聖（2004）。九年一貫課程綱要的社會學分析——世界體系制度主義的觀點。**國立臺北師範學院學報，17**(1)，1-26。

秦夢群（2011）。**教育行政實務與應用**。五南。

袁薏晴（2002）。課程轉化下教育公平性與文化再製理論的對話。**南華大學網路社會學通訊期刊，23**。取自 http://mail.nhu.edu.tw/~society/e-j/23/14.

htm

馬和民（2002）。**新編教育社會學**。上海市：華東師大。

馬康莊、陳信木譯（1989）。**社會學理論**（下）。巨流。（G. Ritzer, 1989）

馬藹屏（1997）。青少年次文化初探。**學校衛生，30**，55-59。

高宣揚（1991）。論布爾迪厄的生存心態之概念。思與言，**29**(3)，21-76。

高宣揚（1992）。**當代社會理論**（下冊）。五南。

高博銓（2007）。班級經營的社會學基礎。**中等教育，58**(3)，56-72。

高德義（2000）。原住民教育的發展與改革。載於張建成（主編），多元文
化教育：**我們的課題與別人的經驗**（頁3-42）。師大書苑。

張月芬（2002）。從社會變遷中談兩性角色及其家庭教育。載於中華民國家
庭教育學會（主編），**變遷中的家庭教育**（頁107-128）。師大書苑。

張君政、劉鈐佑譯（1995）。**社會學的想像**。巨流。

張良丞（2009）。高等教育擴充政策下的後遺症──過度教育，HLM的實證
分析。載於2009年11月21日「**教育研究與教育政策之對話」國際學術研
討會論文集**。取自http://web.ntnu.edu.tw/~897000132/file/research/confer-
ence/overedu.pdf

張明輝（1997）。學校組織的變革及其因應策略。**教育研究集刊，38**，
1-21。

張金嶺（2012）。歐洲文化多元主義：理念與反思。**歐洲研究，4**，123-
135。

張建成（1988）。**學生疏離及其在班級團體中的關聯因素**。國立臺灣師範大
學教育研究所博士論文，未出版。

張建成（1998）。教育政策。載於陳奎熹（主編），**現代教育社會學**（頁81-
118）。師大書苑。

張建成（2002）。**批判的教育社會學研究**。學富。

張建成（2004）。教育社會學的新視角：動態的文化觀。載於張建成（主
編），**文化、人格與教育**（頁153-180）。心理。

張建成（2007）。獨石與巨傘──多元文化主義的過與不及。**教育研究集
刊，53**(2)，103-127。

張建成（2009）。教育社會學研究的趨勢與展望。取自http://umir.umac.mo/jspui/handle/123456789/15195

張春興（1989）。**張氏心理學辭典**。東華。

張盈堃（2000）。教師作為轉化型知識分子的教育實踐。**教育與社會研究，1**，25-58。

張盈堃（2001）。**性別與教育——批判教育學觀點**。師大書苑。

張茂桂（1993）。**族群關係與國家認同**。業強。

張淑美（1994）。不同地區教育機會差異之探討。**高雄師大學報，5**，87-111。

張淑貞（2005）。從外遇談婚姻中夫妻性別角色之探討。**網路社會學通訊期刊，48**，取自http://mail.nhu.edu.tw/~society/e-j/48/48-37.htm

張煌熙（1995）。美國補償教育方案之實施與檢討。載於教育部（主編），**教育優先區的理念與規畫研討會會議手冊附件**（頁1-9）。教育部。

張鈿富（1998）。臺灣教育優先地區選擇之研究。**暨大學報，2**(1)，273-297。

張漢宜（2009）。幼兒班級同儕關係之探討：社會測量法與社會關係圖之應用。**幼兒保育論壇，4**，144-159。

張德銳（1986）。臺北市國民中學三年級學生次級文化與犯過行為的關係。國立臺灣師範大學教育研究所碩士論文，未出版。

張德銳（2016）。**教師專業：教師的生存發展之道**。五南。

張慶勳（2004）。**學校組織行為**。五南。

張鐸嚴（1994）。**功績主義教育選擇之評析**。國立臺灣師範大學教育研究所博士班論文，未出版。

張鐸嚴（1995）。社會主義觀點下的教育批判與超越：談教育私有、再製解放。**國立空中大學社會科學學報，3**，107-120。

張鐸嚴、周新富（2021）。**教育社會學**。空中大學。

張苙雲等（1998）。**社會組織**。空中大學。

張鍠焜（2006）。M. Foucault：從規訓到自我的技藝。載於譚光鼎、王麗雲（主編），**教育社會學：人物與思想**（頁291-318）。高等教育。

教育部（2009）。原住民教育白皮書。教育部。

教育部（2010）。性別平等教育白皮書。教育部。

教育部（2012）。中華民國師資培育白皮書：發揚師道、百年樹人。教育部。

教育部（2014）。十二年國民基本教育課程綱要總綱。教育部。

教育部（2021）。推動教育優先區計畫。教育部。

教育部、衛生福利部等（2019）。我國少子女化對策計畫（107年－111年）。教育部。

教育部統計處（2020）。108學年度各級學校新住民子女就學概況。教育部。

教育部統計處（2021）。性別統計指標彙總性資料。取自教育部網站（moe.edu.tw）

曹孝元（2005）。庫柏教育公平論之研究。臺灣師範大學教育系碩士論文，未出版。

畢恆達（2004）。空間就是性別。心靈工坊。

莊明貞（1999）。國民小學低年級教科書內容是否符合兩性平等原則檢視報告書：國語科、道德與健康科、數學科、自然科、社會科（第一冊－第三冊）。教育部訓育委員會委託專案。

莊明貞（2001）。當前臺灣課程重建的可能性：一個批判教育學的觀點。國臺師範學院學報，14，141-162。

莊明貞（2003）。性別與課程——理念、實踐。高等教育。

莊勝義（1989）。臺灣地區高級中等教育機會均等問題之研究。國立高雄師範大學教育研究所碩士論文，未出版。

莊勝義（2007）。機會均等與多元文化兩種教育運動的對比。高雄師大學報，22，21-42。

莊勝義（2009）。從多元文化觀點省思「弱勢者」的教育「問題」與「對策」。教育與多元文化研究，1，17-56。

許殷宏（1998）。紀登斯（A. Giddens）「結構化理論」對教育社會學研究的啟示。教育研究集刊，40，93-112。

許殷宏（1999）。師生互動策略探究。**中等教育，50**(6)：62-80。

許殷宏、武佳瀅（2011）。班級內教師權力運作的微觀政治分析。**中等教育，62**(3)，114-132。

許崇憲（2002）。家庭背景因素與子女學業成就之關係——臺灣樣本的後設分析。**中正教育研究，1**(2)，25-62。

許惠娟（2010）。臺灣原住民族教育經費之現況分析。全國原住民論文發表會。取自http://conference.masalu.org.tw/

許嘉猷（1986）。**社會階層化與社會流動**。三民。

許誌庭（2002）。教師作為轉化型知識分子的可能性、限制與實踐的方向。**教育研究集刊，48**(4)，27-52。

許誌庭（2009）。主體成分檢查的新形式：從客觀評量到多元評量。**國民教育研究學報，23**，113-138。

連俊智（2007）。臺灣教育改革的省思與持續改善思維：領導社群的整合觀點。**屏東教育大學學報：教育類，28**，71-100。

郭丁熒（1995）。國民小學教師理想角色與實際角色知覺差距之調查研究。載於中華民國師範教育學會（主編），**教師權力與責任**（頁181-227）。師大書苑。

郭丁熒（1997）。師院學生的社會流動之研究。**國家科學委員會研究彙刊：人文及社會科學，7**(2)，181-197。

郭丁熒（2001）。教師社會學的研究範疇及其概況。**國立臺南師範學院初等教育學報，14**，1-50。

郭丁熒（2003）。教師的多維影像：教師角色之社會學論述。**國立臺北師範學院學報，16**(2)，161-186。

郭建志、章珮瑜、鄭伯壎（2002）。學校文化對教師效能的影響：以我國國民小學為例。**本土心理學研究，17**，67-103。

郭盛哲（2010）。全募兵制之社會學分析。取自http://www.fhk.ndu.edu.tw/mediafile/833001/fdownload/304/444/2010-10-8-14-30-19-444-nf1.pdf

郭靜晃、吳幸玲（2003）。臺灣社會變遷下之單親家庭困境。**社區發展季刊，102**，144-161。

陳木金（1999）。從學校組織文化塑造談如何增進學校領導效能。**學校行政，3**，14-29。

陳木金、吳春助（2011）。優質學校文化：卓越校長的觀察。**教育研究月刊，202**，36-52。

陳仕宗（1995）。**偏遠國小學生學業成就的社會環境因素之探討**。國立政治大學教育研究所博士論文，未出版。

陳正昌（1994）。**從教育機會均等觀點探討家庭、學校與國小學生學業成就之關係**。國立政治大學教育研究所博士論文，未出版。

陳立軒（2007）。論性別與教育機會均等。**網路社會學通訊，66**。取自 http://www.nhu.edu.tw/ ~society/e-j/66/66-25.htm

陳仲翰（2009）。新右派影響下的臺灣教育改革之分析與批判。**東海教育評論，2**，95-114。

陳光中、秦文力、周素嫻譯（1996）。**社會學**。桂冠。（N. J. Smelser, 1981）

陳伯璋（1999）。從九年一貫新課程教師角色的再定位談師資培育的因應之道。載於國立中正大學（主編），**新世紀的教育展望國際學術研討會論文集**。麗文。

陳育芳、陳沙麥（2010）。國內外職業聲望理論的比較與評價。取自中國社會學網：http://www.sociology2010.cass.cn/upload/2010/11/d20101124143742622.pdf

陳佩英（2009）。一起學習、一起領導：專業學習社群的建構與實踐。**中等教育，60**(3)，68-88。

陳其昌、謝文娟（2009）。國中體育教師領導風格對學生上體育課動機的影響。**大專體育學刊**，11(2)，31-45。

陳幸仁（2007）。微觀政治學：一個學校行政的新興研究領域。**教育行政與評鑑學刊，3**，67-86。

陳幸仁（2008）。學校教師會運作之微觀政治分析：一所小學之個案研究。**屏東教育大學學報：教育類，30**，23-54。

陳怡君（2005）。學校文化與領導。**學校行政雙月刊**，40，63-76。

陳怡靖、鄭燿男（2000）。臺灣地區教育階層化之變遷：檢證社會資本論、文化資本論及財務資本論在臺灣的適用性。**國家科學委員會研究彙刊：人文及社會科學，10**(3)，416-434。

陳枝烈（2010）。多元族群城市的教育實踐。**城市發展，10**，8-24。

陳俊生、林新發（2003）。學校本位管理及其實施成效評析。**國立臺北師範學院學報，16**(1)，379-412。

陳奕奇、劉子銘（2008）。教育成就與城鄉差距：空間群聚之分析。**人口學刊，37**，1-43。

陳奎憙（1990a）。**教育社會學研究**。師大書苑。

陳奎憙（1990b）。學生次級文化的研究。**教育研究集刊，32**，51-76。

陳奎憙（1998）。教育與文化。載於陳奎憙（主編），**現代教育社會學**（頁409-422）。師大書苑。

陳奎憙（2003）。**教育社會學導論**。師大書苑。

陳奎憙（2009）。**教育社會學**。三民。

陳奎憙、王淑俐、單文經、黃德祥（1999）。**師生關係與班級經營**。三民。

陳奎憙、高強華、張鐸嚴（2000）。**教育社會學**。空中大學。

陳昭志、吳勁甫（2014）。檢視十二年國民基本教育政策：基於教育經濟學點。**教育科學期刊，9**(1)，48-72。

陳秋玫譯（1998）。**家計經濟學**。五南。

陳美玉（1997）。**教師專業：教學理念與實踐**。麗文。

陳美玉（2006）。從內隱知識的觀點論教師學習與專業發展。**課程與教學，9**(3)，1-14。

陳迺臣（1990）。**教育哲學**。心理。

陳婉琪（2005）。族群、性別與階級：再探教育成就的省籍差異。**臺灣社會學，10**，1-40。

陳密桃（2000）。教師倦怠感。國家教育研究院：**教育大辭書**。2021年7月21日檢索自https://pedia.cloud.edu.tw/Entry/Detail/?title=%E6%95%99%E5%B8%AB%E5%80%A6%E6%80%A0%E6%84%9F

陳淑敏（2020）。高齡者終身學習經驗之探討：社會結構與行動的分析。臺

灣教育社會學研究，**20**(1)，47-90。

陳淑敏、許殷宏（2008）。隱喻和幕後：談教師教學工作的性質與生存策略。**中等教育，59**(3)，144-155。

陳皎眉（1996）。從性別差異兩性平等教育。**臺灣教育，583，**3-9。

陳莞茹（2012）。看不見的存在：檢視學校中對新移民子女的偏見。**臺灣教育評論月刊，1**(8)，35-37。

陳琦媛（2013）。學校教師會功能運作之探討。**臺灣教育評論月刊，2**(6)，1-4。

陳舜芬等（1996）。**師資培育與教師進修制度的檢討**。行政院教育改革審議委員會教改叢刊。

陳瑞麟（2002）。批判性地檢視傅柯的「知識／權力」理論。發表於文化研究學會2002年會，東海大學社會科學院主辦。2019年8月15日檢索自：http://www.scu.edu.tw/philos/index/teacher/chen/Microsoft%20Word%20-%20Knowledge%A1%FEPower%A1]New%A1%5E.pdf

陳聖謨（1995）。**高級中學組織文化和教師教學承諾關係之研究**。國立高雄師範大學教育研究所碩士論文，未出版。

陳鴻賢、許素艷（2002）。教育改革潮流中之家長教育選擇權。**學校行政雙月刊，20，**129-138。

陳麗珠（1993）。**我國中小學教育財政公平之研究**。復文。

陳麗珠（2006）。從公平性邁向適足性：我國國民教育資源分配政策的現況與展望。**教育政策論壇，9**(4)，101-108。

陳麗珠（2007）。論資源分配與教育機會均等之關係：以國民教育為例。**教育研究與發展期刊，3**(3)，33-54。

章英華、葉至誠、吳來信（2006）。**社會學**。空中大學。

單文經（2015）。杜威社會控制主張的教育涵義。**臺灣教育社會學研究，15**(1)，133-174。

彭懷真（1994）。**社會學概論**。洪葉。

游美惠（2004）。多元文化與女性主義教育學：文獻評析與議題深探游美惠。**臺灣教育社會學研究，4**(2)，41-69。

湯梅英（2002）。教學的社會學分析：概念、內涵與應用。**臺北市立師範學院學報，33，**35-54。

湯維玲（2012）。美國《無落後兒童法案》之小學課程與教學變革研究。**教育資料集刊，53，**47-80。

馮朝霖（2000）。反學校教育運動。載於國立編譯館（主編），**教育大辭書（二）**（頁74-75）。文景。

黃乃熒（2010）。臺灣1994至2003年教育改革對高職經營之衝擊。**教育資料與研究雙月刊，92，**165-192。

黃之棟（2016）。批判種族理論視域下的本土狩獵政策分析——以「102年臺上字第5093號判決」為檢視中心。**臺灣民主季刊，13**(2)，135-182。

黃天、周翊（2013）。**教育原理與制度（九版）**。考用。

黃光雄、楊龍立（2004）。**課程設計：理念與實作**。師大書苑。

黃安邦譯（1990）。**社會心理學**。五南。

黃聿芝（2008）。P. Freire批判教育學對於教師角色的啟示。**東海教育評論，1，**1-16。

黃宗顯（1998）。教師自治——班級自治經營常受忽略的一個層面」。**班級經營期刊**，八十七年四月，第三卷第二期，6-12頁。

黃宗顯等（2008）。**學校領導：新理論與實踐**。五南。

黃俊傑、吳素倩（1988）。**都市青少年的價值觀**。巨流。

黃彥超、翁福元（2009）。臺灣中部地區國民小學教師社會地位知覺與專業認同之研究。**臺灣教育社會學研究，9**(2)，37-78。

黃政傑（1991）。**課程設計**。東華。

黃政傑（1995）。**多元社會課程取向**。師大書苑。

黃昭勳（2019）。從「教育機會均等」觀點檢視偏鄉教育發展現況。**臺灣教育評論月刊，8**(4)，127-134。

黃素惠（1997）。高級中等教育階段學校文化之研究。國立政治大學教育系博士論文，未出版。

黃庭康（2018）。**不平等的教育：批判教育社會學的九堂課**。群學。

黃純敏譯（2006）。**教育的文化基礎**。學富。（Y. Pai & S. A. Adler, 2001）

黃新民（2007）。談弱勢族群教育對臺灣新移民子女教育的啟示。取自 http://www.cges.ilc.edu.tw/cges/gov/teach/2007/談弱勢族群教育對臺灣新移民子女教育的啟示.pdf

黃瑞祺（1981）。**現代社會學結構功能論選讀**。巨流。

黃瑞祺（2000）。**曼海姆：從意識型態論到知識社會學詮釋學**。巨流。

黃瑞祺（2007）。**批判社會學**（修訂三版）。三民。

黃嘉莉（2003）。英國的教師專業發展與管理主義。**教育資料集刊，28**，51-77。

黃嘉莉（2008）。教師專業制度的社會學分析。**師大學報：教育類，53**(3)，125-151。

黃嘉莉（2016）。中小學教師證照制度的社會學分析：社會藩籬論觀點。**臺灣教育社會學研究，6**(2)，65-103。

黃嘉莉（2009）。教師專業制度的社會學分析。**師大學報：教育類，53**(3)，125-151。

黃嘉雄（1989）。**柏恩斯坦分類與架構概念及其在課程研究上的意義**。國立臺灣師範大學教育系碩士論文，未出版。

黃嘉雄（1995）。**轉化社會結構的課程理論**。國立臺灣師範大學教育研究所博士論文，未出版。

黃嘉雄（1998）。課程。載於陳奎憙（主編），**現代教育社會學**（頁179-206）。師大書苑。

黃嘉雄（2000）。**轉化社會結構的課程理論：課程社會學的觀點**。師大書苑。

黃德祥、林重岑、薛秀宜等譯（2007）。**教育社會學**。心理。（J. H. Ballantine, 2001）

黃毅志（1998）。教育階層、教育擴充與經濟發展。**政治大學社會學報，28**，25-55。

黃毅志（2003）。「臺灣地區新職業聲望與社會地位量表」之建構與評估：社會科學與教育社會學研究本土化。**教育研究集刊，49**(4)，1-31。

黃毅志（2005）。教育與社會階層化。載於臺灣教育社會學學會（主編），

教育社會學（頁131-164）。巨流。

黃毅志（2011）。**臺灣的教育分流、勞力市場階層結構與地位取得**。心理。

黃鴻文（1993）。影響弱勢族群學生學校表現的因素：理論的爭議及其啟示。**社會教育學刊，22**，181-210。

黃鴻文（2000）。中學生次文化——反智主義乎？**社會教育學刊，29**，171-195。

黃鴻文、湯仁燕（2005）。學生如何詮釋學校課程？**教育研究集刊，51**(2)，99-131。

楊巧玲（2004）。教育專業與教育改革的關係之探討：以臺灣與美國的發展為例。**教育學刊，22**，109-128。

楊巧玲（2008）。教育改革對教師專業認同之影響：五位國中資深教師的探索性研究。**師大學報：教育類，53**(1)，25-54。

楊仲鏞（1999）。學校政治社會化之探討。取自http://www.iljh.ilc.edu.tw/il-jhs/

楊宇勛（1999）。顛覆史學與權力之眼：傅柯的《知識考古學》及《規訓與懲罰》。**史耘，5**，201-220。

楊幸真（2009）。成為女性主義教師：身分認同與實踐經驗的意義探問。**臺灣教育社會學研究，9**(1)，1-40。

楊忠斌（2008）。T. W. Adorno的倫理學及其德育意涵。**教育研究集刊，54**(2)，1-29。

楊洲松（2004）。**當代文化與教育：文化研究學派與批判教學論的取向**。洪葉。

楊偉民（1989）。組織社會學的產生和發展。**社會學研究，1**，85-90。

楊深坑（2008）。社會公義、差異政治與教育機會均等的新視野。**當代教育研究，16**(4)，1-37。

楊雅妃（2012，4月）。芬蘭教師倦怠歷程分析——以教師與工作環境適配度為例。**臺灣師資培育電子報，29**。2021年7月21日，取自https://tted.cher.ntnu.edu.tw/?p=474

楊瑩（1994）。臺灣地區不同家庭背景子女受教機會差異之研究。**教育研究**

資訊，**2**(3)，1-22。

楊瑩（1995）。**教育機會均等——教育社會學的探究**。師大書苑。

楊瑩（1998）。教育機會均等。載於陳奎憙（主編），**現代教育社會學**（頁269-314）。師大書苑。

楊瑩（2000）教育機會均等。載於國立中正大學教育學院（主編），**新世紀教育的理論與實踐**。麗文。

楊龍立、潘麗珠（2005）。**課程組織理論與實務**。高等教育。

解志強譯（2006）。**文化回應教學法**。文景。（G. Gay, 2000）

詹棟樑（2003）。**教育社會學**。五南。

鄒理民譯（1997）。**知識社會學：社會實體的建構**。巨流。（P. L. Berger & T. Luckman, 1967）

廖仁義譯（1998）。**法蘭克福學派**。桂冠。（T. Bottomore, 1984）

廖春文（1994）。**二十一世紀教育行政領導理念**。師大書苑。

廖婉余（2018）。從Iris Marion Young的差異政治反思教師的可能作為與教師圖像。**嘉大教育研究學刊，41**，95-126。

熊春文、陳輝（2011）。西方國家教育機會均等及其觀念的歷史演進。**華中師範大學學報**（人文社會科學版），**4**。取自http://epc.swu.edu.cn/article.php?aid=3766&rid=4

甄曉蘭（2003）。教師的課程意識與教學實踐。**教育研究集刊，49**(1)，63-94。

甄曉蘭（2004）。**課程理論與實務——解構與重建**。高等教育。

甄曉蘭（2007）。偏遠國中教育機會不均等問題與相關教育政策初探。**教育研究集刊，53**(3)，1-35。

甄曉蘭、簡良平（2002）。學校本位課程發展權力重整問題之批判分析。**教育研究集刊，48**(1)，65-93。

趙敦華（1988）。**勞斯的「正義論」解說**。香港：三聯。

劉文君（2007）。**高等教育的社會經濟學**。北京市：北京大學。（金子元久，2007）

劉北城、楊遠嬰譯（1992）。**規訓與懲罰：監獄的誕生**。桂冠。（Michel

Foucault, 1977）

劉正、趙建州（2004）。高等教育人力之供需與回饋的變遷：高教擴張前後的比較。**臺灣教育社會學研究，4**(2)，1-39。

劉阿榮（主編）（2006）。**社會學與現代社會**。威仕曼。

劉美慧（2007）。欣賞文化差異與追求社會正義——重新理解多元文化教育：評Grant與Sleeter著《多元文化教育的抉擇：族群、性別與階級的五種取向》。**當代教育研究，15**(2)，187-203。

劉美慧（2011）。多元文化教育研究的反思與前瞻。人文與社會科學簡訊，**12**(4)，56-63。

劉國兆（2009）。國中生的學校生活適應策略與同儕文化之研究。**臺中教育大學學報：教育類，23**(2)，167-185。

劉國兆（2013）。社會學觀點的教育政策分析：以教師專業發展評鑑為例。**新批判，2**，27-49。

劉雲杉（2005）。國外教育社會學的新發展。取自http://www.sociologybar.com/index.asp?xAction=xReadNews&NewsID=2761

劉慧珍譯（1998）。**文憑社會——教育與階層化的歷史社會學**。桂冠。（R. Collins, 1979）

劉默君（2004）。性別角色標準化的改變。**網路社會學通訊期刊，41**。取自http://mail.nhu.edu.tw/~society/e-j/41/41-35.htm

厲以賢（主編）（1992）。**西方教育社會學文選**。五南。

歐用生（2003）。**課程發展的基本原理**。復文。

歐用生（2005）。大學課程與教學改革。載於淡江大學教育研究與評鑑中心（主編），二十一世紀高等教育的挑戰與回應（頁209-232）。高等教育。

歐陽誾、柯華葳、梁雲霞（1990）。我國國民小學學生家長參與子女學習活動之研究。**國立政治大學教育心理與研究，13**，265-308。

歐陽誾（1989）。**我國國民小學學生家長參與子女學習活動之研究**。國立政治大學教育研究所碩士論文，未出版。

潘志煌、何育真（2019）。十二年國教學校本位課程發展與實踐之個案分

析：以一所國小參與前導學校協作計畫為例。**課程研究，14**(2)，1-30。

潘慧玲（1998）。檢視教育中的性別議題。**教育研究集刊，41**，1-15。

潘慧玲、林昱貞（2000）。**性別平等教育的概念與落實**。未出版手稿，國立臺灣師範大學教育學系。取自http://mail.tku.edu.tw/panhlw/gendercon-cept2.pdf

蔡文山（2006）。性別平等教育課程之內涵與相關研究探討。**研習資訊，23**(4)，87-96。

蔡文杰、陳木金（2004）。社會系統理論及其在學校行政之應用分析。**學校行政雙月刊，31**，97-118。

蔡文輝（2007）。**婚姻與家庭：家庭社會學**。五南。

蔡文輝（2011）。**社會學**。三民。

蔡苔芬（2016）。從《非學校化社會》理念出發，探討學校體制的存在意義。**馬來西亞人文與社會科學學報，5**(1)，25-34。

蔡清田（2008）。**課程學**。五南。

蔡進雄（2004）。學校轉型領導的理論與實際。**教育研究月刊，119**，53-65。

蔡榮貴（2005）。學校組織與學校文化。載於臺灣教育社會學學會（主編），**教育社會學**（頁165-220）。巨流。

蔡榮貴、黃月純（2004）。國小學童友伴關係的相關因素研究臺灣外籍配偶子女教育問題與因應策略。**臺灣教育，626**，32-37。

蔡德輝（1993）。學校教育與犯罪防治。載於中國教育學會、國立中正大學成人教育中心（主編），**文化變遷與教育發展**（頁149-172）。中正大學。

蔡璧煌（1994）。**學校與學政治社會化**。師大書苑。

蔡璧煌（2008）。**教育政治學**。五南。

鄭世仁（2000）。課程意識型態。**教育大辭書**。2021年7月26日來檢索自https://terms.naer.edu.tw/detail/1314109/

鄭世仁（2007）。**教育社會學導論**。五南。

鄭彩鳳、林漢庭（2004）。中小學教師組織工會相關問題之研究。**國立臺北**

師範學院學報，**17**(1)，459-492。

鄭淵全（1997）。社經地位、能力、學校教育過程與國小學生學業成就之關係──功能典範與衝突典範之探究。國立高雄師範大學教育學系博士論文，未出版。

鄭詩釧（2005）。**國民中小學組織文化與教師專業發展關係之研究**。國立臺灣師範大學教育研究所博士論文，未出版。

鄧偉志、徐蓉（2001）。**家庭社會學**。北京市：中國社會科學。

魯潔（1999）。**教育社會學**。北京市：人民教育。

蕭金蘭（2009）。大學教學優良教師印象管理策略應用之探討。**人文社會學報**，**5**，151-173。

蕭昭君（2009）。學英語也在學性別歧視？──國中小英語教科書的性別檢視。臺灣性別平等教育課程與教學實施現況研討會。

賴永和（2009）。教育機會均等的理念實踐──以一所偏遠小型學校弱勢族群教育的現況與期待為例。**學校行政雙月刊**，**62**，57-80。

賴振權（2009）。從社會學視角分析新臺灣之子教育現況與未來展望。**網路社會學通訊期刊**，**77**。取自http://www.nhu.edu.tw/~society/e-j/77/77-27.htm

賴爾柔（1990）。家庭親職功能及其青少年學業成就關係之研究。**思與言**，**26**，90-100。

錢民輝（2005）。**教育社會學：現代性的思考與建構**。北京市：北京大學。

駱明慶（2002）。誰是臺大學生？性別、省籍與城鄉差異。**經濟論文叢刊**，**30**(1)，113-147。

龍冠海（1966）。**社會學**。三民。

龍冠海（主編）（1971）。**雲五社會科學大辭典：社會學**。臺灣商務。

戴曉霞（2002）。全球化及國家／市場關係之轉變：高等教育市場化之脈絡分析。載於戴曉霞、莫家豪、謝安邦（主編），**高等教育市場化：臺、港、中趨勢之比較**（4-39頁）。高等教育。

謝小芩（1993）。教育活動與學校組織。載於張苙雲等人（主編），**社會組織**（頁251-310）。國立空中大學。

謝文全（2003）。**教育行政學**。高等教育。

謝文全等（2008）。**教育行政學：理論與案例**。五南。

謝文豪（2004）。學校變革領導。**教育研究月刊，119**，66-79。

謝志龍（2014）。家長參與對國中學生教育成就之影響：社會資本的觀點。**臺灣教育社會學研究，14**(1)，93-134。

謝臥龍（主編）（2002）。**性別平等教育：探究與實踐**。五南。

謝高橋（1997）。**社會學**。巨流。

謝高橋（2004）。**教育社會學**。五南。

謝翌、馬雲鵬（2005）。重建學校文化：優質學校建構的主要任務。**華東師範大學學報**（教育科學版），**23**(1)，9-15。

謝維和（2001）。**教育活動的社會學分析**。北京市：教育科學。

謝維和（2002）。**教育社會學**。五南。

鍾明倫、龔心怡、翁福元（2008）。臺灣地區性別／性別意識與高等教育機會之縱貫性分析。**「重新省思教育不均等 —— 弱勢者的教育」國際學術研討會論文集**（頁803-817）。中正大學。

鍾啟泉（2001）。教師專業化理念、制度、課題。**教育研究，12**，12-16。

簡妙如（2007）。「我只是覺得主流文化軟弱無力」：《次文化之後》的文化政治。**新聞學研究，91**，177-185。

藍采風（2000）。**社會學**。五南。

藍順德（1995）。我國設置教育優先區的規畫與展望。載於教育部：**教育優先區的理念與規畫研討會會議手冊**，34-52頁。

顏秀如（2003）。論新公共管理（NPM）及其對臺灣中小學教育改革之啟示。**教育政策論壇，6**(1)，96-110。

顏佩如、張淑芳、陳純瑩、溫子欣（2016）。**我國偏遠地區新住民學生適性教學輔導與資源應用之研究**。國立臺中教育大學。

顏國樑（2013）。美國《不讓一位孩子落後法》政策執行：成效、爭議與啟示。**教育研究月刊，226**，130-147。

龐憶華（2000）。家庭學校關係 —— 社會心理學觀點的初探。**教育學報，28**(2)，157-171。

譚光鼎（1992）。**中等教育選擇功能之研究**。國立臺灣師範大學教育研究所博士論文，未出版。

譚光鼎（1998a）。社會與文化再製理論之評析。**教育研究集刊，40**，23-50。

譚光鼎（1998b）。教育與族群。載於陳奎憙（主編），**現代教育社會學**（頁357-378）。師大書苑。

譚光鼎（2007a）。批判種族理論及其對臺灣弱勢族群教育之啟示。**教育資料集刊，36**，1-24。

譚光鼎（2007b）。再造學校文化以推動學校組織革新。**中等教育，58**(1)，4-20。

譚光鼎（2008）。被扭曲的他者：教科書中原住民偏見的檢討。**課程與教學季刊，11**(4)，27-50。

譚光鼎（2011）。**教育社會學**。學富。

譚光鼎、劉美慧、游美惠（2001）。**多元文化教育**。空中大學。

譚光鼎、劉美慧、游美惠（2008）。**多元文化教育**。高等教育。

蘇峰山（1996）。傅柯對於權力之分析。載於黃瑞祺（主編），**歐洲社會理論**（頁99-164）。中央研究院歐美研究所。

蘇國賢、喻維欣（2007）。臺灣族群不平等的再探討：解釋本省／外省族群差異的縮減。**臺灣社會學刊，39**，1-63。

蘇澄鈺（2004）。**我國高中職學生政治態度之研究——以臺中地區爲例**。國立臺灣師範大學公民教育與活動領導學系在職進修碩士班碩士論文，未出版。

蘇芊玲（2002）。**兩性平等教育的本土發展與實踐**。女書文化。

顧瑜君（2008）。臺灣新移民之新教育觀——以在地教師課程觀點出發。**臺灣教育社會學研究，8**(1)，89-128。

顧燕翎（1996）。從移植到生根：婦女研究在臺灣〈1985-1995〉。**近代中國婦女史研究，4**，241-268。

閆引堂（2006）。教育政策社會學：一種新範式？**比較教育研究，188**，39-43。

二、英文部分

Althusser, L. (1971). *Lenin and philosophy and other essays*. NY: Monthly Review.

Apple, M, W. (1979). *Ideology and curriculum*. London: Routledge.

Apple, M, W. (1982). *Education and power*. London: RKP.

Apple, M. W. (1986). *Teachers and texts: A political economy of class and gender relations in education*. New York: Routledge.

Apple, M. W. (2007). Whose markets, whose knowledge? In A. R. Sadovnik (Ed.), *Sociology of education: A critical reader* (pp. 177-193). New York: Routledge.

Aquino, G.V. (2000). *Curriculum Planning for Better Schools*. Manila: Rex Bookstore.

Avolio, B. J., & Bass, B. M. (2002). *Developing potential across a full range of leadership*. New Jersey: Mahwah.

Bales, R. (1951). *Interaction process analysis*. Cambridge: Addison-Wesley.

Ballantine, J. H. (1983). *The sociology of education: A systematic analysis*. New Jersey: Prentice-Hall.

Banks, J. (1994). *Multiethnic education: Theory and practice*. Needham Heights, MA: Allyn & Bacon.

Banks, J. (2007). Multicultural education: Characteristics and goals. In J. A. Banks & C. A. M. Banks (Eds.), *Multicultural education issues and perspectives* (6th ed.) (pp. 3-30). NJ: John Wiley and Sons.

Banks, J. A. (Ed.) (2004). *Diversity and citizenship education: Global perspectives*. San Francisco: Jossey-Bass.

Banks, J. A. (2010). Multicultural education: Characteristics and goals. In J. A. Banks & C. A. M. Banks (Eds.), *Multicultural education: Issues and perspectives* (pp. 3-32) (7th ed.). Hoboken, NJ: John Wiley & Sons.

Bartlett, L., Frederick, M., Gulbrandsen, T., & Murillo, E. (2002). The marketization of education: Public schools for private ends. *Anthropology and Education Quarterly, 33*(1), 5-29.

Bass, B. M. (1999). Leadership and performance beyond expectation. New York: The Free Press.

Bass, B. M., & Riggio, R. E. (2006). *Transformational Leadership* (2nd ed.). Mahwah, N. J.: L. Erlbaum Associates.

Becker, G. S. (1962). Investment in human capital: A theoretical analysis. *Journal of Political Economy, 70*(5), 9-49.

Becker, H. S. (1963). *Outsiders: Studies in the sociology of deviance*. New York: Free Press.

Becker, G. S. (1975). Human capital and the personal distribution of income: An analytical approach. *In Human capital: A theoretical and empirical analysis, with special referenceto education* (2nd ed.). New York: National Bureau of Economic Research.

Berger, E. H. (1995). *Parents as partners in education: Families and schools working together*. New Jersey: Prentice-Hall.

Berger, P., & Luckmann, T. (1967). *The social construction of reality: A treatise in the sociology of knowledge*. New York: Penguin Books.

Bernstein, B. (1967). Social structure, language and learning. In A. Harry Passow (Eds.), *Education of the disadvantaged* (pp. 213-237). NY: Holt, Rinehart & Winston.

Bernstein, B. (1971). On the classification and framing of educational knowledge. In M. F. D. Young (Ed.), *Knowledge and control: New directions for the sociology of education* (pp. 47-69). London, UK: Collier-Macmillan.

Bernstein, B. (1977). *Class, codes and control (volume 3): Towards a theory of educational transmissions* (2nd ed.). London: Routledge and Kegan Paul.

Bernstein, B. (1982). Codes, modalities and cultural reproduction. In M. W. Apple (Ed.), *Cultural and economic reproduction in education* (pp. 304-356). London: Routledge & Kegan Paul.

Bernstein, B. (1990). *Class, codes and control (volume 4): The structuring of pedagogic discourse*. London: Routledge.

Blackledge, D., & Hunt, B. (1985). *Sociological interpretations of education*. Dover: Croom Helm.

Blau, P. M., & Duncan, O. D. (1967). *The American occupational structure*. New York: John Wiley & Sons.

Boronski, T., & Hassan, N. (2015). *Sociology of education*. London, UK: Sage.

Boudon, R., & Bourricaud, F. (1982). *A critical dictionary of sociology*. Chicago: The University of Chicago Press.

Bourdieu, P. (1973). Cultural reproduction and social reproduction. In R. Browm (Ed.), *Knowledge, education and cultural change* (pp. 71-112). London: Tavistock.

Bourdieu, P. (1986). The forms of capital. In J. G. Richardson (Ed.), *Hamdbook of theory and research for the sociology of education* (pp. 241-260). Connecticut: Greenwood.

Bourdieu, P. (1990). *In other words: Essays towards a reflexive sociology*. Oxford: Polity Press.

Bourdieu, P. (1996), *The state nobility:Elite schools in the field of power*. Polity Press.

Bourdieu, P., & Boltanski, L. (1978). Changes in social structure and changes in the demand for education. In S. Giner & M. S. Archer (Eds.), *Contemporary Europe: Social structures and cultural patterns* (pp. 197-227). London: Routledge and Kegan Paul.

Bourdieu, P., & Passeron, J. C. (1990). *Reproduction in education, society and culture*. London: Sage.

Bourdieu, P., & Wacquant, L. J. D. (1992). *An invitation to reflexive sociology*. Oxford: Polity Press.

Bowles, S. (1971). Unequal education and the reproduction of the social division of labour. *Review of Radical Political Economics*, *3*(4), 1-30.

Bowles, S., & Gintis, H. (1976). *Schooling in capitalist America*. NY: Basic Books.

Braun, C. (1987). Teachers' expectations. In M. J. Dunkin (Ed.), *The international encyclopedia of teaching and teacher education* (pp. 598-605). Oxford: Pregamon.

Brown, B. B. (1990). Peer groups and peer cultures. In Elliott, G. R. & Feldman, S. S. (Eds.), *At the Threshold: The Developing Adolescent*. Cambridge: Harvard University Press.

Burns, J. M. (1978). *Leadership*. New York: Harper & Row.

Caldas, S. J. (1993). Reexamination of input and process factor effects on public school achievement. *Journal of Educational Research, 86*(4), 206-214.

Carbonaro, W. (1998). A little help from my friends' parents: Intergenerational closure and education outcomes. *Sociology of Education, 71*(3), 295-313.

Coleman, J. S. (1961). *The adolescent society: The social life of the teenager and its impact on education*. New York: Free Press of Glencoe.

Coleman, J. S. (1987). Family and school. *Educational Researcher, 16*(6), 32-38.

Coleman, J. S. (1988). Social capital in the creation of human capital. *American Journal of Sociology, 94* (supplement), s95-s120.

Coleman, J. S. (1990). *Equality and achievement in education*. Boulder: Westview.

Coleman, J. S. (1993). The rational reconstruction of society. *American Sociological Review, 58*, 1-15.

Coleman, J. S. et al. (1966). *Equality of educational opportunity*. Washington D. C.: U.S. Dept. of Health, Education, and Welfare, Office of Education.

Coleman, J. S., & Hoffer, T. (1987). *Public and private high schools: The impact of communities*. NY: Basic Books.

Collins, R. (1971). Functional and conflict theories of educational stratification. *American Sociological Review, 36*(6), 1002-1019.

Collins, R. (1979). *The credential society: An historical sociology of education and stratification*. New York: Academic Press.

Cooley, C. H. (1961). The social self. In T. Parsons, E. Shils, K. D. Naegele, & J. R.

Pitts (Eds.), *Theories of society: Foundations of modern sociological theory* (pp. 822-828). New York: Free Press.

Cooper, J. M. (1999). The teacher as a decision maker. In J. M. Cooper (Ed.), *Classroom teaching skills* (pp. 1-17). New York: Houghton Mifflin.

Crossman, A. (2019). The concept of social structure in sociology. 2021.6.16 retrieved https://www.thoughtco.com/social-structure-defined-3026594

Davies, S. (1995). Reproduction and resistance in Canadian high schools: An empirical examination of the Willis thesis. *British Journal of Sociology*, *46*(4), 662-687.

Davis, K., & Moore, W. E. (1945). Some principles of stratification. *American Sociological Review*, *10*(2), 242-249.

De Graaf, P. M. (1986). The impact of financial and cultural resources on educational attainment in the Netherlands. *Sociology of Education*, *59*(3), 237-246.

Deal, T. E., & Peterson, K. D. (1999). *Shaping school culture: The heart of leadership*. San Francisco, CA: Jossey-Bass Publishers.

DiMaggio P., & Mohr, J. (1985). Cultural capital, educational attainment, and marital selection. *American Journal of Sociology*, *90*, 1231-1261.

Dreeben, R. (1968). *On what is learned in school*. Menlo Park, CA: Addison-Wesley.

Duncan, O. D., Featherman, D. L., & Duncan, B. (1972). *Socioeconomic background and achievement*. New York: Seminar Press.

Epstein, J. L. (1992). School and family partnerships. In M. Alkin (Ed.), *Encyclopedia of educational research* (pp. 1139-1151). New York: MacMillan.

Eshleman, J. R. (2003). *The family: An introduction*. Boston: Allyn & Bacon.

Farkas, G., Robert, P., Sheehan, D., & Shuan, Y. (1990). Cultural resources and school success: Gender, ethnicity, and poverty groups within an urban school district. *American Sociological Review*, *55*(1), 127-142.

Fenstermacher, G. D. (1994). The knower and the known: The nature of knowledge in research on teaching. In L. Darling-Hammond (Ed.), *Review of research in education* (pp.3-56). Washington, DC: American Educational Research Association.

Ferrante, J. (2003). *Sociology: A global perspective*. Belmont, CA: Wadsworth.

Fessler, R., & Christensen, J. C. (1992). *The teacher career cycle: Understanding and guiding the professional development of teachers*. Boston: Allyn & Bacon.

Forrest, R., & Kearns, A. (2001). Social cohesion, social capital and the neighbourhood. *Urban Studies, 38*(12), 2125-2143.

Foucault, M. (1977). *Discipline and punish: The birth of the prison*. New York: Vintage Books.

Foucault, M. (1980). *Power/Knowledge: Selected interviews and other writings by Michel Foucault*. New York: Pantheon Books.

Frazee, B. M., & Rudnitski, R. A. (1995). *Integrated teaching methods: Theory, classroom applications, and field-based connections*. Albany: Delmar Publishers.

Freese, J., & Powell, B. (1999). Sociobiology, status, and parental investment in sons and daughters: Testing the Trivers-Willard hypothesis. *AJS, 106*(6), 1704-1743.

Freire, P. (1998). *Teacher as cultural workers: Letters to those who dare teach*. Oxford: Westview.

Gamoran, A., & Nare, R. D. (1989). Secondary school tracking and educational inequality: Compensation, reinforcement, or neutrality. *American Journal of Sociology, 94*(5), 1146-1183.

Gay, G. (2000). *Culturally responsive teaching: Theory, research, and practice*. New York, NY: Teachers College Press.

Getzeles, J. W, & Thelen, H. A. (1972). A conceptual framework for the study of the classroom group as a social system. In A. Morrison et al. (Eds.), *The social psychology of teaching* (pp.17-34). Harmondsworth: Penguin.

Getzels, J. W., & Guba, E. G. (1957), Social behavior and the administrative process. *School Review, 65*(4), 423-441.

Gewirtz, S., & Cribb, A. (2009). *Understanding education: A sociological perspective*. UK: Polity.

Giddens, A. (1979). *Central problems in social theory*. London: Macmillan.

Giddens, A (1984). *The constitutions of society*. Cambridge, UK: Polity Press.

Giddens, A. (2006). *Sociology* (5th ed.). Cambridge: Polity Press.

Giroux, H. A. (1981). Theories of reproduction and resistance in the new sociology of education: A critical analysis. *Harvard Educational Review, 53*(3), 257-293.

Giroux, H. A. (1988). *Teachers as intellectuals: Toward a critical pedagogy of learning*. Massachusetts: Bergin & Garvey.

Giroux, H. A. (1991). Modernism, postmodernism, and feminism: Rethinking the boundaries of educational discourse. In H. A. Giroux (Ed.), *Postmodernism, feminism, and culture politics*. (pp.1-59). State University of New York Press.

Giroux, H. A. (1992). *Border crossings*. New York: Routledge.

Giroux, H. A. (1993). Cultural politics, reading formations, and the role of teachers as public intellectuals. In S. Aronowitz & H. A. Giroux (Eds.), *Postmodern education politics, culture and social criticism* (pp. 87-113). Minneapolis: University of Minnesota Press.

Glatthorn, A. A., Boschee, F., Whitehead, B. M., & Boschee, B. F. (2016). *Curriculum leadership: Strategies for development and implementation* (4th ed.) Thousand Oaks, CA: Sage.

Goffman, E. (1959). *The presentation of self in everyday life*. NY: Anchor Books.

Goldring, E. B., & Shapira, R. (1993). Choice, empowerment, and involvement: What satisfies parents? *Educational Evaluation and Policy Analysis, 15*(4), 369-409.

Goldthorpe, J. H. (1987). *Social mobility and class structure in modern Britain*. England: Oxford University Press.

Goodlad, J. I. (1979). The scope of curriculum field. In J. I. Goodlad (Ed.), *Cur-*

riculum inquiry: The study of curriculum practice (pp. 58-64). New York: McGraw-Hill.

Gramsci, A. (1971). *Selections from the prison notebooks*. New York: International Publishers. (Translated and edited by Q. Hoare and G. N. Smith)

Greenwood, G. E., & Hickman, C. W. (1991). Research and practice in parent involvement: Implications for teacher education. *The Elementary School Journal, 91*(3), 278-288.

Habermas, J. (1971). *Knowledge and human interests*. Cambridge: Polity Press.

Hao, L., & Bonstead-Bruns, M. (1998). Parent-child differences in educational expectations and the academic achievement of immigrant and native students. *Socilolgy of Education, 71*, 175-198.

Hargreaves, A., & Goodson, I. F. (1996). Teachers' professional lives: Aspirations and Actualities. In A. Hargreaves & I. F. Goodson (Eds.), *Teachers' professional lives* (pp. 1-27). London: Falmer Press.

Hargreaves, A., & Macmillan, R. (1995). The Balkanization of secondary school teaching. In L. S. Siskin, & J. W. Little (Eds.), *The subjects in question* (pp. 141-171). New York: Teachers College Press.

Hargreaves, D. (1972). *Interpersonal Relations and Education*. London: Routledge & Kagan Paul.

Hargreaves, D. H. (1980). The occupational culture of teachers, In P. Woods (Ed.), *Teacher strategies: Explorations in the sociology of the school* (pp. 125-148). London: Croom Helm.

Hargreaves, D. H. (1995). School culture, school effectiveness and school improvement. *School Effectiveness and School Improvement, 6*(1), 23-46.

Hess, R. S., & D'Amato, R. C. (1996). High school completion among Mexican American children: Individual and familial risk factors. *School Psychology Quarterly, 11*, 353-368.

Hofferth, S. L., Boisioly, J., & Duncan, G. J. (1998). Parents' extrafamilial resources and children school attainment. *Sociology of Education, 71*(2), 246-268.

Holland, D. C., & Eisenhart, M. A. (1990). *Educated in romance: Women, achievement, and college culture*. Chicago: The University of Chicago Press.

Hoy, W. K., & Miskel, C. G. (2001). *Educational administration: Theory, research and practice* (6th ed.). New York: McGraw-Hill.

Hurn, C. J. (1993). *The limits and possibilities of schooling: An introduction to the sociology of education*. Boston: Allyn & Bacon.

Illich, I. (1970). *Deschooling society*. New York: Harper & Row.

Inciardi, J. A., & Rothman, R. A. (1990). *Sociology: Principles and applications*. New Jersey: Prentice-Hall.

Jackson, P. W. (1968). *Life in classroom*. New York: Holt, Rinehart & Winston.

Jenks, C. (1993). Introduction: The analytic bases of cultural reproduction theory. In Chris Jenks (Ed.), *Cultural reproduction* (pp. 1-16). NY: Routledge.

Jencks, C. et al. (1972). *Inequality: A reassessment of the effect of family and schooling in America*. NY: Harper & Row.

Jones, T. H. (1985). *Introduction to school finance: Technique and social policy*. New York: Macmillan Public Company.

Kandel, D. B. (1996). Coleman's contributions to understanding youth and adolescence. In Jon Clark (Ed.), *James S. Coleman* (pp. 33-46). London: Falmer Press.

Kellaghan, T., Sloane, K., Alvarez, B., & Bloom, B. S. (1993). *The home environment and school learning*. San Francisco: Jessey-Bass.

Kingston, P. W. (2001). The unfulfilled promise of cultural capital theory. *Sociology of Education*, Extra Issue, 88-99.

Konstantinovski, D. (2003). Education in a transition society. In C. A. Torres & A. Antikainen (Eds.), *The international handbook on the sociology of education* (pp. 232-255). Lanham: Rowman & Littlefield.

Kuper, A., & Kuper, J. (1985). *The social science encyclopedia*. London: Routledge & Kegan Paul.

Lareau, A. (1989). *Home advantage: Social class and parent intervention in el-*

ementary education. London: Falmer Press.

LeBlans, P. (1993). Parent-school interaction. In L. Kaplan (Ed.), *Education and family* (pp. 132-140). Boston: Allyn & Bacon.

Lee, V. E. (1993). Educational choices: The stratifying effects of selecting schools and courses. *Educational Polity*, *7*(2), 125-148.

Lee, V. E., & Croninger, R. G. (1999). *Elements of social capital in the context of six high schools*. (ERIC Document Reproduction Service No. ED454582).

Leisyte, L., & Kizniene, D. (2006). New public management in Lithuania higher education. *Higher Education Policy*, *19*, 377-396.

Levine, D. U., & Havighurst, R. J. (1992). *Society and education*. Boston: Allyn & Bacon.

Little, A. (1986). Education inequalities: Race and class. In R. Rogers (Ed.), *Education and social class* (pp. 111-126). Philadelphia: The Falmer Press.

Lortie, D. C. (1975). *Schoolteacher: a sociological study*. Chicago, IL: The University of Chicago Press.

Maffesoli, M. (1996). *The time of the tribes: The decline of individualism in mass society*. London: Sage.

Marger, M. N. (2009). *Race and ethnic relations: American and global perspectives*. Connecticut: Cengage Learning.

McLaren, P. (1998). *Life in schools: An introduction to critical pedagogy in the foundation of education*. New York: Longman.

Marshall, G., Rose, D., Vogler, C., & Newby, H. (1985). Class, citizenship and distributional conflict in modern Britain. *British Journal of Sociology*, *36*(2), 259-286.

Mead, G. H. (1934). *Mind, self and society*. Chicago: University of Chicago Press.

Mehan, H. (1992). Understanding inquality in schools: The contribution of interpretive studies. *Sociology of Education*, *65*(1), 1-20.

Meighan, R. (1993). *A sociology of educating*. London: Cassell Education.

Meighan, R., & Siraj-Blatchford, I. (2003). *A sociology of educating*. London:

Continuum.

Merton, R. K. (1968). *Social theory and social structure*. Glencoe, Ill.: Free Press.

Mills, C. W. (1959). *Sociological imagination*. New York: Oxford University Press.

Morgan, S. L., & Srensen, A. B. (1999). Parental networks, social closure, and mathematics learning: A test of Coleman social capital explanation of school effects. *American Sociology Review*, 64(4), 661-681.

Morrish, I. (1978). *The sociology of education: An introduction*. London: George Allen & Unwin.

Mulkey, L. M. (1993). *Sociology of education: Theoretical and empirical investigations*. NY: Holt, Rinehart and Winston.

Myers, D. G. (2002). *Social psychology*. New York: McGraw-Hill.

Noddings, N. (1984). *Caring: A feminine approach to ethics and moral education*. Berkeley: University of California.

Oakes, J. (1985). *Keeping track: how schools structure inequality*. NY: Yale University Press.

Odden, A. R. (1991). *Education policy implementation*. NY: State University of New York Press.

OECD (2001). *The well-being of nations: The role of human and social capital, education and skills*. Organization for Economic Cooperation and Development, 2 rue Andre Pascal, F-75775 Paris Cedex 16, France.

Ogbu, J. U. (1991). Minority coping responses and school experience. *The Journal of Psychohistory*, 18, 433-456.

Orenstein, D. M. (1985). *The sociological quest: Principles of sociology*. St. Paul: West Publishing.

Ornstein, A. C., & Hunkins, F. P. (2004). *Curriculum: Foundations, principles and issues* (4th ed.). Boston, MA: Pearson.

Orr, A. J. (2003). Black-white difference in achievement: The importance of wealth. *Sociology of Education*, 76(4), 281-304.

Owens, R. G. (1991). *Organizational behavior in education* (4th ed.). Englewood

Cliffs, NJ: Prentice-Hall.

Owens, R. G., & Steinhoff, C. (1989). Towards a model of oganisational culture. *Journal of Educational Administration*, *27*(3), 6-16.

Pang, V. O. (2001). *Multicultural education: A caring-centered, reflective approach*. New York, NY: McGraw-Hill.

Parcel, T. L., & Dufur, M. J. (2001). Capital at home and at school: Effects on child social adjustment. *Journal of Marriage and Family*, *63*(1), 32-47.

Parelius, R. J., & Parelius, A. P. (1987). *The sociology of education*. New Jersey: Prentice-Hall.

Parkin, F. (1979). *Marxism and class theory: A bourgeois critique*. New York: Columbia University Press.

Parsons, T. (1951). *The social system*. New York: Free Press.

Parsons, T. (1959). The school class as a social system: Some of its functions in *American society. Harvard Educational Review*, *29*(3), 297-318.

Parsons, T. (1960). Pattern variables revisited: A response to Robert Dubin. *American Sociological Review*, *25*(4), 467-483.

Parsons, T. (1971). *The system of modern societies*. Englewood Cliffs: Prentice Hall.

Persell, C. H. (1977). *Education and inequality: The roots and results of stratification in America school*. New York: The Free Press.

Pintrich, P. R., & Schunk, D. H. (1996). Motivation in education: Theory, research, Piore, M. (1975). Notes for a theory of labor market stratification. In R. Edwards, M. Reich, & D. Gordon (Eds.), *Labor market segmentation* (pp. 125-150). Lexington, Mass.: Heath.

Pollard, A., & Tann, S. (1993). *Reflective teaching in the primary school*. New York: Villiers Houses.

Popenoe, D. (1995). *Sociology*. New Jersey: Prentice Hall.

Portes, A. (1998). Social capital: Its origins and applications in modern sociololgy. *Annual Review of Sociology*, *24*, 1-24.

Putnam, R. D. (1993). *Making democracy work: Civic tradition in modern Italy*. Princeton: Princeton University Press.

Rawls, J. (1972). *The theory of justice*. Cambridge, MA: Harvard University.

Ritzer, G. (2000). *Sociological theory*. New York: McGraw-Hill.

Robbins, S. P. (2001). *Organizational behavior*. Upper Saddle River, NJ: Prentice-Hall.

Rosenthal, R., & Jacobson, L. (1968). *Pygmalion in the classroom: Teacher expectation and pupils' intellectual development*. New York: Holt, Rinehart & Winston.

Sadker, M., Sadker, D., & Long, L. (1989). Gender and education equality. In J. A. Banks & C. A. M. Banks (Eds.), *Multicultural education: Issues and perspectives* (pp. 106-123). Boston, MA: Allyn & Bacon.

Sadovnik, A. R. (2016). Theory and research in the sociology of education. In A. R. Sadovnik (Ed.), *Sociology of Education: A Critical Reader* (3rd ed.)(pp. 3-23). NY: Routledge.

Saha, L. J. (1983). Social structure and teacher effects on academic achievement: A comparative analysis. *Comparative Education Review, 27*(1), 71-88.

Salamon, L. M. (1991). Overview: Why human capital? Why not? In D. W. Hornbeck & L. M. Salamon (Eds.), *Human capital and America's future: An economic strategy for the '90s* (pp. 1-43), Baltimore, MD: Johns Hopkins University Press.

Schmuck, R. A., & Schmuck, P. A. (2001). *Group processes in the classroom*. Boston: McGraw Hill.

Schubert, W. H. (1997). *Curriculum: Perspective, paradigm, and possibility* (2nd ed.). Columbus, OH: Prentice Hall.

Schultz, T. W. (1961). Investment in human capital. *American Economic Review, 51*(1), 1-17.

Sensoy, Ö., & DiAngelo, R. (2012). *Is everyone really equal? An introduction to key concepts in social justice education*. NY: Teachers College Press.

Sewell, W. H., & Hauser, R. M. (1976). Causes and consequences of higher educa-tion: Models of the status attainment process. In W. H. Sewell, R. M. Hauser, & D. L. Feathermsn (Eds.), *Schooling and achievement in American society* (pp. 9-28). NY: Academic Press.

Sewell, W. H., & Hauser, R. M. (1980). The Wisconsin longitudinal study of social and psychological factors in aspirations and achievements. In A. C. Kerckhoff (Ed.), *Research in sociology of education and socialization vol. 1* (pp. 59-100). Greenwich: JAI.

Sleeter, C., & Grant, C. (2007). *Making choices for multicultural education: Five approaches for multicultural to race, class, and gender* (5th ed.). New York: John Wiley & Sons.

Smith, B. O. (1985). Difinitions of teaching. In M. J. Dukin (Ed.), *The Interna-tional encyclopedia of teaching and teacher education* (pp. 11-15). NY: Per-gamon.

The Center for Information and Advice on Educational Disadvantage (1977). *Are educational priority areas still worthwhile?* Washington, D.C.: Distributed by ERIC Clearinghouse. (ED 174699)

Turner, J. H. (1998). *The structure of sociological theory* (6th ed.). Cincinnait, OH: Wadsworth.

Turner, R. H. (1970). Sponsored and contest mobility and the school system. In M. M. Tumin (Ed.), *Readings on social stratification* (pp. 296-310). New Jersey: Tce-Hall.

Tyler, R. W. (1949). *Basic principles of curriculum and instruction*. Chicago: Uni-versity of Chicago Press.

UNESCO(1966). Recommendation concerning the Status of Teachers. 2019.8.2 Retrived from: http//:www.unesco.org/education/pdf/TEACHE_E.PDF

Waller, W. (1932/1961). *The sociology of teaching*. New York: Russell & Russell.

Weakliem, D., McQuillan, J., & Schauer, T. (1995). Toward meritocracy? Chang-ing social-class differences in intellectual ability. *Sociology of Education,*

68(3), 71-286.

Weber, M. (1946). Bureaucracy. From H. H. Gerth & C. W. Mills (Eds.), *Max Weber: Essays in sociology*. New York: Oxford University Press.

Weigel, M. (2011). Head Start impact: Department of Health and Human Services Report. Retrieved from http://journalistsresource.org/studies/government/ civil-rights/head-start-study/

Willis, P. (1977). *Learning to labour*. New York: Columbia University Press.

Woods, P. (1990). Teaching for survival. In P. Woods (Ed.). *Teacher skills and strategies* (pp. 93-120). London: The Falmer Pres.

Yabiku, S. T., Axinn, W. G., & Thornton, A. (1999). Family integration and children self-esteem. *AJS*, 3, 1494-1524.

Young, I. M. (1990). *Justice and the politics of difference*. New Jersey: Princeton University Press.

Young, M. F. D. (Ed.) (1971). *Knowledge and control: New directions for the sociology of education*. London: Macmillan.

Zhou, X., Moen, P., & Tuma, N. B. (1998). Educational stratification in urban China 1949-94. *Sociology of Education*, *71*(3), 199-222.

國家圖書館出版品預行編目資料

教育社會學／周新富著. －－三版. －－臺北
　市：五南圖書出版股份有限公司, 2022.03
　面；　公分
　ISBN 978-626-317-581-5（平裝）

1.CST：教育社會學

520.16　　　　　　　　　111000858

1IXL

教育社會學

作　　者 ― 周新富(109.2)

編輯主編 ― 黃文瓊

責任編輯 ― 郭雲周、李敏華

封面設計 ― 姚孝慈

出 版 者 ― 五南圖書出版股份有限公司

發 行 人 ― 楊榮川

總 經 理 ― 楊士清

總 編 輯 ― 楊秀麗

地　　址：106臺北市大安區和平東路二段339號4樓

電　　話：(02)2705-5066　　傳　　真：(02)2706-610●

網　　址：https://www.wunan.com.tw

電子郵件：wunan@wunan.com.tw

劃撥帳號：01068953

戶　　名：五南圖書出版股份有限公司

法律顧問　林勝安律師

出版日期　2013年5月初版一刷（共四刷）
　　　　　2018年9月二版一刷（共四刷）
　　　　　2022年3月三版一刷
　　　　　2025年1月三版四刷

定　　價　新臺幣600元

經典永恆・名著常在

五十週年的獻禮 —— 經典名著文庫

五南，五十年了，半個世紀，人生旅程的一大半，走過來了。

思索著，邁向百年的未來歷程，能為知識界、文化學術界作些什麼？

在速食文化的生態下，有什麼值得讓人雋永品味的？

歷代經典・當今名著，經過時間的洗禮，千錘百鍊，流傳至今，光芒耀人；

不僅使我們能領悟前人的智慧，同時也增深加廣我們思考的深度與視野。

我們決心投入巨資，有計畫的系統梳選，成立「經典名著文庫」，

希望收入古今中外思想性的、充滿睿智與獨見的經典、名著。

這是一項理想性的、永續性的巨大出版工程。

不在意讀者的眾寡，只考慮它的學術價值，力求完整展現先哲思想的軌跡；

為知識界開啟一片智慧之窗，營造一座百花綻放的世界文明公園，

任君邀遊、取菁吸蜜、嘉惠學子！